国家社科基金项目　国家新闻出版署出版智库成果

中国造纸术和印刷术在『一带一路』上的传播及影响研究

万安伦　著

北京出版集团
北京人民出版社

图书在版编目（CIP）数据

中国造纸术和印刷术在"一带一路"上的传播及影响
研究／万安伦著．— 北京：北京人民出版社，2023.5
ISBN 978－7－5300－0558－3

Ⅰ．①中… Ⅱ．①万… Ⅲ．①"一带一路"—文化传
播—研究—中国 Ⅳ．①G12

中国版本图书馆 CIP 数据核字（2022）第 134431 号

中国造纸术和印刷术在"一带一路"上的传播及影响研究
ZHONGGUO ZAOZHISHU HE YINSHUASHU ZAI "YIDAI-YILU"
SHANG DE CHUANBO JI YINGXIANG YANJIU

万安伦 著

*

北 京 出 版 集 团
出版
北 京 人 民 出 版 社

（北京北三环中路 6 号）

邮政编码：100120

网 址：www.bph.com.cn

北 京 出 版 集 团 总 发 行
新 华 书 店 经 销
北 京 建 宏 印 刷 有 限 公 司 印 刷

*

787 毫米×1092 毫米 16 开本 22.25 印张 320 千字
2023 年 5 月第 1 版 2023 年 5 月第 1 次印刷
ISBN 978－7－5300－0558－3
定价：88.00 元
如有印装质量问题，由本社负责调换
质量监督电话：010－58572393
编辑部电话：010－58572414；发行部电话：010－58572371

本书为国家社科基金项目"中国造纸术和印刷术在'一带一路'上的传播及影响研究"（项目批准号：17BXW046）的阶段性成果。成果结项等级为"优秀"。

目录
CONTENTS

导　论

作为四大文明古国，中国在出版领域贡献尤其突出。出版载体——造纸术，出版技术——系列印刷术（雕印、活印、套印），出版符号——中国汉字，都是独步天下的。它们共同护佑和确保中华文化五千年连绵不绝，共同推动人类文化生产模式的提升和文明演进范式的进步。本书重点讨论中国造纸术和印刷术在"一带一路"上的广泛传播及其深远影响。

一、中国造纸术和印刷术对于人类文化生产和文明演进贡献巨大

在世界灿烂的文明史中，中国创造了无数伟大的科技成就，对人类文明的跨越发展和科学技术的整体进步，起到了无可取代的推动作用。在古代中国的科技成就中，四大发明是最具代表性的。而四大发明中有两项是属于出版领域的：其一是造纸术，其二是印刷术。这两项发明对于人类文明演进和文化积累的贡献，无论怎样高估都不为过。中华民族有重视文化教育的传统，当科技领域出现突破的时候，其成果往往被优先使用到文化教育领域。出版是与文化教育直接相关的科技含量极高的文化生产活动。换句话说，"人类的出版史，是人类科技发展史的缩影"[1]。造纸术和印刷术对全人类的科技进步、文化发展、政治演进、经济变革注入了强大动力。

目前，中国造纸术和印刷术外传的翔实过程和途径线索还有待进一

---

[1]　万安伦.论人类出版的内涵、外延、阶段及风貌［J］.出版参考，2019（01）：51.

步发掘和研究，有关世界各地的造纸术和印刷术是否直接得益于中国的问题，学界仍有不同看法。韩国、日本、印度、埃及以及欧洲的造纸和印刷技术，在工艺流程、原材料使用、技术特征等方面和中国是基本一致的。1585年，西班牙人胡安·冈萨雷斯·德·门多萨（J.Mendoza）在《中华大帝国史》中说："中国人使用印刷术很多年后，才从陆路传入德国，这是可以肯定的。海路上，商船也可能经红海来到欧洲，带回来一些书籍。如此，就为古腾堡发明金属活字印刷奠定了最初的技术基础。看来很明显，印刷术这项发明是中国人传给我们的，他们的确对此当之无愧。更令人信服的是，今天还可看到德国开始发明（印刷术）前五百年中国人所印刷的许多书籍。我本人就有一本，我在西班牙、意大利和印度群岛（指北美洲西印度群岛）也看到过另外一些中国书。"①这是较早认定印刷术来自中国的国外文献。

可以这样说，世界各国的造纸术和印刷术，都是从中国直接或间接传播过去的，至少是在中国造纸术和印刷术的影响下产生和发展起来的。厘清中国造纸术和印刷术在"一带一路"上的传播节点和传播线索，对于澄清有关学术争论，确证中国在世界出版史上的地位及其对世界文化和文明的影响和贡献，提升中国文化软实力和国际影响力，具有重要的理论价值和实践意义。

二、中国是造纸术和印刷术的发明母国

（一）对于造纸术和印刷术的发明权应正本清源

造纸术和印刷术的起源地是中国，这是无可争议的历史事实。然而，近年来，随着国际形势的变化与政治思潮的涌动，国际上对造纸术和印刷

---

① 张树栋.印刷术西传的背景、路线及来自欧洲人的记述［J］.固原师专学报，1999（1）：53—58.

术的起源、传播、发展等问题存在争议，甚至出现争抢这两项发明归属权的现象。关于造纸术，有不少人认为是阿拉伯人发明的，也有人认为是埃及人发明的；关于印刷术，西方更是众口一词地认为是德国人约翰内斯·古腾堡发明的。近年来，韩国、日本等国也加入到争夺造纸术和印刷术发明国的行列中，并提供了一些实物证据，这使得中国是造纸术和印刷术原初发明国的地位受到冲击。

首先，有学者对中国作为造纸术和印刷术起源国的唯一性提出疑问：虽然中国确实在较早的历史时期发明了造纸术和印刷术，但这对世界其他地区其他文明类似技术的产生并没有起到直接的促进作用；这些地方的类似技术完全是当地劳动群众依靠自发的经验积累与技术进步完成的。其次，有学者对中国造纸术和印刷术的传播提出疑问，因而产生了主动吸收与被动接受的不同观点。部分学者认为，造纸术和印刷术的传播动力主要来源于技术接受国，而非作为技术输出国的中国，中国造纸术和印刷术的外传是一种被动输出行为。

要完全厘清造纸术和印刷术的发明归属权，向全世界证明中国是造纸术和印刷术无可争辩的发明国，并让全世界心悦诚服地承认和接受这一结论和判断，不但要将中国造纸术和印刷术的源流论证清楚，更要论证清楚这两项关乎世界文化发展和文明进程的重大发明，是如何一步一步从中国传播到世界各地的。只要把造纸术和印刷术的国际传播路径和重要传播节点及关键传播人物清晰准确地梳理和挖掘出来，并找到世界各地造纸术和印刷术都是在中国造纸术和印刷术直接或间接影响下改进和改良成功的实物、史迹及文献证据，那么，中国是造纸术和印刷术发明国的地位就不证自明了。

仔细研究所有质疑性观点后不难发现，这些观点无疑都是对中国发明造纸术和印刷术与这两种技术对外传播真实性的质疑，更深一步是质疑中国古代相关科技成就的真实性，其目的是削弱、低估甚至否定中国对人类文明的卓越贡献。之所以出现这些质疑性观点，有的是因为对历史事实了解不够，有的是因为被注入了过多的政治立场。要想驳斥这些无理观点，还原中国造纸术和印刷术发明、发展与外传的历史真相，就必须抓住"传播"这一重要的核心环节，探究中国造纸术和印刷术在演进与传播中的各个历史节点、地理节点和人文节点，明晰其完整的传播过程与影响范围。要想达到以上目的，我们就必须认真考察中国历史上对外经济和文化交流最重要的通道——陆上丝绸之路与海上丝绸之路，考察其在中国造纸术和印刷术外传中的地位和作用。

（二）"一带一路"在中国造纸术和印刷术外传中的重要作用

丝绸之路是起始于古代中国，连接亚洲、非洲和欧洲的陆上商业贸易路线，最初的作用是运输古代中国出产的丝绸、瓷器、茶叶等商品，后来成为东方与西方在经济、政治、文化等诸多方面交流的主要通道。

"丝绸之路"这个名称的由来，可以追溯到1877年德国地质地理学家李希霍芬，他在著作《中国》中，把中国西汉时期张骞出使西域后，中国与中亚、中国与印度间以丝绸贸易为主要媒介手段的这条西域交通道路命名为"丝绸之路"。该名称很快被学术界和社会大众所接受。30年后，德国历史学家赫尔曼在其著作《中国与叙利亚之间的古代丝绸之路》中，根据新发现的文物考古资料，把丝绸之路延伸到地中海西岸和小亚细亚一带。丝绸之路的基本线路和内涵大致确定下来，即为中国古代经过中亚通往南亚、西亚，以及欧洲、北非的陆上贸易交往的通道。

丝绸之路从运输方式上，主要分为陆上丝绸之路和海上丝绸之路。

陆上丝绸之路，是指以西汉首都长安为起点、以罗马为终点的连接亚欧大陆的陆路交通运输线。其大致线路如下：长安—凉州—酒泉—敦煌—阿富汗—伊朗—伊拉克—叙利亚—地中海沿岸—罗马。全长6440千米。运输的货物主要是丝绸、茶叶、陶瓷等，而丝绸是最为昂贵和最具代表性的，故名为陆上丝绸之路。

海上丝绸之路，是指古代中国与世界其他地区进行经济文化交流交往的海上通道，最早开辟于秦汉时期。大致路线是从中国沿海港口广州、泉州、宁波、扬州、连云港等地出发，经南太平洋再到阿拉伯海，甚至远达非洲东海岸。

丝绸之路的文化内涵和外延后来又有新的扩大和拓展，逐渐发展成为古代中国与域外政治经济文化往来通道的统称。除了陆上丝绸之路和海上丝绸之路，还有北向蒙古高原，再西行天山北麓进入中亚的草原丝绸之路等。丝绸之路的各个方向、各条线路呈放射状通往域外各地。

我们认为，"一带一路"不仅是一条关于丝绸、陶瓷、茶叶等的运输贸易之路，也是一条中华出版文化的传播弘扬之路，更是一条古代中国国家形象的建构和表达之路。对中国造纸术和印刷术传播关键节点、地理路径及内在逻辑的考察，不但可以证明中国是造纸术和印刷术无可争辩的发明国，而且可以在新时期的国家形象构建中发挥其独特而重要的历史和现实作用。①

三、中国造纸术沿"一带一路"传遍世界

造纸术是在中国西汉时期发明的，后经东汉蔡伦的重大改良提升，②"自是莫不从用焉，故天下咸称蔡侯纸"③。中国造纸术通过"一带一路"完成其向西域、中亚、西亚、非洲、欧洲的传播，最后传遍全世界，极大地提升了人类文化生产的效率以及文明传播的广度和深度，极大地推动了人类文化的跨越式发展和人类文明的里程碑式进步。"造纸术向西方的传播是经由海上和陆上两条丝绸之路进行的"④，这个判断是符合历史事实的。

---

① 万安伦，王剑飞，杜建君.中国造纸术在"一带一路"上的传播节点、路径及逻辑探源［J］.现代出版，2018（06）：72—77.

② 万安伦.中外出版史［M］.北京：高等教育出版社，2017：194—196.

③ ［南朝·宋］范晔.后汉书·蔡伦传.

④ 肖东发.中国图书出版印刷史论［M］.北京：北京大学出版社，2001：297.

（一）中国造纸术在"一带一路"上的传播路径

造纸术在西汉发明，并经东汉蔡伦改良后，首先是在中原地区运用和普及，很快便开启其周边扩散及域外传播之旅。域外传播方面，公元4世纪末东传至朝鲜，后由朝鲜传入日本；大约在公元7世纪末向南传入印度。①而造纸术沿丝绸之路西传开启了它传奇的传播旅程，其传播由点到线，由线到面，由面到体，最终传遍全球。

植物纤维纸及其制造技术是沿着丝绸之路传播的。"中国纸也随丝绸一起西运，20世纪以来沿这条商路，各地出土大量汉魏及晋唐古纸，因此也可将这条商路称为纸张之路（Paper Road）。"②一系列的考古发现证明，凡是靠近丝绸之路的主干道和交通冲要之地，大多都有古纸文献、文物及造纸器具类的文物出土。

在中国的魏晋南北朝时期，由于中原地区长期战乱不休，出现大量汉人为躲避战乱逃入西域的人口大流动。这些流入西域的人口，其中有不少人是懂得造纸技术的技术工人和其他手工业者。西域是1000多年间古代中国通往中亚、西亚及至非洲、欧洲的交通大通道和货物集散地，内地的各种人才和各种货物云集于此，铁器、陶瓷器、茶叶、金银铜器、药材、日用商品、纸张及科学文化典籍等被源源不断地运往西域。这些货物除在当地销售外，还被贩运到域外销售。西域因其特殊的区域位置成为中原王朝与西方进行政治、经济、文化甚至军事交流交锋的冲要之地。史实证明，造纸术西传的第一个重要节点，同时也是第一次重要起跳，就是在今天的新疆境内完成的。

公元7世纪初，位于今新疆维吾尔自治区的高昌国③已出现了本地的造

---

① 万安伦.中外出版史［M］.北京：高等教育出版社，2017：199.

② 潘吉星.中国古代四大发明——源流、外传及世界影响［M］.合肥：中国科学技术大学出版社，2002：381.

③ 高昌国是西域的一个佛教国家，位于今新疆吐鲁番市高昌区东南，是古时西域交通枢纽。为天山南麓的北道沿线，是东西交通往来的要冲，亦为西域政治、经济、文化的中心之一。

纸业，其造纸技术已达到相当水平，设有"纸师"这样专门管理造纸业的官职或者说技术工种。学者认为："造纸术在北朝至唐初传入高昌（吐鲁番地区），到了唐朝中叶沿着丝路传到了于阗。"①众多证据表明，最晚不超过唐初，造纸术已由中原地区传入新疆，并且在那里生根、发芽、开花、结果。

唐天宝十年（751年），镇守西域的高仙芝与沙利统率的大食（阿拉伯帝国）军队在古城怛罗斯（该城得名于其附近的塔拉斯河，城址在今哈萨克斯坦塔拉兹市西）进行了一场大战。怛罗斯之战因葛逻禄部倒戈，导致唐军"背腹受敌，乃大乱"，部分唐军成了阿拉伯军队的俘虏。这些战俘大部分被押解到撒马尔罕（今乌兹别克斯坦境内），其中的造纸工匠帮助阿拉伯人在撒马尔罕建立起最早的造纸工场。怛罗斯之战由此成为造纸术西传的关键节点。怛罗斯之战结束后的50年间，即公元8世纪后期，在中国工匠指导下，撒马尔罕出现多处造纸工场，生产撒马尔罕纸。此后几百年里，撒马尔罕纸因其质地优良，畅销中亚、西亚，撒马尔罕也因此曾一度被认为是造纸术的发源地。从怛罗斯之战到撒马尔罕纸的出现，可以说是中国造纸术西传中的又一个重要节点和关键环节。

中国造纸术传入阿拉伯后的一段时间里，巴比伦、大马士革等重要城镇在较短时间内，陆续出现了多处造纸工场。其中大马士革的造纸场规模较大，成为向非洲和欧洲出口纸张的重镇，大马士革纸享誉一时。

随着阿拉伯帝国势力的扩张，造纸技术也相伴相随、流传开来。在阿拉伯占领北非后，造纸术也紧接着传至北非。北非隔地中海北望欧洲，南接南部非洲，西临大西洋，东濒红海，是亚欧非三个大洲间的重要交会地。由于巴格达与大马士革距离北非重要城市开罗较近，开罗逐渐发展成为造纸术在北非的重要技术型城市。造纸术"900年传到埃及的开罗"②，开罗出现了北非第一个造纸工场，开罗纸因质量优良而远近闻名，开罗由此成为造纸术向西传播的又一重要节点。不久，造纸术传遍非洲，特别是

---

① 王茜.试论纸和造纸术在新疆的传播［J］.中央民族大学学报，1995（2）：38.
② 刘仁庆.中国造纸术的西传［J］.中华纸业，2008（9）：79.

非洲西北部的摩洛哥因紧邻西班牙而成为造纸术向欧洲传播的前沿阵地之一。

此后，纸张一直源源不断地从开罗、摩洛哥等地流入欧洲。西班牙和意大利成为造纸术在欧洲传播的重要中转站，但造纸技术仍然主要掌握在阿拉伯人手中。北非的开罗和摩洛哥在造纸术进入欧洲的过程中，发挥了独特且重要的节点性作用。从北非到西班牙与意大利，中国造纸术的欧传之旅完成最为关键的跨海动作，此后便一路凯歌，从西班牙、意大利传到欧、美、澳。造纸术在欧洲有两个放射性原点，一个是西班牙，一个是意大利。造纸术传播的后期就是经过"双心放射"传遍全球的。

造纸术"双心放射"欧洲传播中心之一的西班牙，与法国接壤，双方政治、经济、文化交流频繁。"1189年，西班牙人把自己生产的纸运至法国，并在赫洛尔（Herault）建起造纸工场。"①1323年，法国人将造纸技术传入荷兰的阿姆斯特丹；1460年，法国人又将该技术传入英国的赫特佛德；1575年，西班牙人在中美洲的墨西哥建造纸工场，中国造纸术正式传入美洲；1694年，荷兰造纸专家列顿豪斯在北美洲费城建立起仅有4名造纸工人的第一家造纸工场；1803年，美国移民沃尔特·韦尔在加拿大魁北克省创立该国第一家造纸工场。

"双心放射"欧洲另一传播中心的意大利，对造纸术的传播和改良有重要贡献。1276年，意大利中部的蒙地法诺建起了第一家造纸工场。意大利森林面积大，有充足的造纸原料，适合造纸业发展。意大利还对造纸技术进行了一系列的改良和革新：发明捣浆纸；用水力驱动；黏合剂由此前的植物胶水改为动物胶水，提高了纸的韧性和强度；发明决定纸张大小的金属网和定型胶；使用水印防伪，等等。13世纪末期，意大利的造纸作坊发展到7家，其纸除在欧洲销售，还远销北非、西亚等伊斯兰地区。1320年，德国从意大利学得造纸术，在科隆建起第一家造纸工场。1350年，造纸术传入瑞士。1370年，造纸术传入奥地利。其后，植物纤维纸及制造技术传遍欧洲。工业革命后，英国全面崛起，造纸术以英国为中心传遍美

---

① 刘仁庆.中国造纸术的西传［J］.中华纸业，2008（9）：79.

洲、澳洲等。

造纸术自西汉发明、东汉改良后，从中国出发，经过近2000年的环球旅行，纸和造纸技术终于传遍五大洲，成为中国对世界出版及世界文化的最伟大贡献。①

造纸术的传播过程，实际上也是中国科学技术和中国国家形象的传播旅程。在造纸术的全球化传播过程中，由于近古以来的闭关锁国和盲目自大，中国国家形象传播受到了历史的遮蔽及"蜻蜓点水"式的西方话语重构。中国造纸术的先进性及对人类文明发展的重要性与"中国声音""中国故事""中国形象"传播的疲软性和乏力性，形成强烈反差。在大力践行"一带一路"倡议的当下，努力发掘中国造纸术与"一带一路"内在的紧密逻辑关系，一方面能够提升"一带一路"的文化品质和文明属性，另一方面也能为新时代国家形象的塑造与传播提供重要和独特的文化资源及历史借鉴。

（二）中国造纸术在"一带一路"上的传播逻辑

怛罗斯之战后，阿拉伯人惊喜地发现了造纸术这件战利品的巨大利好。撒马尔罕纸作为一种商品，存在极大的市场空间。在中国工匠的操作及指导下，撒马尔罕所造纸张十分精良。商贸推动是造纸术在"一带一路"上的重要传播逻辑和传播动因。从新疆到撒马尔罕，从巴比伦、大马士革到开罗、摩洛哥，这些地方都是丝绸之路上的重要商贸区域和商贸城市。12—13世纪，造纸术传入西班牙和意大利。14世纪，德国纽伦堡商人斯特罗姆在意大利看到纸张的生产情况以及存在的巨大商业前景后，决定回德国投资兴办造纸工场，造纸术传入德国。15世纪中叶，德国人古腾堡发明机械铅活字印刷技术，造纸术与现代活字印刷技术相遇，由此开启欧洲乃至世界文明新航程。

---

① 万安伦，王剑飞，杜建君.中国造纸术在"一带一路"上的传播节点、路径及逻辑探源［J］.现代出版，2018（06）：72—77.

丝绸之路首先是贸易之路，商业文明促进其发展壮大，纸是贸易中的重要商品。造纸工艺的改进，大大提升了书籍的生产和贸易。商业文明的不断发展，反过来又促进了社会对纸张的需求。这本质上是由生产力与生产关系决定的，商业利益是目标，供需关系是关键。

造纸术的传播主要是城市传往城市。商业文明需要依托城市作为传播的时空载体，这恰恰与丝绸之路的存在有着内在逻辑的一致性。随着不断扩张，阿拉伯帝国势力地跨欧、亚、非三大洲，造纸术也在三大洲的城市间不断向西传播，传入中亚、西亚、北非和欧洲。哈里发哈伦·赖世德统治时期的呼罗珊总督巴尔马基特注意到了撒马尔罕的造纸业，于794年在当时的中心城市巴格达赞助建造新的造纸工场。巴格达造纸工场投产以后，哈伦·赖世德的宰相贾法尔（Jafar）便规定政府公文正式采用纸张，以代替此前极为昂贵的羊皮纸。

由此可见，城市人口的聚集和当权者的推动，造纸工场出现在发达的城市。只有城市才是造纸术发展的重点，撒马尔罕、巴格达、大马士革、开罗、萨地瓦、赫洛尔、蒙地法诺、纽伦堡、巴塞尔、哈福德、莫斯科等造纸城市，都说明了这一点。撒马尔罕纸、大马士革纸、开罗纸等一系列以城市命名的纸也发挥了二次传播的媒介效应。城市以其特有的实力与繁华促进了造纸工场的建立，纸的生产又加速了城市文明的跃升及实力的增长。

战争是造纸术在传播过程中的导火索与催化剂之一。冷兵器时代，大规模的兵家交战、打打谈谈、战俘劳工、战利品缴获及其再生产等，都是古代文化交融与传播的最直接的方式之一。从某种程度上看，古代战争对中国造纸术的传播起到了重要催化作用。

公元7世纪初，阿拉伯帝国开始崛起。阿拉伯人于635年占领叙利亚首府大马士革，637年占领伊拉克，640年攻入埃及，后来又占领地中海地区。阿拉伯帝国通过战争巩固统治、扩大版图，逐渐建立了一个地跨亚、欧、非三大洲的帝国，客观上为造纸术向西方传播提供了便利。造纸术在阿拉伯帝国的版图上，随着胜利者的脚步踏入一个又一个陌生的领地。造纸术在撒马尔罕完成西传路途中的重要跃升与战争相关，造纸术从北非

"跨海一跃"进入欧洲也与战争密切相关。因北非摩洛哥的阿尔摩拉维德人攻入西班牙，西班牙才建立起欧洲最早的造纸工场。

造纸术的传播遵循技术不断迭代的文明演进逻辑。商业逻辑与城市崛起的一体化关系，驱动着技术革新，推动着人类文明演进。造纸术的传播与发展，实际是新技术取代旧技术、生产力与生产关系调适升级的过程。

纵观人类的出版历史，从出版载体维度考察，由硬质到软质再到虚拟，经历了龟甲兽骨、陶器泥板、金石鼎碑、竹简木牍、莎草纸、贝叶、桦树皮等硬质出版载体后，人类又逐渐探索出了绢帛、兽皮、植物纤维纸及塑料布等软质出版载体，而后又探索出了声、光、电、磁、芯片等虚拟和半虚拟出版载体和介质。纸的发明制造恰恰是人类从硬质出版载体全面转向软质出版载体的关键环节。造纸术传播的过程中，撒马尔罕纸曾与当地的芭芘纸、羊皮纸并存了一段时期；开罗建立起北非的第一个造纸工场后不到百年，植物纤维纸就逐渐取代了在当地沿用数千年的莎草纸的出版载体主体地位。换句话说，造纸术的传播过程实际就是先进的植物纤维纸逐渐取代羊皮纸、莎草纸等相对落后出版载体主体地位的过程。也正是在造纸术传播的过程中，阿拉伯帝国文化教育普及兴盛，巴格达、大马士革、开罗、科尔多瓦等大城市有各类初等和高等学校20～40所，成为科技传播和文明提升的重要路径。

四、中国印刷术沿"一带一路"传遍世界

学界主流观点认为，雕版印刷术发明于唐代或隋唐之际。宋朝时，雕版印刷技术更加成熟发达，全国各地到处都有刻书活动，雕版印刷已发展到较为兴盛的状态。元、明、清三代基本沿袭宋代的出版印刷发展模式。然而，雕版印刷术也有其自身缺点，它所需原料多、成本高，所刻之版只能印一种书，不能用于印刷其他书，浪费严重，而且刻字所花费的时间长，不易保存，等等。于是人们持续探索，不断改进，终于在北宋庆历年间发明了更为先进的活字印刷。活字印刷技术在元代继续发展并有所创

新，元代的王祯在宋代胶泥活字技术基础之上发明木活字，革新了排版工具，他设计制造了转轮排字盘，大大加快了拣字排版速度。元代由于大规模印刷纸币，套版印刷技术逐渐走向成熟。明清时期是雕版印刷、活字印刷、套版印刷并用时期，三者相互促进，把我国的印刷出版业推向了一个新的阶段。

由于对印刷实物保存的意识不够，加上文献记载得语焉不详，另有一些意识形态影响等原因，国内外学者对中国古代印刷史的认识目前仍存在一些分歧甚至争议。国内学者主要对以下几点存在争议：一是印刷术起源的时间；二是毕昇墓碑的真实性；三是明代是否有铜活字本；等等。国际上主要有如下争议：一是中韩印刷术发源地之争；二是中韩金属活字起源地之争；三是印刷术西传历史细节的一些争议。新出土的辽、西夏时期的印刷书籍及考古实物填补了这一时期印刷史的部分空白，丰富了印刷史研究的内容。随着"大印刷史观"的深入，除书籍以外的其他印刷活动全面开展，木版年画，套色印刷，年历、纸牌等民间日用品印刷等逐渐开展，这些新实物的发现有利于深度挖掘印刷史背后的文化史意义。

印刷术在中国发明之后，逐渐传播到东亚、南亚等国家和地区。首先传到与中国毗邻的国家，主要有朝鲜、日本、越南、菲律宾等。根据史料记载，我国与这些国家在历史上均有密切关联，特别是唐朝以来新罗、日本经常公派留学生、僧侣来华学习，而那时，朝鲜、日本都通行汉字。印刷术传播到这些国家之后，特别是朝鲜和日本，它们学习中国的各种规章制度，从最初输入中国写本和刊印本的书籍，后逐渐发展到开创和发展自己的印刷事业。

元朝建立了横跨欧亚的大帝国，强大的统一政权促进了疆域内各地区各民族文明的交流和融合，加之四大汗国的互通有无，促进了造纸术和印刷术的快速传播。

我国印刷术虽然也是经过丝绸之路向外传播的，但方向和路线与造纸术西传略有差别。途经新疆后，印刷术在向西传播的过程中，有一路转向北方。这主要是因为在蒙古大军的远征过程中，中国印刷术北传至莫斯科公国，然后再远传至中欧和西欧地区。新疆在印刷术的"多向外传"中起着重要的桥头堡作用。正是通过新疆，我国印刷术一步步呈放射状传向各地，扩散开来，新疆在我国印刷术传播过程中所起到的"改良提升"和"多向外传"作用是无可争议的历史事实，考古发掘也为这一历史事实提供越来越多的证据。

13—14世纪，随着蒙古帝国的扩张，贯穿中国和波斯，直达欧洲腹地的道路也连通起来。在东西方频繁交往中，欧洲商人大量收购中国廉价的印刷品读物，然后再高价售卖给欧洲消费者谋利。古代中国与欧洲保持着十分密切的联系，1294年，意大利传教士孟高维诺曾在北京用中国的印刷技术出版宗教读物，这是较早认识和使用中国印刷术的欧洲人。大批留学生和传教士来到中国求学和传播宗教思想，返回时往往带走大量中国的图书、文献等印刷品，以兴本国学业。这直接为欧洲带去现成的提供思想启蒙的中国印刷品和读物。

约1400年，欧洲接触到中国除纸币外的另一种印刷品——纸牌。纸牌最早是由中国人发明的，虽尚不清楚是通过什么途径传入欧洲的，但意大利作家瓦列雷·柴尼写道："威尼斯人第一次把纸牌从中国带到威尼斯来，威尼斯是欧洲知道纸牌的第一个城市。"纸牌作为娱乐印刷品传入欧洲，丰富了欧洲人的休闲生活，开阔了欧洲人的视野，有助于欧洲人挣脱神权禁欲主义的思想禁锢。13—14世纪，欧洲人已对中国雕版印刷和印刷品有所了解，甚至接触过这类实物。中国印刷术为欧洲文艺复兴直接提供了一定量的思想启蒙印刷品和读物，对人类知识的传播建立了不朽的功勋。

印刷术作为促进文明发展的手段，是属于全人类的，理应在传播中不断得到发展和改进，以促进人类文明的共同进步，但印刷术的发明权却是有国界的，尤其是我国印刷术原初发明国的地位、对印刷术的转化提升及"多向外传"的首站之功，应当在出版史、文化史、世界史中得到应有的评价。厘清我国印刷术的改良之劳和外传之功，不仅是对出版史和文明史的尊重，而且对于外界认识一个历史悠久的文化中国和具有科技原创传统的发明大国，也具有重要的理论和现实意义。

　　沿"一带一路"传遍世界的中国造纸术和印刷术，对于人类文化的发展和文明的演进意义重大，影响深远。历史上，中华民族对人类发展有重大科技和文化贡献；今天，在大力建设文化强国、出版强国的当下，我们更有理由坚定文化自信，也更有责任担负起中华民族伟大复兴的时代使命，以便对世界做出属于我们当代人的新的更大贡献。

第一章 造纸术和印刷术在中国的发明与传播

中国古代的四大发明，其中造纸术和印刷术都是出版科学领域的。近年来，有关这两项发明的归属权问题在国际上出现争议。目前，从考古发现以及史料记载等多维度看，中国发明造纸术和印刷术这一论断是具有强有力支撑的，其沿着"一带一路"传遍全球也是有迹可循的。

第一节 中国对造纸技术的创造发明

汉朝时，中国的综合国力已经居于世界前列，物质和经济水平已经有了大幅提升，与此同时，精神和文化方面的需求也不断增强。简牍和绢帛这两种出版载体都各自具有突出的优点和不足。随着文明的不断进步，急需一种新的介质来满足文明发展的需要。在多方因素的共同作用下，植物纤维纸应运而生。

一、西汉纸的6次出土与西汉发明造纸术

造纸技术究竟是何时发明的，究竟是谁发明的，这两个问题一直是关于造纸术的原点问题和研究的焦点所在。围绕这两个问题的争论长期存在。

钱存训在《纸的起源新证：试论战国秦简中的纸字》一文中指出，纸在西汉时期已开始通行，若纸按照漂絮来理解，"则纸的起源上溯至战国

时代，应该是十分合理的推测"①。但毕竟是一种猜测，尚无关键的实物证明。

近年来，一系列的考古发现证明了古纸实物的存在，中国的一系列出土文物也同样证明了纸在西汉时期已经存在，中国早就有纸的实物出土证据。目前，针对纸的发明和改良，最为主流的学术观点，多为"西汉发明东汉改良说"。其中，有6件比较重要的出土实物支持植物纤维纸"西汉发明说"，具体如下：

1. 1933年在新疆罗布淖尔古烽燧亭中第一次出土的西汉古纸。这一片残纸大小约为10厘米×4厘米。根据现场勘查研判，罗布淖尔纸的年代应不晚于公元前49年。

2. 1957年在陕西西安灞桥出土的西汉古纸，经过科学鉴定为西汉麻纸。该片古纸是在三面青铜镜下被发现，较大的一片约有10厘米见方，"纸色浅黄，质地粗厚不匀，纸面有纺织物的印痕"②。灞桥纸的年代不晚于公元前118年。

3. 1973年在甘肃居延肩水金关发现两块西汉麻纸，质地较为粗糙，为暗黄色。金关纸的年代不晚于公元前52年。

4. 1978年在陕西扶风中颜村出土了西汉宣帝至平帝时期的3张西汉麻纸。中颜纸应产于公元前73—6年。

5. 1979年在甘肃敦煌马圈湾西汉烽燧遗址出土了5件8片西汉麻纸。马圈湾纸产于西汉宣帝元康至甘露年间（公元前65—前50年）。

6. 1986年在甘肃天水放马滩出土的西汉文景两帝时期（公元前179—前141年）的纸质地图残片，也是目前存有最早的一件纸质地图，表明了当时的纸可供书绘之用。放马滩古纸是目前发现的年代最久远的西汉古纸。

陕西、甘肃、新疆等大面积疆域较为频繁地出土西汉时期的古纸，由此可见，造纸技术在西汉前期应该已经基本成熟，并且在用途上已经可以承载书写绘画的载体功能。不过，西汉发明造纸术并未发现一个蔡伦式的

① 钱存训.纸的起源新证：试论战国秦简中的纸字［J］.文献，2002（1）：10.
② 李约瑟，钱存训.中国科学技术史　第五卷　化学及相关技术（第一分册　纸和印刷）［M］.上海：科学出版社，上海古籍出版社，1990：35.

代表性人物，这是一个遗憾。

二、伟大的造纸革新家蔡伦与东汉植物纤维纸改良

东汉蔡伦是造纸技术伟大的革新家，其对造纸术的创造性、革命性和历史性贡献丝毫不能被低估。历史将永远铭记蔡伦在改良造纸术上的三大贡献：一是成功用树皮、麻头、破布及旧渔网等廉价原材料来制造植物纤维纸；二是将西汉传统的烧纸法造纸创新改良为抄纸法造纸，工艺大进，效益大增，质量大升；三是对该项创新技术的普及和推广，蔡侯纸风行全国。

蔡伦改良造纸术之前，造纸原料主要为苎麻和大麻，生产的主要是麻纸。最初的麻纸，是由麻皮纤维或麻类织物制造而成，由于造纸术依然处于初级阶段，工艺较为简陋，所造出的纸张较为粗糙，夹带着不少未松散开的纤维束，纸张表面不平滑，不太适合书写，更多地用于包装、糊墙等日常生活。一直到了东汉和帝时期，经过蔡伦的改造，造纸术才形成一套完整可以推而广之的工艺流程。

蔡伦是东汉时期桂阳（今湖南郴州）人，宦官，和帝时曾任尚方令，尚方是专门负责管理皇宫的器物造办处，尚方宝剑也由此得名。尚方中聚集着大量有丰富生产经验和熟练技术的工人。由于汉和帝的邓皇后喜欢写写画画，现有的纸张质量难以满足需要，加之当时的经济社会发展状况，也对纸张提出了更高的要求，"缣贵而简重"的现实，已明显不适应社会发展需求。蔡伦就调集人力物力聚焦于造纸术的改良研究。他意志品格坚韧，经常深入生产实践并潜心钻研。《后汉书·蔡伦传》载："伦有才学……每至休沐，辄闭门绝宾，暴体田野。"蔡伦吸收了造纸工人宝贵的实践经验，不断完善与改进造纸工艺，在漂麻造纸的基础上，用树皮、麻头及破布、旧渔网等造出了一批质量精良的纸张。因造纸有功，蔡伦被封为龙亭侯，蔡侯纸开始享誉天下。令人惋惜的是，蔡伦后因卷入皇室斗争被迫自杀。

东汉元兴元年（105年），蔡伦将其改良成功的造纸法向汉和帝上奏。

《后汉书·蔡伦传》对此有详细记载："自古书契多编以竹简，其用缣帛者谓之为纸，缣贵而简重，并不便于人。伦乃造意，用树肤、麻头及敝布、鱼网以为纸。元兴元年（105年）奏上之，帝（汉和帝）善其能，自是莫不从用焉，故天下咸称蔡侯纸。"[①]其中提到的"造意"实际上可以理解为提出这一创意，即"树肤""麻头""敝布""鱼网"等废旧原材料的新用。这些便宜又易得的造纸原料的发现，为纸的工艺革新和大规模生产提供可能。此后，历代文献中都记载蔡伦是造纸术的发明人，人们也就一直认为是蔡伦发明了纸。而实际上，蔡伦是植物纤维纸的重要改良人，此后蔡侯纸成为写印的主要出版载体。

三、两汉造纸工艺、设备、原料及此后的持续创新

造纸术经过蔡伦的改进后，其过程一般被梳理为5个步骤：

1. "选"，即选料工艺。选择"树肤、麻头及敝布、鱼网"为原料，造纸原料改蚕茧丝絮等动物纤维为纯植物纤维。"植物纤维纸"由此而来。

2. "锉"，即锉料工艺。这个过程主要是将造纸原料切短、碾碎。

3. "煮"，即煮料工艺或沤料工艺。将已切短、碾碎的原料进行蒸煮或沤料，使得纤维间黏结质分解开来。

4. "捣"，即捣料工艺。将经过蒸煮的原料放入臼内进行春捣，现代的造纸术语叫打浆叩解，使纤维帚化，这是构成纸页的关键。

5. "抄"，即抄造工艺。将春捣好的纸浆送入纸池加水悬浮，然后用笪或簀（即现代的帘）来抄造。这是古代纸页成型的方法，称"抄纸法"。如今宣纸制作和土法造纸仍沿袭抄造工艺。

蔡侯纸经过以上5道工序就制成了，后世的造纸工序要多且细，但这5道是最基本的。蔡伦最伟大的创造就在于确立了造纸的基本工序和方法，他的造纸工艺实为现代造纸工艺之滥觞。蔡伦之后，中国造纸术仍走在持续创新之路上，以后又逐渐探索出竹纸、草纸等。

---

① ［南朝·宋］范晔.后汉书·蔡伦传.

第二节 中国对印刷技术的创世发明

造纸术经过东汉蔡伦的改良之后，纸得到了广泛的使用和普及，在东汉末年，已经普及到了民间，普通人也能够用上较为便宜并能够量产的植物纤维纸。纸的规模化使用应用，大大推动了文化的进步，也为复制印刷技术的发明和改进提供载体支撑。不过，印刷术的发明和造纸术一样也经历了漫长的过程，一直到隋代，文字、信息的传播还主要依靠抄写，在抄写时代，文化的普及和传播是非常缓慢的，古人读书学习也受到严重的制约。一部长篇书籍的人工抄写需要漫长的时间，不仅耗费大量的人力物力，而且在抄写过程中还会出现各种错误疏漏。正是由于众多问题所在，中国古代劳动人民也在实践过程中积极探索印刷与复制的新方法，这就推动了印刷技术的创世发明。印刷技术是中国对人类文明发展的又一重大贡献，使得人类走出了漫长的人工抄写复制时期。

一、中国文字符号与出版载体结合的探索创新

出版载体、出版符号、出版技术是构成出版活动的核心要素。从载体而言，绳、石碑、玉器、陶体、甲骨、青铜器、竹简、木牍、瓦当在历史时空中不断替代转换，由绳最初的方便计数、记事，到甲骨、青铜器的承载意义的增加，再到竹简、木牍的便捷流通，硬质出版载体在古代出版中扮演了重要角色。符号也与古代出版发展脉络互为表里。单体、复体、成熟文字，这是符号在出版中的隐在肌理。由一个符号、一组意象、一篇文章，到书籍的编纂传播，符号在与载体的相伴相生中，在从具象到抽象的演进中，彰显着远古先民应对世界的立场与法则。出版技术从最初的简单编结，到火烧刀刻，再到后来的书写编纂，展示着人们与世界关联方式的不断调适。出版只是意识形态的一个展示维度，在自我的博弈与历史的融合中，先民运用智慧开启人类文明的进程。

载体趋于便捷实用，符号趋于系统规范，技术趋于成熟精湛，文化趋于进步繁盛……这些多元因素相互共生，彼此促进，共同推动着古代中国硬质出版的发展，在载体、符号、技术、文化等方面凸显出自身的价值。出版载体在历史时空中被不断替代转换，出版符号从具象走向抽象，先民运用自己的智慧预言着人类文明的未来走向。

（一）结绳记事时代

在绳、陶器、石器、玉器、甲骨、青铜器、简牍、瓦当等一系列的出版载体中，绳的质地稍微偏软一些，但由于其出现较早且属于仍有一定硬度的生活实用物品，因此将其归于硬质出版载体范畴加以阐释。说它是软质出版载体也是可以的。结绳记事在中国出版相关问题探讨中是绕不开的一个话题。结绳记事现象背后绳迹的变迁，反映了远古先民与宇宙自然的博弈。绳的编结与功能，绳作为符号意义的转进，结绳之编与文籍之编，这些都彰显着绳作为载体、技术、符号、文化的意义。

在文字产生的诸多讨论中，仓颉造字说是值得关注的一个角度。随着历史的发展，需要记载的信息逐步增多，在此前提下用结与刻的方式来记录，显然无法满足人们的需求，仓颉逐步开始用另外一些符号来描摹宇宙自然、鸟兽虫鱼，将这些符号按照自己的想法加以拼接，并将这些符号称作"字"。

绳作为早期远古先民与世界的关联物，在人们的生产和生活方面都发挥了重要作用。可以想象得到，在远古洪荒的年代，人们用绳探索山川、河泽、海洋，他们在与自然的接触中积累了宝贵经验，也用绳理解与建构自身的生活。与绳相遇，或源自偶然，但这种偶然性一旦与生活息息相关，就成为人们潜意识里的自觉。

根据古文字学家徐中舒研究，先民结绳的用途主要有三个：计数、记事、记世系。在文字发明之前，人们会用结绳的方式来记录他们的生活。也就是通过在一条绳子上打结的方式来记载事件。上古无文字，结绳以记事。《庄子》："昔者容成氏、大庭氏、伯皇氏、中央氏、栗陆氏、骊畜氏、轩辕氏、赫胥氏、尊卢氏、祝融氏、伏牺氏、神农氏，当是时也，民结绳而用之。"《易》："上古结绳而治，后世圣人易之以书契。"《孔颖达疏》："结绳者，郑康成注云，事大大结其绳，事小小结其绳，义或然也。"晋代葛洪的《抱朴子》："若舟车之代步涉，文墨之改结绳，诸后作而善于前事。"绳本身具有的柔软性、延展性决定了它使用的方便程度，以及使用频次。

并非只有我国先民和少数民族用绳来记事。在古代日本、埃及、近代非洲、美洲等都曾保留独具特色的记事方法，其中以古秘鲁印加人的"奇普（Khipu）"结绳记事方法最为独特。他们在一条主绳上系上不同颜色的绳子，每种颜色代表不同意思，比如红色代表士兵，黑色代表死亡或灾难，黄色代表黄金，白色代表白银或者和平，绿色代表玉米或者其他谷物。

结绳不是由一个人制作的，而是同结共享的编码。当绳的符号意义脱离绳的载体，转为新的载体的时候，象形文字离我们更近了一步。今天意义上的绳与作为原始出版意义上的绳相去甚远。绳的作用越来越具体化，而部分"绳"的隐喻还在，比如准绳。

绳迹在载体中的隐退，在文字表意功能中的转进，表明中华文明的进程具有了更多可能性。当形象被意义覆盖，当出版以及文明的承载日趋庄重的时候，绳迹也在渐行渐远。作为绳迹背后的文化功能却在叠加、转化、再造，渐渐融入人类文明进程。当甲骨、青铜器以恒久、庄重的方式出现在人们生活中时，绳作为承载文字、承载意义的使命便退居幕后。

（二）陶体、石体与文字符号

载体的变化，不仅记载的内容增多，更有仪礼文化内涵的增加。原始巫术礼仪严格，李泽厚说："为什么古代巫术礼仪要求那么严格呢？因为只有这样，才能锻炼人们保持一定的秩序，为社会群体生活所必需。"[①]这种礼仪观念的强化，更多则体现在龟甲、青铜器、陶体、石碑文化中。

1.陶体、石体文字符号萌芽

从人们开始用自己的方式记录世界，到甲骨文出现，经过了漫长的一段时间。20世纪以来各种新的考古发现，为我们探讨中国文字的产生问题

---

① 李泽厚.美学三书［M］.天津：社会科学院出版社，2007：521.

提供了新的路径与方法。在距今8000多年前新石器时代的贾湖遗址出土了一批石器、陶器、骨器,其中一部分文物上有一些契刻符号。郭沫若等一批学者认为这些符号或为中国文字的最早雏形。

1984—1987年,河南舞阳裴李岗遗址发现了刻符21个。这一阶段的陶体制作从形制上看较为规整,后来随着技术的发展,陶体上的纹饰也日趋多样。最初可能只是一些篦点纹,后期则出现了类似"之"字纹和"人"字纹的纹饰。这些表明他们在基础出版之外,开始有意识地进行审美创造了,正如博厄斯所讲的形状的规则和表面的光滑可以产生装饰效果。[①]

仰韶村遗址出土的一批彩陶上也发现了刻符。这些符号以不规则的形式,或单次或重复出现在陶体上,显示着先民试图传达生活的意图。纹饰的主题以鱼居多,也有少量的鹿、鸟、蛙和人面纹。

大汶口文化晚期,在一些陶尊上出现了类似文字的东西。如"日月山"叠加的字形,充满会意文字的文字意味。后来陆续在大朱家村、杭头、尉迟寺和尧王城等遗址的墓葬、灰坑和文化层中发现同样的陶尊文字,使大汶口文化出土陶尊文字的遗址增加到6处。古文字学家唐兰认为:这些文字属于比较进步的文字,已经脱离草创时期。李学勤和严文明等学者指出,陶尊上反复出现的文字与金文出现在器物上的位置很接近,都在器物的特定部位,而且在象形的基础上又有相当程度的抽象化,与一般的装饰和图画存在本质区别。与大汶口文化相类似的图画文字,在良渚文化、屈家岭文化中也有发现,它们应是后来古汉字的源头和基础之一。

2. 玉器和石体上刻符与文字元素

良渚玉上出现的类似文字的刻画符号也很值得研究。凌家滩玉版上的刻画符号就很有代表性。玉版为长方形,长11厘米,宽8.2厘米,厚0.2～0.4厘米,表面精整,呈牙黄色。玉版正面有刻琢的复杂图纹。李学勤认为,玉版在墓中陈放的位置以及繁复精细的纹饰都说明玉版有重要的意义,图纹明显表示出八方,而八卦则被认为与八方有关。[②]饶宗颐认为,凌家滩玉

---

① [美]弗朗兹·博厄斯.原始艺术 [M].金辉,译.贵阳:贵州人民出版社,2004:11.

② 李学勤.走出疑古时代 [M].沈阳:辽宁大学出版社,1997:115—120.

版的图纹系表示方位与数理关系。①

在石头上刻符早在新石器时代就已经出现，而石刻文则是在夏代萌芽，成熟于周代，在秦代兴盛。石刻中比较早的是夏代的《岣嵝碑》，其字体与籀文接近，文体风格与《诗经·小雅》相近。从现存石刻文作品来看，重要的典型性代表如《石鼓文》《峄山石刻》《泰山石刻》等。

《石鼓文》乃"石刻之祖"，因其文字刻在十面鼓形石头上得名。从字体来看，石鼓文属于大篆字体，前承西周金文，后启秦代小篆。《石鼓文》是现存最早且具代表性的石质载体的出版作品。《峄山石刻》是李斯所写，篆文，凡11行，行21字。《史记·秦始皇本纪》中有记载："二十八年，始皇东巡郡县，上邹峄山，立石，与鲁诸儒生议，刻石颂秦德。"其线条与气势方面，均成为后世临摹学习的典范。由于时代久远，该石刻原石被毁。宋淳化四年（993年），宋人郑文宝根据原石拓本翻刻立石。关于该石的摹刻不少，其中宋代人所刻的五代南唐徐铉摹本为最佳，目前藏于西安碑林博物馆。秦《泰山石刻》是泰山最早的刻石之一，立于始皇二十八年（前219年），该石刻分两部分，均为李斯所书。第一部分144字，是秦始皇巡游泰山时所刻；第二部分78字，是秦二世即位第一年（前210年）时所刻。《泰山石刻》仅有10字流传后世，被称为"泰山十字"。

（三）甲骨文与青铜铭文

文字的出现标志着人类文明征程的正式开启。目前世界所公认的中国最早的文字是殷商时期的甲骨文，距今大约有3500年，这些文字内容大多是对殷商政治和经济的反映，主要用于占卜。甲骨文与两河流域楔形文字、埃及象形文字、印度古文字、美洲玛雅文字并称为世界"五大古文字"。作为世界上唯一没有中断的文字，近5000个甲骨文字符号今天能释读的不到2000个。随着时代发展，后世使用频次趋弱，不少甲骨文字的认读与理解成为学术研究的难题。刻在龟甲和兽骨上的文字曾被人们称为

---

① 饶宗颐.未有文字以前表示"方位"与"数理关系"的玉版［J］.文物研究（第6辑）.合肥：黄山书社，1990：10.

"契文""甲骨刻辞""卜辞""龟版文""殷墟文字"等，现通称"甲骨文"。

继甲骨文之后兴起的是金文。金文的命名基于承载文字的载体。因文字铸刻在金属类的钟鼎之上，所以也被称为钟鼎文。商周时期文字的载体是甲骨和青铜器并用，殷商以甲骨为主，西周以青铜器为主。随着记刻内容的增多、载体的多元，甲骨刻辞在西周开始逐渐衰落。殷商时期青铜器上的文字通常很少，目前发现的最长的不超过50个字，而到了西周时期，青铜器上文字的规模、字数以及铸刻技术等都有长足增长。

青铜铭文因其铸刻在青铜器物上而得名。青铜器从功用上来分，主要有礼器、乐器、兵器、食器以及日用器等。青铜器被看作国之重器。贵族阶级如要保存纪念重要事情，都会铸造青铜器，以此留下文字记录，著名的青铜器如毛公鼎、史墙盘等。记载在青铜器上的许多铭文也成为人们了解认知那个时代的重要史料。在诸多载体中，青铜器是承载文字最长久、最可靠的载体。青铜器物等级彰显社会等级。

（四）竹简、木牍与印章

出版载体的不断发展，推动了书写内容的变化，也促成人们对书写载体的重新选择。绳表达内涵的局限性，被甲骨、青铜器延展补救，而青铜器的稳固难移又造成传播困难，或许是此背景下，另一种书写载体开始繁盛，即简牍。

"唯殷先人，有册有典。"这是记载在《尚书》里周初政治家周公姬旦之语。"册"是简牍的象形，而"典"是放在桌子上的"册"。由此，人们相信，殷商时期已有简牍文书。这一点，目前虽然尚无实物证据，但从甲骨文中已有"册""典"二字及众多文献记载，可以判断殷商前期简牍载体已经出现。郭沫若说："殷代除甲骨文之外一定还有简书与帛书。甲骨文中也有册字和典字，正是汇集简书的象形文字。但这些竹木简所编纂成的典册，在地下埋藏了三千多年，恐怕不可能再见了。"①经过较长的

---

① 郭沫若.古代文字之辩证的发展［A］.郭沫若全集·考古编（第10卷）［C］.北京：科学出版社，1992：73.

历史发展，简牍成为春秋战国（可能更早）至魏晋时期主要的书写材料。简牍多用狭长的竹片或木片制成，每片竹片或木片写一行或几行字。后来人们将一篇文章的所有竹片或木片编连起来，形成简牍书卷。"简牍"是竹简、木牍的合称，竹制的称竹简，木制的称木牍。简牍一般都用刀刻或笔墨书写，册的长度会因功用不同而有所区别：诏书律令类的长三尺（古尺，约67.5厘米），抄写经书类的长一尺四寸（约56厘米），民间书信类的长约一尺（约23厘米）。民间书信也有"尺牍"的说法。

　　在中国历史上，竹简、木牍有过一段较长的使用时间，绢帛是其辅助性出版载体，简牍是造纸术发明普之前主要的书写载体。秦汉时期简牍非常盛行，西汉刘向等人整理出政府藏书13000多卷。纸被广泛运用后，简牍的使用才逐步减少。简牍能在一段时期被广泛使用，也缘于其取材的廉价，容易获得，就像埃及的纸草、印度的贝叶。简牍编连成册的特质加速着真正意义上"书"的形成步伐。

　　印章这种特殊的带有法证功能的出版载体，在历史时空中扮演着不同角色，承载着不同使命，它以其自身规模形制的变化，彰显着先民历史迈进中的情趣与智慧。印章是集出版载体、出版符号、出版技术为一体的特殊出版物，用于文件上表示确认或者签署的印信。印章一般会沾染颜料，然后盖印。那种不沾颜料，加盖在平面上呈现凹凸印痕的是钢印。印章的制作材质有金、玉、铜、骨、木、琉璃、象牙等。根据使用的范围，可以分为官印和私印。印章在历史中发挥了独特而重要的作用，兼具实用价值与艺术价值，也是中国印刷技术产生的直接源头之一。

　　（五）载体自身的变迁

　　载体、符号、技术、文化等是构成出版活动的核心要素。在古代中国的出版实践中，载体的变迁对出版的效果具有直接的影响。不管符号、技术抑或是文化，这些因素大多都是围绕着载体的变换而转变。从绳、陶器、石器、甲骨、青铜器到竹简、木牍，载体随着人类生活的不断推进、需求的不断拓展，从而被不断替换更新。同时，载体的每一次变化，也带来了文明的发展与进步。

　　结绳记事现象背后绳迹的变迁，反映了远古先民与宇宙自然的博弈。

由借助绳来完成工作，到绳促成人与人之间的交流，这种迈进中，包含了绳作为载体、技术、符号、文化的意义，既是对现世人生的模拟表述，又是符号与文明的建构主体，潜在促成着内在规则和标准的建构。绳作为符号载体，在表意世界身份的隐退与转换，反映了文字与文明的进程。需要注意的是，结绳记事中的绳，既是载体，又是早期符号，也是技术，是符号、载体、技术的"三合一"。

绳承载意义信息的功能较弱，注定了会被新的载体所取代。陶器、石器出版载体的出现，使得更多的信息被记录与传达。如果说陶器、石器这类载体推进了古代中国早期的出版发展，那青铜器的出现，无疑是中国早期文明的一次突进，也是古代硬质出版一次质的飞跃。青铜器作为出版载体，是礼法的选择，更是历史的选择。

竹简、木牍在人们生活中容易获取，而且容易加工，这些都加速着人们之间信息传播的速度。易于移动，载体刻字便利，这些特点改变着出版的制作技术与符号传播方式。简牍上或刻字或抄写会比青铜器上铸字容易，因而在最终的字体与字形方面，也会呈现很大区别。从目前出土的很多战国简牍来看，无论是加工、尺寸，还是字体、书写形式、编结方式等，都相对比较成熟。

应该说书写载体只是历史进程中人们的一种自觉选择。往往在一个时期几种载体是同时并存的，新石器时代的陶器和石器；商周以及战国时期的甲骨、青铜器、简牍。载体的变迁不是出版发展的唯一缘由，也非单一标尺，但是这种载体的变迁带来了更多外围技术以及符号的变化，这些会在更多的层面上影响出版的广度与深度。

（六）载体进步带来的出版成就

新的载体催生新的技术，新的技术丰富新的符号，新的符号彰显新的文化，而载体、技术、符号、文化则综合显示着一个时期文明的多元成就。结绳时代，人们用绳构建的更多的是数字的符号意义。新石器时代，陶器和石器中，符号的象形与会意功能增强，在意义的输出方面更进步，人们看到了更多的组合意象。在甲骨、青铜器之后，文字书册开始出现在人类文明的视野中。

要说古代中国最早的图书出版，不能不提《河图》与《洛书》。"河图洛书"的说法，最早见于《尚书·顾命》："大玉，夷玉，天球，河图在东序。"《管子·小匡》中也有记载："昔人之受命者，龙龟假，河出图，洛出书，地出乘黄，今三祥未见有者。"而《周易·系辞》记载："河出图，洛出书，圣人则之。"这些说法与传说中伏羲时黄河中有龙马背负"河图"、夏禹时水中有神龟背负"洛书"的传说一致。

汉代时谶书有《河图》9篇、《洛书》6篇。一般认为《洛书》到西汉初年已经存在，然而《河图》的来源以及图书的相关问题至今还存在争议。根据记载，"河洛"文献是一系列符号，呈现"赤文绿色""篆字""丹甲骨文"的外部形制特征。换句话说，"河洛"具备了早期出版活动的一些要素，比如龟甲载体、图案符号、篆刻技术、抽象文化内涵等。

应该说甲骨、青铜器、简牍在夏商周以及战国时期承载了书写载体的功能。载体在历史中不是断裂式的演进，而是存在相互交叉、传承推进的情形。

古代中国较早的文献是《尚书》与《诗经》。从甲骨卜辞与早期文献的互证中或可看出古代中国早期出版的情形。《尚书》涉及商代内容的有《商书》17篇，《诗经》涉及商代内容的有《商颂》5篇，但这些文献并非出自商代，而是后人结集时整理。在后来的青铜器铭文中，文献与青铜器记载的很多内容也都能互证，比如商周青铜器铭文往往以"王若曰"开篇，如盂鼎铭文、毛公鼎铭文等。20世纪30年代，郭沫若提出以西周青铜器铭文验证早期文献《周礼》的真伪，通过500件青铜器，从其铭文中整理出近900条材料，逐一与《周礼》比对，发现其内容的同源性。

春秋战国时期竹简、木牍大范围的使用，也带来古代中国出版和文化传播的繁荣。孔子对古代中国早期的文化典籍《诗》《书》《礼》《乐》《易》《春秋》进行了整理，为中华民族传统文化的保存与传播做出了贡献。春秋战国时期至汉代的出版活动异常活跃，成就斐然，如《老子》《孟子》《庄子》《墨子》《竹书纪年》《世本》《国语》《战国策》《吕氏春秋》《禹贡》《考工记》《法经》等。这时期还出现了大量古籍抄录的现象，《管子》《山海经》《黄帝内经》等这些文献最初内容写成于先秦，后来被以单篇形式抄录流传。

汉代文化制度相对稳定，政府图书编校机构的出现，给汉代出版带来了更多的可能性。汉高祖刘邦定都长安之后，在未央宫建石渠阁、天禄阁、麒麟阁，作为皇家藏书和图书编校场所。传播领域的扩大、出版技术的提升、当政者的提倡，都给出版的繁荣提供了契机。《尔雅》《说文解字》《广韵》《方言》《释名》《九章算术》《周髀算经》《神农本草经》《伤寒杂病论》《氾胜之书》这些工具、数学、天文、医学、农学类书籍集中出现。司马迁《史记》与班固《汉书》的规模分别大到50多万字和70多万字。汉代刘向、刘歆父子编校成就显著。刘向有《战国策叙录》《管子叙录》等，其子刘歆则在《七略》的编撰工作中创立了古代图书七分法的分类体系以及叙录体解题形式，对后世图书出版和图书管理产生了重要影响。阮孝绪（南朝梁）的《七录》继承了刘歆（东汉）的《七略》和王俭（南朝齐）的《七志》，将图书目录的七分法进行系统性完善。

魏晋时期，简牍载体逐渐走向衰落，终于在404年将千余年的出版载体的主导性地位揖让给西汉发明东汉改良的植物纤维纸。这一次出版载体的跨越式进步，带来的更是文化和文明的里程碑式发展。

二、印章、拓印和制版印染共同推动雕版印刷的创世发明

印章、拓印和制版印染是中国古代雕版印刷术发明的三大源头。雕版印刷术是在三大源头汇流融合中孕育发明的，对其发明时间、发明人物、最早作品的探究，也应融入到对这些源头融合交汇过程的探索中。

（一）印章与雕版印刷的出版思想、技术和功用具有高度的一致性

印章是中国文化现象中重要而独特的存在，是中华传统文化的瑰宝。印章文化源远流长，经久不衰。印章是"信印"，承担一种契约性的社会功能。印章同时还是一种复制思想的源头。远见卓识的前辈学者也看到了这一点。清代李元复说："书籍自雕镂板印之法行……以自古有符玺可师

其意。"①近人罗振玉在《辽居藳》《徐氏古玺钱谱序》中，也曾提到"印刷肇于印玺"，卡特、钱存训、郑也夫、肖东发等专家也持相近观点。但相关论说都较为简单。细究之，印章是雕版印刷术发明的第一源头，主要表现在其与雕版印刷的转印思想、复制技术和出版功用的高度一致性上。

1."转印符号"的出版思想，是印章启发雕版印刷的逻辑起点

雕版印刷在出版复制思想方面与印章是完全一致的，具体来说，就是"转印符号"。印章的符号往往需要借助印泥及色彩颜料转印到另一种载体上。印章"转印符号"的复制逻辑，直接启发雕版印刷将雕成的版面符号通过墨水转印到植物纤维纸等软质出版载体上。

2."反刻正用"的出版技术，是印章启发雕版印刷的技术要点

印章同时还是一种出版复制技术的源头。章宏伟认为："印章——机械复制文字的最早企图。……印刷术发明中藉印章的技术是可以成立的。"②印章的技术特点是反刻正用，这与雕版印刷甚至活字印刷的复制技术和特点是一致的。印章承载着盖印取信的特定符号意义，只不过这些符号往往是阳文（凸出来）反刻的。反刻正用的确是雕版印刷从印章中获取的技术要点。

3."章为印用"的出版功用，是印章启发雕版印刷的功能目标

印章的功用可以简言之为章为印用。说得具体一点，章是手段，印是目的。也就是说，印章上反刻的阳文符号恰恰是为了蘸上印泥，在捺印时得到"正用"的印章符号。一般的印章刻制，其目的和功用都是盖印时得到清晰可辨的转印符号。这一点不仅古代如此，现代依然如此，刻章的目的一般是钤印。

无论是在出版复制逻辑还是在出版复制技术、出版复制功用方面，印章对于雕版印刷的启示和催生都是直接的和有力的。葛洪《抱朴子·内篇》："抱朴子曰：古人之入山者，皆佩黄神越章之印，其广四寸，其字

---

① ［清］李元复.常谈丛录（卷一）.
② 章宏伟.雕版印刷起源问题新论［J］.东南文化，1994（04）：137.

百二十。""黄神"即黄帝,"越章"乃西周时楚王熊渠少子执疵所封之地,越章后成为南越之神。"黄神越章之印"属道教法印,该印大约出现在3—4世纪,"其字百二十",与小开本的雕版印刷一页的字数已经接近,可以算是小型雕版。

(二)拓印与雕版印刷的出版形制、范式、版样和效果高度一致

拓印是雕版印刷术发明的另一源头,两者在出版形制、出版范式、版样制式和出版效果上具有内在的一致性。

1."敷纸拓扫"的出版形制,是拓印对雕版印刷的形制启示

拓印是将碑石、崖壁、甲骨、钟鼎上的阴文(凹下去)正刻的文字或图画符号,经过敷纸拓刷的复制技术,获得黑底白字的纸质印品。这与雕版印刷的形制特点存在着内容和形式上的一致性。只不过雕版印刷是将纸敷在刷墨的雕版上,而拓印是将纸濡湿敷在有出版符号的器物上。随着纸张质量的提高,用濡纸在刻有文字的石碑上拓扫这项技术在东汉时期已经萌芽,其对后世雕版印刷的"敷纸扫刷"具有外在形制上的启示作用。

2."以纸就版"的出版范式,是拓印对雕版印刷的范式影响

"以纸就版"的出版范式是拓印启发雕版印刷的重要内容。印章是"以章就纸"的出版范式,而拓印则是反向的"以纸就版"的出版范式。拓印这种"以纸就版"出版范式的形成,主要是因为较大体量的硬质出版载体上的出版符号固定难动,而体量较轻、灵活柔性的软质出版载体相对易移。拓印和雕版印刷都是"以纸就版",即以软质出版载体(纸)去俯就硬质出版符号(碑或版)。"比较摩拓的原理与雕版印刷的全过程,我们可以认为雕版是刻石的延伸,印刷是拓石的继承和发展。"[①]

3."较大平面"的版样制式,是拓印对雕版印刷的版样启迪

拓印的母本——石碑、崖壁、甲骨、钟鼎一般都具有一定的平面面积。雕版印刷是在有较大平面的阳文反刻的字版或画版上施墨,然后铺上植物纤维纸,用毛刷轻轻着力刷过纸面,得到墨印正显的出版符号,这与

---

① 万安伦.中外出版史[M].北京:高等教育出版社,2017:201.

拓印大面积转印的版样制式有一脉相承之处。所不同的是出版符号的阳文反刻与阴文正刻之差，及出版物品的白底黑字与黑底白字之别。

（三）制版印染在刻版、制版、分版和套印技术上为雕版印刷探索路径

制版印染是雕版印刷术发明的第三个源头，其在刻版、制版、敷彩和套印技术上为雕版印刷的高阶发展开辟道路并探索路径。印染技术主要分制版和不制版两大类，不制版印染包括蜡染、绞缬等，制版印染主要包括凸版和凹版两种类型。不论哪一种制版印染，其与雕版印刷的区别只是后者所刻之版以文字符号为主，而前者以图画符号为主。在印染与印刷术之间，陈春生认为："尽管印刷术不是印染术，但印刷术却诞生发明于印染术中的印花术中。"[①]

1. 制版印染为雕版印刷在刻版和制版技术方面开辟实践路径

制版印染技术是中国古代实用技术门类的一种，它是指用木板、石板、铜板等雕刻或蚀刻出凸起或凹陷的反刻图案，然后在刻成的印版上涂上各种色彩的颜料，再将绢帛、纸张等软质出版载体平铺在印版上，用毛刷等均匀着力刷印出正显的图案来。中国古代最早将这种技术用在衣物纹饰图案的印染上。"印染版画本受启发于民间蓝印蜡染，故亦可印于布类。"[②]先秦时期，帝王与贵族穿彩衣，"依靠手工绘彩（即敷彩）已属供不应求，因而在敷彩基础上始创型板印花。"[③]湖南长沙战国楚墓印花绸被面的出土，为研究手工印染技术发展提供了实物。无论是雕刻的木版还是蚀刻的铜版，制版印染技术都是以首先刻制印版为前提条件的，这为雕版印刷在刻版和制版方面开辟出可行的实践路径。

2. 制版印染在分版和套版技术方面为雕版印刷树立榜样

制版印染中关于蓝印、蜡染、印花等图画类出版符号的相关工艺，比文字类出版符号的雕版印刷术产生得更早，使用得更广泛，发展得更成熟。有学者认为："远在纸张发明之前，中国古代先民已开始在织物上进

---

① 陈春生.中国印刷术诞生发明于中国印染术中［J］.丝网印刷，1998（3）：28.

② 胡有章.印染版画简谈［J］.美术，1985（6）：58.

③ 陈春生.中国印刷术诞生发明于中国印染术中［J］.丝网印刷，1998（3）：28.

行敷彩、染色与印花了，即在布帛上施之于绘、印、染。"①由此可见，以图画为出版符号的制版印染技术，对以文字出版符号为主的雕版印刷术的萌芽和发明具有重要的启示和借鉴意义。制版印染的分版和套版技术在汉代已臻成熟，后世彩色印刷技术和套版印刷技术从中取得了直接的经验和榜样的启发。

以上三大源头具有鲜明中国特征，它们在中国历史上都拥有悠久的独立传统，并在各自领域创造了灿烂的专属文化。同时，三者又从思想、技术、功用、形制、范式、版样、效果、刻版和制版技术、分版和套版技术等多层面、多维度建构了其在中国出版发展历程上的重要源头性地位，并以"生化反应"的形式共同孕育雕版印刷术在隋唐之际的创世诞生。

三、中国雕版印刷术的发明及影响

在印章、拓印、制版印染的共同推动下，雕版印刷在中国的隋唐之际被创世发明，人类从手抄复制阶段一跃而到印刷复制阶段。雕版印刷虽然是印刷术发明的初始阶段，但它的出现对于传播知识、促进文化发展和文明进步有着极为重要的影响，也为以后印刷术的发展成熟奠定了基础、积累了宝贵经验。

作为雕版印刷术完整的科学含义，它包括以下几个部分，即雕、印、刷、术。所谓雕，就是将文字符号等集中用反文形式阳刻在一块木板上；所谓印，就是指通过必备的技术手段，将文字、图像、表格等印在一定规格的纸张等载体上；所谓刷，就是将纸张等载体铺在印版上通过技术措施以均匀的刷扫压力，使各个部分均能达到印刷出图文符号的效果；所谓术，就是指刻字、制版、调墨、铺纸、着色、揭页、折页、装帧等全部印刷过程中的技术措施②。

---

① 陈春生.中国印刷术诞生发明于中国印染术中［J］.丝网印刷，1998（3）：28.
② 上海新四军历史研究会印刷印钞分会编.雕版印刷源流［M］.北京：印刷工业出版社，1990：87—88.

（一）雕版印刷术的印刷过程

首先，是将需要印刷复制的书稿文图用毛笔写画好小样后，将有图案文字的一面反贴在木板上准备雕刻，刻工用刻刀将木板上的墨迹刻成凸起的阳文，并认真修刻。其次，用热水冲洗雕版，洗去木屑等，刻版即告完成。印刷时，先用刷子将墨汁均匀刷于阳文反刻的印版上，再将需印之纸覆于印版，然后用长毛刷在印纸背面来回均匀地刷扫几次，"印刷"即由此得名。于是，贴合在雕版一面的纸上就会呈现出所刻文图的正字（图像），这是印刷的原初意义。随后，再将纸从印版上揭起并阴干，整个印刷过程就完成了。刻版的过程与刻印章的过程有很多相似之处，都有一定之规。古代印刷与印章盖印方向是相反的。印章是印在上，纸在下，而雕版印刷是版在下，纸在上。在以纸就版这一点上，雕版印刷与拓印有相似之处，但雕版上的字是阳文反字，而普通碑石则是阴文正字。此外，拓印的墨是施在不与碑文接触的纸面上，而雕版印刷的墨则施在雕刻好的印版上。

（二）雕版印刷术的发展过程

雕版印刷术自隋末唐初起源，在我国大约经历了三个发展阶段。唐代是雕版印刷初步发展时期，五代、宋、元时期是雕版印刷全面发展时期，明清时期是雕版印刷与活字印刷同时并用时期。

1. 隋唐之际是雕版印刷术的起源与初步发展时期

传世的唐代雕版印刷作品相对稀缺，当时的雕印技术也相对粗糙。印刷的主要内容大多是贴近人们生活、市民阶层所常用的通俗读物，例如诗文、日历、韵书及阴阳相宅、佛道经书等。儒家经典及其他著作还没有作为雕版印刷对象。唐文宗大和九年（835年）东川节度使冯宿上书云："剑南、两川及淮南道，皆以版印历日鬻于市，每岁司天台未奏颁下新历，其印历已满天下，有乖敬授之道，故命禁之。"韩国庆州发现唐朝《无垢净光大陀罗尼经》（以下简称《无垢经》），甘肃敦煌千佛洞咸通本《金刚经》被发掘。这些都证明历书、佛道经书等是这一时期主要的印刷内容。

除历书、宗教经典多为雕版印刷并广为流传外，脍炙人口的优秀文学作品在唐朝大量印刷发行，在民间广为传诵。长庆四年（824年），唐代诗人元稹给诗友白居易的《白氏长庆集》作序说："至于缮写模勒（模勒即刻印），炫卖于市井，或持之以交茗酒者，处处皆是……长庆四年十二月十日。"由此可见，白居易作品的雕版模勒印本当时已"处处皆是"。

这一时期雕版印刷的中心主要有成都、淮南、扬州，其中尤以西南地区的成都雕版印刷业较为发达。唐朝末年，黄巢农民起义后，唐僖宗及许多官吏逃到四川，大批文人墨客也流落到成都，另外当时成都盛产麻纸，这些都为该地区成为全国印刷中心提供了非常有利的条件。

2.五代、宋、元时期是雕版印刷的全面发展时期

与唐代相比，这一时期的印刷内容发生明显变化，一改唐朝以佛道经书、阴阳杂记及历法诗文等为主要内容的局面，统治阶级及士大夫所需要的儒家经典、百家著作、史书、类书及反映科技的医、算之类著作被大规模刻印，并广为流传，印刷业由原来的民间小规模经营走上了政府大规模组织的道路。首开儒家经典的大规模印刷，当归功于五代后唐宰相冯道。冯道认为儒家经典对封建统治阶级有着极为重要的价值，建议后唐明宗下令刻印，并请当时最高学府国子监进行校订。此所谓"后唐明宗长兴三年（932年）令国子监校定九经，雕印卖之，其议出于冯道"。我们通常所说的监本就始于此。有组织的由官方大规模用雕版印刷术刻印书籍也由此开启。

中央政府、地方政府、书坊、寺观、书院及私人共同经营刻印业，促进印刷事业形成成都、杭州、建阳、平水（亦名平阳，在今山西临汾）等全国性出版印刷中心，是这一时期的又一显著特点。

北宋监本绝大多数都是浙本。这是因为从五代末年起，杭州有为数不少的人从事刻印业，形成了一大批技术熟练的刻印工人，南宋时杭州成为都城，更是推动了杭州雕版印刷业的快速发展。北宋开宝八年（975年）吴越国王钱俶倡议刻印的《陀罗尼经》，是国内现存最古的浙本。南宋绍兴年间（1131—1162年）杭州刻本《白氏文集》，字体方正，刻法圆润，是浙刻本的代表作。此外，当时专以刻书为营生的书坊也大多集中在杭州，其中以陈道人籍铺最负盛名，他刻的多为唐宋人文集，被后世称为"书棚本"。宋代的福建建阳造纸业相当发达，为该地区成为印刷中心提供了有

利条件。从12世纪起，建阳的印刷业不断发展。该地区所刻经书多把经、注、疏、释文合为一体，给予读者极大方便。为适应当时科举应试和学习参考的需要，建阳地区还选印了不少新型类书，如《事文类聚》《翰墨全书》《记纂渊海》等。明中叶后，建阳惨遭火灾，印刷业走向衰落。

值得一提的是，金代的雕版印刷中心在平水。这是12世纪中叶出现的位于黄河以北的印刷出版中心，其刻工可能是宋亡后从汴梁等地流落过去的。代表性的出版物要数金皇统八年（1148年）至金大定十三年（1173年）刻成的《金藏》及元代乃马真后四年（1245年）刻成的7800余卷本《玄都宝藏》。受战乱等影响，13世纪末，平水的雕版印刷业开始衰落。因元代全域全朝使用纸币作为法币，"植字""拼版"等技术逐渐出现，套版印刷技术日趋成熟。

3. 明清是雕版印刷与活字印刷并用时期

雕版印刷与活字印刷两种印刷技术，相互促进，将中国古代出版印刷业推向了新阶段。明代，北京、南京国子监都从事刻印等相关工作，官刻系统发达，而院刻、寺刻、坊刻、私刻之风更盛。这一时期雕版刻印的书籍种类之多、数量之大，不胜统计。技术不断进步，饾版、拱花、敷彩等套印技术进一步发展。明清方志木刻本遍及各地，也表明了雕版印刷空前发达。明清时期活版印刷也较为发达，一些大部头的典籍也采用活版印刷方式。

虽然如此，直到清末，出版复制也仍然是雕版复制、活版复制及手抄复制三足鼎立的基本格局。这个局面直到清末民初引进和普及现代出版印刷技术才被打破。

四、11世纪中国活字印刷术的发明及影响

中国的雕版印刷术源于唐代，成于五代，盛于两宋，普及于元明清。雕版印刷与手抄相比具有极大的优越性，可以"雕一版而印无穷"。所以任何书稿，只要按照确定的行格款式雕刻一套版，就可以根据需要随时刷印，大大推动了知识和信息的传播与传承。

但雕版印刷也有其缺点。它只能是一种书刻一套版，一套版印一种书。若要改变内容，就只能再雕一套版。其缺点就是劳力费资、耗时费料，雕版印刷术越是发达，这一缺点带来的困扰就越是突出。

能否用某种方式，克服雕版印刷这种缺点，使字能依书稿进行排列组合，印完一书之后，可拆版卸字，需要时再重排新书呢？人们不但意识到了这个问题，而且用伟大的实践——活字印刷术正面回答了这个问题。

（一）活字印刷术的产生

活字印刷术诞生于北宋庆历年间（1041—1048年），它的出现有两大社会背景。一方面是雕版印刷至宋而盛，其优缺点都已充分显现。如何发扬印刷技术的优点，克服雕版印刷自身的缺点，成为催生新技术的内在动力。另一方面，宋代建国已80余年，到仁宗庆历年间已是"政通人和，百废俱兴"，科技、经济等也迎来了比较发达的时期。

毕昇胶泥活字的工艺过程，在沈括的《梦溪笔谈》中被完整地记录下来：

"庆历中，有布衣毕昇，又为活板。其法用胶泥刻字，薄如钱唇，每字为一印，火烧令坚。先设一铁板，其上以松脂、蜡和纸灰之类冒之。欲印，则以一铁范置铁板上，乃密布字印，满铁范为一板，持就火炀之；药稍熔，则以一平板按其面，则字平如砥。若止印三二本，未为简易；若印数千百本，则极为神速。常作二铁板，一板印刷，一板已自布字，此印者才毕，则第二板已具，更互用之，瞬息可就。每一字皆有数印，如'之''也'等字，每字有二十余印，以备一板内有重复者。不用，则以纸贴之，每韵为一贴，木格贮之。有奇字素无备者，旋刻之，以草火烧，瞬息可成。不以木为者，文理有疏密，沾水则高下不平，兼与药相粘，不可取；不若燔土，用讫再火令药熔，以手拂之，其印自落，殊不沾污。"

毕昇的雕版印刷工艺极为精湛，他通过生活实践，又进一步改进印刷技术工艺，发明了胶泥活字印刷术。既要保留雕版印刷技术的优点，还要解决雕版印刷技术劳工费料的问题，于是人们想到了创制木活字。木活字也相对最容易做。但毕昇的木活字试验不甚成功，其胶泥活字则成功开启活字印刷新航程。

毕昇最初是从事雕版印刷的成熟工匠，所以说他"又为活板"，而毕昇刚开始并不是用胶泥做试验的，而是选择尝试木活字。但木活字的木质纹理疏密不同，因湿度不同出现开裂或膨胀等情况，印刷时就出现版面高低不平、或深或浅，甚至难以着墨等情况。印刷完成后，木活字还容易与墨迹、蜡灰等相粘，难以脱字，相互污染。因此毕昇扬弃了木活字而创制了胶泥活字。

需要注意的是，说毕昇"用胶泥刻字，薄如钱唇"，是描述字的笔画凸起高度或厚度很薄，如同铜钱边缘，不是指字模整体的高度。字模若无一定高度的字身，不仅无法操刀刻字，也难以进行排版固字。胶泥活字刻字时胶泥一般是在半干状态下比较容易刻成字模，即使笔画出现断裂，也容易修补，"每字为一印，火烧令坚"。其实已经属于陶质字模了。紧接着，用一铁板，将"松脂、蜡和纸灰"之类的印墨覆盖其上。印刷时，则先将一铁范置放在铁板上，将活字印膜按序布排在铁范之内，满范为一版。然后拿着排满字的铁板到火上烤，等到松脂、蜡、纸灰熔为印墨后，便用一个平板按压字面，待字模版面平整后，就可以敷纸印刷了。经常制作两块铁板，一板在印刷，一板在排字。一板印刷完，一板又已排好。就这样交替进行，便可以加快印制速度。印刷完成后，便拆板卸字，将字模依韵归类，贮藏于事先做好的木格箱盒中。每格则以韵头之字来区分，便于再印时快捷拣字。

由此可见，1000多年前毕昇创制的胶泥活字印刷技术，从制字、排版、固版、印刷到贮字等工序上，都取得了成功。用今天眼光来看，其活字印刷术的基本原理与后世所用的铅排技术已无本质差别。[1]

毕昇探索木活字未能成功，转而改为探索胶泥活字，终获成功。木活字的成功创制者是元朝的王祯。他不仅推动木活字的创制革新与应用，还推动了排版工具革新。他设计制造了转轮排字盘，活字按照音韵进行排列，排版时转动轮盘，以字就人，加快了排版速度。大德年间，王祯在安徽徽州旌德县运用此法试印了《旌德县志》，6万多字的志书，不到一个月

---

① 李致忠.活字印刷术的发明及其制字材料的演进［J］.文献，1998（04）：118.

就印出100部，获得极大成功。

近年来，新出土的西夏文活字印刷品和回鹘文木活字系列考古发现，为中国印刷术的原初发明国地位提供了进一步的关键物证。1991年，西夏文佛经《吉祥遍至口和本续》在宁夏方塔出土，是藏传佛教经典的西夏文译本的活印纸本。共9册，其完全本有封皮、扉页，在封皮左上侧贴有刻印的长条书签，书名外环以边框；封皮纸略厚，呈土黄色，封皮里侧另背一纸。经考证，这是世界现存最早的木活字印刷品，填补了我国出土文物中只有雕版印品实物而无活字印品实物的空白。经考证，敦煌回鹘文木活字的年代大约为12世纪末到13世纪上半叶，这些出土的回鹘文木活字是世界上现存最早的活字字模实物。而回鹘文是全音素字母文字，有18个辅音字母和5个元音字母，因而其也是现存最早的"字母活字"字模实物。

（二）活字印刷术的发展及影响

毕昇发明活字印刷术，推动我国印刷技术完成了一次飞跃。但毕昇用自制的胶泥活字排印过什么书，却无明确记载。150年后，南宋光宗绍熙四年（1193年），周必大根据毕昇胶泥活字印刷术的原理，重新模拟再造了胶泥活字，排印了他本人的著作《玉堂杂记》。周必大在写给朋友程元诚的信中明确说道："近用沈存中（沈括）法，以胶泥铜版移换摹印，今日偶成《玉堂杂记》二十八事。"毕昇胶泥活印技术的成功及后世革新者的持续探索，为活字印刷术的迭代升级拓宽道路。这一时期，出版印刷工匠们还研制过铜活字、锡活字等金属活字。

活字印刷的突出优势是大大加快了排版速度，提高了印刷效率，节约了工料成本等。与雕版印刷相比，在当时技术条件下，活字印刷还有许多难以解决的问题。比如，字体大小不同，排版后版面有倾斜，高低不平、疏密不均匀导致行列不整齐，着色浓淡不一，等等，使印品质量远逊于雕版印品。特别是由于汉字数量很大，加上"者""也"等常用字必须制作几十个字模以备同一版中使用，因而制造字模的数量极为庞大，一般书坊难以承受。因此，中国古代活字印刷术始终未能得到广泛普及，雕版印刷术一直占据古代印刷的主导地位。

明初，朱元璋定都南京，南京渐渐取代了南宋时杭州的全国印刷出版中心地位。政府还征召一批徽州刻工迁移南京，使南京很快成为包括彩色套印木刻技术在内的印刷出版中心。朱棣迁都北京后，北京一跃成为了政治、经济、文化中心，也逐渐发展成为印刷出版中心，其北藏、道藏、龙藏、明代经厂本及清代武英殿本等，纸墨之精、刻印之良、装潢之美是前所未见的。

明清时期的活字印刷百花齐放，铜活字、木活字、锡活字、泥活字等各种活字印刷各放异彩。最负盛名的活字印刷区域要数苏州、无锡两地。从15世纪中叶起，这两地的铜活字印刷盛极一时，较著名的有华坚的兰雪堂，华燧、华煜的会通馆及安国印书馆等。华坚印书多有"兰雪堂华坚允刚活字铜版印"的字样，出版过《春秋繁露》《元氏长庆集》。安国印书馆印刷的书籍以嘉靖初年最多，用铜活字出版了《吴中水利通志》《颜鲁公集》等。这些印本给我们提供了15—16世纪苏南一带铜活字印刷的精良样板。

清代有两次大规模活字印刷出版活动，均是由朝廷直接组织实施的。其一是雍正四年（1726年），陈梦雷等人依敕令，将新造的铜活字排印了64部《古今图书集成》，全书共10040卷5020册。其二是乾隆三十八年（1773年），武英殿亦制了约25万个字模的一套木活字，用以印刷《武英殿聚珍版书》《琉球国志》《畿辅安澜志》等。承办人金简专门编写《钦定武英殿聚珍版程式》一书，详细说明木活字的制造、印书的方法及相关程式。

五、套印、饾版、拱花等印刷技术的创新及影响

（一）中国古代的套印技术

套印，简单地说就是在同一版面上刷印出几种不同的色彩。具体做法有以下两种：一是在一块版上涂上几种颜色，一次印成，称为涂版①或"套色"；二是把同一版面上需要印出的不同颜色，分别刻成同样大小的版，

---

① 　肖东发.中国图书出版印刷史论［M］.北京：北京大学出版社，2001：210.

然后在同一张纸上依次加印，称作套版①或套印。后一种方法比前一种方法要更复杂、更精细，技术难度更大。假设书籍此页需印几种颜色，分别刻几块版，每块版上所刻内容、位置及所涂颜色都不相同，按需而定。几块版需要合印在一起才形成完整的版面。分别刻版时，不同版上字与符号的位置要计算得相当准确，以便套印时各色版框之间能够精确地吻合，如红色圈点要刚好落在黑色正文旁的恰当位置上，若失之毫厘，就会出现偏差或重叠，故对技术要求极高。

汉魏以后，古代文献出现了很多注释类的作品，如《诗经》有毛亨传、郑玄笺、孔颖达疏；《春秋》有《左氏传》《穀梁传》《公羊传》；《史记》有刘宋裴骃集解、唐司马贞索隐、唐张守节正义等。经、传、注、疏的内容有时要求出现在同一版面，便于读者对照理解，手抄复制时，可以用字体大小、朱墨颜色来显现区分，而在雕印、活印时则难以实现，这也加速了套版印刷术的探索发明。元代由于全朝全域将纸币作为流通法币，纸币印刷中采用"涂版""植字""套色"等套版印刷技术，再加上套印宗教及儒家经典的迫切需求，中国的套版印刷技术在元代被发明并渐趋成熟。

另外一个促进套版印刷技术的发展成熟的不容忽视的原因是，中国有悠久的制版印染技术。我国是最早生产丝织品的国家，雕镂木板或纸板往丝织品上印染花色文饰，也是中国人的早期发明之一。这种制版印染法与木刻、彩色套印均有密切关系。所不同的是，一个是印在丝绸布帛上，另一个是印在纸上。这说明套印技术在中国也有着悠久的传统。这种传统便构成了以后产生套色印制书籍和套版印制鸟虫鱼、花草、器物等画面的技术原型。

一个是中国古书久有朱墨套写的传统，一个是中国久有印染绸布的技术，这种书写传统与印染技术的结合，是套色印书印画技术产生的原因之一。加上纸币印刷、儒家经典印刷及宗教教义印刷等套色印刷的现实需要，中国终于在元代完成从雕印到活印再到套印的系列性印刷术的发明和

---

① 肖东发.中国图书出版印刷史论［M］.北京：北京大学出版社，2001：211.

使用，对人类印刷文化和文明跃升厥功至伟。

（二）饾版

古人经常将五色小饼摆成花卉、禽兽和珍宝等造型，堆叠在果盘食盒里，既具有实用性，又具有观赏性，这种果盘食盒被称为饾饤。出版印刷时通过分色印版拼合形似饾饤，故称饾版。饾版印刷就是按照彩色绘画原稿的色调不同，把画面的浓淡层次以及阴阳向背等，分解成若干套版样，以便区分出色彩的位置和层次。印刷前，必须按照各种线条图案和皴法的风韵，将每种颜色都分别雕一块版，然后依照由浅到深、由淡到浓的原则，逐色套印。这样印刷出来的人物、花卉等才活色生香、栩栩生动。

饾版是中国发明的一种独特的套版印刷方式。印刷时，不光每个套版都需要更加精密地吻合，施加彩墨还依据画稿笔墨的韵味，根据具体的干湿、浓淡、轻重的不同，使画面阴阳向背、浓淡深浅效果能更加形象地呈现出来。饾版印刷就是在套版印刷的基础上发展而来的，较之普通套版印刷技术更为成熟、工艺更加精湛。它有别于北宋出现的用来印刷纸币的分版套印，也不同于元、明始用的整版套印，是类似于分版套印而又具阴阳向背、浓淡层次的新型套印艺术，清代中期以后被称为木版水印。

（三）拱花

拱花法，是一种将图画的轮廓线条雕刻在木板上制成或凸或凹的拱花版，在不施印墨的情况下，用凸凹雕版嵌合压印在纸上，使纸面拱起花纹的无色印刷方法。这一手法接近于如今的钢印，也是现代印刷中起凸的雏形。该方法可以让画面中的白云、流水、花叶的脉纹一一凸现，呈现出浮雕效果，更加剔透、素雅。

明末天启至崇祯年间，吴发祥、胡正言在饾版的基础上发明了拱花技术，把饾版和拱花技术进行有机结合，使得中国古代印刷成就达到了新高度。拱花技术通过饾版套色后，在平面印刷基础上，使得宣纸其柔软的表面上呈现出凸起的暗纹，此时能够表现出浅浮雕效果。拱花技术与现在的凹凸版非常类似，也许是受到了古代的制墨工艺的启发，在柔软的宣纸上按压出具有立体感的暗纹。饾版、拱花技术使得画面呈现出更为丰富真实的视觉效果，具有极高的技巧性和实用价值。这一时期吴发祥的《萝轩变古笺谱》、胡正言的《十竹斋笺谱》以及《殷氏笺谱》等一系列作品都是这一技术的传世代表作品。

第三节　造纸术和印刷术在域内的传播与应用

造纸术与印刷术首先是在幅员辽阔的华夏大地上开始应用、推广以及传播。在传播应用过程中，一方面受技术、接受程度等因素影响，另一方面也受原料、市场等因素影响。总之，造纸术和印刷术传播的核心还是围绕着政治、经济、社会、文化、科技发展的迁移变化而传播和应用的。因此，考察造纸术与印刷术在域内的传播与应用，也是考察中国古代政治、经济、文化等要素变迁的重要维度之一。

一、造纸术从中原传播应用到边疆及西域

西汉时造纸术尚处在初期发明阶段，纸基本上是作为生活用纸生产的，少数用于写绘之用，还不能用于拓印。到东汉蔡伦改良造纸术后，纸的质量大幅提升，开始逐渐用于初期的拓印。到魏晋南北朝时期，纸不仅可以满足抄写需求，还能用于书法、拓印等特殊用途，这也为隋唐之际雕版印刷的创世发明奠定软质载体基础。

造纸术发明之后，技术和原料不断改进，工艺也不断完善和发展。同时也受到了政治、经济、文化等多方面因素的影响。比如在唐朝，经济发展较好，官方就进一步加大了对造纸业的支持。据有关资料记载，当时全国有不少省份经常将本地出产的优质纸作为进贡的贡品。"宫内学术部门均设专职来染纸、装潢、加工，以利保藏。政府还在南方长江流域广设造纸作坊。"①在今天的江苏、浙江、安徽、江西、湖南、四川等地，当时都

---

① ［英］李约瑟，钱存训.中国科学技术史　第五卷　化学及相关技术（第一分册　纸和印刷）［M］.北京：科学出版社，2018：40.

有造纸的作坊。随着造纸材料的变化，在当时浙江的会稽、剡溪，安徽的徽州、池州以及江西抚州、四川成都等地，都依据当地丰富的造纸原料制造出具有独特地域色彩的优质印刷纸张，逐渐成为当时主要的造纸中心。随着造纸技术的进一步发展，唐代以后，纤维较为脆硬的竹子也能造纸了，因而在南方竹产区，竹子开始成为主要造纸原料，竹纸开始被普遍制造和使用。竹纸、麻纸、草纸、棉纸等各种植物纤维纸的制造技术都是在中原地区率先成熟起来后，才逐渐向边地传播的。这种从中心向四周放射状的传播现象完全符合传播学的基本规律。

　　到东汉后期，在中原地区，造纸技术以及造纸产业都较为成熟了。植物纤维纸及其制造技术向边疆地区的传播也随着交通、经济、社会的发展不断加强。其中，纸和造纸术向西域的传播，是比较具有代表性的。"中国纸也随丝绸一起西运，20世纪以来沿这条商路，各地出土大量汉魏及晋唐古纸，因此也可将这条商路称为纸张之路（Paper Road）。"①按照目前的考古发现，西汉时期的造纸术发明不久，其所造纸张已经传到西域了。在靠近丝绸之路的主要交通要道上，经常伴随有古纸等文物的发现和出土。

　　丝绸之路作为"纸张之路"也成为西汉时期我国内地与中亚地区的"文化运河"，西域则是这条纸张之路的重要部分。这条路在天山的南、北两道，先是南道较为繁华，而后天山以北的北道也繁荣起来。和阗是古代丝绸之路重要节点，英籍考古学家斯坦因就在这里发现了许多古纸和残卷。

　　1972年，考古学家在吐鲁番阿斯塔那墓葬发现了若干纸质文献，其中一件文书残纸，其上有汉文墨书"当上典狱配纸坊驱使"②，意思是说将该犯人发配到纸坊从事劳役。另一件书有"纸师隗显奴"的文献纪元为"高昌王麹文泰重光元年"（620年）。以上考古发现表明，高昌等区域较早就有官办纸坊，能接纳劳改人员进行劳动改造，这说明当地的造纸业已较为

---

　　① 潘吉星.中国古代四大发明——源流、外传及世界影响［M］.合肥：中国科学技术大学出版社，2002：381.

　　② 新疆社会科学院历史研究所.新疆地方历史资料选辑［M］.北京：人民出版社，1987：155.

发达，并且当地的造纸技术应该已有一定水准，连"纸师"这样的专门造纸技术职位和技术称谓都有了。

那么造纸术是何时传入西域的呢？对此，有多种观点，第一种观点认为在晋唐以后，因为"晋唐以后，用纸数量日趋增多，其中大量的纸应该是在本地制作"[①]；第二种观点是"应在7世纪前后"[②]；第三种观点认为当地造纸可能在3世纪以后出现，但大量将纸作为书写材料却是在唐代。综合上面三种观点，可以看出造纸术传到西域的时间不晚于晋唐。王茜在《试论纸和造纸术在新疆的传播》一文中认为造纸术传入的时间"应在魏晋南北朝末年，即北朝至唐初年间（460—640年）……造纸术在北朝至唐初传入高昌（吐鲁番地区），到了唐中叶沿着丝路传到了于阗"[③]。众多研究表明，最晚不超过唐初，造纸术已由中原地区传入西域，并且得到了更为广泛的传播。

考古发现，"在吐鲁番地区出土的魏晋南北朝时期的古纸所使用的原料是麻类，它和敦煌出土古纸一样，仍然是我国传统的造纸原料"[④]。这一区域绿洲上多产野麻，人们"采取剥麻或打绳索或织麻单缝做口袋"。在魏晋南北朝时期，曾有大量的汉族造纸手工业者因为要躲避战乱而流落西域，其中不少人来自造纸业发达的中原地区。

新疆等地出土文物中多次发现古纸。特别是20世纪以来，随着西北丝绸之路沿线各种考古勘查活动的开展，在新疆、陕西、甘肃等地的许多西汉遗址和墓葬中发现了古纸，这些都早于蔡伦时期，并由此引发了造纸术起源问题的大讨论。根据后来的古纸鉴定和化学检验发现，这些古纸所使用的原料类似于敦煌出土的古纸，正是我国传统的造纸材料。"它们大体可以分为两大类，其一为麻类，主要是大麻、苎麻等；其二为木本韧皮纤维植物的树皮，主要是楮或构、桑及变种等等。"[⑤]由此也可见，丝绸之路

① 穆瞬英.新疆古代造纸［N］.新疆日报，1979-2-13.
② 徐伯夫.纸张和印刷术在新疆的传播［N］.新疆日报，1962-12-12.
③ 王茜.试论纸和造纸术在新疆的传播［J］.中央民族大学学报，1995（2）：38.
④ 王茜.试论纸和造纸术在新疆的传播［J］.中央民族大学学报，1995（2）：39.
⑤ 潘吉星.新疆出土古纸研究——中国古代造纸技术专题研究之二［J］.文物，1973（10）：53.

沿线出土的纸就是我国发明并生产应用的。

阿斯塔那位于新疆的高昌城郊，曾出土了许多古代文书。据统计，在中华人民共和国成立以后出土的文书就达2700多件，其中有不少记录有年号等内容。"文书上的纪年，最早是西晋泰始九年（273年），最晚的是唐大历十三年（778年）。属于晋十六国时期的100多件，约占全部文书的5%；属于高昌王朝时期的700多件，约占全部文书的30%；其余为唐代文书，约1700多件。"①

1901年，瑞典探险家斯文赫定在新疆楼兰遗址发现东汉末年写有诗文的纸（3世纪初）。斯坦因曾在新疆罗布淖尔地区发现了两片无年代的有字残纸，汉学家沙畹指出这是公元2世纪的东汉古纸，其中一片纸色白并且极薄；另一片则是书信纸残片，其主要内容为训诫之词。民国初期，罗振玉通过字迹对此进行了考证，"以其书迹观之，则永字、衣字犹类小篆，'其'字、'存'字亦用隶体，笔意亦极古拙，当为汉末人所书，海头（罗布淖尔）所出之书，以此为最古矣"②。这两片出土古纸张目前存于英国不列颠图书馆。此外，东汉古墓中曾出土"尼雅纸"，年代确定为东汉，这成为东汉时期纸张传入西域的标志性物证。

1933年，考古学家黄文弼在新疆罗布淖尔古烽燧亭遗址上发现了一片古纸。罗布淖尔纸的年代为西汉中后期汉宣帝黄龙元年（前49年），宽约4厘米，长约10厘米，纸的表面能清晰地看到麻，同一遗址中还发现了汉元帝初元元年（前48年）的木简。由此可判定该纸当为西汉时期的文物，比"蔡伦造纸"的公元105年早了一个半世纪。遗憾的是该纸片在抗日战争时期被毁。

1959年，在新疆民丰县北边的塔克拉玛干沙漠，于一座东汉时期夫妻合葬墓中发现丰富的器物，其中有黄绸小包，里面包含少许朱粉，同时还

---

① 王茜.试论纸和造纸术在新疆的传播［J］.中央民族大学学报，1995（2）：39.
② 罗振玉，王国维.流沙坠简.简牍遗文.释三［M］.宸翰楼印本，北京：中华书局，1993：7.

有一小块揉成一团的纸张，长约4.3厘米，宽约2.9厘米，颜色为黑色[①]。此纸张被列为国家一级文物，目前收藏在新疆维吾尔自治区博物馆（编号59MN1：477；文物编号06966）。因该墓葬位于尼雅遗址范围，故该纸片被称为"尼雅纸"。

1969年，在新疆吐鲁番的一个唐代古墓中还发现有纸本的设色花鸟画，共3幅，由小纸粘连在一起，每幅长约201厘米，宽约141厘米。从艺术风格上看，这幅画是唐代的民间艺术作品。从材料上看，纸张较厚，可分层解开，表面平滑。这些古纸画向世人展示了早期的绘画用纸标本。

以上大量出土实物证明纸张在西域的使用与传播非常普遍。比如尼雅纸的造纸原料为麻类纤维，其表面比较粗糙，说明当时的造纸技术为浇纸法生产。这一造纸方式与甘肃悬泉纸、陕西中颜纸等汉代早期纸的工艺技术是相同的。由此可以判定，浇纸法生产的纸张在东汉时期已经传入了西域。

二、印刷术从中原向海外地区传播

中国印刷术首先传播到了中亚和西亚地区，然后又通过"一带一路"传播到了世界各地。不过，中国的造纸术经过西域到中亚地区，在阿拉伯国家的推动下，传向西亚、非洲、欧洲以及世界的脉络相对清晰。而印刷术的传播路径相对模糊，在已有的资料考察中发现，印刷术的传播也是通过丝绸之路进行传播的，但是要比造纸术晚。卡特认为，在木版印刷的肇端中，中国的影响其实是最后的决定性因素。[②]

（一）印刷术外传的首个节点——西域

印刷术面向欧洲的传播，不仅有通过西域西传至波斯这个路线，还有从西域折向西北传入俄罗斯进而传向欧洲这一条线路，而且这条线路在印

---

① 李遇春.新疆民丰县北大沙漠中古遗址墓葬区东汉合葬墓清理简报［J］.文物，1960（6）：9—12+5—6.

② ［美］卡特.中国印刷术的发明和它的西传［M］.吴泽炎，译.北京：商务印书馆，1957：180.

刷术欧传过程中作用不可小觑。历史上，元朝曾创立了横跨欧亚的帝国，客观上促进了疆域内各地区各民族文明的交流和融合，也大大推动了印刷术在欧亚大陆的快速传播。

印刷术的传播也应该是以西域为主要桥梁的。大约6世纪，吐鲁番地区被突厥人占领，100年后回到了唐朝统治之下，8世纪中叶，又被回鹘人所占领，统治长达500年，13世纪初则又归于元朝。在这样的政权更迭过程中，吐鲁番成为了各种宗教与文化交流碰撞之地。20世纪初期，在吐鲁番古代遗址发现了大量多种文字印刷品的残叶和碎片，其中"以各种文字写印的文书，文字多达十七种"[①]。这些内容多以汉文标记了页码，并且不少页边上也有汉文书名，可见都是中国的印刷品。

回鹘人除了用雕版印书，也用活字印书。在敦煌千佛洞里，1907年出土了回鹘文木活字，成为世界上现存最早的活字字模实物。其制作的方法也与王祯的制字法是相同的。特别值得关注的是，木活字都是回鹘文单字，这与方块汉字的操作方式高度一致。由此可以确定，回鹘人使用了内地活字印刷方式，并且制造出回鹘文的活字字模。由于回鹘人所生活的区域居于中西交通的枢纽，他们在东西方文化交流和传播上必然起到了非常重要的作用。

雕版印刷术发明和应用之后，中国进入了各方面都非常强盛繁荣的唐代。这一阶段是国家稳定、经济繁荣、文化兴盛的时期。科举考试得到了统治阶级的推动，此时的文人书写表达非常积极，老百姓们对于书籍需求越来越大，手抄书籍的落后与低效已无法适应当时经济社会发展的需要。雕版印刷术便在此背景下加速发展。在雕版印刷术走向成熟并在中原地区广为传播的盛唐之际，回鹘政权受唐挤压，分成三部分，主要在葱岭以西、河西走廊和西州地区（今吐鲁番地区）活动，西州回鹘后来改称为"畏兀儿"，即今天的维吾尔族，他们建立起回鹘高昌政权。

该时期是古代丝绸之路发展的鼎盛时期，也是中原地区雕版印刷术传

---

① ［英］李约瑟，钱存训.中国科学技术史 第五卷 化学及相关技术（第一分册 纸和印刷）［M］.北京：科学出版社，2018：272.

入回鹘地区的窗口期。"印刷术的传入，正好适应了回鹘地区发展经济文化的要求及回鹘人焚香稽首、传经布道的愿望。"①雕版印刷术不久就成为高昌回鹘地区应用最多的印刷复制手段。宋仁宗庆历年间，毕昇改造革新了雕版印刷技术，创制胶泥活字印刷技术，这一技术也很快传入回鹘地区并得到大规模使用。

1991年，在宁夏方塔出土了西夏文佛经《吉祥遍至口和本续》。此发现用印刷实物否定了古腾堡是第一个用字母活字印刷的观点，证明中国的字母活字印刷比德国古腾堡金属活字印刷早200多年。西夏和回鹘两个民族所居之地位于古代丝绸之路的要冲，他们在随蒙古大军西征过程中不断将活字印刷的思想和技术向西传播，直至传到西亚、欧洲及世界各地。肖东发认为："通过对西夏和回鹘活字印刷品的分析研究，说明在我国中原地区发明活字印刷术不久，这一技术便传到了西夏和回鹘地区，在今甘肃、宁夏、内蒙古、新疆广大地区得到了广泛的传播和应用，并为其西传创造了深厚的文化和技术背景。"②

（二）印刷术的进一步外传——蒙古时期

印刷术进一步外传是通过维吾尔族人在蒙古时期推进的。1206年，成吉思汗（1162—1227年）在中国漠北建立了蒙古汗国，在灭金之后，率领大军西进。11—13世纪，党项人在中国西北地区建立西夏，其西界与西域的吐鲁番等接壤，在西夏遗址，有大量的雕版印刷和活字印刷的实物出土，包括西夏文活字字模在内的出土实物是中国乃至人类活印文明起源的有力物证。在蒙古征服金、宋、西夏、西域的过程中，有大量的汉人、金人、西夏人、维吾尔族人等被编纳入蒙古军队中，其中还有一些懂得印刷技术的手工业者。雕版印刷和活字印刷技术在蒙古的马蹄跃进中，开始了快速的西传之旅。蒙古人在战略进攻期，其主导性文明基本上是游牧文明，其攻占的地方大多具有较为先进的农耕文明，印刷术和造纸术对于蒙

---

① 赵相如.中国印刷术西传刍议——维吾尔语"bas"（印刷）一词源流考［J］.民族研究，1987（2）：78—81.

② 吴潮，赵晓兰.当前关于印刷术起源问题的两个争论焦点［J］.出版发行研究，2004（11）：75—78.

古军队的文书传达、历书统一、纸牌娱乐、纸币交换等重要的政治、经济、文化活动而言，可谓须臾不能相离。蒙古大军征服中原时，恰恰是雕版印刷事业在历史上的鼎盛阶段，当时堪称先进的印刷术和造纸术都被蒙古统治者所重视。蒙古人每攻下一个地方，对于当地的印刷技术和印刷文化基本采取接受和保留态度，攻下金、宋，几乎全盘接受了兴盛期的雕印技术和初生期的活印技术及文化。在大规模的全域全朝使用纸币作为法币的过程中，将雕版印刷与活字印刷结合。蒙古人在印刷纸币过程中，开始探索出套版印刷。成吉思汗攻下西夏以后，也吸收了西夏根据自己文字特点改良后的印刷技术和文化，并以此技术来翻印佛经。因为西夏的国教为佛教，佛教对于印刷术的发展传播本身就是一个重要的驱动力。由此，蒙古人顺其自然地吸纳接受了金、宋、西夏等普遍使用的印刷技术和印刷文化。

　　蒙古人在统治中原地区之后，印刷出版事业得到统治者的鼓励和扶持，因而得到继续发展。统治者也利用中原先进的印刷技术来维护自己的政权统治。他们用汉文和本民族文字译印中国古代典籍，进行思想教化；用套版印刷的纸币作为法币，在世界范围内促进了经济稳定发展。蒙古大军占领了中原及周边地区后，不断向西、向北进军，并向波斯和俄罗斯等地推进，此后其进发的路线又转向匈牙利和波兰。不久，它的统治势力又扩大到威尼斯、布拉格和巴伐利亚等城市。事实上，蒙古大军势力覆盖之处，便是在欧洲印刷活动最早出现的地方。尽管我们尚无明确证据证明印刷术是由蒙古大军传播到欧洲的，但是其中的时间逻辑、地点逻辑及事理逻辑却是相当自洽。

　　随着蒙古帝国势力的延展，波斯也被并入了蒙古的版图，13世纪中叶到14世纪初期，中国文化在波斯产生了相关影响。有资料表明，最早在文献中提到中国印刷技术付诸使用的就是西亚的波斯。伊儿汗国丞相兼学者拉施德丁（Rashid al-Din）在其著作中最早提到了中国印刷术的方法。他在其撰写的世界史中，谈到了中国书籍的印刷和发行，他写道："如果需要任何书籍，就先由精于书法者把它抄写在木板上，校对无误后，把校者的姓名刻在板背面，然后由良工刻字及书的所有页码。刻成后，把所有的雕版都封入盖章的袋中，交专人保管。任何人需要某一部书时，先向政府缴纳一定的费用，然后把版从袋中取出，逐版印在纸上。这样就不会出现讹文，使信本得以永传。"①

直到现代以前，一直没有关于中国雕版印刷方法完整准确的记述，尽管拉施德丁的记述不长，但价值很大，是至今发现最早的海外记录中国雕版印刷技术的实录性记载。还有一种观点则认为中国印刷术是通过俄罗斯传入欧洲的。后面在分析造纸术和印刷术在俄国的传播时会详细论及。

"从全部史实来看，我国印刷术的外传不是通过一次、一种渠道、一种方法；而是采取了多种形式、多种渠道、多种方法，从而流传到世界各地，对人类知识的传播建立了不朽的功勋。"②西域在印刷术的多向外传中都起着重要的中继站作用，正是通过西域，我国印刷术一步步呈放射状向外传播。

（三）印刷术域内的南向传播

印刷术作为一个重要技术，在宋代已经充分成熟并十分先进，其规模也不断扩大，各种印刷的技术也随着中华文化不断发展，并不断拓展其应用的地区。宋代是印刷术发展的黄金年代，宋代佛教徒以及官府都开始印刷经典和文献，因此，印刷技术和规模都达到了一定程度。印刷内容从佛经教义开始，再到诗文、哲学、历史、小说、戏剧等。随着当时的宋朝都城迁移，印刷的中心区域也不断南移，从开封到杭州，印刷术随着都城南移。

此后，福建一度成为印刷的重要中心之一，其印刷业非常发达。比如11世纪福建建阳余家的刻书非常知名。其中最杰出的代表之一叫余仁仲，他中过进士，曾以"万卷堂"作为书斋的名称与刻书牌记。他的家族从事印刷业长达500余年，非常知名。福建还有一家知名的刻书铺子是廖莹中的世彩堂，该铺曾于1270年出版有"九经三传"精刻本，刻印非常精美，校勘也极为严谨，享有盛名。

---

① ［英］李约瑟，钱存训.中国科学技术史　第五卷　化学及相关技术（第一分册　纸和印刷）［M］.北京：科学出版社，2018：273.
② 王鹏翥.关于我国印刷术西传的几个问题［J］.华中师范大学学报：哲学社会科学版，1987（2）：125—131.

印刷术在南部的广泛传播，对周边地区产生了重要影响。比如菲律宾与福建、广东等地之间一海相隔，乘船交通也较为方便。越南则处于东南亚，与广西、云南接壤，从古代就有密切的交流和关联。南方印刷业的兴盛，也使得在中国印刷的大量佛经、历书在唐代传入越南，而宋朝之后印刷技术的繁盛，也使得印刷技术通过南方传入越南等地。

三、维吾尔族、党项人及沿海港口对印刷术外传的特殊贡献

（一）维吾尔族的特殊贡献

印刷术传入西域后得到了广泛的传播应用，同时也获得了重要的转化提升。古代的新疆人民从中原地区了解并学习了印刷术，在长期的实践与探索中不断改进和革新，也为印刷术发展和多向外传奠定了重要基础。古代新疆居住着众多少数民族，孕育了多种文字，而出土的回鹘文木活字为研究古代新疆人民对印刷术的改进和革新，探索活字印刷术的发展和传播，提供了宝贵证据。

第一，他们将直角方块汉字改为弧线拼音文字。回鹘文本身就属于一种拼音文字，由18个辅音字母和5个元音字母组成，字母又分词首、词中和词尾3种形式，且字有长有短，这与方块汉字不同，回鹘人只有对中原地区的活字印刷术进行消化、吸收和改良，才能将方块活字印刷术有效应用。从出土的木活字中可以发现，已存在以字母或动词词根为单位的活字，这就大大减少了活字制作数量，使活字印刷术由适用于方块汉字演变发展为也适用于回鹘文这种基本属于拼音文字的出版符号，这开创了准拼音文字活字印刷的先河，也是世界活字印刷史上的里程碑。

由于西方世界是以拼音文字符号为主，回鹘文活字字模的出土，就为拼音文字的活字印刷技术在古代新疆已经完成理论和技术转化提供了实物证据支撑，同时也为拼音文字的活字印刷术向西方传播在工艺技术上创造了条件。且"敦煌回鹘文活字不是单一的以词为单位的活字，而是包含以字母、音节（词缀）和词为单位的混合类型的活字，其中已经蕴含了西方

字母活字形成的基本原理"①，"回鹘文属于方块汉字与西方拼音文字之间中介性质的文字"②。这些都提示我们，活字印刷术西传的过程，是先由中原地区传到西夏和回鹘，再由古代新疆的回鹘民族等向外传播的。

第二，从写法上看，回鹘文最初是从右向左横写，后又变化为从左向右竖写。虽然回鹘文木活字深受方块字的影响，但与汉字的高低一致不同，回鹘文一个词后面可以缀接不同的附加成分，虽宽度相同，但长短却不一。回鹘文受汉字影响改为从左向右竖写，符合活字印刷术灵活变通的思想，让回鹘文印刷品变得整齐直观，属于回鹘人对活字印刷术的一种贡献。从右往左到从左往右，这就与西方拼音文字的写作和阅读习惯变得更接近了。

第三，回鹘人另一创举是使用了栏线的拼接技术。栏线是指围成板框的四周黑线。在出土的回鹘文木活字中有一些用于栏线拼接的单个活字，其中有单线、双线和一粗一细的并排文武线等几种，此工艺体现了活字印刷的精髓，又使印刷物不失整齐与大方。这体现了回鹘人的独具匠心和对活字印刷工艺的重要贡献。古代新疆人民对活字印刷的创造转化和改造提升，为印刷术外传至拼音文字流行的更广大地区奠定了非常重要的技术基础。

我国维吾尔族人民在历史悠久的对外交往中所起的桥梁作用，也为我国印刷术的外传打下了重要的媒介基础。元朝时期，维吾尔族先民中出现了许多杰出的人士，他们在东西方文化的交流及印刷术的外传中起了重要的媒介作用。蒙古大军在远征中先后征服了波斯等西亚各国，伴随着蒙古大军而来的是古代新疆熟练掌握印刷术的维吾尔族先民。虽然印刷术西传在蒙古大军西征之前就已开启，但西征为印刷术的外传提供了快速传播的重要契机，促进了印刷术的在元朝辽阔疆域及四大汗国内的大规模传播。印刷术的传播走上快车道。

---

① 史金波，雅森·吾守尔.中国活字印刷术的发明和早期传播：西夏和回鹘活字印刷术研究［M］.北京：社会科学文献出版社，2000：88.

② 彭金章.有关回鹘文木活字的几个问题［J］.敦煌研究，2014（3）：56—63.

（二）党项人的特殊贡献

天授礼法延祚元年（1038年），李元昊作为党项人首领，建立了以党项人为主体的大夏王朝——西夏（位于今宁夏大部、陕西西北部和甘肃东北部）。西夏王朝存在了近200年。它与宋朝时战时和，在此过程中，也产生了文化方面的沟通与交流，其中，印刷术是其重要内容之一。儒家文化为主的汉文化对党项人产生了重要影响，党项人在具有汉文化基础的土地上建立起自己的王朝，在政治、法律、军事等制度层面上都对汉政权进行了广泛借鉴。特别是在文化上，西夏非常重视向汉文化学习，而印刷术是文化传播过程中的重要手段。西夏统治者极为重视并努力推动印刷技术的应用。

近代出土的大量西夏文献更是证明了这一点。其中，1908—1909年，俄国探险队在今天的内蒙古额济纳旗（黑水城）一带发现了西夏文佛经约30种近2000卷。此后，在西夏王朝属地的宁夏、甘肃、内蒙古等地也发现了大量西夏时期的佛经文献，已确定经名的约20种130余卷。目前，这些文献分布在世界各地，其中俄罗斯所藏最多，法国、瑞典、日本、德国等国所藏西夏文佛经的总量也不少，内容极为丰富。1991年，在宁夏拜寺沟方塔废墟中又清理发现了一批西夏文物，其中有西夏文佛经《吉祥遍至口和本续》，共9册，约10万字，是非常珍贵的一部藏传佛教经典。该书就有鲜明的活字版印刷特征，还有活字排版时的倒排倒印现象，这正是活字排版的铁证。《吉祥遍至口和本续》也是迄今发现的木活字印刷数量较大的早期活印珍贵实物。敦煌研究院在莫高窟北区洞窟发现多种西夏文献，包括有成熟的木活字印本。这些出土案例证明西夏与中原文化之间的密切关联，其出土印刷物产量之多，也证明中国西北地区曾经是中国最重要的印刷出版中心之一。

此外，西夏王国还用西夏文雕印大量佛经，使得西夏文字和佛经内容获得广泛传播和良好传承。西夏人当时能够用西夏文印制《大藏经》，说明它的汉文佛经和西夏文佛经的印刷技术都已经发展到了全新阶段。此外，西夏还印刷了不少藏文佛经，并把一些藏文佛经转译成西夏文和汉文。这表明，藏文佛经传播是推动西夏佛教发展及印刷技术发展的重要推动力。

由上可见，西夏人特别是党项人，本身就非常注重文化，作为党项人建立的政权，虽然地处大西北，人口也有限，但是他们处在丝绸之路上，与东西方的文化交融交流都非常多，尤其注重文化事业的发展。比如，他们在建国之后就模仿汉字创制了自己的西夏文，还建立蕃学，译写西夏文教材，组织3000多名有文化的人分散到全国各地去做官，同时推广应用这种新文字。他们还用新的文字翻译并传播来自中原的儒家经典、历史书籍、军事书籍等，同时也用新的文字来记录他们的历史和文化。文字的推广必然增强了出版与印刷的需要以及应用。西夏的统治者还创新性地在其政府机构中专门设立了刻字司，并且将其列为第五等机构的首位。西夏通过国家、寺庙以及私人等多个层面加强对印刷业的支持和管理。党项人对印刷术的传承应用以及传播推动的贡献是巨大的。

学者陈炳应认为西夏人可能就是木活字印刷的首创者，同时西夏人还对活字印刷进行了积极的推广使用。而他们的使用、推广也为活字印刷术传向世界下一站打下了重要的基础。

党项人将印刷术用来雕印或活印他们创制的西夏文，这一应用也对其他民族和国家有重要的引导价值与示范意义，比如回鹘人就对此进行了应用与效仿。西夏文有部分活字的字模以字母为单位，还有一些字模则利用语音、语法等特点将多个字母拼为一个字模，使得排印、拣字效率大幅提升。这一手法也为纯拼音文字国家和民族提供了非常重要的出版印刷启示。

（三）沿海港口对造纸术和印刷术外传的贡献

印刷术西传除了经过陆上丝绸之路之外，还有一条线就是从海上丝绸之路的传播。

3世纪中叶，鱼豢撰写的《魏略》中有中国同埃及海路交往的记载，只不过当时属于间接交往，从唐代开始就变成直接交往了。阿拉伯商人苏莱曼851年所著的《苏莱曼东游记》（一译《中国印度见闻录》）中记载，中国船舶将货物运到波斯湾东岸著名港口西拉夫（Siraf）以后，就换船再转运到埃及。中国印刷术可能是在10世纪初传入埃及的。因为19世纪末，在埃及费雍发现了10—14世纪时古阿拉伯文印制的伊斯兰教祷词、符咒和《古兰经》残片，《古兰经》残片就是10世纪初在木板上雕刻印刷的。这些文物都表明，中国可能是通过埃及港口和罗马进行贸易，所以中国印刷术可能由商人或旅行者通过海上带到意大利，也可能经过埃及这个中转站传到意大利。

中国印刷术西传的海上丝绸之路传播至北非埃及、欧洲意大利，也是重要的一条线路。印刷术从海路向外西传，也是中国古代的航海、经济等水平达到一定程度的产物，而这又与城市密切相关。其中，港口为海上贸易、航行做出了重要贡献。在印刷术发展相对成熟的宋朝，南方是中国的经济重心，广州、泉州、明州（宁波）都是当时对外贸易的主要港口。特别是当时的福建，更是中国刻书业、印刷业的中心之一，泉州则是最重要的港口之一，印刷术通过泉州也完成了与世界的联通。宋朝时期福建文化发达，登进士第者人数众多，府州县创办了不少学校。"福州之学，在东南为最盛，弟子员常数百人。"（方大琮《铁庵公文集》）据统计，两宋时期福建书院有85所，朱熹所著的《四书章句集注》和其门人所注的"五经"，以及周、程、邵、张等理学先贤的作品都是书院教学用书。而有文化背景的海商在赴海外经商贸易时沟通交流更为方便。因此，在宋代福建海商多有较高的文化素质，这些外部因素也对印刷术外传提供了非常重要的支撑作用。

泉州地处海边，随着海上丝绸之路的开辟，成为当时的东方第一大港。朱熹称之"此地古称佛国，满街都是圣人"，说的就是这里的文化氛围很浓，而与此同时，泉州的印刷业也快速发展。在福建地区，泉州是仅次于福州、建阳的一个刻书地，印刷产业发达。其海运则推动了文化交流，此时的泉州是中外经济文化贸易的枢纽之地，有诗为证："苍官影里三洲路，涨海声中万国商"，"万货山积来诸蕃，晋江控扼实要关"。另外，《泉州府志》卷七十五《拾遗》称："先是郡守陈公偁请置市舶于泉州。终宋世响其利，胡贾航海踵至。富者赀累巨万，列居郡城南。"[①]泉州

---

① 陈文革.论"福州藏"与宋、元时期泉州刻经活动 [J].兰台世界，2012（1）：54.

湾曾经出土的宋朝船只中就有印刷品残件，表层有"且了浮生一载"等可以连续识读的句子。由此也可判断，当时泉州港已经有印刷品对外传播，而印刷术的传播也极为可能。马可·波罗当年也是从福建泉州港口经海路归国的。据《马可·波罗游记》记载，他在福建的建宁、尤溪、泉州等地看到纸币的使用。意大利雕刻家帕姆菲洛·卡斯塔尔迪（Pamifilo Castaeli，1398—1490年）"在看马可·波罗带回的中国书籍后从事过活字印刷。他于1426年在威尼斯印过一些折页，据说还保存在费尔特雷镇的档案中"，"伦巴第地区在1868年塑造一座雕像，纪念他把活字印刷术介引入欧洲"（李约瑟《中国科学技术史》第32章）。这比德国古腾堡在1456年用活字印刷《圣经》要早30年，比毕昇活字印刷晚将近400年。可见，活字印刷术很可能又是通过泉州港经由海上丝绸之路传到欧洲的。

在印刷品向外传播的过程中，必然伴随着印刷术外传。这可从泉州海商把印刷术传到高丽的事实得到证明。《高丽史》卷十《宣宗世家》云：高丽宣宗四年（北宋哲宗元祐二年，1087年），"宋商徐戬等来献《新注华严经》板"。北宋苏轼曾经说过，泉州商人徐戬"先受高丽钱物，印板既成，公然于海舶载去交纳，却受本国厚尝"（《东坡奏议》）。徐戬交易的经板有2900余片，其"受酬答钱三千两"（《东坡奏议》）。

既然泉州海商能将印刷术经海路向东北方向的朝鲜传播，就同样也可能经海路向南、向西传播。通过泉州港把书籍传播到东南亚、西亚、北非埃及、欧洲意大利，也就有可能通过商人或旅行者把雕版印刷术传到这些地方。

由此可见，中国印刷术经过海上丝绸之路外传，也是一条重要路径，这对西方文明的发展产生了巨大作用。泉州是海上丝绸之路的起点，在世界文明史上占有重要地位。当时的明州、广州等港口城市同样也具有举足轻重的重要地位。如明州与日本、高丽等贸易往来非常频繁，且在北宋时期造船实力很强。广州则在北宋元丰八年（1085年）前被当时的朝廷指定为通往南海的唯一指定港口。这些沿海港口为造纸术和印刷术的海外传播提供了重要支撑。

第二章　造纸术和印刷术通过陆海交通线
传入朝鲜半岛

朝鲜半岛与中国一衣带水，文化相通。半岛北部以鸭绿江、图们江为界同中国相接，西部与胶东半岛隔海相望，东南隔朝鲜海峡与日本相望。基于其相近的地理位置以及便捷的陆上、海路运输等交通环境，朝鲜半岛自古以来便与中国保持频繁的政治、经济、文化交流。通过陆上丝绸之路的北线和海上航道，朝鲜半岛成为较早引进中国造纸术、印刷术的地区之一，并由此接续传播到日本。

第一节　中国造纸术在朝鲜半岛的传播及影响

中国造纸术在对外传播的过程中，首先传到了朝鲜半岛。朝鲜半岛在三国时期便从我国引入了造纸技术，并渐呈本土化趋势。610年，高句丽僧侣到日本时，又将造纸术传入日本高丽时期，朝鲜半岛还生产出颇负盛名的高丽纸。根据造纸术传入半岛并实现本土化发展的大致过程，可将其分为纸的萌芽期（三国时代）、本土化时期（统一新罗时代）、发展期（高丽时代）、成熟期（朝鲜时代）4个主要阶段。

一、朝鲜半岛造纸之始与早期发展

关于朝鲜半岛何时引入造纸术目前尚未找到非常明确的文献记载或实物证据。根据目前各种可见材料综合研判，至迟于4—5世纪，即中国晋代，半岛已开始造纸。深入探究这一问题，必然要追溯纸传入朝鲜半岛的时期。这里不妨把造纸术的对外传播划分为两个阶段：首先，主要是纸制品如图画、画卷及日常纸制品等的传入；其次，主要是造纸技术的传入，以及造纸工坊等的创办。

（一）三国时代：纸及造纸术的萌芽期

据考古及文献证明，西汉时期我国已发明纸，经东汉时期的蔡伦改良成功，后渐趋推广。3—4世纪时，纸基本取代缣帛、简牍等成为普遍应用的书写材料。据零星材料研判，纸制品传入朝鲜半岛大约在东汉末年，而造纸术的传入大约在其后的三国时期，朝鲜半岛最早的纸制品及萌芽期造纸术的传入的粗略时间轮廓为2—4世纪。

早在卫满朝鲜时期（前194—前108年），半岛便与西汉王朝有所往来。汉武帝征服卫满王朝后，在原领地置乐浪等郡县，进行直接统治。这一时期有大批汉代的官员、学者、工匠和农民来此定居，带来了汉文、儒学、宗教等汉文化和科学技术。《汉书·地理志》记载，乐浪郡（今平壤地区）25县40万人中，汉人居多数，行政及文化设施如同中国内地，境内通行汉语。20世纪以来境内出土许多丝绢、铜铁器及漆器等，均来自中国内地，甚至有远自四川者。汉西北各遗址近年多次出土西汉麻纸，而汉属乐浪一带当时也可能使用来自中国内地的纸。[①]

西汉末年，由于中原地区动荡又有大批汉人进入半岛北部的乐浪。此时半岛南部的新兴封建势力建立起3个政权，分别是位于东南的新罗（前57—935年）、位于西南的百济（前18—660年），以及占据广大北部地区的高句丽（前37—668年）。高句丽建国后南下夺取了玄菟、真番及临屯三郡，与百济、新罗对峙，半岛从此进入了自己的三国时代。

这一时期汉朝的纸和造纸术传入半岛三国，基本遵循了造纸术在传播过程中所构建的地理逻辑、商业驱动、城市崛起及战争催化这一结构图

---

① 潘吉星.中国古代四大发明——源流、外传及世界影响［Z］.中国科学院自然科学史研究所，2003：360.

谱。①由于高句丽、百济、新罗自身所处的地理位置、国家实力及自然条件等存在差异，其在造纸术传入半岛并初步发展过程中起到的作用亦有所不同。现结合该时期半岛与中原的文化交流以及三国相互间的接触情况对半岛纸和造纸术的传入时间及空间作以下梳理：

1.高句丽引进中国纸及造纸术

中国从古朝鲜时期就开辟了通往半岛的交通线路，且有物产等的贸易往来，为中国文化传播至半岛奠定了基础。蔡伦在东汉都城洛阳对造纸术进行改良，而高句丽统治区域包括今中国东北部分地区和朝鲜半岛北部，与辽东和乐浪郡毗邻，中国北方的文化和技术从陆路传到这里十分容易，乐浪郡自中国晋代（4—5世纪）已有造纸业的存在，主要生产麻纸，从事此类生产的是从中国北方移居来的汉人工匠。

1965年前后，朝鲜民主主义人民共和国社会科学院历史所考古人员在平壤市附近古墓中发现一张麻纸，但来历、年代不详。据载，1963—1965年间平壤市贞柏洞二号古墓发掘中，发现有"夫租长印""高常贤印"的印章，墓内器物中还有"永始三年十二月郑广作"之字样，"永始"（前16—前13年）乃西汉成帝（前32—前7年）年号，"永始三年"即前14年。②《汉书》中明确记载乐浪郡于武帝元封三年（前108年）设立，归西汉幽州刺史部管辖。境内设25县，包括朝鲜、驷望、带方、蚕台、华丽、遂成、昭明、前莫、夫租等县，并设有官员管治。因此，平壤附近发掘的古墓墓主高常贤应为西汉末乐浪郡夫租县的县长。夫租长印为其官职印章，高常贤印为其人名印章。"高常贤"这个人名是典型的汉族姓名，说明这位夫租县长官是汉人身份。乐浪郡当时直接由西汉统治和管理，因此这枚公元前1世纪的麻纸应由中原传入此地。这是目前纸传入半岛的最早物证。而公元前1世纪的西汉时期，也是中原地区造纸的开始时期。这说明中原地区的所造之纸几乎同时或紧随其后就传入到朝鲜半岛。

---

① 万安伦，王剑飞，杜建君.中国造纸术在"一带一路"上的传播节点、路径及逻辑探源［J］.现代出版，2018（06）：74—79.

② 潘吉星.中国古代四大发明——源流、外传及世界影响［Z］.中国科学院自然科学史研究所，2003：361.

中国纸及造纸术由中国传入高句丽并进一步发展，大致可分为3个阶段。

第一个阶段为2—4世纪，多数学者认为中国纸和造纸术传入朝鲜半岛始于该时期。有记载表明，高句丽在太祖王五十七年（109年）、七十二年（124年）、东川王八年（234年）、东川王十一年（237年）派遣使臣赴魏和后楚。他们带回去一些纸质文件和纸品是必然之事。3—4世纪，纸已经基本取代了绢帛、简牍，成为书写材料，有力地推动了我国科学文化的传播与发展。中国自2世纪起便用楮皮做原料，高句丽由于地处北部，楮树的产量和品质欠佳，仍以麻为主要原料制纸，在朝鲜发现的《妙法莲华经》也是用以麻为主的原料的高句丽纸写的，说明该时期的纸和造纸术由陆上丝绸之路北线传入高句丽地区。

第二阶段为4—5世纪，该时期高句丽领土一度扩张，势力愈发强大。311年，高句丽占领了西安平并企图控制西海岸地区，开始通过海路派遣使臣出使晋朝，自此对中国交流活跃起来。东汉末年，山东的造纸业也比较发达，掖县（今莱州市）的造纸能手左伯①制出来的纸被称作"左伯纸"，深受好评。胶东半岛与高句丽隔海相望，有很大可能通过海路从东莱引入左伯纸。4世纪时，我国已经设置了官营和私营的造纸工场，纸已经基本取代绢帛、简牍等成为书写材料。403—405年，桓玄下令"以纸代简"，简牍结束其出版载体的基本使命。

372年，前秦王苻坚在高句丽的请求下，派遣僧侣前往高句丽传道，并将汉文佛经手抄本一并带入半岛。②同年，高句丽创立国家教育机构，名曰太学，从中国引入大量儒学经典书籍。在半岛内部，高句丽开始推行南下政策，不断扩张，势力明显盛于百济、新罗两国。广开土王③时期新罗和百济曾作为属国向高句丽朝贡。392年，广开土王攻占百济58个省，包括黄海道南部到京畿道北部再至忠清道南部西海岸一带。该区域可谓是上好的粮仓地带，也是造纸原料楮树皮的重要产地，这为高句丽引进楮皮制纸法提供了契机。

---

① 左伯，东汉左伯纸的创造者，字子邑，东莱掖县人。
② 刘仁庆.关于高丽纸的"奇闻"及评论［J］.纸和造纸，2010（09）：74—78.
③ 广开土王，又称好太王，高句丽第十九代君主，391—412年在位。

高句丽南下至平原地带，优渥的环境条件不仅为造纸术的进一步发展提供了原料支撑，与此同时，得益于便利的海上交通条件，高句丽的造纸工艺在5世纪已经趋于成熟。长寿王从即位时便同中国南北朝开展两面外交，一方面派遣使臣赴晋，一方面又向北魏朝贡。作为南下政策的重要一环，东川王十五年（241年），高句丽从平壤迁都，南迁之后便经由海路与南朝积极往来。同时，随着北朝势力逐渐扩大，自东川王五十年（276年）起高句丽开始每年向北魏派遣使臣，交流愈加活跃。这一时期的海路从辽东南端的卑沙城[①]南下到乌胡岛、末岛、大谢岛，沿登州[②]的山东半岛直线航行，为半岛通往中国历史最悠久的航路，也是新罗、百济利用的主要水路。[③]

由于该时期高句丽掌管了海上控制权，积极同当时造纸技术发达的南北朝开展交流，几近与中国造纸工艺取得同步发展。加之通过百济引进了楮纸的制造方法，使得造纸技术取得飞跃式的发展。

第三阶段，即6—7世纪，高句丽末期造纸业已经十分发达，同南北朝、隋唐的持续往来，良好的交通条件，以及与百济等的交流交锋均推动了其造纸技术发展至成熟阶段。现存的《妙法莲华经》纸张白、滑，品质较高。这说明7世纪高句丽的造纸术已经达到了相当高的水准。

2. 百济学习中国楮纸制造新技术

百济在韩国造纸术发展史上具有不可忽视的重要地位。三国时期，百济不仅向高句丽、新罗传入了楮皮造纸法，在对日本造纸技艺的传授方面也发挥了重要作用。

百济同高句丽原属一族，其中心势力是高句丽族系的遗民，后经由与带方郡[④]联姻，以及与乐浪郡、玄菟郡等汉郡县之间的冲突逐渐成长起来。

---

① 卑沙城，指大黑山山城。位于辽宁省大连市金州区大黑山中、南两峰及相邻的山脊上。

② 登州，中国历史上位于山东境内的一个州，地处山东半岛。唐初曾在文登置登州，不久废除。

③ 정선영.종이의 传来经路 [J].사회고학연구제10집，2000：215—227.

④ 带方郡，204—313年的百余年间中原王朝在朝鲜半岛中西部设置的军事、政治、经济的地方中心。统辖由乐浪郡南部分割出的数县与濊族（不耐侯）、南方的韩族诸国、东南海上的倭国等区域。

从地形条件上来看，百济位于半岛西南部，从事海上活动十分便利，因此较早便与中国往来。

晋代在南北各地都建立了官私纸坊，北方以河南、陕西、山西、河北、山东等地为中心，浙江会稽、安徽南部，江苏建业、扬州，广东广州等地则为南方的造纸中心，当时主要生产麻纸、桑皮纸和楮皮纸。百济地处平原，自然条件优越，较好地吸收了中国新的造纸工艺精髓，特别是楮纸制造技术。

有记载表明，3世纪时百济已同西晋往来，并在东晋建国后继续同中国开展交流活动。近肖古王在位时（346—375年）百济频繁发起征战，尤其与高句丽之间冲突激烈，曾一度将领土扩张至大同江附近。此时百济为了牵制高句丽，与东晋频繁往来，引入了大量先进文化与科学技术。东晋太元九年（384年）百济近仇首王[①]逝世，其长子枕流王即位。按照惯例，新国王需要派遣使者向晋朝朝拜请求册封，晋朝也会派使节往来。印度高僧摩罗难陀便是在此时受到派遣前往百济的，高僧带着佛具、经书等物品，乘船自山东烟台出发。到达百济后，摩罗难陀受枕流王之托，不仅传播佛法，还兴办学堂、传授造纸术，在百济受到礼遇。《三国史记》载："胡（印）僧摩罗难陀自晋至，王迎至宫内礼敬之。"[②]

百济发展楮纸法应在南北朝时期。东晋以后，百济将与中国的外交重心放在同南朝的交流上，吸收了南朝高度发展的贵族文化，形成了优秀的文化基础。江南地区在3世纪已经制作出以楮皮为原料的纸。由于和南朝的密切交流，百济境内一时掀起了爱书风潮，纸作为承载知识的媒介亦大量传入。百济具备适合栽培楮树的土壤、水分等自然条件，为楮皮的大量供给提供了可能，尤其在地理条件优越的全罗道地区，生产的楮纸质量较高。

475年，高句丽长寿王夺取了百济的都城汉城，百济遂迁都至熊津，汉城附近的造纸工坊也被抢占。迁都之后，百济主要和南齐、梁等南朝国

---

① 近仇首王，第十四任百济国王，375—384年在位。
② 王册.中国古代造纸术在"东亚文化圈"的传播与发展［J］.华东纸业，2009，40（06）：19—23.

家交涉。武宁王时期海上统治权得以扩张，与南朝一些政权建立了更加稳定的双边关系。梁武帝遣毛诗博士、工匠、画师赴百济，并赐圣王涅槃经教义等物品。此后，圣王通过朝贡贸易，从梁获得了大量赐品。他又积极同扶南国、倭国等进行海上贸易。朝鲜史载，百济琳圣太子于推古十九年（611年）曾应日本圣德太子之邀，前往日本传授楮皮造纸技术，使日本造出了质量上乘的和纸。[①]610年，朝鲜和尚昙征渡海到日本，把造纸术献给日本摄政王圣德太子。圣德太子下令向全国推广，极大地方便了人们的学习和生活，后来日本人民便称昙征为"纸神"。

虽然百济国的领土面积远不及高句丽，但凭借其优越的海路交通和地形条件，不仅从中国引进了新的制纸工艺，对楮纸法在半岛的普及发挥了独特作用，与此同时，也直接促进了造纸术向日本的传授，为造纸术在东亚地区的传播做出了重要贡献。

3. 新罗引进中国造纸术

新罗地处朝鲜半岛东南部，分别与高句丽南部、百济东部接壤，首都设在金城（今韩国庆尚北道庆州市），是中国造纸术传入最晚的半岛国家。4世纪前后，新罗从百济引入楮纸法。5世纪，开始出入西海岸同中国开展贸易往来及文化交流。

新罗最初是朝鲜半岛东南部的部落联盟，4世纪后期形成金氏世袭的国家政权，503年才正式定国号为"新罗"，并与北面的高句丽、西面的百济对峙。建国初期由于倭寇侵略以及地理条件的局限，新罗在三国中属于落后国，也是三国中吸收佛教最迟、设立国学最晚的国家，佛经、书籍等的需求相比其他国家较小，因此纸的需求也比较有限。这也是其引进纸和造纸术较晚的一大原因。4世纪时百济在洛东江流域攻打新罗，开始占据对洛东江流域的支配权，因新罗的环境条件同百济类似，4—5世纪百济的楮纸法传入新罗，可以看作其造纸术发展的第一阶段。

法兴王统治新罗时期，朝廷颁布律令，使用中国年号，并将佛教定为新罗的国教，这对于巩固新罗的社会政治秩序、促进新罗文化的繁荣发展

---

① 정선영.종이의 传来经路 [J].사회고학연구제10집，2000：215—227.

起到了至关重要的作用。

553年,新罗从百济手中夺取汉江下游流域,取得了西海岸出海口的实际控制权,从此以独立姿态向中原遣使通好。此后,新罗两次朝贡北齐,五次朝贡南陈,其中北齐武成帝高湛于565年册封真兴王为使持节、东夷校尉、乐浪郡公、新罗王等封号,这是新罗君主首次获得中原王朝的册封。在中国南北朝时代,新罗与北朝的关系以政治联系为主,因此才能获得册封。而其与南朝的关系则以文化联系为主,因此有觉德、明观、智明、圆光等人进入梁、陈求法,梁、陈也遣使至新罗赠送佛舍利与经论。[①]中国的造纸技术得以传入并取得发展,为统一新罗时期造纸业的繁荣奠定了基础。

三国为了扩张势力相互牵制,基于开辟的海路交通、对中朝贡的政治策略,以及战争冲突的接触实现了经济、文化间的交流,从而引入了纸和造纸技术。因此,不妨通过国家间的关系了解纸及造纸术传入半岛的时间、空间路径。概括起来如下:①最早引进纸张及其制造技术的是高句丽,时间大致在2—4世纪,初期经由北部的陆路交通由中国移民传入。4世纪高句丽征服汉江流域和全罗道地区之后,开始采用楮纸法。②百济自3—4世纪与中国南朝往来始引入了楮皮造纸法,并将其传到新罗和高句丽。虽然新罗引入造纸术最晚,发展也较为缓慢,但在6世纪统一三国之后,新罗纸的品质大幅提升,并夺得"鸡林纸"[②]的美称。

(二)统一新罗时代:纸的本土化时期

隋唐时期,朝鲜半岛与中原往来愈加频繁。此时朝鲜半岛三国之间冲突尤为激烈,新罗受高句丽和百济夹攻,不得不向唐朝求救。唐帮助新罗先后除掉百济和高句丽,至此三国时代结束,半岛迎来统一新罗时代。

统一后的新罗朝(668—935年)全面吸收唐文化,且十分重视佛教的发展,曾多次派遣留学生和僧侣赴唐求学。随后又宣扬儒学和汉文学,于682年重建国学,788年推行科举制度,出现了不少文人。新罗又从唐引入

---

① 韩国磐.南北朝隋唐与百济新罗的往来[J].历史研究,1994(02):22—43.

② 鸡林即新罗,系古时朝鲜半岛三国之一国名。唐朝龙朔三年(663年)置新罗,名为鸡林州,该地盛产楮树,取之制造白纸,光白可爱,遂取名鸡林纸。

佛教律宗、华严宗、法相宗、净土宗、天台宗、禅宗和密宗典籍，仿唐式风格修建寺院、佛塔。伴随文化发展的需要，半岛的造纸业在统一新罗时期亦取得较大发展，都城庆州地区是该时期的造纸中心，这里生产的纸基本满足了半岛对纸的需求。此时麻纸和楮皮纸在半岛南方发展较快，不能不说是受唐朝影响的结果。当时新罗朝与唐安东都护府陆上相连，中国北方造楮纸技术很容易传到这里。①此外，唐朝在新罗领土上建立了鸡林州都督府。

7世纪前后，半岛已经以楮树为主要原料造纸，这一时期，半岛制纸技术与中国区别开来，开始走向本土化道路。一个明显的对比是，半岛8世纪以后的纸并不是同中国一样用细碎的纤维制成，而是经过敲打而成的。例如该时期著名的白硾纸，顾名思义，该纸经过捶打，纤维质均匀，如蚕茧般柔软干净，在中国也广为人知。

汉城湖岩美术馆藏新罗景德王十四年（755年）时的典籍《白纸墨书大方广佛华严经》，共10卷，白纸墨书，被列为韩国第196号国宝。卷十末尾有下列题记：

"天宝十三载甲午八月一日初，乙未载二月十四日一部周了成内之……经成内法者，楮根中香水散系生长。令内弥后中若楮皮，脱那脱皮，练那纸作泊土……纸作人仇叱珍兮县黄珍知奈……"②

题记文字读起来半通不通，因其是用新罗朝制定的吏读文写成的，"吏读文"是一种将汉文与朝鲜语汉字注音混合而成的文字。题记的大致意思为：从天宝十三年八月一日（754年8月23日）至十四年二月十四日（755年3月30日）写完一部《华严经》，写经制纸的方法是，将香水洒在楮树的根部，待树长成后砍下，剥出楮皮，加工制成白纸，造纸人是黄珍知奈麻。

我国学者潘吉星认为新罗景德王十三年（754年）新罗种楮树、造楮纸

---

① 潘吉星.中国古代四大发明——源流、外传及世界影响［Z］.中国科学院自然科学史研究所，2003：362.

② 潘吉星.中国古代四大发明——源流、外传及世界影响［Z］.中国科学院自然科学史研究所，2003：362.

之法，是完全按唐人方法行事的。早在半个世纪以前，中国华严宗祖师、唐武周时期的高僧法藏（643—712年）在《华严经传记》（702年）卷五写道：

"定州中山禅师释修德者……守道山林，依《华严经》及《起信论》安心结业，摄念修禅。于永徽四年（653年）蹄成方广，因发大心，至精钞写。故别于净院种楮树凡历三年，兼之花、药，灌以香水，洁净造纸。复别筑净台，于上起居。召善书人妫州王恭，别院斋戒洗浴、净衣（敬写《华严经》）。"[①]

据此可知中国定州禅师修德于653年已用同法种楮树、造楮纸，并编写《华严经》。既然所用原料类似，但为何新罗的纸尤其受到好评，或许是在打磨和漂白等工艺上有其独特的方法。

二、高丽纸的特点及生产工艺

936年，王建推翻新罗朝建立高丽政权，朝鲜半岛进入王氏高丽时期（918—1392年）。高丽朝自建国初期便开始推行"文治主义"，不仅继承新罗的文武制度，将佛教定为国教，同时又倡导儒学，推行科举制度。在外交上也不断与中国宋朝进行交流，引入并发展了木版印刷术、朱子学等，且制造出了世界闻名的高丽纸。根据朝鲜人徐命膺在"保晚斋丛书"中的说法："宋人论诸国纸品，必以高丽纸为上，此特见当时贡币之纸而云然也……我国之纸，最坚韧，可施槌捣之功，使益平滑，而他国之纸，不能耳。"[②]这便是名盛一时的高丽纸。

（一）王氏高丽时代：高丽纸的发展期

王氏高丽时代是半岛造纸工业的又一个飞速发展期。当时高丽政府在开京专门设置造纸署。该署除设置提调、司纸、别提等7名技术官员外，还

---

① 潘吉星.中国古代四大发明——源流、外传及世界影响［Z］.中国科学院自然科学史研究所，2003：363.

② 王珊.中国古代造纸术在"东亚文化圈"的传播与发展［J］.华东纸业，2009，40（06）：19—23.

有85名纸匠和95名杂役人员，造纸工场内分工明确。此外，在各道地方，也有官方所设的造纸工场，亦有不少民间造纸工坊。①其间历经数次《大藏经》的排版印刷工程，加之史书等各种书籍刊行，半岛对纸的需求激增。因此，高丽从仁宗二十三年（1145年）到明宗十八年（1188年）在全国范围内鼓励广种楮树，扩大楮树的种植规模，还提倡发展民间造纸业。1188年这一号召作为法律确立下来。在不断的实践过程中改进了原有的造纸工艺，生产出质量更优的高丽纸，并大量出口宋朝。

文宗三十四年（1080年）高丽呈送宋朝的国交信物中有2000幅纸和400片墨，之后元朝也用高丽纸作为佛经纸，进口数量庞大。据宋人高似孙《纬略·三韩纸》载："所谓三韩纸者，即茧纸也……东坡云：潘谷作墨精妙，杂用高丽纸。"宋人韩驹《谢钱珣仲惠高丽墨》诗："王卿赠我三韩纸，白若截肪光照几。"②

1. 高丽纸的特征

第一，质量上乘。高丽人从宋朝引进楮纸制造新技术后将其进一步发展光大，制作出了优质的高丽纸。该时期新增的造纸原料有藤蔓、桑树皮、竹叶、稻草、棉等，造纸规模也越来越大。据北宋出使高丽的学者所述，"纸不全用楮，间以藤造，槌捣皆滑腻，高不下等。"③清人谷应泰《博物要览》云："高丽纸以棉、茧造成，色白如绫，坚韧如帛，用以书写，发墨可爱。此中国所无，亦奇品也。"④

耐用厚实，双面光滑，可用于双面书写是高丽纸的基本属性。根据我国学者对朝鲜国纸大批标本的检验，发现其特点是：其一，厚度为0.25～0.5毫米，比宋元明清纸一般厚两倍，确是"厚逾五铢钱"。其二，多为楮皮纸，亦有桑皮纸，本色纸均为白色。其三，纤维较长，粗看显得粗放，但坚韧，不过抗潮性不强。其四，帘条纹粗，约2毫米，编织纹间距

---

① 陈尚胜.中韩交流三千年［M］.北京：中华书局，1997：104.

② 华夫.中国古代名物大典·上［M］.山东：济南出版社，1993：1711.

③ ［宋］徐兢.宣和奉使高丽图经（卷二十二）［M］.扬州：广陵古籍刻印社，1984：293.

④ 刘万朗.中国书画辞典［M］.北京：华文出版社，1990：1021.

较大且规则排列。这些特点是从半岛三国时代经王氏高丽朝以来逐步形成的，与自然资源条件有关，有魏晋南北朝中国北方麻纸之遗风，结合半岛具体环境特点而形成。①

高丽纸在中国又被称作"鸡林纸"，被奉为上等纸品，用于记录历代帝王的真迹，广为称誉。10世纪至11世纪高丽从北宋引进木版印刷技术以后，所造纸张还大量用于佛经和世俗著作的印刷。高丽现存最早印本是1007年总持寺印本《宝箧印陀罗尼经》。高丽刻本与宋本一样，均称善本，受到中国文人的重视。元英宗至治三年（1323年）朝廷还遣使臣赴高丽购买印刷佛经所用纸张。

第二，品类丰富。高丽时期纸的种类更加丰富，主要有用于印制《大藏经》和其他佛教典籍的白硾纸、茧纸、佛经纸，用于作画的青纸，还有干净结实的霜华纸、用于制作扇子的扇子纸，以及白棉纸、桑白纸、金粉纸等，据说印制一本书使用的纸张竟可达十余种之多。其中白硾纸、茧纸、佛经纸深受中国帝王贵族和文人墨客喜爱。

白硾纸：自新罗时代便投入生产和使用，高丽朝的白硾纸制作工艺进一步完善，质量更优。据记载表明，白硾纸是使用纯楮制成的纸，白皙光滑。高丽时期的佛教书籍《天台四教仪》便是用这类纸印制的。

茧纸：据中国古籍记载，这是一种白色的、像绸缎一样结实并用于书写的上等纸张。在《五洲衍文长笺散稿》中有记载提到，茧纸和白硾纸相似，均属于高丽纸。

佛经纸：除白硾纸和茧纸外，高丽时期广泛使用的纸还有佛经纸（或称为藏经纸）。据说这是为编撰高丽时期盛行的藏经和佛书而特别制作的纸张，但并未发现详细介绍其制作原料与方法的相关文献，只有当时元朝从高丽求得佛经纸的记录。

第三，用途广泛。基于不同的品种，高丽纸的用途也十分广泛，不仅用于印制佛书、医书、史书等各类书籍，还用于制作纸币或礼物。各道的

---

① 潘吉星.中国古代四大发明——源流、外传及世界影响［Z］.中国科学院自然科学史研究所，2003：365.

按廉使和别监还以纳贡为名，从民间收取贵重的纸张，作为献给权门世家的礼品。除此之外，高丽纸还应用于制作纸扇、纸伞等日常物件。

高丽纸作为贡纸引入中国后，宋朝的士大夫常将其用作送给亲友的礼物。宋进士陈槱（1161—1240）在《负暄野录》论纸品种时说："高丽纸类蜀中冷金（纸），缜实而莹。"①这里说的应该是金粉纸，即撒以金粉的加工纸，用于写字或作扇面等。他还说"高丽岁贡蛮纸，书卷多用为衬"，宋人用作书籍衬纸，因其坚实、厚重，像四川蛮笺那样。②此外，另一种染色的鹅青纸亦产于高丽，黄庭坚及金章宗完颜璟等喜欢用此纸书写。苏轼和邓椿等人还喜欢高丽纸扇，因为该扇使用方便，扇风量大，以琴光竹为骨，扇面纸染成青、绿色，再画上花鸟、水禽和人物等，不失为精美的民间工艺美术品。中国人喜欢高丽纸、高丽墨和高丽扇等，所以其使臣来访时便以这些东西赠送中国朝野。

2.高丽纸的生产工艺

造纸术从中国传入朝鲜半岛后，经过漫长因地制宜的演变，原料主要从麻变成了楮树皮。至高丽时期，造纸的原料更加丰富，纸的品类也日益繁多。高丽纸在制作工艺上最鲜明的特点便是其程序细致烦琐，正是经过数百次敲打和熬煮、烘干、压实等复杂工序，纤维密实交织，使得高丽纸厚实坚韧，利于长久保存。

高丽纸之所以质量高，一是因为造纸原料的改进，二是由于造纸工艺的改良，使造出的纸张不仅色白可爱，而且光滑如油纸。③高丽纸的原料不仅有楮树皮，还加入了藤等植物的纤维。制作工艺类似于我国的传统皮纸，基本包括蒸煮、漂白、沉浸、打磨、晾晒等步骤，在造纸过程中主要运用了捣砧法、捶纸法等方法，极其重视纸张的打磨。这两种方式可以有效填补纤维之间的缝隙，形成细腻光泽的纸张，使纸质均匀光滑。此外，

① 刘万朗.中国书画辞典［M］.北京：华文出版社，1990：1021.

② 潘吉星.中国古代四大发明——源流、外传及世界影响［Z］.中国科学院自然科学史研究所，2003：364.

③ 高智勇.手工纸在东亚主要国家早期产生与发展的研究［J］.中国印刷与包装研究，2010，2（S10）：457—459.

这种方法使得高丽纸的纤维更加坚实，即使掉入水中也不易损坏。

半岛传统纸张的制造方法基本上与中国和日本类似，下以楮皮法为例加以介绍：

第一步：楮树皮留出少许根部后进行切割，放在大锅里蒸煮，去皮干燥。像这样干燥的叫黑皮，将黑皮浸泡于水中一个昼夜，皮就会变软。之后用脚踩踏，用手去皮或用刀刮去表皮，晾晒数日后漂白，此时称之为白皮。

第二步：把白皮重新泡进水里，使之完全膨胀。然后加入石灰和木灰等，搅拌均匀后放入大锅中煮3～4个小时。随后将其放入袋子内，用流动的水浸泡一个昼夜，清洗以去除多余的杂质。

第三步：将纸浆在阳光下漂白，冬季需要两天，夏季需要一天。然后把纸浆放在石盘或木盘上，用棒槌敲打。

在纸的制作过程中，这一步骤尤其重要。在我国，纸浆不仅经过敲打，还要仔细碾磨。但朝鲜半岛的纸张并不会捣得很细，由此表面上长长的纤维便会保留下来，甚至还会呈现出纹理，但正因为此，这样制造出来的纸张反而更加坚韧。此外，半岛工匠还有意在纸浆中加入少量白色纤维束，作为装饰性填料，纸张便更加白皙可爱。习惯本国纸的中国人对朝鲜纸感到新奇，又因其敦厚坚实，因而喜爱有加。

第四步：纸张用棒槌敲打后，放入木质纸槽中，倒入水，将纸浆和黏着剂搅拌均匀，黏着剂是从楮树根部提取出的黏稠液体。将混合后的纸浆倒入放在纸槽上的筛子中，轻轻摇晃，使纸浆均匀散开、厚薄一致。再将筛过的湿纸一张一张叠好，通过压打去除水分。然后贴在干燥板上晾干，最终制成坚实耐用的楮皮纸。

高丽纸不但新增了多种造纸原料，而且还应用捶纸法。根据书中记载，捶纸法的大致流程如下：将10张干燥的纸张浇上水，叠放在一起，接着用这种方法反复堆放数层，直至满100张，再将其一捆一捆地放在板上，最上面也放一块板，然后用石头压住。搁置一天左右，纸张上下基本均匀受潮。此时用大锤子均匀地敲打200～300次，下面的纸就会变得更加紧贴，这时一半的纸会变干，剩下一半仍然留有水分。再将干的纸和湿的纸混合在一起，继续敲打200～300次。晾晒半天后，再叠加并敲打，如此反复三四回，便会全部变干。经过这样的反复敲打，纸张会变得密实、有光泽，且不会起细毛，书写起来清爽干净，这和现代造纸技术的制浆过程有异曲同工之妙。

到明朝时期，高丽纸的生产已经高度成熟，且纸张厚实、坚韧、洁白。当时的文学家沈德符是这样描述高丽纸的："今中外所用纸推高丽贡笺为第一，厚逾五铢钱，白如截脂玉。"朝鲜诗人申纬曾言纸的寿命超过绢帛："绢五百年，纸一千年。"这说明半岛生产的纸张具有较强的耐久性，而纸张的耐久性确保了其附着的文化符号之传承。高丽纸凭借其优秀的耐久性和实用性，至今仍被视为一种质量上乘的出版载体，传承着半岛的传统文化与艺术作品。

（二）李氏朝鲜时代：高丽纸的成熟期

朝鲜太祖元年（1392年），李成桂推翻王氏高丽，建立李氏王朝（1392—1910年），改国号为朝鲜，再次统一半岛。这一时期的雕版印刷、活版印刷已大规模使用，造纸技术也步入成熟期。李氏朝鲜统治者非常重视书籍文化事业的发展，建朝早期便设置集贤殿专门进行学术研究，并设有专门的铸字所与造纸署，大力开展书籍刊印发行事业。中央及地方设有大大小小的造纸印刷场所，极大促进了半岛印刷技术的发展。

这一时期的造纸仍主要以楮、桑为原料生产楮纸，世宗时（1418—1450年）能生产少量竹纸。李氏王朝还生产各种色笺、发笺，中国仍沿过去习惯称高丽纸。但朝鲜半岛竹子产量少，竹纸没有得到发展，主要是楮纸。此外，政府按照法律规定给予造纸工匠优待，为其提供生活保障，有力提升了造纸工人的生产积极性，使得纸张的品质得到改良，生产成本也有所降低。在政府的积极鼓励和庞大的市场需求下，半岛的造纸业逐渐步入成熟期。

这一时期中原士大夫对于来自朝鲜的高丽纸已经不那么狂热了，因为中国已经成功造出了本土的高丽纸，并且宣纸也逐渐垄断了书写用纸。到乾隆时期，高丽纸已慢慢退出神坛。与此同时，李氏朝鲜逐渐步入末期，来自日本等国的侵扰加剧，国内动乱频繁，民间造纸业也呈现出诸多弊端，造纸业逐渐进入衰退期。

第二节　中国印刷术在朝鲜半岛的传播及影响

印刷术伴随造纸术的成熟而生，它也是中国古代的四大发明之一。大约在4世纪，人们就发明了用纸在石刻碑文上捶拓的方法，人们把这种转印符号的方法叫作拓印。后来人们又用木版刻字来传拓，结合印章技术和制版印染技术，三川汇流终于合成雕版印刷术的创世发明。虽然雕版印刷发明的具体日期尚无法考证，但根据大量考古发现及文献记载，我国至迟在唐代已发明并使用雕版印刷技术。其后毕昇创制了胶泥活字印刷方法，推动我国古代印刷事业的进一步发展，随后，印刷术便传播至世界多国。朝鲜半岛人民利用自身的勤劳与智慧，印制了诸如《大藏经》等众多珍贵的佛教经书和文化典籍，为东亚文明乃至世界文明做出了卓越贡献。

一、朝鲜半岛与雕版印刷传入之始

印刷术的发明得益于印章、碑刻拓印及制版印染技术的三川汇流。早在战国时期印章便已经流行开来。最早的印章多是阴文反字，两汉时期逐渐被改成阳文反字，基本是用于打印封泥。据推测，汉四郡时期，印章的制法已经传入朝鲜半岛，朝鲜大同郡所出土的乐浪古墓群文物中，就有带着"乐浪太守章""朝鲜右尉"等字样的封泥。此外，早在春秋战国时期，中国就有石刻文字。到东汉时，石刻更加流行，出现了雕刻儒家经典的刻字石碑。这种刻字石碑的文化形式至迟在5世纪也传入朝鲜半岛。414年，高句丽曾在现位于中国境内的吉林集安，立下汉字石碑《好太王碑》。百济和新罗也常用立汉字石碑形式来纪念重要的人和事。例如百济的《砂宅智积碑》和新罗的《真兴王巡狩碑》。

朝鲜半岛在印刷术盛行之前，以手抄本为媒介传播书籍文化。雕版印刷何时传入半岛并无确切的记载和证明，比较可信的说法是统一新罗末期或高丽朝初期。

半岛在使用雕版印刷术之前，一直采用在金石类器物等表面雕刻文字或图像并加以拓印的方法，随后发展为在石版上雕刻佛经或在金、铜版上刻字。此外，朝鲜半岛在其三国时期已经掌握了造纸技术，并且也生产出了能匹配印刷所需的印墨，这些均为雕版印刷术的传入和推广提供了必要的物质和技术条件。

统一新罗王朝时期，由于新罗人口少，靠纸写本和从唐进口的印本已基本满足了本国需要，因而没有着力发展印刷事业。这一时期既未留下关于印刷的记载，也无当地印本遗存下来，偶有发现也是从唐朝传入的印本，如1966年庆州发现的唐武周刻本《无垢经》。①

中国印刷术是以佛教为主要媒介传到朝鲜半岛和日本的，这一观点的确有据可依。统一的新罗王朝全面唐化，从唐朝引入了大量佛经典籍。王氏高丽建朝后，将佛教定为国教，频繁派遣留学生和僧侣赴宋朝学习先进文化与技艺。

王氏高丽建立后整顿官制，设内书省，至成宗时，改称秘书省。秘书省不仅保管包括国家重要文书和儒学经典等在内的各类书籍，而且还履行编纂政府文件的职能，是管理全国木刻雕版印刷工作的中央机关。

秘书省内设秘书阁（碑阁），负责保管全国各地出版的书籍，履行国家中央图书馆的职能，同时备置大量板木，由秘书省直接负责木版印刷出版事业。之后由于秘书省堆积的书籍几近损毁，为扩建木版印刷出版机构，高丽朝在国子监内新设了书铺，并将板木移走，采取大规模提取书籍并分发的措施。此外，秘书省下属机关还设有书店，高丽末期更名为书院。据了解，书院是金属活字印刷出版业务主管单位。然而，高丽从建朝初期开始，便面临内忧外患的社会局面，其间发行的书籍以及许多珍贵印刷品大量被烧毁殆尽。

高丽为完成5048卷巨型佛教丛书《大藏经》的刊刻工程，这是促进高丽发展印刷业的直接动力。北宋《开宝藏》刊印完成时（983年），高丽成宗（982—997年在位）王治刚刚即位，他于989年派遣韩彦恭（940—1004

---

① 潘吉星.中国古代四大发明——源流、外传及世界影响［Z］.中国科学院自然科学史研究所，2003：409.

年）出使宋朝，向宋太宗表示在高丽刻印藏经的请求，请宋赠予刊藏经一套，以为底本。再遣僧入宋，表达同样的期望。宋太宗召见高丽使者后，当即满足了高丽王的这一要求，分别于989年和991年将两套《开宝藏》印本赠给高丽。993年，宋太宗特派掌管图书出版的官员秘书丞兼直史馆陈靖和秘书丞刘式前往高丽停留70余日，他们很有可能随带工匠前往，传授书籍印刷技术。陈靖等因而受到高丽成宗嘉奖，并持谢函而返。为培养本国人才，高丽成宗还派王彬、崔罕等人入宋朝国子监及各道学习。992年，宋太宗亲自面试诸科举人，为高丽留学生授发进士学位和秘书省秘书郎等职衔，放归本国。秘书郎、校书郎等头衔说明留学生所学专业已能充当图书出版部门的技术官员。这批在中国获高学位和技术职衔的高丽留学生回国后，便成为高丽朝第一批印刷出版行业的精英人才。

高丽留学生多至40人，除学习印刷外，还有习得天文历法及经学、文史的。他们回到半岛之后，高丽成宗再派遣翰林学士白思柔使宋向宋太宗致谢，同时又表示想得到宋国子监版《九经》，作为儒教讲学之用，得到宋太宗同意。因此，990—993年间高丽已从北宋引进雕版印刷技术和佛教。儒学方面最好的刊本为翻刻蓝本，这是宋政府对高丽友好的具体表现。

学者潘吉星认为，高丽成宗末年半岛已有了刻版印书的技术条件和人才资源，所缺的是社会安定环境。中国北方由契丹族建立的辽国（907—1125年），经常出兵南下对宋进行侵扰；又因与高丽交界，还对高丽多次发动侵略战争，造成半岛社会动荡不安，整个国家陷入动乱危机之中，高丽成宗因此未能实现其刊印藏经的愿望，甚至于994年在辽的压力下不得不中断与宋的往来，后于997年忧郁而死。高丽穆宗（997—1009年）嗣位，但他嗜酒好猎，无心政事，被奸臣康兆谋害，亦没有实现先王的愿望。但民间的印刷活动已经开始，故将半岛雕版印刷起源时间定在10世纪末是合理的。①

目前现存半岛刊行的最早印本是1007年总持寺刊《宝箧印陀罗尼经》，共一卷，全名为《一切如来心秘密全身舍利宝箧印陀罗尼经》，

---

① 潘吉星.中国古代四大发明——源流、外传及世界影响［Z］.中国科学院自然科学史研究所，2003：409.

由唐代僧人不空自梵文原经翻译过来的。中国现存有五代吴越国王钱俶（929—988年）显德二年（955年）杭州刊本，应为高丽本的底本。刊本上刊记："高丽国总持寺主、真念广济大师释弘哲，敬造《宝箧印经》板、印施普安佛塔中供养。时统和二十五年丁未岁记。"①和我国一样，该经是被放在佛塔之中的，为小型卷轴装，装帧简易。由5张纸连成，每纸直高7.8厘米，全长240厘米，版框直高5.4厘米，横宽10厘米，行9～10字。卷首有一幅佛变相图，后面是经文。每个字的大小不一，变相图中线条模糊，同之后的高丽本相比，能够看出该本的刻印技术尚且生疏。其中提及的"统和二十五年"为辽圣宗年号，为北宋真宗景德四年、高丽穆宗十年。该印本现藏于日本东京国立博物馆。

此后，高丽朝官方印刷事业逐渐发展起来，用雕版印刷术刻印了大量经、史、医等方面的书籍。如1042年刊印"两汉书"与《唐书》；1045年，新刊《礼记正义》70本、《毛诗正义》40本；1056年，高丽西京留守提出："请分赐秘阁藏《九经》《汉书》《晋书》《唐书》《论语》《孝经》，子、史、诸家文集、医、卜、地理、律算诸书，置子诸学院，命所司各印一本，送之。"同时，高丽地方上也刻版印制了部分中国书籍。1058年忠州牧"进新雕《黄帝八十一难经》《川玉集》《伤寒论》《本草格要》《小儿巢氏病源》《小儿药证病源》《张仲景五脏论》（共）九十九版"；1059年，京山府"进新雕《隋书》六百八十版"；安西都护府"进新雕《肘后方》七十三版、《疑狱集》一十一版、《川玉集》十版"等。②官刊本一直成为半岛印刷品的主流，但每种书印刷量较小。将宋刊本与高丽刊出本对比后，发现二者版面形制、印刷字体、刻印及装订等方面都基本相同，属于同一技术类型；高丽又以宋版本为刊印底本。这些都表明半岛早期印刷技术确为从中国直接引进。

高丽在雕版印刷上最辉煌的成就，要数刻印《大藏经》，且前后历经

---

① 潘吉星.中国古代四大发明——源流、外传及世界影响［Z］.中国科学院自然科学史研究所，2003：410.

② 张秀民.中国印刷术的发明及其影响［M］.上海：世纪出版集团、上海人民出版社，2009：87.

三次，耗时颇久。

高丽穆宗被杀害后，显宗（1010—1031年）即位，当时的权臣康兆杀辽属女真部95人及辽使，引来祸患。辽圣宗以此为由，于统和二十八年（1010年）率契丹士兵大举入侵，斩康兆，破京城（今开城）。显宗不得不到南方避难，此时与群臣发愿，若契丹兵撤退，便誓刻《大藏经》。恰巧，辽圣宗对高丽造成严重打击后，于次年正月班师回朝。

高丽显宗二年（1011年）二月，显宗重回京城，随即开始雕印《大藏经》。翰林学士李奎报（1168—1241年）就此事追记道："因考厥初草创之端，则昔显宗二年契丹兵大举来征，显宗南行避难，（契）丹兵屯松岳（开城）不退。于是乃与群臣发无上大愿，誓刻成《大藏（经）》，然后丹兵自退。"此处明确说半岛官版草创于显宗二年，而最早的官刊本高丽《大藏经》在显宗在位时已刊出大半，至宣宗四年（1087年）刊完，历时75年，约6000卷，收录了《大藏经》中最为全面的汉译正藏。这些经书一直珍藏在兴王寺等大藏殿中，后被移至大邱符仁寺收藏，直到高宗十九年（1232年）因蒙古军的入侵而消失殆尽。[①]初雕《大藏经》是东方第一版工程浩大的汉译藏经，体现出朝鲜半岛雕版印刷术的卓越水平，如今是韩国一部珍贵的国宝级印刷出版文化遗产。

第二次雕印《大藏经》由僧人义天主持进行。义天为了弥补首次雕刻的《大藏经》的遗漏，曾到宋朝游历14个月，广泛搜集佛教经籍。回国后，他把从中国搜集的以及从日本购买来的佛教经籍4000余卷，通过国王准许设置教藏都监，悉行雕印。这批雕印的佛经称《续藏经》，自1086年开始，到1101年完成，前后经历15年。高丽在11世纪内的两次雕印佛经，共刻10万多块雕板，可谓是规模空前。可惜这些雕板在13世纪初不幸毁于蒙古人入侵的战火中，因而导致了高丽的第三次刻版。

高丽高宗十八年（1231年）遭蒙古军侵犯，高宗不得不于次年逃到江华岛避难，而藏于大邱符仁寺的初雕《大藏经》被全部烧毁。为击退外敌，高丽朝决定再雕《大藏经》，为了救民族于危难，向佛请愿，庇护国家和人民。

---

① 목판인쇄술의 발전，https://www.cheongju.go.kr/jikjiworld/contents.do?key=17561.

再雕《大藏经》开始于高宗二十三年（1236年），于高宗三十八年（1251年）完成。共刻了8137块《大藏经》板。至今，这些《大藏经》雕板仍完好保存在韩国庆尚南道的海印寺内。

再雕《大藏经》每行14字，版式、字体与初雕《大藏经》相似，被称为它的翻刻本。它以初雕《大藏经》为底本，不仅参照了宋朝《大藏经》和《契丹大藏经》，甚至还参考了《开元释教录》，竭尽全力纠正了原版的错误和纰漏。因此，在东方汉译《大藏经》中评价颇高，在国内外学术界亦得到了认可。中国、日本等国家以再雕《大藏经》为正本，继续刊行《大藏经》便足以证明这一事实。①

如前所述，高丽朝利用雕版印刷技术发行了数万册书籍，据说宋朝还曾派遣使臣到高丽寻求书籍。即便到了金属活字印刷术发明之后，雕版印刷仍凭借其易保存、可绘制图画或地图等优点被持续广泛使用。

朝鲜早期，雕版印刷事业已非常兴盛。朝鲜沿袭高丽的科举制度选拔官吏。中央设立四学、成均馆；地方则由书院及乡校等担任教育，这些举措极大地推动了印刷事业的发展。

朝鲜世宗大王时期开始创设并使用自己国家的文字。世宗二十五年（1443年），世宗大王同郑麟趾、申叔舟等学者创制训民正音，并于世宗二十八年（1446年）颁布实行。训民正音作为表音文字，亦称韩文、谚文、国文，比汉字容易辨认，训民正音的发明使得普通百姓也能参与读书识字活动，具有革命性的开化意义，也因此出现了各种汉文书籍的朝文翻译，以及使用纯朝文创作的散文、小说等文学作品。可以说，朝文的创制和使用，是半岛早期印刷事业蓬勃发展的一个重要影响因素。

朝鲜早期，官方、书院、寺院、私人、书坊均刊刻书籍，因各刊行的目的不同，所刊书籍的内容与外观亦有所不同。②

1. 官刻本

官刻本即由官府主持刻印的版本书籍，通常包括经史子集，尤其以儒

---

① 목판인쇄술의 발전，https://www.cheongju.go.kr/jikjiworld/contents.do?key=17561.

② 李钟美.韩国朝鲜朝早期印书概况［J］.中国典籍与文化，2002（3）：69—76.

家经典、礼法、典章制度等方面的书籍为主。朝鲜世宗即位以后，设立集贤殿、弘文馆，选拔出众的学者开展学术研究。明朝曾向朝鲜输入《性理大全》《四书大全》《五经大全》等儒家经典书籍。后来奉敕而刻此类书籍，均仔细校勘，成书纸张坚韧，墨色润泽。依据机构类别划分，官刻本大致可分为以下几种。

（1）中央官府刻本。中央官府刻本由典校署主管，其中不同类型的书籍按其用途由观象监、司译院、宗簿寺、内医院、惠民署、训练局、成均馆等有关机构直接负责刊印。该刻本的中国典籍有《周易本义启蒙翼传》《中庸》《朱子实纪》《朱子行状》《中庸九经衍义》等，朝鲜学者的著作有《芝峰先生集》《阵法》《东国新续三纲行实》《东国通鉴》《书传谚解》《新增东国舆地胜览》等，此外还有不少有关历史、兵法、儒学研究等内容的书籍，范围十分广泛。

（2）地方官府刻本。即由京畿、忠清、庆尚、全罗、黄海、江原、永安（今咸镜）、平安的朝鲜八道观察营以及其下属府、牧、郡、县等所刊刻的书籍。[①]据文献记载，当时已经出现活字印刷，如朝鲜太宗十八年（1418年）济州牧以癸未字本复刻《礼记浅见录》，便是以铜活字本为底本刊刻而成的。

（3）刊经都监刻本。刊经都监以刊行佛经为主要目的，由中央设置，各地方设置分司，其制度仿高丽大藏都监及教藏都监，主要刊刻汉译佛经、国译佛经、翻刻高丽本佛经等。校勘谨慎，刻字请当时名家如姜希颜、郑兰宗、成任、安惠、黄伍信等人仿松雪体书写而成，字号分为大、中、小三类。代表性的刻本有《楞严经谚解》《法华经谚解》《阿弥陀经谚解》等。[②]

2. 王室刻本

王室刻本指的是由朝鲜朝的王室成员，诸如国王、公主、妃嫔等出资刻印的书籍，和刊经都监本一样，多为带有宗教目的的佛书。如世祖刊行《月印释谱》；睿宗为祈求夫王的冥遗稿、诗文集等为书院刊本的主要

---

① 李钟美.韩国朝鲜朝早期印书概况［J］.中国典籍与文化，2002（3）：69—76.
② 李钟美.韩国朝鲜朝早期印书概况［J］.中国典籍与文化，2002（3）：69—76.

内容。如今传世的诸如紫溪书院版《阳村入学图说》，桧渊书院版赵有亨《大河图》及《小河图》，陶山书院版《朱子书节要》，道岑书院版《家礼考证》等。①

3. 寺院刻本

朝鲜李氏王朝在开国之初便实行崇儒抑佛的政策，所以其寺院刻书远没有高丽时期盛行，不过现传的朝鲜印本仍有部分寺院刊本，内容主要为翻刻的佛经以及僧侣的语录。寺院刻本的卷末常常有祈愿文与施主、书写者、刻僧等人姓名及牌记。现今存世的寺院刻本诸如无等山安心寺刊本《真言集》，全罗道高山兜率山安心寺重刊刊经都监本《翻译六祖口诀金刚般若波罗蜜经》及《翻译大方圆觉修多罗了义经》。

4. 私家刻本

朝鲜时期私家刻本大部分都是由一些名门望族自费或者通过募捐的途径刊印的，本质上以炫耀门面为目的。诗文集、传记、家谱等为刻印较多的书籍，佛书极少，且多刊印粗糙，这一点与高丽私家刻本不同。

5. 坊刻本

指的是出于营利目的而刊印的书籍。于宣祖九年（1576年）刻印的《考事撮要》为现存最早的坊刻本，卷末附牌记有"水标桥下北边二第里门河汉水家刻板，买者寻来"的字样。②据此可知，至迟在16世纪已经出现书坊刊印的书籍。然而，由于壬辰倭乱以及胡乱等动荡因素，朝鲜半岛的印刷业一度凋零，直到17世纪中叶后才有所恢复。据推测，坊刻本可能也是在此时得以重新发展，后在全国范围内流行开来。其中往往刻印一些应用性较强的书籍，诸如启蒙书、经书、诗文集、医书、农书、算术、韩文小说等。

二、朝鲜半岛活字印刷之始

北宋庆历年间，我国发明活字印刷。毕昇是世界公认的最早制造胶

---

① 李钟美.韩国朝鲜朝早期印书概况［J］.中国典籍与文化，2002（3）：69—76.

② 李钟美.韩国朝鲜朝早期印书概况［J］.中国典籍与文化，2002（3）：69—76.

泥活字的人，据史料记载，后来又出现了锡活字。元代王祯则创制了木活字。然而中国虽发明了活字印刷法，各个朝代却多以雕版印刷的刻本为主，实际运用活字印刷的人并不太多。与中国情况截然不同的是，活字印刷术被传入朝鲜以后，短时间内便成为印书的主要技术，现存的朝鲜印本中活字本占比一半以上。分析其中原因，可归纳为两点：其一，由于地域面积较小，朝鲜半岛对于新书籍的数量需求有限，由于多需要不同种类和内容的书籍，活字印刷方便灵活的特点便很好地契合了这一需求，只要所需要的单个活字字模数量足够，便可以印出多种不同的书籍，满足了朝鲜的实际需要。其二，中国雕版印刷所用到的木材，有梓木、梨木、枣木、黄杨木、银杏木、杏木、苹果木等，而朝鲜可用的木材种类很少，且难于施刀。李晬光在《芝峰类说》曾提及："祖宗朝凡书籍有误者，监印官辄杖之，故绝无错字，且中朝册板以梨枣杂木为之，而我国惟用梓木，故板子甚难刊布不广，乃我国之拙处也。"相反活字可用铜、铁、铅、木等材料制造，因而活字印刷术传入朝鲜半岛之后得到了广泛使用。

14世纪晚期，进士、忠义军郑道传（约1337—1398年）曾于恭让王三年（1391年）谏言："欲置书籍铺铸字，凡经史子书、诸诗文、俾于学者，皆得读书，以免失时之叹。"[1]此奏文是针对恭让王三年罢除书籍铺一事而发的，恭让王准奏，于次年设立印书局，专门管理铸字印刷之事。这是半岛最早有关铸字印书的可靠记载，说明14世纪后半叶高丽已经出现活字印刷活动。现存最早的金属活字印刷本《佛祖直指心体要节》（后文简称《直指》）便是在这一时期铸字印刷而成的。15世纪早期，朝鲜王朝开始大规模铸造铜活字，并建立了造纸署和铸字所，大力发展铸字印刷事业。

朝鲜的活字印刷由非金属活字和金属活字两类构成，其中非金属活字以木活字最为常见，而金属活字则以铜活字最为常见。

（一）非金属活字印刷本

李氏朝鲜很早便开始使用木活字印书。相对来讲，木活字更容易制

---

[1] 牛达生.试论中韩金属活字印刷术起源之争［J］.陕西历史博物馆馆刊，2014（00）：225—232.

造，无论官府或民间都可应用，缺点是没有铜活字精美耐用。李朝太祖四年（1395年），白州知事徐赞所造刻字（木字），印出附朝鲜方言文字"吏道"注解的《大明律》百余本颁行。太宗以后铜字盛行，木版与木活字均衰落。①依据生产机构的划分，朝鲜木活字本可分为三种：官府木活字本、书院木活字本和私人木活字本。

官府木活字本即由政府机构或官员组织印制的活字本。主要包括：

（1）书籍院字本。当时的白州知事徐赞将私造的木活字呈于书籍院，该院于李氏朝鲜太祖四年（1395年）利用这些木活字印制了100部《大明律直解》，即书籍院字本。

（2）东国正韵字本。世宗二十九年（1447年），申叔舟等人奉命根据明朝的《洪武正韵》编纂《东国正韵》，用来更正朝鲜本国的汉字音韵，该书对于研究训民正音的创制原理尤为重要。刊刻此书所用的汉字以首阳大君②字体为字本，笔画横轻竖重，竖笔正直。

（3）洪武正韵字本。为了正确地呈现中国汉字音，端宗三年（1455年），朝鲜朝使用韩文来标记《洪武正韵》中的字音。该印本中的汉字大字为甲寅字，韩文则是用笔画柔和的手写体进行书写。

（4）印经字本。燕山君二年（1496年），贞显大妃③与仁粹大王大妃④出于为成宗祈求冥福的目的，一起主持刊印佛经，于是有了《天地冥阳水陆杂文》、国译本《六祖大师法宝坛经》以及《真言劝供》等印经字本，整齐端正是此类印本所用活字的主要特征。

（5）训练都监字本。宣祖二十七年（1594年），朝鲜朝为了防御倭寇，设立了用来训练士兵的训练都监。倭寇在壬辰倭乱时掠夺了大量的朝鲜活字设备以及书籍，因而政府就经常利用训练都监休息的时间造制活字，一直持续到17世纪初。训练都监造制的木活字，仿效了铜活字，诸如

---

① 张秀民.中国印刷术的发明及其影响［M］.上海：世纪出版集团、上海人民出版社，2009：88.

② 首阳大君（1417—1468），名瑈，字粹之，世宗二子，即后来的世祖。

③ 即贞显王后（1462—1530），本贯坡平尹氏，朝鲜成宗的第二继妃。

④ 即昭惠王后（1437—1504），本贯清州，朝鲜德宗李暲之妻，朝鲜成宗李娈生母。

甲寅字、乙亥字、甲辰字、丙子字为字本，刊印出了许多书籍①。训练都监字本的缺点是字体倾斜、笔画不正，印刷上也较为粗糙。然而却在动荡时期代替了校书馆的功用，使朝鲜朝的刊印业得以维持，也算是发挥了不小的历史性作用。现传的《朱文公校昌黎先生集》《周易参同契解》《中庸章句大全》《增续会通韵府群玉》等均为训练都监字本。

除官府木活字本之外，书院木活字本与私人木活字本亦对朝鲜活字印刷事业起到了重要的推动作用。书院主要以自造活字或者借用活字的方式刊印书籍。譬如《晦庵书节要》便是临皋书院②借用丙子字体木活字印制而成的。

此外，朝鲜半岛早期的非金属活字印刷除了木活字以外，其实还有一种特殊的活字——瓢活字，是使用老葫芦壳制成字模的。这一说法引起了一些人的质疑，他们认为葫芦本质脆弱，在其表皮上刻字并做成字模实属难事，拿来印刷更是不可思议，因而他们推测所谓瓢活字应该指的是朝鲜朝朴（piáo）姓的木刻活字，因为"朴"与"瓢"发音相同。对此，学者张秀民认为，葫芦皮雕刻时容易劈裂是事实，但它正面的耐压力则相当强大，养蝈蝈的葫芦可以雕镂成各种花纹，并听说有人收藏瓢图章，所以它并不是如主观想象那样一触即碎的。③然而遗憾的是，有关葫芦壳制作活字刻字的技术以及现存的印本已经无迹可寻。

（二）金属活字印刷本

王氏高丽时期，半岛的印刷业已经开始改良活字的材料，但是至今半岛使用铜活字的具体时间仍然不能确定。据记载，高丽仁宗时，崔允仪④等人奉旨搜集古今礼仪并加以考证，编成《古今详定礼文》五十卷，作为国家典礼之书，由中央官府刊印。在《新印详定礼文》跋中，李奎报代晋阳公崔怡写道："遂用铸字，印成二十八本，分付诸司藏之。"根据崔怡被封为晋阳公以及李奎报去世的时间来推测，该书大致刊印于高丽高宗二十一年至二十八年之间。但是中韩均有学者认为这一举证存在较大

---

① 李钟美.韩国朝鲜朝早期印书概况［J］.中国典籍与文化，2002（3）：69—76.

② 为追慕高丽理学之中兴祖——郑梦周，于高丽时代末期建造而成，现位于韩国永川市。

③ 张秀民.中国印刷术的发明及其影响［M］.上海：上海人民出版社，2009：89.

④ 崔允仪，高丽时期（918—1392）学者、文臣。诗号英烈，原籍海州。

漏洞。目前能够确定的是，半岛现存最早的铜活字印本是14世纪末期印于清州寺庙的《直指》，该书最后题款为"白云和尚抄录佛祖直指心体要节""宣光七年丁巳七月清州牧外兴德寺铸字印施"。由此可知，该书的作者为白云和尚（1298—1374年），印书时间为宣光七年。宣光是北元第二任皇帝昭宗爱猷识理达腊使用的年号，宣光七年为1377年，由于明初对朝鲜半岛尚未完成臣属国转换，当时朝鲜半岛仍奉残元为正朔。据史料载，白云和尚本是清州兴德寺住持，高丽宇王三年（1377年），乃白云和尚圆寂三年之后，其弟子为表纪念，利用金属活字将此书印出。①从内容上看，该书以元朝传来的《直指》为基础，大幅增加内容形成，编有上下两卷，现今只有下卷一册尚存于世。由于首章残损，该卷共有38章，每页11行，每行17～20个字，为可移动金属活字版。②19世纪末法国驻韩大使科兰·戴·布兰西（Collinde Plancy）在韩国买下此书，1911年在拍卖中被一个古董收藏家收购，后被捐赠给了法国国家图书馆，并一直保存至今。

朝鲜活字技术在继承高丽印刷术的基础上得到进一步发展，制作技艺甚精，印本数量众多。李朝太宗三年（1403年）半岛开始大规模铸铜活字，新设立铸字所。由于铸字花费钱财不菲，该项工作多由官方主持。

《燃黎室记述别集》③曾有关于朝鲜铜活字铸字法的记载："铸字之法，先用黄杨木刻诸字，以海软泥平铺印板。印着木刻字于泥中，则所印处凹而成字，于是合印板，熔铜从一穴泻下，流液分入凹处，一一成字，遂刻剔重复而整之。"④朝鲜王朝历代统治者多重视铸字印书，尤其当旧字残损遗失，或者对字体不满意时，常常进行重铸或改铸。一般所铸活字取当年的干支为名，也有以所用字体为名的。比较具有代表性的铜活字有癸未字本、庚子字本、甲寅字系、壬申字本、乙亥字本、乙酉字本、辛卯字本、甲辰字本、癸丑字本等。

---

① 지식백과—직지심체요절，https://terms.naver.com/entry.nhn?docId=1631216&cid=42955.

② 황정하.금속활자발명국，Korea！：와옛인쇄문화［Ⅰ］.한국멀티미디어학회학술발표논문집，2010：520—524.

③ 朝鲜史书。李朝正祖年间（1776—1800）李肯翊编撰，采编年体，共59卷。

④ 李钟美.韩国朝鲜朝早期印书概况［J］.中国典籍与文化，2002（3）：69—76.

尤为值得一提的是，甲寅字一日印书可达40余纸，字体明正清晰，比庚子字稍大，甚为美观。其字为楷体，而稍带行书意味，至朝鲜晚期历五次改铸而一直使用，时间长达500年，官方所印书籍几乎皆属于甲寅字系，为最重要的一种活字。

初铸甲寅字是在朝鲜世宗十六年（1434年），世宗命大臣重铸大字，自明宣德九年（1434年）甲寅七月十二日始至九月九日铸成20余万大小字。此次铸字为李氏朝鲜第三次铸造铜活字，由于当年正值甲寅年，故名甲寅字。

再铸甲寅字则是在朝鲜宣祖十三年（1580年），由于初铸甲寅字铸造之后曾补铸过两次，加之使用百余年，活字磨损严重，导致印本粗糙不清，因此该年重铸甲寅字，并取当年干支，取名庚辰字。《梅月堂诗集》《十一家注孙子》皆为庚辰字本。

三铸甲寅字是壬辰倭乱之后，由于社会动荡，铸字活动被迫中断，直到光海君九年（1617年）铸字制度才得以恢复。当时朝廷设铸字都监重铸甲寅字，该项工程于光海君十年（1618年）完成，依照惯例，取当年干支戊午为名，称戊午字，此次所铸之字为历代甲寅字中最为粗笨的一次。

四铸甲寅字是在显宗九年（1667年），取其干支为名——戊申字。此次所铸字体虽然仍有不足，但一直使用了百余年。诸如《周易谚解》《中庸章句大全》均为其代表性印本。

五铸甲寅字是在英祖四十八年（1772年），为了刊行《心经》与《万病回春》印本，官府组织铸造了15万铜活字，取其干支年号，名壬辰字。

六铸甲寅字是在正祖一年（1777年），名丁酉字。《周易大文》《中庸章句大全》均为其代表性印本。

朝鲜王朝每次铸字印书的规模、数量均蔚为可观。郑元容曾说："命芸阁印之，无书不印。"李朝盛时，校书馆"盖无一日无印役之时，每于赴京（北京）使行之还，如得中朝（中国）书籍之稀罕于国中者，则必随即印出，以为广布，故公私书籍，至不可胜读"。[①]可见17世纪初朝鲜铸字印书的盛况。

---

① 张秀民.中国印刷术的发明及其影响［M］.上海：世纪出版集团、上海人民出版社，2009：96.

此外，朝鲜印刷业的生产制度也非常规范。首先分工精密，设有冶匠专门冶炼铜铁金属材料，铸匠则来浇铸活字，刻字匠专刻木模，均字匠专司修整浇铸出的金属字母并排字，印出匠专司印刷，唱准人专管校对，守藏负责保管铸字。世宗极为重视印刷事业，因而特别优待铸字的工人。对于有功劳的匠人，毫不吝啬地授其职位。政府对刊印书籍的校书馆也有一套行之有效的赏罚制度，正是在严明规章制度的约束与鼓励之下，朝鲜活字本中的错字、坏字也比同时期的明朝活字本少一些。

由于朝鲜半岛人民的智慧和勤劳，以及政府对于印刷事业精益求精的态度和规范的生产制度，半岛的金属活字印刷取得了突出成就，可以说这是半岛从中国学习科技和文化并将其发扬光大的典范。

第三节　评造纸术和印刷术韩国起源说

造纸术和印刷术同属于我国古代四大发明，为我国古代劳动人民的智慧结晶和文化瑰宝，并经由陆上丝绸之路北线及海上丝绸之路，较早传入与我国一衣带水的朝鲜半岛，对于半岛的文化及文明发展影响深远，并为半岛人民造纸与印刷工艺的改良提供了宝贵的技术基础。然而自20世纪末始，韩国学界出现造纸术和印刷术源于韩国的主张，并大肆宣扬，误导其国民，亦企图误导世界人民。这是对中国造纸术和印刷术发明权基本事实的无视和挑战，理应对此做出辩正。

一、评韩国造纸术起源说

2006年，韩国《朝鲜日报》曾发文表示，有韩国学者通过多年学术研究发现造纸术是由韩国人发明的，理由是造纸术的发明者（实为改良者）蔡伦是韩国后裔。其观点认为：作为韩国先民的蔡氏曾有一支移居辽东半岛，并来往于高句丽和汉朝之间经营高丽参生意。之后曾因高句丽地震，人参被强盗控制，蔡氏一族被迫举家迁移定居在汉朝湖南地区。以此主张蔡伦应为高句丽蔡氏族人的后裔，从而认为造纸术是"韩国人蔡伦"对人类文明史做出的伟大贡献。

此文一出，引起国内外学界及文化界哗然。历史真相需要建立在大量文献互证与考古实证的基础之上，韩国学者这一说法着实令人遗憾，现对此提出反驳。

其一，有关蔡伦的生平在我国古籍中已有明确记载。《后汉书·蔡伦传》记载："蔡伦字敬仲，桂阳人也……永元九年（97年），监作秘剑及诸器械，莫不精工坚密，为后世法。自古书契多编以竹简，其用缣帛谓之为纸，缣贵而简重，并不便于人。伦乃造意，用树肤、麻头及敝布、鱼网以为纸。元兴元年（105年）奏上之。帝善其能，自是莫不从用焉。故天下咸称蔡侯纸。"①据考证，《后汉书》这一记载来自《东观汉记》②的"蔡伦传"，该传是汉桓帝元嘉元年（151年）延笃③等人根据汉桓帝的指示编撰而成。此外，王国维在校对郦道元《水经注》时写道："盛弘之《荆州记》云：枣阳县百许步，蔡伦宅。其中具存，其旁有池，名蔡子池。伦，汉顺帝时人，始以鱼网造纸，县人今犹多能作纸，蔡伦之遗业也。"④

其二，蔡氏本就不是半岛独有的姓氏。早在春秋战国时期，中原就有蔡国。

战国时期，蔡泽曾取代范雎⑤任秦国相，封纲成君。当时的蔡氏还有齐国的大夫蔡朝、楚国的大夫蔡鸠居，以及晋国的太史蔡墨。秦汉时期，蔡氏主要是在现今的河南、安徽境内生活繁衍，也有一部分人到外地做官定居的。汉代，有一些蔡氏人定居在苏浙皖一带。虽然古籍中没有确切提及蔡氏在湖南一带的活动轨迹，但试想湖南与苏浙皖等地距离不远，既然有蔡氏南下定居，迁移于此也不足为奇。

---

① ［南朝·宋］范晔.后汉书.蔡伦传.李岩云.关于西汉古纸的思考［J］.寻根，2006（6）：36—42.

② 记载东汉光武帝至汉灵帝一段历史的纪传体史书，因官府于东观设馆修史而得名，经过几代人的修撰才最后成书。

③ 延笃（？—167），字叔坚，南阳郡犨县人，东汉官员。

④ 刘盛佳.蔡伦籍贯考［J］.华北水利水电学院学报（社科版），2010，26（2）：2—4.

⑤ 范雎（？—前255），亦作范且，或误作范睢，字叔，魏国芮城（今山西省芮城县）人，战国时期著名政治家、纵横家、军事谋略家、战略家、外交家、秦国宰相。

其三，蔡伦对于造纸术的历史贡献需要明辨。韩国学者认为："在蔡伦之前使用和提到的纸，都是丝质纤维所造的，实际上不是纸，只是漂丝的副产品。自古至今要造成一张植物纤维纸，一般都要经过剪切、沤煮、打浆、悬浮、抄造、定型干燥等基本操作。蔡伦以前的纸不是真正意义上的纸。"①

从造纸工艺和造纸质量上来看，蔡伦的确对造纸术的改良起到了重要作用。然而，一项新技术的发明往往要经历不断改良的过程，虽然蔡侯纸较之前的纸张在品质上有了极大进步，但是不论从选材还是制作方法，均无法忽略其对原有工艺的借鉴和利用。如今我国学界乃至国际上在评价蔡伦之于造纸术的历史作用时，均已谨慎使用"改良"而非"发明"一词。我国当代的考古学亦充分证明了蔡伦之前造纸术的存在。六大考古发现均证明中国西汉已存在古纸。新疆罗布淖尔汉烽燧遗址出土了公元前1世纪的西汉麻纸，这比蔡伦发明的纸早了100多年。1957年，西安东郊的灞桥出土公元前2世纪的古纸，主要由大麻和少量苎麻的纤维所制成。随后又在甘肃天水市附近的放马滩古墓中出土了西汉初绘有地图的麻纸，算是目前发现的世界上最早的植物纤维纸。1990年，敦煌甜水井西汉邮驿遗址中又发掘出30余张麻纸，其中有3张纸上都书写有文字。②这些发现足以证明当时的纸张已经成为日常生活用品，并开始用于文字书写与绘画。

以上考古发现均充分证明早在蔡伦之前，纸张的创制已并不罕见，且开始用于书画需求，造纸术的发明可追溯至西汉时期。从这个视角来分析，蔡伦并非造纸术的发明者，确切来讲，应该是造纸工艺的改良家。由此，韩国学者的主张便更加无理和无力。

二、评韩国印刷术起源说

（一）关于雕版印刷术起源之争论

从20世纪60年代开始，韩国学界对于雕版印刷术起源于中国的观点

---

① 刘仁庆.关于高丽纸的"奇闻"及评论［J］.纸和造纸，2010（9）：74—78.
② 张文.揭开"高丽纸"真面目［J］.科学大观园，2008（18）：31—32.

就表达过质疑，部分学者提出韩国是雕版印刷术的起源国，印刷术也是韩国发明的观点。引发这一重大争论的主要根源为1966年在韩国庆州出土的《无垢经》。

1966年8月29日，曾为韩国新罗朝（57—935年）都城的庆州市发生地震，佛国寺三层释迦石塔出现裂缝，随后又遭盗贼破坏。韩国政府随即派专家前往保护和修缮。在修复过程中，专家在石塔的舍利洞内发现一个方盒形金铜舍利外函，内置小舍利盒，里面存放着丝绢包裹着的古印本《无垢经》。

《无垢经》是佛教经文，该经文用19张黄色楮纸雕版印制而成。经文使用中国唐朝人的楷书写经体字摹刻而成，字体笔画挺拔，刀法工整，字上还能看出刀刻的痕迹。卷首前17行残损，卷尾有经名，且首尾各有涂朱漆的小木轴，属于典型的卷轴装。经卷被取出来的时候已经略有破损。卷尾写着佛经的名称——"无垢净光大陀罗尼经"，下方有"辛未除日素林"六字题记。佛经文内使用武周制字四个，分别见于经文内容的八个地方。[①]此外，文中还使用了北宋（960—1127年）以前通用的大量俗体字或异体字。虽然该经并无明确年款和刊行地点之记载，却是一件弥足珍贵的早期雕版印刷文物。

目前世界上发现的《无垢经》单行刻本共有3部，分别是藏于我国内蒙古赤峰市巴林右旗庆州白塔中的辽章圣皇太后刻本（1047年）、藏于日本奈良东大寺等10个寺院的称德女天皇[②]刻本（767—770年，号称"百万塔陀罗经"，尚存3000余卷），以及上述刊印于702年左右的唐武则天刻本。[③]前两部均只刻了该经的4个咒语，唯有新发现的刻本内容最为完整，由此一时间震惊学界。

此经刚被发现，韩国学者便发表文章主张该经为新罗景德王时期（742—764年）的印本。此后30余年间，韩国有10余位学者陆续著文立说，主张《无垢经》为新罗刻本，由此说明印刷术起源于韩国。

① 杨昭全.中国—朝鲜·韩国文化交流史3［M］.北京：昆仑出版社，2004：1070.

② 即孝谦天皇（718—770年），是日本第46代天皇。

③ 邱瑞中.再论韩国藏《无垢净光大陀罗尼经》为武周朝刻本［J］.中国典籍与文化，2000（03）：91—96.

对此，我国学者对该经进行详尽考证，对韩国学界的主张表示反对和否定，提出许多有力证据断定该经为我国唐朝刻本传入半岛，并坚定维护印刷术起源于中国的既定事实。

其一，韩国学者认为，武周时期朝鲜半岛用过制字，以此说明佛国寺发现的印本是新罗的产物。但是这些考证材料都来自中国古籍中高句丽人的墓碑材料，查对之后，我国学者发现这些朝鲜人曾在武周时生活并任职于中国，去世后葬于洛阳，墓志铭中使用制字就不足为奇了。但是这并不代表当时的新罗境内也通行武周制字。

705年2月，趁着武则天病笃之际，李显、张柬之等发动神龙革命，推翻其政权。武周制字当即被废止，武则天也于当年11月去世。武周制字只通行了14年，此后唐代刻本和抄本均未发现有成组的武周制字存在。依据韩国学者的说法，新罗在706—751年刊出此经，是出于对武周制字的好奇心，这一主张只能作为推测，显然不够有力。还有一些韩国学者认为，该经中武周制字与正常字混用，声称只有远离武周统治的新罗才有使用武周制字的这种随意现象。然而事实是，武周时纪年写本、金石刻文表明，当时唐代统治的中原地区也有随意使用武周制字的现象，因而这一说法也不能成立。

其二，通过经文中存在新罗时期和日本奈良朝文书中的异体字来断定该经为新罗刻本也存在逻辑问题。殊不知，中国唐代写本刻本也出现过这些异体字。当时，朝鲜半岛和日本用的这些异体字是在中国南北朝及隋唐写本传入后才流行的。作为从南北朝的俗体字向宋代正体字过渡的转型时期，唐代虽然有采取正字措施，但民间、寺庙等仍有混用的现象。

其三，韩国一些学者认为该经印以新罗楮纸，此为错误判断。根据文献记载，新罗造楮纸最早为景德王十四年（755年），晚于该经的刊刻年代，而且半岛楮纸工艺至高丽朝才发展成熟，所以不可能是新罗楮纸。与之相反，中国早在公元2世纪已造楮纸，5—6世纪造楮纸的文献记载及出土实物均有发现。1973年敦煌出土的北魏兴安三年（454年）《大悲如来告疏》、国家图书馆收藏的隋开皇二十年（600年）《般若波罗蜜经》等均用楮纸。7世纪，楮纸已成为中国之国纸，用量激增，敦煌莫高窟石室中的上万卷唐人写经几乎全用楮纸。1904年，新疆出土的唐代小字刻本《法华经》也印于黄色楮纸。此外，1996年于庆州罗原理石塔发现的《无垢经》写本残片为白色楮纸，白楮纸便是著名的高丽纸，是半岛的特产。经对比，佛国寺所藏的这本《无垢经》与后世高丽刊本有很大不同，但却与日本奈良刻本及唐人写本基本相同，都用的黄纸，字体也相似。[①]种种证据均可说明《无垢经》所用之楮纸应为中国所产，这也为该经刻印于中国的事实提供了确切依据。

其四，韩国学者从5280字中抽出9个字便判断该经印刷字体为六朝书法，是在北魏碑帖基础上发展起来的古新罗书风，的确有失谨严。不难发现，该经的印刷字体应为唐代僧人写经通用的楷体或唐代经生体，多部可以查证的唐代写经字体均与其一致，因此绝不是六朝书法。魏晋南北朝佛经均写以楷隶，与唐人楷体有较大差异。《无垢经》印刷字是含有南北朝俗体字的唐代经生楷体。

其五，韩国一些学者认为，该经先于新罗圣德王五年藏于庆州皇福寺石塔，后又于景德王十年藏于这年修建的庆州佛国寺石塔，并于1966年发现于庆州佛国寺石塔，由此断定该经为新罗刻本。然而并非在此地发现的出版物便为此地所雕印出版，必须联系当时的时代背景、刊印动机，以及技术条件合理考证。研究发现，无论是朝鲜的《三国史记》《三国遗事》和其后的《高丽史》《李朝实录》还是其他朝鲜史书，均无新罗时期进行雕刻印刷活动之记载。这表明新罗时期没有雕版印书的普遍条件。另外，迄今朝鲜全境尚未发现其他相当于新罗时期的雕刻实物，而仅凭庆州佛国寺石塔发现的该经这一孤证，无法印证该经为新罗刻本，更无法得出雕刻印刷术源于新罗即朝鲜的结论。[②]

反论之，如果新罗朝当时雕刻出这部经书，或者进行了其他的雕印项目，史书中为何没有记载？朝鲜半岛开展雕版印刷活动的最早记载是高丽显宗二年（1011年），而现存最早的朝鲜雕刻印刷物是高丽穆宗十年

---

① 潘吉星.再论韩国发现的陀罗尼经刊行年代和地点［J］.中国印刷，1999（10）：6—13.

② 杨昭全.中国—朝鲜·韩国文化交流史3［M］.北京：昆仑出版社，2004：1076.

（1007年）刊印的《宝箧印陀罗尼经》，据此可知，朝鲜半岛在近300年间均无雕刻印刷的作品及其活动记载。韩国出版学会会长安春根教授在《新罗时代的印刷出版问题》论文中指出："此经（即《无垢经》）刊行年代与佛塔供养此经年代以及供养此经的佛塔建成年代是否同时，是很难判断的。"在没有弄清这些问题的情况下，"便将此经看作新罗时代的印刷品，是不正确的"。因而，他说："他们的说法只是推定、假说和推测。"他进一步提醒人们：有必要确认高丽穆宗十年出版的《宝箧印陀罗尼经》是我国（韩国）最早的印刷物。①

因此新罗时期是否存在雕版印刷在韩国学术界本身争议就很大。

与之相反，中国有唐代进行雕版印刷活动的记载（如玄奘之印经活动，敦煌实物发现、白居易作品勒模售卖等），表明中国唐代有雕版印刷的各种证据。该经的刊刻承上启下绝非偶然一次孤立的印刷事件，而是唐初以来持续不断的印刷活动中之一环。

综合上述考证，可以肯定，韩国庆州佛国寺石塔中所发现的《无垢经》为中国唐代武周时期的雕刻印刷物，进一步确证雕版印刷术源于中国这一事实。其实，美国芝加哥大学钱存训教授在1988年11月的汉学资源国际研讨会上曾发表过论文，就这一发现进行了深入研究，得出该经刊印于中国的论证。日本印刷史专家长泽规矩也②教授在1976年出版的《图解和汉印刷史解说篇》中，指出韩国庆州佛国寺石塔发现的《无垢经》并非世界最早的印刷品。

既然学者断定武周刻本《无垢经》是我国唐朝的雕刻印刷本，那么，该经为何会发现于韩国？又是何如传入新罗的？中国印刷史专家张秀民、潘吉星均认为唐代中原王朝与半岛之间存在频繁的文化交流，应是作为文化传播载体传入当时的新罗朝的。经由详尽的考证，潘吉星认为新罗和唐朝之间的文化交流十分密切，"双方人员往来和文化交流频繁，此经刊刻后不久就由唐人和新罗人分别带到新罗。最初传入时间当在新罗圣德王在

---

① 杨昭全.中国—朝鲜·韩国文化交流史3［M］.北京：昆仑出版社，2004：1078.

② 长泽规矩也（1902—1980），字士伦，号静庵，神奈川人，日本著名文献学家。

位初期，即唐武周末期的长安年间（701—704年），此经出版后不久"。
"在这三年间至少有两次人员往来值得注意"，一是新罗僧人明晓入唐求
法，将此经带回本国；另一是新罗孝昭王卒，其弟圣骞王立，次年（703
年）唐遣使前往吊祭时随带此经作为超度亡灵的祭品。"因此，圣德王为
求孝昭王冥福，于706年施于庆州皇福寺石塔供养的《无垢经》肯定应是来
自中国的长安二年刻本。"①

（二）评金属活字印刷术起源于韩国

金属活字的出现为活字技术提供了新的活印种类，是印刷史上的一个
重要里程碑。自铜活字印本《直指》于1972年在巴黎展出并被认定为世界
上现存最早的金属活字印本以来，关于金属活字印刷的起源问题便引起中
韩学界的探究与论争。

《直指》为可移动金属活字版。②2001年9月被联合国教科文组织列为
世界文化遗产。该书最后题款："白云和尚抄录佛祖直指心体要节""宣
光七年丁巳七月清州牧外兴德寺铸字印施"。可确定为1377年在白云和尚
圆寂三年之期，其弟子为表纪念，在清州兴德寺使用金属活字将此书印
出。③《直指》重新面世，韩国学者借此声称韩国为金属活字印刷技术的
发明国，并举出其他例证将金属活字的发明时间推至更早时期，目前已有
"文宗代""肃宗代""13世纪初期""1377年"四种主张。

1. 主张一：文宗代（1047—1083年）

文宗时期起源说的依据在于《高丽史》77卷《书籍店》的内容和《大
觉图师文集》12卷中《铸钱论》中提及的义天对于铸钱的理解，另外金富
轼④所写的《高丽国·五冠山大华严灵通寺赠谥大觉图师碑铭并序》中的内
容亦可提供参考。下为金富轼为义天所写的碑铭：

---

① 潘吉星.论一九六六年韩国发现的印本陀罗尼经的刊行年代和地点［J］.传统文化与
现代化，1996（06）：5—17.

② 황정하.금속활자발명국，Korea！：와옛인쇄문화［I］.한국멀티미디어학회학술발
표논문집，2010：520—524.

③ 지식백과-직지심체요절https://terms.naver.com/entry.nhn?docId=1631216&cid=42955

④ 金富轼（1075—1151），字立之，号雷川，本贯庆州，朝鲜半岛高丽王朝时期的著
名政治家、文学家、历史学家。

"於辛未春南遊搜索所得書無慮四千卷皆塵昏蟫斷編簡壞舛俱收並拾包匭以歸請置教藏司於興王寺召名流刊正謬缺使上之鉛槧不幾稔間文籍大備學者忻賴。"

大致意思是：1091年春，义天到南方旅行时，发现足足4000册书籍。因书籍残损严重，便在兴王寺设立教藏司，召集学者修补校正，不到一年完工，学者从书中也受益良多。

根据以上内容可知，大觉图师义天整理并发行教藏，部分学者把这里提到的"鉛槧"解释为"金属活字版的铅版"，从而主张文宗时期便已发明金属活字印刷术。然而，有学者反驳这一观点，认为此处的"鉛槧"指写文章所需铅粉与木板的合称，和现在用的粉笔、黑板是一个道理。并从引文中推断，这是校正文字错误的刻板。[①]"使上之鉛槧"说的是，将文字篆刻于板上。这一时期毕昇的活字印刷技术刚被发明，几乎没有可能在短短几十年间传入朝鲜半岛并发展成为金属活字，这一起源说确无可信证据。

2. 主张二：肃宗代（1102年起）

肃宗时期实行铸钱法，使得铸钱盛行起来。因此有学者推测铸钱使铸字成为了可能。物证之一为现藏于韩国国立中央博物馆的高丽活字"覆"，经过化学检验发现其金属成分与肃宗七年（1102年）起开铸的海东通宝（1102—1232年）相似。铸钱为铸字提供技术前提倒也符合逻辑，然而根据《高丽史》"成宗十五年（996年）夏四月辛未"中"铸铁钱"的记录，以及早期的青铜器文物来看，有学者认为将铸钱用到的鼓铸法视为金属活字的应用并不妥当。这是因为有人把"鼓"看成活字印刷的模型，但是此处的"鼓"应该是"鼓风"的"鼓"，即冶炼金属时鼓风扇火提高温度，使金属熔化的行为。此外，金属活字印刷技术的实现还需要具备制版排版的方法，以及墨的发明等。因此千惠凤等学者认为金属活字印刷的发明不可能与铸钱为同一时期。[②]

此外我国学者也提出疑问，认为此物没有任何时代特征，亦无伴出

---

① 천혜봉.한국금속활자인쇄사［M］（서울：범우），2012：16—17.

② 千惠凤.金属活字［J］.当代韩国，1999（02）：56—60.

物，仅凭化学成分不足以做出准确断代，因为化学成分相近的某些铜器不一定能证明是同一时期产物，[①]后也有学者举"西夏钱币的金属成分与唐钱十分接近，但这并不能说明西夏钱币就是唐钱"的例子来证伪。[②]由此可认为，该活字是否为印刷所用铜活字仍然存疑。

3. 主张三：13世纪初期

13世纪初期的起源说一直被韩国学界视为定论。这一主张的依据是崔怡为《南明泉和尚颂证道歌》（后文简称《证道歌》）所作的跋（1239年复刻）以及《东国李相国全集》中的有关记录等。

《东国李相国全集》卷11收录了李奎报代晋阳公崔怡写的《新印详定礼文》跋："……至仁廟朝（1120—1146）始勑平章事崔允儀等十七臣集古今同異商酌折中成書五十卷命之曰詳定禮文流行於世然後禮有所歸而人知不惑矣是書跨歷年祀簡脫字缺難於攷審予先公迺令補緝遂成二本一付禮官一藏于家其志遠也果於遷都之際禮官遑遽未得齎來則幾若已廢而有家藏一本得存焉予然後益諳先志且幸其不失遂用鑄字印成二十八本分付諸司藏之……"

根据"遂用鑄字印成二十八本"，韩国学者千惠凤认为当时政府在向江华岛迁都时，未来得及将50卷巨著《详定礼文》携出，只好命崔怡将携出的一套用铸字印成28份分给各官署。她提出在抵御元军的危急时刻，还能如此轻易铸活字印书，证明高丽时期的金属活字印刷技术已十分成熟。[③]

而中国学者潘吉星等对跋文中崔怡的职位提出疑问，认为1239年崔怡的职位为晋阳公，而非晋阳侯，与史料存在出入。对此，韩国学者又进行了考证，崔怡在1221年被封为晋阳侯，但被他谢绝，后于1232年迁都再次获封该职位，而晋阳公的职位则是于1242年获封的。[④]除《证道歌》外，1235—1241年间的其他文献中也存在混用这两个职位的现象（见表2-1），

---

① 潘吉星.中、韩金属活字印刷的起源［J］.当代韩国，1999（02）：61—65.
② 牛达生.试论中韩金属活字印刷术起源之争［J］.陕西历史博物馆馆刊，2014（00）：225—232.
③ 千惠凤.金属活字［J］.当代韩国，1999（02）：56—60.
④ 남권희.證道歌字와東國李相國集［J］.書誌學研究，2011（48）：225.

因此认为该卷末出现的错误也应同属这一范畴。①

表2-1　文献中关于崔怡职位的记载一览表

年份	书名	职位
1235年	《大佛顶如来密因修证了义菩萨万行首楞严经》	晋阳侯
1236年	《妙法莲华经》	晋阳侯
1237年	《金刚般若波罗蜜经》大字本	晋阳侯崔瑀
1239年	《南明泉和尚颂证道歌》	晋阳公崔怡
1240年	《妙法莲华经》	晋阳公崔怡
1241年前	《新印详定礼文》跋尾《东国李相国全集》卷11	代晋阳公行

《证道歌》跋文：

"夫南明證道歌者……於是募工重彫鑄字本以壽其傳焉時己亥九月上旬中書令晉陽公崔怡謹誌"

该跋文提到年款"己亥"为高丽高宗二十六年（1239年），韩国学者认为此处"募工重彫鑄字本"意即招募工匠翻刻原铸字本，因此推测在迁都之前便有金属活字印刷技术的应用。

对此我国学者提出同样的疑问，1239年，崔怡为晋阳侯，怎能称自己为晋阳公？并且在岛上已"遂用鑄字印成二十八本"《新印详定礼文》，为何1239年还要募工刻版，为何不用这批现成的活字来印《证道歌》，②这其中的逻辑实在难以讲通，两条史料自相矛盾。

图2-1　《南明泉和尚颂证道歌》

①　권오덕.한국금속활자인쇄술연구의논쟁점분석［D］.경북대학교대학원：문헌정보학과，2018：15.

②　潘吉星.中国金属活字印刷技术史［M］.沈阳：辽宁科学技术出版社，2001：70.

韩国国内也有学者对《证道歌》为金属活字的说法进行反思，提出这种研究方法是先将其断定为金属活字本后再寻找依据的演绎法。此外，2017年韩国文化遗产厅发表了文化遗产委员会对《证道歌》指定申请的讨论结果，认为《东国李相国全集》中提及活字印刷的证据不充分，这体现出没有直接物证或确切记录就无法进行鉴定的逻辑规范。①

4. 主张四：1377年

1377年起源说以《直指》为据，书尾"宣光七年丁巳七月清州牧外兴德寺铸字印施"交代出铸书时间及地点，且经过世界教科文组织鉴定，该本为可移动金属活字版。中国学者也普遍认为韩国的金属活字起源于该时期。实物和文献记载表明，高丽末期（14世纪末）起有了金属活字印刷，该时期进士、忠义军郑道传于恭让王三年（1391年）谏言："欲置书籍铺铸字，凡经史子书、诸诗文、俾于学者，皆得读书，以免失时之叹。"②次年李氏在建立王朝的第一年设立印书局，专门管理铸字印刷之事。李朝太宗三年（1403年）开始大规模铸铜活字，新设立铸字所，由政府主持，自此朝鲜半岛的金属活字印刷技术开始步入繁盛时期，为世界留下了众多精神财富。

关于韩国金属活字印刷术起源的多种主张，大体上都可以划入于如前所述4个时期。前3个时期的主张以文献记录为根据，缺乏实证。直接或间接记录高丽时代金属活字印刷术的只有《高丽史》和李奎报等人留下的记录，以及法国国家图书馆收藏的1377年兴德寺用金属活字印刷的《直指》下卷。通过梳理分析，《证道歌》所记录内容有一定可信度，但确与《新印详定礼文》相矛盾，暂且存疑，以待更有力的证据出现。目前可以肯定的是，1377年朝鲜半岛已铸造铜活字印书。1403年政府置铸字所，金属活字印刷得以以前所未有的规模和速度发展，印刷了浩如烟海的儒学经典、佛教著作，且质优字美，为世界印刷史做出了独特贡献。

---

① 권오덕.한국금속활자인쇄술연구의논쟁점분석［D］.경북대학교대학원：문헌정보학과，2018：116.

② 牛达生.试论中韩金属活字印刷术起源之争［J］.陕西历史博物馆馆刊，2014（00）：225—232.

我国的金属活字印刷术要早于韩国，虽然亦尚未有确切的发明时间，但是潘吉星提出了金属活字印刷起源于宋金印钞的主张。他认为金属活字印刷是铸印—铸钱技术、造纸技术、铜版印刷和非金属活字技术结合的产物，所有这些技术在宋代以后汇集在一起，为金属活字的发明提供了最适宜的条件。①

中国是最早发行纸币的国家，宋金时期在用铜版印制纸钞时，为了防伪，还要为每张纸币加设料号、字号，以千字文编号，类似现在纸币上的冠号，同时有印造、发行机构官员的个人花押。这些部分不与其他内容同时在铜版上铸出，而是在印版上留出凹空，待临印刷时再以活字填植在凹空处，从而形成完整版面。由于印版为铜版，所填塞的活字自然是铜铸活字。②这也是套版印刷的早期形式。

1936年，钱币史学家陈仁涛收得南宋行在会子库铸的会子铜版。行在会子库为都茶会子库别称，因此可推断这块印版铸于宋高宗绍兴三十一年至孝宗乾道四年（1161—1168年）之间。版面上部右侧"第壹佰拾料"中的"第""料"应是与其他内容一同印出，而"壹佰拾"三字略作歪斜排列，字形、大小也与另外两个字明显不同，应当是印版铸成后植入的铜活字。③

1956年，内蒙古自治区博物馆征集到了一枚金代陕西东路流通的壹拾贯交钞铜铸印版，经鉴定，其铸造时间为1215年。如后图，可明显看到8处凹空，潘吉星认为这是为放入标明字料、字号和花押的铜活字而用的。并举王兰溪藏1213—1214年铸金代山东东路流通的壹拾贯交钞铜版、贾敬颜藏金章宗泰和年（1201—1208年）

图2-2　南宋"行在会子库"会子铜版

---

① 潘吉星.中国金属活字印刷技术史［M］.沈阳：辽宁科学技术出版社，2001：38.
② 潘吉星.中国金属活字印刷技术史［M］.沈阳：辽宁科学技术出版社，2001：41.
③ 潘吉星.中国金属活字印刷技术史［M］.沈阳：辽宁科学技术出版社，2001：47.

铸交钞铜版残损的拓片为佐证，得出现所见金钞植入铜活字的最早实物年代为1201—1208年的结论，又金代印钞始于1154年，因此潘吉星最终推论，从1154年起，我国已将铜活字用于印钞。①

图2-3 金代陕西东路流通的壹拾贯交钞铜铸印版（1215年）

现存早期钞币实物资料表明，中国铜活字印刷技术至迟始自12世纪。韩国学者曹炯镇对此提出反驳。他指出活字印刷的定义，认为其必须要经历四个阶段：①字的生产；②排字；③印刷；④排字版的拆卸和再利用。他认为印钞中的活字只与第三四阶段的原理相关，而与第一二阶段无关，曹炯镇提出印钞中的活字不符合印刷中活字所具有的重复性、多样性的特点，同时也没有多个活字排列成行的特征，与原有印版实为不同的版面，因此他指出这属于铜版印刷而非活字印刷的应用。②

这一说法过于牵强，印钞中的活字技术是符合活字印刷原理的，只是在活字数量、版面统一方面有所局限，印钞虽然不是以铜活字为主，但已经灵活使用嵌入铜活字这一方法，况且活字与版面同时存在。铸铜活字不但为金属活字印刷奠定了最初的技术基础，还为铸字提供了适宜的合金材料，再者说，印刷出版物包括印钞。因而不可否认，金属活字印刷技术在这一时期已经成形。

此外，据王祯《农书》所附《造活字印书法》载："近世又铸锡作字，以铁条贯之，作行，嵌于盔内，界行印书。但上项字样，难于使墨，

---

① 潘吉星.中国金属活字印刷技术史［M］.沈阳：辽宁科学技术出版社，2001：44.

② 曹炯鎮（Cho Hyung-Jin）.金屬活字의中國發明說에관한研究［J］.서지학연구，2009（42）：105—135.

率多印坏，所以不能久行。"①

　　这一记述明确表明，用金属材料熔铸成活字，在王祯之前便已发明了。由于当时还没有好的油墨，以致印书质量不高，流传不广。由于宋元之际及元初时期，王祯已用"今"或"今世"的表述，关于"铸锡作字"的时间，潘吉星等学者经过认真考辨，认为此处的"近世"是指"元以前的南宋"。那么可以确切得出我国至迟于南宋末期便已掌握了金属活字印刷的技术，这比《直指》的制书时间至少要早近100年。

　　通过对以上研究的回顾，可以得出以下结论：根据宋金时期印钞过程中大量使用的铜活字，以及文献记载和罗振玉铜活字的辅证可以确定宋朝我国已掌握了金属活字印刷技术，铜活字印刷至迟在12世纪已经出现，比《证道歌》和《直指》都要早，金属活字印刷术起源于中国并早于朝鲜半岛已是不争的事实。

　　造纸术和印刷术是我国古代劳动人民的伟大发明。历史学、考古学的研究必须依据科学严谨的考证方法。我们把造纸术、印刷术发明年代绝对地断定在某件物品出现之前不一定准确，必然要结合当时的时代背景、物质条件、技术水平等诸多因素来分析评定。对于别国对我们文化和技术的发展与改良，我们表示认可和赞许，也衷心希望文化能够在交流中融合升华，为全世界人民造福，但是这都要建立在尊重各国创新事实和智慧发明的基础之上。

---

　　①　肖东发.活字印刷术的发明及其在宋元时代的发展与传播［J］.北京大学学报（哲学社会科学版），2000（06）：95—103.

第三章　造纸术和印刷术通过海上丝绸之路
北线传播日本

在航海技术并不发达的古代，从中原地区去日本岛，一般都是经朝鲜半岛跨过与台湾海峡宽度相当的朝鲜对马海峡。过朝鲜对马海峡要比过台湾海峡更为容易一点的是，在朝鲜对马海峡正中间位置，有一个较大的对马岛可以歇脚。从古代的辰韩（朝鲜半岛南部"三韩氏部落"的三大集团之一，位于马韩之东，因其当地居民中多数都是秦朝时的遗民，又称秦韩）出发，利用这条洋流航道可以较为容易地到达日本岛。在造船和航海技术都不太发达的古代战国时期，跨越对马海峡是从中国大陆出发到达日本本州岛最便捷的一条航路。

1877年，德国地理学家费迪南·冯·李希霍芬撰写了《中国——亲身旅行和据此所作研究的成果》一书，首次提出"丝绸之路"①这一名称。丝绸之路在当时用以指称在西汉时期张骞"凿空西域"以后开通的古代中国与中亚地区两河流域以及古印度之间的贸易通道。赫尔曼与斯坦因等学者在此基础上进行了延伸，丝绸之路被赋予了更多内涵，也成为了世界上最长、最古老的一条贯穿东西的交通要道。1903年，法国汉学家沙畹在《西突厥史料》一书中提出了"海陆两途"之说②，人们开始注意到这条"海洋之途"。联合国教科文组织在1987—1997年间，对丝绸之路进行了大规模考察，并将海上交通作为考察重点，自此"海上丝绸之路"的概念开始被全世界通用。

---

① Ferdinand Freihern Von Richthofen. China:Ergebnise Eigener Reisenund Darauf Gegrü ndeter Studien Berlin［M］. Berlin: Dietrich Reimer, 1882:187.

② ［法］沙畹.西突厥史料［M］.冯承钧，译.北京：中华书局，1958：224.

　　日本自古就与中国有着悠久的历史往来，并在经济、政治、文化上有着密切的关联。中国也是世界上最早认识日本的国家，早在公元前3世纪左右《山海经》的《海内北经》章节中就有了关于日本列岛居民原住民的记载："盖国在钜燕南，倭北。倭属燕。"①这里出现的"倭"，根据专家考证，可能就是日本列岛，也是汉代所称的"倭国"。

　　唐代诗人李商隐的《海上》一诗中提及徐福，"石桥东望海连天，徐福空来不得仙。直遣麻姑与搔背，可能留命待桑田。"这首诗中的徐福是江苏连云港赣榆名士，当时奉秦始皇之命出海寻找长生不老药。徐福东渡可以说是中国历史上最早的海上对外文化交流活动之一。据传徐福率领一众人员东渡，其中包括各类能工巧匠，给当时生产力低下的朝鲜半岛、日本列岛带去了先进的劳动生产技术，造船、织布、农耕、织染等技术就这样被带到了东亚诸岛。司马迁的《史记》是最早记录徐福东渡的现有文献，《史记·秦始皇本纪》始皇二十八年（前219年）中记载："既已，齐人徐市（徐福别名）等上书，言海中有三神山，名曰蓬莱、方丈、瀛洲，仙人居之。请得斋戒，与童男女求之。于是遣徐市发童男女数千人，入海求仙人。"②后来班固《汉书》、东方朔《海内十洲记》、荀悦《汉纪》、陈寿《三国志》、南北朝王嘉《拾遗记》中对徐福入海访仙求药也都有所记载。

　　根据公元前300—前250年日本弥生时代历史遗迹中发掘出来的中国两汉时期铜镜等物，可以推断中日两国早在汉代已有来往。汉武帝元封二年（前109年）西汉发兵灭掉古朝鲜后，在当地设置真番郡、乐浪郡、玄菟郡、临屯郡四郡，属幽州管辖。昭帝时将其并为乐浪、玄菟二郡。《汉书·地理志》记载："乐浪海中有倭人，分为百余国，以岁时来献见云。"此处的"倭人"即古日本人。东汉建武中元二年（57年），日本就曾派遣使者前去洛阳访问，光武帝授予其汉委奴国王（"委"即"倭"）五字黄金印，这枚金印也在光格天皇天明四年（1784年）于筑前栖屋郡志贺岛（今福冈志贺岛）被发掘出来。

① 佚名.山海经［M］.李润英，陈焕良，译.长沙：岳麓书社，2006：5.
② 司马迁.史记［M］.北京：中华书局，2006：6.

日本弥生时代是受亚洲大陆绳纹文化影响而逐渐出现的。在古弥生时期，中国秦汉移民入岛，给日本带去先进的农耕文明。由此，日本才得以完全结束原本经济发展缓慢的社会时期，开始向农耕文明社会阶段过渡。

中国自魏晋南北朝以来战乱频仍，朝鲜半岛上的高句丽、百济、新罗趁机占取乐浪、带方，接着这三国间又相互交战，战火四起，民不聊生，所以岛上大量汉人选择前往日本避难。

日本万安亲王年间（788—830年），模仿中国唐朝《氏族志》所编写的古代氏族名鉴《新撰姓氏录》中"太秦公宿祢"（右京诸蕃）条载，来日本的"秦氏为秦始皇十三世孙……男融通王一称弓月君，应神天皇十四年（283年）来朝，率百二十七县百姓归化，献金银、玉帛"[①]。该书还称，"仁德天皇时（313—399年），秦氏流徙各地，天皇使人搜索鸠集，得九十二部一万八千七百六十人"。《日本书纪》称，289年"倭汉直祖阿知使主、其子都加使主并率己之党十七县民而来归焉"。上文提到的阿知使主，相传为汉灵帝曾孙，汉代末年率众迁居带方，后来又从带方渡海来到日本。据推测，大批中国移民从朝鲜半岛离开时，必将许多纸本书籍带到日本，甚至其中有原在乐浪、带方从事造纸的工匠。后来日本大和朝廷（2—6世纪）根据中国移民的祖先划分，将弓月君的后裔称为秦人，将阿知使主的后裔称为汉人。这些移民在日本大多从事农业和手工业生产或在朝廷从事文书工作。《新撰姓氏录》列举京畿附近的山城（今京都）、大和（奈良）、摄津（大阪）等地氏族时，秦氏、汉氏占30%。[②]5世纪、6世纪后，天皇听说还有些技艺出众的汉人仍留在百济，于是强迫百济将他们送交日本，这些人被称为新渡汉人。大批中国人东渡给日本带来了汉文化和先进的科学技术，儒学和佛教在日本兴起，汉文也成为日本通用的文字。移徙而来的汉人与当地大和民族共同发展日本经济和文化，这些汉人移民后来与大和民族逐渐融合为一体。

6世纪，日本进入飞鸟时代，受中国和朝鲜影响较大，朝廷还派遣使者

---

① ［日］佐伯有清.新撰姓氏录の研究（全10卷）［M］.东京：吉川弘文馆，1981：354.
② 宋越伦.中日民族文化交流史［M］.台北：正中书局，1969：31.

前往中国进行交流。与此同时，佛教也在这一历史时期迅速传入日本，日本统治者十分重视佛教对教化百姓的影响和作用，利用佛教倡导的万物平等、因果轮回、生死转换等教义教导百姓要安分守己，才能期待来世，从而巩固和提高皇权统治的地位，佛教因此在当时的日本得到了极大的推广和发展。

日本圣德太子当政时期，中国隋文帝杨坚正建隋灭陈，结束了中国南北分裂的局面，统一了中国。7世纪初，圣德太子派使者出使中国，两国中断长达一个多世纪的交往随之恢复。此后，圣德太子先后向中国派遣交流生、学问僧访隋，他们在中国充分地学习了中国政治、经济、文化等先进经验后回到日本，在日后日本大化革新及国家政权的改革与建设中发挥了重要作用。

据记载，日本前后共10次派遣使者去往唐朝进行交往。在初期，每次不过数艘船只就构成了一个使团，并选择相对安全的北线作为航行路线，即沿陆地绕行，然后从登州（今山东蓬莱市）登陆，整个航程约50天。到后期，遣唐使团规模不断扩大，随行人员、船只数量都有大幅增加，航线也改取更快捷的南岛路，即从九州沿琉球群岛南下，再进入东海海域，继而通过长江口进入唐朝境内，再沿着运河、黄河直到长安。据记载，南线航程比北线用时短了近一半。

第一节　中国造纸术和印刷术通过朝鲜半岛传播日本

中日两国隔海相望，两国之间的文化交流历史悠久，自上古至今一直延绵不断。文化方面的交流与造纸术、印刷术传入日本有着不可分割的关联。

在与古代中国和朝鲜半岛有往来之前，当时的日本列岛停留在渔猎稻作的落后阶段，并且航海水平落后，基本上只能通过近邻的朝鲜半岛零星接触到中国文明。而朝鲜半岛与中国山水相连，文化相通，从汉代以来就深受中国文化的影响，汉代统治者曾一度将其划为自己的统治版图之下，后来由于国力衰微、硝烟四起，在汉代末年解除了对朝鲜半岛的统治，但朝鲜半岛始终与中国保持着密切的往来。此外，由于东亚大陆与日本列岛之间受里曼海流与对马海流的共同影响，航船不用动力可以从朝鲜漂流至日本。综上，由于地理条件与航海技术限制等原因，朝鲜半岛成为中日之间交流沟通的纽带与桥梁。

一、造纸术和印刷术经朝鲜半岛传播日本

东大和国（2—6世纪）的统治者誉田大王与隔海相望的朝鲜半岛的百济及中国六朝建立了来往关系后，得知朝鲜半岛上居住着许多技能高超的汉人，于是萌生了让他们到日本为大和国效力的想法。《应神纪》中记载，因为当时朝鲜半岛上有技术能力的秦人、汉人来日受到当地政府的阻挠，日本朝廷特派葛城袭津彦等人前往，带领精兵强将，讨伐新罗，掠夺有才能的汉人。《续日本书纪》中也有关于日本派遣臣八腹氏引进带方汉人的记载。由此可见日本引进技术移民的强烈愿望。东汉末年之后，中国大陆上战争不断，不少人为了躲避战乱，迁居朝鲜半岛，但朝鲜半岛上的高句丽、百济和新罗三国间也爆发战争，朝鲜半岛境内的大批汉人无奈之下只能选择漂洋过海迁居日本避难，这其中不乏工人、技师。可以说朝鲜半岛是连接古代中国和日本的天然纽带，三国之间文化相连，渊源甚远。

（一）经朝鲜半岛传入日本的造纸术

8世纪完成的《古事记》和《日本书纪》是日本最早的文字书籍，据《日本书纪》记载："（推古天皇十八年，即610年）春三月，高丽王贡上僧昙徵、法定，昙徵知《五经》，且能作彩色及纸墨，兼造碾硙，盖造碾硙始于是时钦。"①此段文字一度被认为是日本造纸的开端，但文中并没有明确说明僧侣昙徵把造纸术带到日本，只是说他懂得造纸而已。

《日本书纪》卷十记载，日本应神二十年（289年）汉灵帝曾孙阿知使

---

① ［日］舍仁亲王.日本书纪·下卷［M］.坂本太郎，等，校注.东京：岩波书店，1965：194—195.

主率127名县民从朝鲜半岛前来日本。奈良朝史家太安万吕（？—724年）《古事记》卷之中记载，应神天皇对百济国王说："若有贤人者贡上。故受命以贡上人名和迩吉师，即《论语》十卷、《千字文》一卷，并十一卷，付是人即贡进。"①大意为："你们那里如果有贤人，希望献上。于是受命献来名为和迩吉师的人。他随带《论语》10卷、《千字文》1卷，一共11卷，都由此人进贡。"

1972年，日本纸史学家关义城在《关于我国最早的抄纸师》一书中指出了日本造纸的起源应始于记私。关义城认为宽文八年（1668年）出版的《桔杭集》中记载了："本国（日本）昔时有称为记私之人者，始行造纸。此前以木札书文，故所谓御札者，即此故事也。"《桔杭集》作者认为，日本最初的造纸者应当是记私，也因为这样，日本造纸起源从原来的7世纪昙徵渡日时代追溯到了4—5世纪。

《日本书纪》记载："于是天皇问阿直岐曰：'如胜汝博士亦有耶？'对曰：'有王仁者，是秀也。'时遣上毛野君祖荒田别、巫别于百济，仍征王仁也。""王仁来之，则太子菟道稚郎子师之，习诸典籍于王仁，莫不通达。所谓王仁者，是书首等之始祖也。"潘吉星认为，记私日语读作"kishi"，而王仁在《古事记》中被称为"和迩吉师"，日语读作"Wani kishi"，即从百济东渡日本的汉学家王仁，因此，记私即王仁。

据王仁本人及其后人追述，其"祖先为王鸾……原为汉高祖刘邦之后裔，至百济后始易姓"。潘吉星认为就是此人把造纸术传到日本的。王仁本人精通五经，在百济时任五经博士，到日本后又任皇子的儒学老师。由于王仁在朝鲜半岛时早已养成了用纸书写的习惯，在日本同样面临着书写记录的需要，但当时的日本并不具备生产纸张的能力，所以王仁便自己组织了从带方、乐浪来的汉人工匠自行生产麻纸。王仁此举将日本造纸术的起源上推至5世纪初。这样一来，就比此前人们公认的610年又早百余年。正是有了王仁的铺垫，到了昙徵来时，正值圣德太子推行新政，昙徵的才能得到了发挥，得以指导全国种植楮树、造楮纸。

---

① 　［日］太安万吕.古事记·卷之中［M］.东京：岩波文库，1982：214.

需要明确的是，虽然日本早期的造纸术是由朝鲜半岛传入的，但究其本源还是由中国大陆起源的，并且进行传播的第一人王仁也是中国人，大规模指导推广的昙徵还是中国人，朝鲜半岛只是充当了中日之间传播的桥梁。

（二）经朝鲜半岛传入日本的印刷术

"无论什么民族只有在有了印刷术以后才有生产大量书籍的可能，才能为普及文化、传播知识提供有利的条件。"[①]雕版印刷主要由中日两国之间的直接往来传播，而宋代活字印刷术发明的时候，由于政策原因和地理位置的影响，中日两国往来较少，因此，朝鲜半岛充当了中国活字印刷技术传入日本的桥梁。

日本自8世纪奈良朝兴起雕版印刷后，很长一段时间内只有雕版盛行。镰仓时代（1190—1335年）后，皇权旁落，统治实权落入将军手中，内战不断，并未及时从中国引入活字印刷技术。

1590—1592年间，意大利耶稣会教士范礼安为了传教，带着西文活字、印刷机和西洋印刷工在日本九州的天草、加津佐以及长崎地区进行秘密传教活动。范礼安用自己携带的活字印刷技术刊印了许多西文及日文书籍，后称吉利支丹版（吉利支丹为基督教日文名称），次年还刊行了《圣者之御作业》，这也是日本的第一部西文书。

基督教的教义宣扬人生而平等，这种理念与当时日本封建皇权至上的统治阶级利益严重相悖，不仅如此，基督教教义同样与当时处于统治地位的德川幕府所倡导的儒家思想不合。1596年10月，有意大利人向日本当局者告密称西班牙基督教士宣扬基督教是西班牙政府企图俘获日本国民民心，然后派遣军队征服日本国土的手段。不久后，丰臣秀吉就下达了禁教令，范礼安一行只能离开日本。当时掌握活字印刷技术的只有少部分外国人，而且他们在日本秘密活动，时间也很短，因此可以判断，当时的欧洲活字印刷只是少部分西洋人在使用，并未给日本的印刷技术带来实质性的影响。

---

① 刘国钧.中国的印刷［M］.上海：上海人民出版社，1960：43.

日本汉学家岛天翰有言："私谓皇国活刷之法，传自朝鲜。"故在庆长二年（1597年）木活字本《劝学文》有"此法出自朝鲜"之语。1586年，丰臣秀吉成为太政大臣。1592年4月，宇喜多秀家奉丰臣秀吉之命，率领16万军队浩浩荡荡渡海前去攻打朝鲜，由此开始了文禄·庆长之战，朝鲜称之为壬辰倭乱。这次战役在朝鲜和明朝联军的抗击之下以日本军队失败而告终，但宇喜多秀家奉行"三光政策"，所到之处或掳走或毁坏大量朝鲜的文化技术成果，其中就包括朝鲜活字印刷术及活字印刷书籍、铜活字等。

日本东京大学教授西野嘉章《歷史の文字——記載·活字·活版》一书记载："丰臣秀吉对朝鲜出兵的第二年，文禄二年，将到手的李朝铜活字带回了日本。"该书以确凿证据明确指出日本活字源于丰臣秀吉从朝鲜带回来的朝鲜活字这一事实。2008年出版的缪咏禾所著《中国出版通史（5）·明代卷》亦持此说："16世纪末，日本丰臣秀吉以十余万大军侵朝，后来被朝中联军击退。这次战乱中，日军把朝鲜的金属活字抢去。"①日本立教大学学者林伸郎在《日本的出版学研究》一文中也明确指出，丰臣秀吉的部队从朝鲜带回日本的活字印刷术是除了由意大利传教士带来的欧洲印刷方式之外的另一种印刷术。

传说，武将加藤清正攻陷了宇土城之后俘虏了许多外籍传教士，一个名叫Martinão的人将朝鲜活字印刷的方法进献给了加藤清正，才换出了被当作人质的这些传教士。虽然这个传说的真实性现在无从考证，但根据上述日本史书可以确定，就是加藤清正将朝鲜活字印刷的方法带回日本的。

加藤清正将朝鲜活字印刷的方法带回日本，献给了当时爱好文学的后阳成天皇，活字印刷技术也是在他的大力推崇下得到了快速发展。日本历史上著名的以活字印刷法刊印的《古文孝经》一书就是在这一时期完成的，但遗憾的是，这本书今已失传。1597年，在后阳成天皇的推动下，日本还以木活字刻印了《劝学文》。《劝学文》题记中写道："命工每一梓镂一字，棋布之一版印之。此法出自朝鲜，甚无不便。因兹模写此书。庆

---

① 缪咏禾.中国出版通史（5）·明代卷［M］.北京：中国书籍出版社，2008：12.

长二年（1597年）八月下浣。"意为：命刻工在每一个活字块上刻出一个字模，再将活字字模像摆棋子一样布置在一块印版上，然后进行印刷。这种方法从朝鲜得到，十分方便，因此用这种方法来印成此书。庆长二年八月下旬。

在此之后，德川家康、丰臣秀吉等人在后阳成天皇的诏令之下使用活字印刷的方法刊印了许多经书。6年时间内，10万余个木活字字模被刻成，不仅如此，还铸有9万余个铜活字字模。德川家康在政时期，社会安定祥和，他注重儒学教化，在伏见城建学校，又命刻工刻10万个木活字字模，刊印《孔子家语》等书。8年内刊印活字本8种80册，称伏见版。德川家康晚年退隐，移居骏府（今静冈）视政，将更多精力放在了活字印刷的推广使用上，并在1615年命儒学大家林罗山在骏府用铜活字排印《大藏一览》125部，次年又刊印《群书治要》60部，也因此成就了名扬天下的骏府版。

宽永十四年（1637年），大僧正天海奉幕府第三代将军德川家兴之名，由幕府出资，于东睿山宽永寺主持刊印《大藏经》（又称《藏经》《一切经》），历时12年，终于在1648年3月完成。这部《大藏经》共1453部，6323卷，665函，刻工用纸精良考究，世称天海本或宽永寺本。这是日本第一部官刻《大藏经》，此前中国和朝鲜虽也有刊印，但均为雕版印刷，活字版《大藏经》刊印是从日本开始的，并把日本活字印刷推向了高潮，其意义重大。自木活字印刷在日本流行后，日本刻印事业不再局限于寺庙和佛教文化，《史记》《后汉书》《贞观政要》《太平御览》等书籍先后依据中国或者朝鲜的版片印刷出来，此后还出版了日文所写的文学类书籍《伊势物语》《源氏物语》《太平记》等书。由于统治者的推广，活字印刷术不仅在上层权贵之间得到了很好的传播，在民间也得到了较好的发展。1608年之后几十年间，书法家、艺术家本阿弥光悦和其弟子角仓素庵自行刊印了《伊势物语》等20多种日文书记。这批刊物印刷用纸考究，以云母笺刷印，纸上还有压花图案，受到了读者的喜爱，被称为嵯峨本或角仓本。

一直到明治维新前，日本已有的刻印技术都不算发达，所以当时的印书仍是以雕版印刷为主，在一些文献中也被称为整版，所以日本也像当时的中国、朝鲜一样，形成了木雕版、木活字、金属活字并行的发展局面。但日本和朝鲜一样没有经历过活字印刷早期泥活字阶段，在活字印刷发展阶段，木活字较金属活字更普遍，一直居于主导地位，19世纪中叶引进西洋近代活字印刷技术后，铅活字印刷才逐渐成为主流。需要说明的是，活字印刷术虽然是由朝鲜传入日本的，但是究其源头，这些技术仍旧起源于中国，朝鲜只是中日之间活字印刷技术传播的中间媒介。

二、日本的造纸之始与早期发展

5世纪的古代中国正处于东晋、十六国时期，中国人用纸已有六七百年历史，朝鲜半岛造纸也有百年之久。除了《桔杭集》的记载之外，《有马山名所记》（1672年）、《人伦训蒙图汇》（1690年）、《笔宝用文章》（1746年）、《大宝和汉朝朗咏集》（1823年）等书都指明记私（王仁）是日本最初造纸的人。

在造纸术刚刚传入日本的时候，当时并无专业机构制造纸张，所以大多数的日本纸是由规模小且技术参差不齐的私人小作坊制造出来的，这些小作坊产出的纸往往质量不佳。直到飞鸟时代圣德太子当政时期，由于圣德太子对造纸术极为重视，并大力倡导生产，日本的造纸业才得到快速发展。圣德太子崇尚佛教，精通儒学，派遣唐使从中国带回了大量的汉籍及佛经，并且建立国分寺、国分尼寺保管并供奉这些佛经。为了发扬佛法，太子开始了他的写经事业，609—616年间，圣德太子以汉文写《法华经》《维摩经》《胜鬘经》《三经义疏》。610年，中国僧人昙微来到日本，在圣德太子的大力支持下，大规模种植制造楮纸所需的楮树。随着楮树的种植推广，楮纸生产替代了麻纸生产，这也成为飞鸟时代新的标志，而造纸术的推广也为日后圣德太子推行的新政打下了基础。孝德天皇（645—654年）即位次年，发布《政新之诏》，以中国学成归来的留学生为改革骨干力量，废除了原来贵族私有土地的部民制，确立新土地制度——班田收授法，在全国范围内统一租税，革去旧俗，建立中央官制，又以唐律为基准颁布了《近江令》《大宝律令》《飞鸟净御朝廷令》《养老令》，由此，日本开始进入律令制封建时代。

在实施新土地及税收制过程中，由于要进行全国户口调查、编制户籍和土地丈量等，再加上抄录中央和地方文书、儒释经典，都要消耗大量纸张，因此除了中央设纸屋院外，各地方也设有纸坊。

现存日本飞鸟时代的纸本文物主要有奈良东大寺正仓院藏美浓（今本州岐阜县）、筑前（九州福冈县）和丰前（九州大分县）大宝二十年（702年）的户籍残册10种。经文物专家检验后，证明这些户籍残册所用之纸为日本自造而且都是完全按照中国造纸方法制造的楮皮纸。现存圣德太子的《法华经义疏》手稿（615年）为黄色麻纸，为隋大业年间（605—618年）制造，这说明了日本当时不仅能够自己生产纸张，还会从中国进口薄而柔韧的优质麻纸。

天武天皇（672—685年）时又出现大规模用纸高潮。《日本书纪·天武纪》载，天武天皇即位次年（673年），下诏召集书生在川原寺写《一切经》，以超度在平息壬申之乱（672年）中战死的将士亡魂，并以佛教安定民心。这部汉文写本《一切经》共计2500卷，用纸38.8万张。685年，天武天皇诏令诸国，置佛舍、佛像及佛经以供奉。在各藩及545个寺院中讲读具有国家思想的《金光明最胜王经》。与此同时，私人写经数量也相当大。法隆寺藏《金刚场陀罗尼经》就是私人写经，此经写于朱鸟元年（686年），写经僧宝林居于河内（今大阪府），这里为汉人聚集区。据推测，宝林应为王仁和阿知使主的后裔，此经是日本现存有年款的最早写经。

天平十一年（739年），日本设立了写经司，造纸的需求更大了。大同年间，由于平安京迁都，山城国的纸户逐渐被废弃，被官立造纸工场纸屋院所替代，纸屋院会定期派遣技术人员到地方教授造纸技术，就这样造纸技术在日本渐渐地普及开来。官立造纸工场纸屋院不仅担负着对全国造纸技术进行指导的任务，还承担了官方用纸的调配工作。这时，各地小国也纷纷开始造纸，造纸技术在这一刺激下也有了突飞猛进的发展，制造了很多以产地冠名的名牌产品，宫廷等上流社会也开始尝试使用这部分官立造纸工场以外的纸。而纸屋院由于墨守成规，缺少改进与创新，纸的使用量渐渐萎缩。到了平安时代（794—1192年）末期，各地上交的原材料渐显不足，官方纸屋院从制造官方高级纸，渐渐地退缩到回收废旧纸张制造宿纸、古纸的地步。南北朝时代，日本纸屋院完成了和纸技术普及的使命并退出了历史舞台。

三、日本的印刷之始与早期发展

对佛教的信仰可以被看作印刷术在日本传播的催化剂。卡特在其所著《中国印刷术的发明和它的西传》一书中写道："在那里（指在中国）有一种深入民间的、不为人知的宗教性质的（指佛经、佛像）印刷活动，流传地域很广，并且流入日本"，"中国的印刷在其默默无闻的期间内能满足平民的需要，所以在中国、日本和中亚传布的区域很广"。[①]在日本，印刷始于首个下令刊印佛经的孝谦女皇（746—758年）。

天平宝字二年（758年），孝谦女皇让位于淳仁天皇（758—764年），自己则削发为尼，改称孝谦上皇。764年9月，外戚大臣藤原仲麻吕发动兵变，孝谦上皇大怒，出兵镇压，平息叛乱，同年废淳仁，复位为女皇，史称称德天皇。称德天皇与唐代女皇武则天相似，虔诚信佛。武则天曾在全国范围内兴建寺庙、广造佛塔供养印本《无垢经》，称德女皇也在全日本兴建寺庙佛塔供奉刊印同名佛经。

则天顺圣皇后长安二年（702年），《无垢经》最早刻印于唐东都洛阳，是为了祈求女皇武则天身体康健而刊刻，此经随即流行于各地，出现了写本、印本、梵文本，还有石刻本。这股刻经热潮也席卷了新罗与日本。在称德天皇平叛后的第二年，为祈福祷告，她投入大量资金，调动全国工匠前后共计31万余人，任命国师道镜为太政大臣，造塔刻经。所造佛塔为小木塔，高13.5厘米，底座直径10.5厘米，分置于日本的十大寺中。造塔刻经自天平宝字八年（764年）起至神护景云四年（770年）四月完工，用时6年之久，称德天皇达成心愿，也于同年驾崩。奈良《东大寺要录》卷

① ［美］卡特.中国印刷术的发明和它的西传［M］.吴泽炎，译.北京：商务印书馆，1957：205.

四"诸院章"条记载："东西小塔院：神护景云元年造东西小塔堂，实忠和尚所建也。天平宝字八年甲辰秋九月一日，孝谦天皇造一百万小塔，分配十大寺，各笼《无垢经》揭本。""揭本"为日本古代专用技术术语，日语读作"surihon"，这种不作社会读物只作为寺院供奉的印本在日本古代被称为折写供养，以区别于用作供奉的写本（书写供养）。

据《续日本书纪》记载："神护景云四年四月戊午，初天皇八年平乱，乃发弘愿，令造三重小塔一百多万基，高各四寸五分，基径三寸五分。露盘之下，各置《根本》《慈心》《相轮》《六度》等陀罗尼。至是功毕，分置诸寺。赐供事官人以下、仕丁以上一百五十七人，爵各有差。"由于《根本》《慈心》《相轮》等不同经咒文字字数不同，印刷用纸的纸张大小幅面也不相同，用以印刷《根本》的印纸直高5.4厘米，横长55.2厘米，每张纸上有38行，每行有5字；《相轮》则为5.4厘米×42.6厘米，21行；《慈心》为5.4厘米×54.6厘米，29行；《六度》为5.4厘米×45.6厘米，13行。所用纸张的直高一致而横长不等，每纸少则74字，多则200字，由于印数达100万册，所以每经同时用数块印版印刷而成，现今所见的至少有两种印版样式，其字体基本一致但版面布置有细微差别。

印刷完成后，每塔内各置一印成的经咒，共百万枚，分别置于十大寺内，即大和（奈良）的大安寺、元兴寺、兴德寺、药师寺、东大寺、西大寺、法隆寺、弘福寺及摄津（大阪）的四天王寺，以及近江（静冈）的崇福寺，作为镇国护国之宝。这次所印的《无垢经》是日本现存历史最悠久且刊印年代确凿的印刷品，如今被保存在日本的法隆寺和美国图书馆与博物馆内，并被日本奉为国宝。

称德天皇和道镜在六七个月内发动近32万人造塔刻经，砍伐大片林木，耗去国家大量资财，却成就了奈良朝印刷活动的一次盛举。平安朝以后，这种劳民伤财的事没有重演，小规模印刷在民间缓慢发展。12世纪末，皇室政权衰微，实权握在拥有武力的将军手中，当时日本国内又陷于长期内战中，使该朝许多典籍毁于兵火。

对于奈良朝印百万塔陀罗尼经所用技术源于日本本土还是传自唐朝，

日本印刷史家木宫泰彦教授在《日本古印刷文化史》一书中写道："至于这些印刷术是日本独创的呢，还是从唐朝传入的呢？……从当时的日、唐交通，文化交流等来推测，我认为是从唐朝输入的。"[①]研究日本佛教印刷史的秃氏佑祥博士认为："从奈良时代到平安时代与中国大陆交通的盛行和中国文化给予我国显著影响的事实来看，此陀罗尼的印刷绝非我国独创的事业，不过是模仿中国早已实行的做法而已。"[②]

　　日本最初的雕印品以佛经为主，大约到了宝治元年（1247年）才开始刻印儒家经典书籍。大永八年（1528年）还刻印了《医术大全》。日本早期刻书都是中国著作，不论佛经、儒书、医书，还是其他杂书，文字都为汉文，只是读法不同，所以有时还会刻上"训点"、"和点"或"倭点"。元亨元年（1321年）刻印的《黑谷上人语灯录》中才初次附以平假名，20多年后刻印的《梦中问答录》中才开始附有片假名。

　　1244年，日本出现了复制中国版画的雕印版画《佛制比丘六物图》。在嵯峨本《伊势物语》中出现日本式人物与风景，德川时期还出现了描写世态人情、市民生活的浮世绘。明和二年（1765年），画家铃木春信与刻工金六仿照唐山（中国）的彩色套印法发明了锦绘，色彩丰富，受到了广泛欢迎。锦绘的发明也体现了日本人民的独特创造能力。

第二节　中国造纸术和印刷术直接渡海传播日本

　　隋唐时期可谓中日两国往来最频繁的时期，也是日本受中国文化影响最深的一段时期。当时，有不少受命前来中国进行学习研究的遣隋使、遣唐使、学问僧、留学生，这些人日后也成为中日交流史上的重要人物，他们在中国不仅学习佛法，还研究中国法制政策与技能艺术，归日后为日本在文化、政治、经济各方面的发展都做出了极大贡献，他们把在中国汲取

---

①　［日］木宫泰彦.日本古印刷文化史［M］.胡锡年，译.北京：商务印书馆，1980：47.

②　［日］秃氏佑祥.东洋印刷史研究［M］.东京：青裳堂书店，1981：182.

到的汉文化精华，应用到了日后日本社会制度的革新之上，推动了日本社会的发展。

一、造纸术和印刷术经使节、僧人、留学生等直接渡海东传日本

隋唐时期的中国处于世界经济文化交流的中心，当时的日本极其喜爱与推崇中国文化。著名景教研究者佐伯好郎在描述唐朝时日本学习中国文化时有这样的表述：在8世纪和9世纪中，唐代首都长安如有任何良好的东西，几乎无不传入日本，而且迟早会在日本的首都奈良加以仿效。

推古天皇十五年（607年），小野妹子受圣德太子的派遣访问隋朝，《隋书·东夷传》记载了这次访问："使者曰：闻海西菩萨天子重兴佛法，故遣朝拜。"当时隋最高统治者崇尚佛教，而醉心于佛法的圣德太子派遣使者的主要目的也是学习佛法。次年，小野妹子再度使隋，随行的还有8名留学生，这批出使隋朝的留学生大多为汉人或新汉人，不仅通晓汉语，而且对汉文化有着较深的情感，前往中国在沟通交流方面具有较大的优势。

隋唐时期，日本派遣的大批留学生、学问僧对后期日本的贡献可以说是广泛而深远的。他们在隋唐学习的门类广泛，涉及政治、经济、法制、礼仪、历史、技术、艺能、宗教等方面，造纸术和印刷术作为文化传播的重要载体技术，在使者、商人、僧侣等人的往来之间也得到了传播与扩散。在中国隋唐文化的基础上，日本创建了奈良文化，这些留学生、学问僧也成为后续日本变法的股肱之臣。

（一）唐代中日之间有关出版印刷的往来

唐代是中国印刷术发明并推广到世界各地的发端时期。唐朝文化高度发达，各国纷纷派遣使臣、留学生前往中国学习，并将在中国学到的文化、技术等带回自己的国家。与中国隔海相望的日本在航海术得到完善后与中国的交往更是相当频繁。根据唐代及日本有关史籍的记载，在唐朝统治的近300年中，日本共派出遣唐使18次，其中人数最多的一次使团有五六百人。在这些遣唐的大量留学生与学问僧之中，最著名的当数玄日

方、吉备真备和宗睿。

学问僧玄日方在唐留学长达19年，后携5000余卷典籍及多座佛像于734年回国。回国后，玄日方逐渐身居要职和高位，直至去世。

留学生吉备真备在716年随遣唐使团来到中国，后来在开元二十二年（734年）回国，750年再次来到中国。第二次访唐归日后，在日本政府中担任要职，并主持学习各种中国的仪制。他是日本称德天皇的师父，而称德天皇更是推行日本雕版印刷的第一人。将这两点联系起来我们基本可以断定，吉备真备在中国留学期间，对中国的雕版印刷技术十分感兴趣，所以回国之后便向称德天皇介绍了这一技术，从而影响了日后称德天皇下令雕印佛经。

宗睿也是日本有名的僧人。值得一提的是，宗睿在唐朝学成后归国时所带物品中包含了不少书籍，而其中还包括两部西川印子——《唐韵》《玉篇》各一部。西川印子即当时处于内陆腹地的四川所生产的雕版印刷书籍，能为日本僧人学者发现、重视，并携带归国，说明了它的印刷技艺高超，另外也从侧面证明了当时中国印刷术的发达程度。

唐代，中日两国的贸易往来频繁，各方面的交流都进入鼎盛阶段。与此同时，中国的商船也不断前往日本，它们不再绕道朝鲜半岛，而是从江浙沿海出发，横跨东海，最后进入博多港口。这些商船所带来的商品一方面满足了当时日本贵族阶级的需要，另一方面也为日本带去各类书籍。正如日本学者木宫泰彦在《日本古印刷文化史》中所言："不难想象，中国雕版的版本也包含其中。"[1]直接传入的刻本书籍以最直接的形式向日本人介绍了中国的印刷术，激发着日本人民学习、发扬印刷术和造纸术的热情。

当时，还有不少中国僧人东渡日本讲经布道，这里不得不提高僧鉴真。据记载，鉴真于754年率24名弟子，乘日本遣唐副使大伴古苢的船远渡日本，并在圣武、孝谦两位天皇的批准之下入籍日本。在鉴真的主持下，建立东大寺的戒台院和唐招提寺。日僧玄栋在自己所著《三国传记·鉴真

---

① 　[日]木宫泰彦.日本古印刷文化史［M］.日本：富山房，1932：199.

和尚事》一书中指出，鉴真在日本主持了律宗三大部——《行事钞》《羯磨疏》《戒本疏》的开版印刷。在主持佛教经典的开版印刷过程中，鉴真一行向日本的教徒弟子传授雕版印刷技术是自然而然之事。

到了中国五代十国时期，那时的日本政府实行半锁国政策，日本的商船被禁止前往中国，但史书上仍有14条关于中国商船抵达日本的记录。这一时期，随着这些商船抵达日本，不少典籍与印版也随之传入日本，这些典籍与印版对日本雕版印刷事业起到的促进和推动作用是毋庸置疑的。

（二）宋代中日之间有关出版印刷的交流

雕版印刷术在唐代被发明，经过不断的发展与完善，在宋代达到了十分成熟的地步。在日本，称德天皇之后的统治者为了维护统治，对教会势力有所忌惮，因此开始禁止有关佛教思想的传播。而佛教思想传播的主要渠道就是印刷佛教典籍，这也导致日本在770年刻印著名的百万经咒以后，200年间再无有关印刷方面的活动及记载。所以，尽管宋朝印刷术发展到了高点，但宋代中国本土的雕版印刷技术较唐代而言对日本的影响较小。

虽然在日本本土这一时期印刷术的发展受到一定限制，但是和唐朝时一样，宋代时来往于中日之间的两国僧人、留学生仍是络绎不绝。在这一时期，到达日本的中国僧侣不仅宣扬佛法还自行刻书，并且积极鼓励日本僧侣刻书，为他们作序作跋。宋朝末年禅僧正念（号大休）东渡日本，先后在关东地区的三处寺庙任住持。他于弘安七年（1284年）刊印了自己著写的《佛源禅师语录》。镰仓时代中叶之后，入籍日本的宋僧还在镰仓办起了印刷事业，但是由于当时镰仓缺少技术优良的雕工，因此有人趁前去中国之际，将日本禅籍带到中国进行雕印刻版，然后再把雕版带回日本印行。如建长寺开山兰溪道隆的《大觉禅师语录》就是由他的徒弟禅忍、智侃等在宋朝刻版后带回日本印刷的。

日本现存有确切年代可考的最早雕版印刷品是《成唯识论》。该印品1088年在日本雕印而成，从刻印的时间和技术来看，这部著作毫无疑问是宋版书籍传入日本以后从中学习得到借鉴和启发后的日本雕版印刷之产物。后来，日本又陆续雕版印刷了一些其他的经文典籍，比较著名的是1157年雕印的《金刚经》。

（三）元代中日之间有关出版印刷的交往

元代时，随着造船技术的进一步发展，中日两国经济文化往来更加频繁，商船往来不断，尤其在元代中后期60年间，可以说是日本商船前来中国的高潮。根据相关记载，日本元德元年（1329年），为了迎接元僧明极楚俊，日本文侍官曾劝僧人竺仙梵仟一同前去迎接。当时竺仙梵仟犹豫不决，他担心去了中国之后难于返回日本，所以迟迟未能决定。文侍官只能进一步劝说道："此船一去，明年即可再来。昔兀庵亦回，西涧回复往。"按照文侍官的说法，在元代时中日两国的商船来往不仅从未中断，而且还十分密集，今年去，明年还，其间有一些书籍贸易活动。

由于元朝统治者重武轻文，所以在这一时期出版的书籍数量不多，因此中日两国通过官方渠道进行文化方面交往的频率远不及唐宋时密切，但是值得一提的是，在当时浙江、福建一带有不少为了生计而离开家乡远渡东洋的优秀刻工。

当时的日本佛法盛行，日本各大寺院出现了大量翻雕佛经的潮流，因此，这些来自中国有着精良刻印技艺的刻工有了施展才华的机会。元末去日本的中国刻工有名有姓见诸史载的，有福州南台人陈孟千、陈伯寿、陈孟荣，莆田人俞良甫，天台人周浩，福唐人蔡行，以及陈仲、陈克、王荣、李褒、郑才、曹安等。

在元朝赴日的刻版工人中，最著名的是俞良甫和陈孟荣两位刻工。俞良甫原是福建莆田县仁德里台谏坊人，元朝末年为了躲避战乱，背井离乡，东渡日本。在日本的二三十年间，他雕刻了10种俞良甫版书籍。分别为《月江和尚语录》下集（1370年）、《李善注文选》60卷（1371—1374年）、《碧山堂集》（1372年）、《白云诗集》（1374年）、《传法正宗纪》（1384年）、《新刊五百家注音辨唐柳先生文集》（1387年）、《般若心经疏》（1395年）、《昌黎文集》（1395年）、《无量寿禅师日用清规》1卷、《春秋经传集解》（以上两种刊行年月不详）。其中《传法正宗纪》是由他自己出资雕刻的，其他9种是替寺庙或雇主所刻。在《福建名人词典》"俞良甫"条下有记："俞良甫，明刻书家，莆田人。曾与闽籍三十多名刻书艺人，东渡日本，在京都临近的嵯峨等地，侨居二十余年。

为临川寺翻印中国佛经和古典文学作品。计有《春秋经传集解》《碧山堂集》《李善注文选》《唐柳先生文集》《白云诗集》《昌黎文集》等数十种。在日本所刻之书，均署'中华大唐俞良甫''大明国俞良甫'等。他传授技艺给日本雕版新手，为中日文化交流做出了贡献。"

著名的《宗镜录》就是俞良甫、陈孟荣等人刻印的，俞良甫所刻俞良甫版，在日本雕版印刷史上留下了浓墨重彩的一笔。

与俞良甫同时期东渡日本的还有江南人氏陈孟荣，他除与人合刻《宗镜录》《杜工部》《玉篇》等书外，又单独刻有《重新点校附音增注蒙求》《昌黎先生联句集》《天童平石和尚语录》《禅林类聚》。

当时的日本虽已能雕印书籍，但日本技工在技艺水平上远不及中国技工优秀。俞良甫、陈孟荣等优秀刻工的到来，为日本雕印书籍的质量提升贡献了力量。除此之外，这批中国刻工还参与了京都五山僧侣刻书及其他重大的刻书事业。他们除刊刻佛经外，还刊刻小学课本、字书及《文选》《韩柳集》《杜诗》等中国古典文学代表作品。大量翻雕宋元椠本（古代用木板雕字所印的图书，称椠本。刻本、刊本都是从椠本引申而来的），也是他们雕刻的重要内容。这些翻雕的宋元椠本，字体工整，制作精美。在中国刻工精湛技艺的引领下，日本也成长出一批优良刻工。日本学者中村新太郎在其所著《日中两千年——人物往来与文化交流》一书中对中国书籍传入日本评价颇高，书中写道："幕府在长崎县立图书馆里，至今仍保存着一本记载输入的中国书籍书名和销售地点的底账。幕府把输入的书籍以官版翻刻，同时也奖励岁禄十万石以上的大名们翻刻。"①

（四）明代中日之间有关出版印刷的往来

明代时，日本的商船来中国有记载的共17次。与前朝一样，商船仍是两国之间往来的主要渠道和方式，同样的，商船往来也是图书及其出版印刷技术传播的主要途径。日本著名学者、禅僧瑞溪周凤所著的《卧云日件录》一书中有这样的记载：1451年，其友与日本遣明使节东洋允澎一道，

---

① ［日］中村新太郎.日中两千年——人物往来与文化交流［M］.张柏霞，译.长春：吉林出版社，1980：231.

访问中国的九渊龙琛和天兴清启，回到日本之后，把从明朝带回的典籍赠送给他。《卧云日件录》中还写道："藏于成贵堂文库的嘉靖版《听雨记谈》扉页上，有策彦周良亲笔书写的'嘉靖年中南游初得此一册于宁波书肆中载于船之带来'字样。"由此一文可以从侧面证明，当时中日两国之间往返的商船经常把印于中国的书籍甚至出版印刷技术带到日本。

自隋唐时期开始，随着商船的往来，大批中国书籍及书籍印刷制作技术陆续传入了日本，而这些中国书籍及其印刷制作技术的传入，也成为日本了解和学习中国雕版印刷技术的最直接途径，大大促进了日本雕版印刷业的发展。日本学者中村新太郎在其所著《日中两千年——人物往来与文化交流》一书中对此曾有高度评价，他说："中国书籍的输入对于我国的文化所给予的影响，是用语言难以尽述的。"①以上的史实和资料，从多个侧面表明了中日之间的文化往来是中国雕版印刷技术向日本传播的重要渠道之一。尽管宋、元、明各代与日本的关系都不尽相同，往来频率也有所变化，但双方往来时，航帮、商船总不免携带印本书籍，借助航帮、商船，印刷出版的各种经卷不断传入日本。在这段时间传入日本的典籍版本中，较为古老的有蜀本、福州本、思溪本三种。这三种版本至今在日本都智恩院、高野山劝学院、京都泉涌寺等均有保存。毫无疑问，这些传入日本的图书典籍对日本印刷业的兴起有着巨大的推动和促进作用。

二、奈良朝和平安朝的日本造纸术和印刷术

奈良文化是日本文化从幼稚走向成熟的标志，在日本文化史上占据举足轻重之地位。奈良文化的形成与当时中国繁盛的唐文化有着密不可分的关系。至今，人们仍把奈良文化称为唐风文化，这是因为从各个方面都能看到奈良文化受唐文化影响之痕迹。

公元794年，在桓武天皇的领导下，日本从奈良迁都平安京（京都），

---

①　［日］中村新太郎.日中两千年——人物往来与文化交流［M］.张柏霞，译.长春：吉林出版社，1980：233.

由此开启了平安朝时代。在平安朝时期，日本与中国有着更加紧密的交往，儒学与大乘佛教在这一时期的日本也得到了快速发展。

（一）奈良朝日本的造纸术和印刷术

日本历史上著名的奈良盛世主要是因其文化兴盛出名的。这一时期，日本佛教兴盛、儒学传播、文化教育勃兴。从中国学成回日本的学者中，最著名的当数吉备真备、最澄、空海等人，他们在学成归国后，在日本的文化教育、佛教典籍、儒学思想传播等方面都有着杰出贡献，也因此名载日本史册。

1. 奈良朝的造纸术

710年，飞鸟时代最后一位执政者元明女皇建都平城京（今奈良），开启了日本历史上的奈良朝。奈良朝是飞鸟朝的延续，此前大化改新的成果在这一时期也都得到了体现。这一时期社会安定、经济繁荣、文化发展迅速，加之受中国唐代文化的影响深刻，遣唐使、派往中国的留学僧和留学生在日本文化和美术繁荣方面，起着极大的作用，从而出现了日本第一次文化全面昌盛的局面。奈良文化在日本文化史上占有极重要的位置，它标志着日本本土文化由幼稚走向成熟。在这一时期，不少文史巨著纷纷问世，如著名的和歌诗集《万叶集》、汉诗集《怀风藻》、民俗志《风土记》以及史籍著述《古事记》《六国史》等。此外，佛教也得到了极大的发展。与此同时，各地设立儒学，讲解儒家经典，教育事业规模空前。这一切都促进了造纸术的极大发展，纸张成为了一种刚性需求。据奈良朝的文书记载，当时日本各地区均向唐朝贡纸。《新唐传·日本传》记载："德宗建中元年（780年），日本使者真人兴能献百物，兴能善书法，其所用纸纤维如蚕丝，表面平滑光泽，人莫能识。"宋人罗濬所编著的《宝庆四明志》也说："日本即倭国，地极东，近日所出，俗善造五色笺，中国所不逮也。"

正仓院文书纸经化验表明，原料为麻类、楮皮、小构皮及雁皮四种。楮树为桑科构属，《古事记》称加知；同属的小构树又名葡蟠，生长于中日两国；雁皮为瑞香科荛花属灌木，也分布于中国，日本古称斐，所造纸叫斐纸，因纸如鸟卵，又称鸟子纸。日本早期以麻纸为主，8—9世纪以后以楮纸和斐纸为主。

正仓院藏727—780年间的纸本文物中大多是写经，如天平宝字年间（757—765年）的《奉写一切经所解》中记载道，写佛经5282卷，用纸10万余张、毛笔673管、墨338挺。710—772年间至少写《大藏经》21部，按最低每部以3500卷计，则21部合计7.35万卷，每卷用纸150张，只此一项即用纸1102.5万张。佛经写本多用黄纸。宝龟三年（772年）《奉写一切经所请用注文》中记载"用黄纸三十万四千二百六十张"，"黄染纸一万五千纸，须岐染纸二万张"，由此可见用纸量之大。

《延喜式》卷十五《职员令》还指出，图书寮编制内置头一人"掌经籍、国书修撰国史、内典、佛像、宫内礼拜、校书、装潢功程，给纸笔墨等事。助一人，小允一人，大属一人，小属一人，写书手二十人。造纸手四人，掌造杂纸"。纸屋院是大同年间（806—809年）设立的中央官营纸场，位于山城（今京都）北部的纸屋川，在图书寮西对面，距内廷很近。"造纸手四人"应指抄纸工，此外应有辅助工从事蒸煮、捣料、晒纸、染纸等工作，实际上纸屋院纸工应有几十人。

奈良时期除了生产普通的本色纸之外，还造出了染色纸。日本的正仓院始建于8世纪中期的奈良时代，负责保管寺内财宝。正仓院内藏有天平胜宝四年（752年）的《经纸出纳账》，其中记载有绿金银箔纸、金箔敷青褐纸、敷金绿纸、金尘绿纸、银箔敷红纸、银尘红纸等10多个品种。此外，奈良朝还造出金银粉和金银锡箔纸，日本称之为金银箔纸。这种纸张在染纸时先用毛刷将染液涂于纸上，再将金银粉或金银碎片撒在色纸上。这些加工纸的技术显然来自唐朝。日本还以其独特技艺制造了吹绘纸，先在纸上放置树叶或其他各种形状的型纸，用吹雾器将染液以雾状吹在纸上，被型纸遮盖的地方不被染液，色纸上会出现白色的树叶或其他的形状，十分精致美观，在正仓院保有的文物中就有30张吹绘纸。

日本纸一般较厚重，与中国北方纸和高丽纸类似，但也可造薄纸。中日两国纸的交流历代不断，日本不但从中国进口纸，也向中国出口纸。日本作者牧墨仙《一宵话》卷一云："唐玄宗（712—755年）得日本纸，分赐诸亲王，乃今檀纸之类也。"檀纸为厚楮纸，又称松皮纸。唐人李潆

（860—910年）所著《松窗杂录》称，唐玄宗开元二年（714年）访宁王李宪宅，玄宗以八分体隶书字写在日本国纸上。838年入唐的日本僧圆载，与唐诗人陆龟蒙（约831—881年）建立友谊，返国前，陆龟蒙写诗曰："倭僧留海纸，山匠制云床。"此纸为筑紫（今北州）所产的斐纸（雁皮纸）。宋人罗濬《宝庆四明志》（1228年）卷六载：日本"善造五色笺，中国所不逮也，多以写佛经"。明人方以智《通雅》（1666年）第三十二卷中提到"日本国出松皮纸"，可能指檀纸或陆奥纸。由此可见，当时优质的日本纸还反向输入中国，这凸显了日本人民对造纸术的创新改良。《新唐书·日本传》记载："建中元年（780年），使者真人兴能献百物，真人盖因官而氏者。兴能善书，其纸似茧而泽也，人莫识。"这种纸人们以前没有见过，像蚕茧而且有润泽，这是中唐时期人们对于日本和纸的感受。北宋时期四大部书之一的《册府元龟》（1013年）卷九九七《外臣部·技术》载："倭国以德宗建中初遣大使真人兴能，自明州路奉献方物。风调甚高，善书翰，其本国纸似蚕茧而紧滑，人莫能名。"

2. 奈良朝的印刷术

神护景云四年（770年）刊印的称德天皇敕印《无垢经》是日本现存最古老的印刷品，而称德天皇也被认为是日本首先使用印刷技术刊印佛经的人。

天平宝字九年（765年）正月初一日，称德天皇为还平叛时所发宏愿，大肆造塔、刻经。刻版的版材选用樱木，印以麻纸和楮纸，并染以黄檗。其他国家印刷业发展初期都是民间的小规模活动，但日本从一开始就进入大规模印刷高潮，这要归因于称德天皇的魄力。百万塔陀罗尼经印本至今传世者仍有很多，分布日本及世界各地。

入唐八家之一的宗睿在《书写请来法门等目录》中记载道："西川印子《唐韵》一部、五卷，同印子《玉篇》一部、三十卷。右杂书等虽非法门，世者所要也。大唐咸通六年，从六月迄于十月，于长安城右街西明寺，日本留学僧圆载法师院求写杂法门等目录，具如右也，日本贞观七年十一月十二日却来左京东寺重勘定。入唐请益僧大法师位为后记之。"由此可见，仁明天皇承和五年（838年）与圆仁、圆行、常晓等一道随遣唐使入唐的圆载，于唐咸通六年（865年）在长安西明寺抄写并搜集了种种典籍，其中有印书《唐韵》五卷、《玉篇》三十卷。显然印刷术也是由遣唐学生、学问僧从唐朝传进日本的。

（二）平安朝的造纸术和印刷术

桓武天皇于天应元年（781年）把都城从平城京迁至长冈宫，但是因为新京建设尚未完成，所以桓武天皇又于延历三年（794年）将都城迁至平安京（今京都），自此开启了长达近400年的平安朝时代。平安朝时代，日本逐步完成了从古代律令制向庄园制封建社会的过渡。沿袭此前的传统，天皇于延历二十年（801年）、承和元年（834年）先后两次派遣遣唐使前往中国学习交流。宽平二年（890年），右大臣菅原道真向朝廷上奏，认为对中国的学习与模仿损害了日本的本土文化，为了巩固本国文化与平安朝统治，应降低中国文化对日本的影响，建议朝廷停止派遣遣唐使。这一建议于同年获准实施。在这个时期，除最澄、空海等僧侣随遣唐使赴唐求取佛典外，两国的交流渐次减少，而日本也逐渐结合日本文化与唐文化，形成了具有日本特色的平安文化，由此完成了汉风文化向和风文化的过渡。

1. 平安朝时期的造纸术

雁皮纸的发明使得平安朝时期的造纸术在原料方面有了一大进步。此前，楮树是日本造纸的主要原料，由于佛教的传入，经文抄写量大大增加，纸的需求量也大大提升。这时，日本人发现了日本特产的雁皮树可以用来造纸。这一发现使得过去日本单纯对唐纸的模仿转换到了日本特有的和纸的初创时期。在雁皮纸的基础上，日本加工纸得到了新的发展，还衍生出云纸、香纸、墨流纸等多种类的纸。

云纸又称打云纸、飞云纸，多以雁皮纸为底料，在纸浆抄出湿纸层后，在纸上淋上染成蓝色或紫色的纸浆，再持纸帘使其在湿纸层上流动，形成云状纹理，颜色上浓下浅，云纸大多用于写诗或制作扇面。这种纸的做法与中国唐代著名志怪小说家段成式所造云蓝纸一致。

创作于平安朝时期的《大和物语》《宇津保物语》《枕草子》等书中还提到了香纸或香染纸。这种纸在抄造之前将桃金娘科丁香汁液注入纸浆中，这样制造而成的纸呈黄褐色，带有香味，受到许多妇女的喜爱。

此外，这一时期还出现了墨流纸，是用墨水或无患子汁与油调和后，用毛笔蘸之，再滴入水盆中，轻轻吹一下，黑色汁液便在水面扩散形成波纹状，再将纸盖在水面后揭下，波纹便呈现于纸面。制成的纸张有着独一无二的美丽纹路，极具质感。

日本佛教净土真宗本愿寺派（西本愿寺）第二十二世法主大谷光瑞（1876—1948年）收藏的《三十六人家集》用纸，集加工纸之大成，现被奉为日本国宝。此书本是为祝贺日本第七十二代天皇白河天皇（1053—1129年）六十大寿而制作的纪念品，完成于天永三年（1112年），内容包括皇亲国戚藤原定实、藤原定信等人所写的颂文，所用纸多为雁皮纸，还有各种色纸，代表了当时造纸术的最高水平。

当时，日本在各地设有官局纸物院，主要分布在伊势（今日本三重县）、尾张（今日本爱知县）、三河（今日本爱知县）、越前（今日本福井县）等地，这些官局纸物院不仅负责生产常用的白纸，还能生产带有花纹的色纸，并用金泥、银泥等进行装饰。日本古小说《源氏物语》中还提到蜡染纸、青折纸、紫纸、赤纸、胡桃色纸和交纸等加工纸，这表现出在当时的日本，纸的品类开始丰富多彩起来。

唐代时已有日本纸传入中国，并受到了唐朝人喜爱，足以证明当时日本造纸的质量高超及工艺发达。

2. 平安朝的印刷术

平安朝后期，日本僧人商奝然于986年赴北宋五台山等佛教圣地求法，受宋太宗接见，赐以宋刻《开宝大藏经》和十六罗汉像等。商奝然把新版精刻本藏经带回国后，对日本刊印佛经帮助很大并提供善本，此后刊经之事史不绝书。木宫泰彦引平安朝后期公卿日记及文集，列出了1009—1169年出版的佛经一览表，共计佛经8601部2058卷。如藤原道长（969—1027年）《御堂关白记》载1009年刊《法华经》1000部；《兵范记》载1169年白河上皇雕印《法华经》1000部及《观音贤经》《阿弥陀经》《般若心经》等各350部，一年之内即刊印近2400部佛经，足见当时日本的佛经刊刻之盛。

第三节　日本对造纸术和印刷术的改良提升

造纸术和印刷术的发明在人类文化交流与知识传播上做出过重大贡献，是古代中国劳动人民对世界文化做出的两项重大贡献，在传播到日本后，日本对其进行了一定程度的改良提升。

一、日本对中国造纸术和印刷术的改进提升

源自中国的造纸术和印刷术通过朝鲜半岛，以及中日直接的往来等方式传入了日本之后，日本人民发挥聪明才智，在此基础上进行了一系列的发展与创新。

（一）日本对造纸术的发展与创新

造纸方面，日本在汲取中国造纸经验及朝鲜改良造纸术的经验基础上，不断加以发展创新，形成了具有本国特点的纸张制作工艺。美国著名纸史学者亨特（D.Hunter）在其《日本、朝鲜、中国造纸游记》一书中对日本纸给予了高度赞扬，称其为"东方最高级的手工纸"。

1. 和纸之美

日本早在奈良时代，就有将手抄纸上色、撒金撒银等做法，使之更加美观，这样的纸被叫作装饰料纸。到了平安时代，为了书写或刻印日本的诗歌、故事，需要与之相符的更具韵味的纸。工匠们开始在纸上作泥金或纹、花、碟、鸟的图案，并采用撒金撒银等加工手法做出更加精美的料纸，整个制作过程除了要求工匠有娴熟的技能外，更重要的是必须用心去完成，这种匠人精神也传承至今。

镰仓幕府时代，朝廷开始由武士掌控，政治上也从重视文治渐渐转到了武功。纸的主要消费者也从贵族、官员、僧侣变为武士，对纸的需求也从轻薄华美的装饰品变为结实厚重的实用品。和纸的消费者扩展到了一般民众。造纸术不再只为朝廷服务，生产地也从中央转到了地方。以前在纸

屋院工作的职人们结成纸座，开始自己负责生产和流通。

17世纪初，江户幕府时期，日本手漉和纸技术发展到高峰。日本政府鼓励各藩造纸并实行纸张专卖制度，以便进行严格管理。19世纪初期，江户成立纸间屋立会所（纸批发行业协会），把纸的批发行限制在47家。18世纪时，日本还出现了多部有关纸的专业著作，如木村青竹的《纸谱》、木崎攸轩的《纸漉大观》、国东治兵卫的《纸漉重宝记》等。18世纪末，法国造纸工场研发出了长网抄纸机，这被看作机械化造纸的开端。此后，使用纸浆进行机械造纸的西洋纸业便蓬勃发展起来，手工造纸总体上开始走下坡路。20世纪初，和纸从业者人数达到高峰，数量为68562户（据农商务省统计），但日本手工造纸业很快便在机器造纸的轰隆马达声中摇摇欲坠，手工造纸作坊开始望洋兴叹，纷纷关闭，有些造纸作坊也开始改用或掺用纸浆进行和纸的制造。日本手工造纸坊户急剧下降，据日本全国手漉和纸联合会统计，1939年，数量减少到15671户；至1963年，全国手漉和纸振兴对策协议会的统计数字下降到3748户；到了1973年，每日新闻社编写《手漉和纸大鉴》时，数量锐减到886户；而现在据推测日本全国范围内仅存400户左右手工和纸作坊。

明治时代，造纸业刚刚脱离专制管理，却受到了洋纸进口的冲击。在需要大量印刷报纸书籍的明治后期以及大正年代，和纸因为生产效率不高且不适合机械印刷等原因，受到了很大的冲击。手工业在蒸汽革命面前总是不堪一击，虽然从业者和产量都锐减，但是仍然有很多人兢兢业业坚持手工作业，努力保存着本国的非物质文化遗产。直到现代，和纸因为环保、优美、别具一格等特点仍受到世界瞩目。

第一任英国驻日公使Alcock根据在日见闻所著的《大君之都》一书，对日本和纸不吝赞赏。和纸的生产原材料是麻、楮、黄瑞香等植物纤维，这些植物有着较长的纤维，用这些材料制造出来的和纸薄透又颇具韧性，相比于木浆纸，和纸保留了植物的原有纤维，更有韵味。由于柔软耐用的特性，和纸被应用于许多生活领域。比如在传统和式建筑中，和纸被用来糊门窗、装饰屏风。日本人甚至还会用和纸来建筑房子，其实这是一种将现有资源运用到生活上的智慧表现。由于日本位于地震带上，所以经常发生地震，为了防止地震时房屋倒塌造成人员伤亡，因此日本人民会选用木材建屋，用和纸糊窗。除此之外，由于和纸具有低导热性能，还被用来造纸灯。用和纸造出来的纸灯光线柔和且不刺眼，在这样的映照下，居室的环境也变得舒缓平和。在电子化高度普及的今天，不少人甚至倡议为了环保与便捷要推行无纸化办公，而日本和纸却找到了自己的一席之地，它不但作为记录的载体继续活跃，更是作为艺术品登上了更高级的舞台。不同的原料与工艺造就了独一无二的和纸，经过千年的历练，和纸衍生出了50余种不同的种类。2014年，和纸技术被列入"世界非物质文化遗产"。

在日本，四国地区被誉为"四国即纸国"。1976年，四国地区生产的土佐和纸被列为日本的传统工艺品。作为日本最大的和纸生产地，四国地区的和纸产量及占有率都位列第一。其中最具盛名的当数四国南部的高知县所生产的土佐和纸。土佐和纸的生产迄今已有千年历史，可追溯至醍醐天皇时代（927年）。土佐和纸在制纸过程中始终坚持采用优质原料、顶尖的手工技术，也因此，四国地区才成为了日本国内首屈一指的和纸生产地。除此之外，日本还十分重视造纸技术的传承与创新，四国在爱媛县和高知县分别设立了纸产业技术中心，培养人员研究最新最前沿的造纸技术。在机器制作纸张如此普及的今天，手工制作纸张显得格外珍贵。现在日本四国地区仍有一大批匠人坚持传统手工技法制作生产和纸，四国造纸工人的匠人精神值得我们学习与致敬。

2. 纸文化研究与保护已成体系

日本一向非常重视对于包括纸文化在内的文物和文化的保护。近代以来，日本开始了对纸文化的调查研究及保护传承工作，包括田野调查以及各种科学性研究。早在清光绪十一年（1885年），日本人井上陈政受当时日本政府派遣，曾到中国境内对清代纸张及造纸法做实地调查，后根据实地调查写成的研究手记，不仅对日本学术界产生了深远影响，也成为我国纸张研究的重要参考文献之一，为纸文化的研究提供了极其宝贵的史料性材料。

多年来，日本学者对各地和纸制造情况的调查和保护从未停止，不断更新研究方法和保护措施，不少学者开始把一些自然科学方法应用到对纸文化的研究及保护中去。日本学者柳桥真是金泽美术工艺大学名誉教授，他把自己关于日本和纸文化的研究写成了《和纸　風土・歴史・技法》一书；埼玉县制纸工业试验场长小路位三郎等人，著写了非物质文化遗产科学记录《手漉和纸　越前奉書・石州半紙・本美濃紙/無形文化財記録工芸技術編3》一书。[①]这些日本学者基于田野调查写成的著作中，包括了地图、照片、实物样张等，并且还列举了近代日本和纸主要纸种的原料、制纸工具，以及制纸方法。这些文献对了解和纸制作现状有重要意义，并且可用于与古文献对比，了解和纸制造技术的变迁。

除此之外，还有一类研究也颇被重视，那就是纸谱，即和纸实物样本的纸谱出版。这种实物纸谱的出版不同于相关学者的研究与报告，在手工纸实物的留存及展示方面，纸谱有着不可替代的极端重要的作用。早期的纸谱有关义城在1950年出版的《古今东亚纸谱》《古今和纸谱》，以及后来的《古今色纸之谱》。这些纸谱收集了从奈良时代开始的大量实物样本纸系，为人们了解纸张发展历史及纸张样态的面貌提供了翔实的实物资料，让后人可以实际了解到某一时期手工纸的基本面目，对于激发人们了解纸业发展及其成就的热情，发挥了很大作用。

除了学界的研究之外，日本民间还建有许多供大家参观手工纸并体验纸张制作的公益科普性场所。其中较为出名的有1950年建立的位于东京都北区飞鸟山的纸博物馆。该博物馆主要展示了纸张及造纸技术的发展史，以及在当代生活中纸张的各种用途等。博物馆还会不定期举办特别展览。在博物馆的附属资料室，收藏了相当丰富的与纸张相关的资料，同时博物馆还出版了纸文化相关刊物《百万塔》，这也是现在日本研究纸史、纸文化的主要刊物。

3.近现代造纸业的发展

明治维新以后，日本开始全面向西方学习。明治五年（1872年），德川昭武携时任职于大藏省（相当财政部）的涩泽荣一子爵访问欧洲，在欧洲他们学习了大量西方文化，回国后涩泽荣一子爵便结合在欧洲所见所

---

① 陈刚.日本对传统造纸技术的保护及其启示［J］.文化遗产，2012（04）：69—78.

闻，想要创建一个"为了国家和社会"的造纸公司。1873年，在多方努力下，涩泽荣一子爵集资15万日元在东京王子村创建了日本第一家近代机器造纸工场，也就是后来有名的王子制纸株式会社。王子制纸株式会社的建立揭开了日本现代造纸工业历史的第一页，尽管当时该造纸工场所用的技术和机器均从英国引进，但日本的近代机器造纸业仍比中国最早的机械造纸工场即李鸿章在上海创建的伦章造纸工场早了19年。

纸张作为文化的载体，出生于中国，传播与发展到全世界。中国也有着属于自己的独特纸类文化产品，如宣纸、土纸、藏纸等，但这些纸文化产品有些却面临日渐式微甚至失传的局面。反观日本，造纸术学自中国，但日本和纸却在今天依然熠熠生辉，风光无限，我们一定能从中得到一些关于纸文化保护与传承的启迪。日本关于纸文化的研究与发扬值得我们学习，日本为记录与发扬纸文化所做的努力如建立博物馆、整理成书籍图册、成立专门的研究协会等，都为我国提供了良好的思路借鉴。

（二）日本对印刷术的发展与创新

丰臣秀吉的军队在16世纪侵略朝鲜后掠夺回来的活字印刷术，在当时统治者的倡导推广下得到了较好的发展。江户时代（1603—1868年），社会较为稳定，印刷业得到全面发展。德川幕府创始者德川家康（1542—1616年）巩固统治后，致力于经济和文化建设。其主持刊印的木活字本称为伏见版，铜活字本称为骏府版，其中骏府版《大藏一览》和《群书治要》所用活字多数来自朝鲜，不足部分由在日本的汉人林五官补铸，先后补铸大小铜活字1.3万个。日本学者山井重章在《群书治要》跋中说："元和二年（1616年）命金地院崇传及林道春（罗山）用征韩所获铜活字刷印，文字不足，命汉人林五官者增铸，又召刷工于京师，召五山僧掌校正。"由此可见，中国金属活字工匠直接参与了日本早期铜活字的制作承印工作。有人说林五官是朝鲜人，这是没有根据的，因为日本史料明确说林五官是明朝人。传世的骏府版的印版、铸字、排版方法正是以中国为主体的东亚汉字文化圈内金属活字技术传统方法，印刷术无疑是以中国为核心向周边国家辐射的。

在江户时代，木活字印刷也有很大发展，1608年以后的几十年间，京都嵯峨的土木事业家、画家角仓素庵和书法家本阿弥光悦刊行了《伊势物语》（901年）等20多种日文书，这批书以草书平假名木活字印出，被称为嵯峨本或角仓本。《伊势物语》是平安朝成书的古典文学名著，此活字本还配有木刻插图。假名活字很像中国元代回鹘文木活字，每个字块上将若干平假名字母连刻在一起。因之各活字虽然高度及字面宽度相同，但字面长度不一，这在日本是项创举。《伊势物语》印刷用纸相当考究，以云母笺刷印，纸上还有压花图案，这种版本受到了读者的喜爱。

江户朝与前朝不同，出版佛经不再是印刷的主流，但刊刻《大藏经》（即《一切经》）的巨大工程此处不能不提。自镰仓朝起日本僧众即有刊刻佛藏的夙愿，但经世代努力一直没有如愿。江户朝已有足够条件旧事重提，而且中国、朝鲜不同版本的藏经皆已传入，可供参考借鉴。庆安元年（1648年），《大藏经》终于刊成，为世界上首部活字版藏经。当时日文和汉字不统一、难兼容，因此制作活字的工作量非常之大。再加上当时日本工人的印刷技术不够纯熟，导致活字在二次使用时会遇到组装困难等问题，并会有许多活字被损坏导致无法使用。所以在活字印刷术传入到日本半个世纪以后，活字印刷仍只是小规模、小范围的探索性使用，雕版印刷仍然是日本社会出版印刷的主流。虽然活字印刷术没有得到非常广泛的应用，但在统治者的维护下，印刷术的精髓得到了保存。在此后的明治时期，随着欧洲先进的机械科学技术被引进到日本，活字印刷术与机械相结合后再次回到日本人民的面前。

在日本，大多数人信仰佛教，因此对佛经典籍有着大量需求，雕版印刷佛经逐渐兴盛。出现了春日版、高野版、五山版等不同的佛经版本。其内容多是禅僧语录、高僧史、高僧传等佛学书籍。

所谓"春日版"，是指日本自平安中期至镰仓时代，奈良兴福寺与春日神社所开版印刷的佛教典籍。现存作品中有记载的当数宽治二年（1088年）所刻《成唯识论》最为古老。镰仓时代有《大般若》《法华》《仁王》《金光明》等经开版雕印。此时期开版雕印的经书在纸质、书法、墨色等方面皆极优良。受到春日版的激励，东大寺与其他奈良诸大寺的开版雕印事业也得到了极大的发展。

所谓"高野版",是指日本镰仓中期以来,在和歌山县高野山金刚峰寺所开版雕印的佛教经典。现存最古老的遗典为建长五年(1253年)开版雕印的三教指归。高野版大多数开版雕印于日本镰仓时代,但延续时间较长,直至江户初期仍继续开版雕印。其内容大致以密教经典及其注疏、真言宗典、悉昙书等为限,一般装订成经折装的书籍样式。

所谓"五山版",是指自日本镰仓时代末期至室町时代之间,于京都、镰仓之五山所开版雕印的禅籍及诗文集等。镰仓时代中期,日本曾在京都泉涌寺将宋版中与戒律有关的佛典加以翻刻,而五山版紧接其后,在京都东福寺、建仁寺及镰仓建长寺、寿福寺等地复刻宋版及元版的禅籍经典。五山版的版式仿照宋元版本,有轮廓和界线,并采用袋缀,这也成为后来日本出版物的模范和样板。

日本刻书多用樱木,又有美浓纸、高野纸、衫原纸等名纸,此外还有鹿毛笔、松墨烟等特产,在宋代,这些都被当作贡品送往中国。在装订形式上,日本刻书大多仿照当时中国佛经的装订形式,如卷轴装、蝴蝶装、经折装等,但其形式介于中朝两国之间,不及朝鲜开本大小且使用的线绳较细,表皮多使用印有蓝紫色暗花的厚纸,并且会在外层贴上印好的书签。

不仅如此,许多中国汉籍都有和刻本,即日本刻印的版本。如日本存有平安、镰仓时代写本的唐代魏徵等撰《群书治要》一书,元和二年(1616年)德川家康据金泽文库旧藏古写本用铜活字印刷出版,此后还出现了日本天明七年(1787年)尾张藩刻本,此书在中国宋初已失传,但幸运的是有和刻本传世,现有多本藏于中外诸馆,为世界留下了宝贵的早期印刷品实物。

二、日本不是造纸术和印刷术的发明国

1927年,日本历史学家桑原隲藏发表的《东洋史说苑》一书强调,"活字印刷术是中国人发明的,即北宋仁宗庆历年间毕昇这个人发明

的"①。宋代科学家沈括在《梦溪笔谈》一书明确记载，"庆历中，有布衣毕昇，又为活板"。"昇死，其印为予群从所得，至今保藏。"②

11世纪中后期，中日两国都进入长时间战乱时期，交往减少且不具备技术传播改进的社会条件，而敌对紧张的两国关系也影响了中国活字印刷术传播到日本的有效途径。16世纪，日本统治阶级忌惮基督教宣扬众生平等的教义会影响其等级统治，因此对欧洲古腾堡活字印刷术进行了强力打压，致使其在日本得不到传播与发展。因此，尽管16世纪丰臣秀吉的军队从朝鲜带回了活字印刷术，却并没有得到大规模的广泛应用，而活字印刷术也只是通过一些寺庙、文学社团得以零星传承，但毫无疑问这就是日本活字印刷术的起点。然而，无论是欧洲基督教传教士传入日本的古腾堡活字印刷术，抑或是由丰臣秀吉的军队出兵朝鲜带回的活字印刷术，都与中国毕昇发明的活字印刷术有着不可分割的紧密联系，印刷术的源头既不是日本，也不是朝鲜，而是中国。张树栋在《中华印刷通史》中指出，中国活字印刷术发明后，迅速向周边国家传播，世界各国的印刷术都是从中国直接或间接传播出去的，至少是在中国发明和发展起来的印刷术的影响下产生和发展的。此论是站得住脚的。

1. 朝鲜是造纸术和印刷术从中国传入日本的桥梁

多数学者认为日本文禄二年（1593年）采用活字印刷而成的《古文孝经》是日本第一部传统活字印本。据张秀民《中国活字印刷史》载：日本文禄元年，即明万历二十年，丰臣秀吉出兵侵略朝鲜，在汉城发现铜活字、活字印刷工具及活字印本图书，于是将其抢回日本，所以在初期日本活字本中常有"此法出朝鲜"之语。次年（1593年），日本用这些抢来的活字及印刷工具，印成了《古文孝经》。日本庆长二年（1597年），天皇下令仿朝鲜铜活字雕刻木活字。庆长十年，德川家康命人在圆光寺以《后汉书》为字本，铸造大小铜活字10万个，于第二年完工，实造91255个铜活字字模，献给后阳成天皇。这是日本历史上第一次自己铸造活字，且有

---

① 蒋瑜洁.日本活字印刷技术起源考［J］.西部学刊，2018（01）：65—68.
② 沈括.梦溪笔谈［M］.影印元大德刊本，卷十八《技艺》，北京：文物出版社，1975：15—17.

中国人林五官作为技术指导参与此事。但是严绍璗著《汉籍在日本的流布研究》一书中，对《古文孝经》是日本第一部传统活字印本的观点表示怀疑，他指出："若推考日本近世活字印刷的源头，恐怕应当推古活字本《五百家注韩柳文集》。……古活字本《五百家注韩柳文集》似应刊行于1396年，若与文禄年间《古文孝经》相比较，则早了一百八十余年。这一技法大概是元末明初中国人东渡日本时带入的。至庆长年间，依靠朝廷的财力，便得以推广。"①上述观点目前也只是推测，还缺乏更为有力的证据。但无论是直接由中国传入还是借道朝鲜转传，日本印刷术的源头都指向中国。

2. 评日本造纸说

日本学者黑传真赖曾在《日本书籍刊考》一书中主张印刷术为日本所创始，他认为日本在应用印刷术刊印书籍之前已经通用印衣法，即在木板上雕刻花纹后印在布帛上，在他看来印刷术和印衣法几乎相同。但木宫泰彦在《日中文化交流史》中反驳："奈良朝时，印衣之风已废，只在大尝祭等特别崇尚古风的特殊情况下才偶尔使用罢了……"②

日本各界公认的最早刻本即于称德天皇时期刻印的《无垢经》，与韩国现存的庆州本进行对比发现，二者每纸版框均为5.4厘米，直高与横长比为1∶8到1∶10之间，印纸与印版均呈窄条形，字号相同，字体也一致，皆为唐代楷书写经体，就连其中的异体字也完全一致，并且所用纸张皆为黄纸。奈良朝百万塔陀罗尼经刻本与韩国庆州本有着高度一致性，主要体现在经文、异体字、版框形制、字体及用纸颜色等方面，这些一致性足以证明日本版所据底本与庆州发现本为同一版本，即中国唐武周洛阳刻本。道镜和尚于763年6月从奈良东大寺调出《无垢经》，就是第二年准备翻刻的底本，而最早将此本带回日本的，可能是道慈（673—744年），他于武周长安年间（701—704年）随遣唐使直大贰和粟田真人等一同入唐求法，并于716年再次入唐。③奈良本与唐武周刻本最大不同是没有武周制字。但这

① 徐忆农.东亚活字印刷术在世界史上的价值［J］.新世纪图书馆，2016（11）：26—33.
② ［日］木宫泰彦.日中文化交流史［M］.胡锡年，译.北京：商务印书馆，1980：399.
③ ［日］木宫泰彦.日中文化交流史［M］.胡锡年，译.北京：商务印书馆，1980：132.

完全可以理解，日本据唐刻本翻刻四咒时，当然先要作文字校勘，764—770年间日本刻本没有必要用中国已废止的武周制字，因此奈良本少数字与唐刻本略异，也是意料中事，不足以证明称德天皇时期刻印的《无垢经》与唐武则天时的洛阳刻本无关。

综上所说，我们可以清楚地看出日本的印刷术与造纸术都源自于中国，传播渠道为朝鲜半岛为中介桥梁传入和由中日两国直接往来传入两种。中日两国一衣带水，历史悠久，日本人民也充分发挥了他们的聪明才智，在中国造纸术和印刷术的基础上有进一步的创新和发展，同时，在文化遗产保护方面也给我们留下了许多启示。

第四章　造纸术和印刷术沿陆上丝绸之路南线的传播

中国的造纸术和印刷术在"一带一路"北线传播到朝鲜半岛和日本岛的同时，也沿着南线逐渐传播到南亚次大陆越南、印度等地，极大促进了南亚次大陆的文化发展和文明进步。

第一节　中国造纸术和印刷术在越南的传播

越南是一个历史悠久的国家，独立建国以前就有很长的文明史，大致可以分为独立建国前和独立建国后两个时期。其中，独立建国前包括早期社会和作为中国领土一部分的郡县时期（越南称之为"北属时期"），长达1182年郡县时期的越南是中华文化的传承者和发扬者，包括造纸术和印刷术在内的科学技术直接促进了越南文化的发展与繁荣，为越南的文明培育了肥沃的文化土壤。

一、越南造纸术的发生发展

（一）北属时期的越南与华夏文化

越南与中国山水相连，古称交州、交趾、安南和南越。越南民族是长江中下游古代百越的一支，后迁至今越南北部。公元前3世纪秦朝跨越五岭，将岭南纳入了版图，在今天的越南北部和广西南部地区设立了象郡。此前，该地区处于原始社会阶段。从象郡的设立直到唐末宋初，中国在今越南中北部地区建立地方政权的时间长达1182年。越南把这一段历史称为北属时期。从秦朝时期的象郡、南越国，两汉时期的三郡，东吴至魏晋南北朝时期的交州，到隋唐及五代十国至宋初的安南，可划分为6个阶段。北属时期在越南历史上占有极其重要的地位，它促进了越南在政治、经济、文化等方面的巨大进步，尤其是给越南文化带来了质的飞跃。越南著名史学家陈重金说："国人濡染中国文明非常之深……这种影响年深日久已成了自己的国粹。"

象郡的设立。公元前221年，秦灭六国，统一中原，建立了中国第一个统一的中央集权的封建国家。之后，秦朝继续向南推进，经过7年的苦战，秦军打败越人，平定岭南，设置南海郡、桂林郡、象郡。为开发岭南地区，加强对新开拓疆土的治理，秦王朝将除战死病死外的50万南下大军全部留下谪戍，并从内地征调万余名未婚女子送至岭南为戍兵之妻。从此，中原人源源不断地移居岭南，"与越杂处"。象郡设立的时间只有短短10多年，但从现存史料中可以依稀发现，秦朝以前红河三角洲地区有可能间接受到中原文化的影响，但相互交流并不深广。象郡设立后，伴随秦朝士兵和中原百姓的不断迁入，华夏文化诸如汉字被直接带到了这里，并广泛传播开来。

南越国时期。秦朝末年，陈胜、吴广起义，天下大乱，南海郡龙川令赵佗趁机割据岭南，于公元前207年击并桂林郡、象郡，建立割据政权南越国，并在今越南中北部设交趾、九真二郡。公元前202年，刘邦统一中国，建立汉朝。西汉王朝先后两次派使臣出使南越国，册封赵佗为南越王，说服其向西汉称臣。而后赵佗取消国号，接受汉朝册封，成为西汉王朝的一个诸侯国。南越国始于公元前207年，终于公元前111年，存在近百年。南越国政治、经济均与中原一脉相承，在文化上更是推广先进的汉文化，"以诗书二化训国俗"[①]，民族融合进一步加深。

三郡时期。汉武帝元鼎六年（前111年）发兵灭南越国，置南海、苍梧、郁林、合浦、珠崖、儋耳、交趾、九真、日南九郡，交趾、九真、

---

① ［越］吴士连等.大越史记全书［M］.重庆：西南师范大学出版社，2016：2.

日南三郡在今越南境内，那时归汉朝统治。从象郡到南越国，中央对交趾地区一般都是采取羁縻政策，由原来的地方长官负责管理，"与民生息""以其故俗治"。随着三郡治理逐步走向正规，中央直接派官员加强对三郡的管理。这些中原的官员将先进的农具、农业生产技术和经验传授给当地百姓，设立学校，推行儒家礼教，许多汉文典籍也随之输入境内，与中原往来频繁，社会文明大有进步。

交州时期。三国两晋南北朝时期，中原内地群雄并起，战乱不断。广西人士燮任交趾太守，在任内40年进一步发展文化教育和佛教事业，境内基本安定。而当中原地区战乱频仍之时，他收留大批前来避难的汉人工匠、农民和学者，使境内文教兴盛。在此期间，士燮把大批文人志士吸引到交趾。当时"中国士人往依避难者以百数"，在这些文人的共同努力下，交趾一度成为中国南方学术文化的中心之一。越南历代统治者对士燮都异常尊重，将他先祭入帝王庙，后改入孔子庙，认为他开办学校使交趾成为通诗书、习礼乐的文明开化之邦，堪称"南交学祖"。《前汉书》卷二十八下《地理志》载交趾、九真及日南三郡人口达98.1万，其中至少有一半是来自中国的移民。三郡经济、文化的发展几乎可与中原的郡县相较，并且因其特殊的地理位置成为中国对东南亚和欧亚海上交通和贸易的重要中转站。

隋唐的安南时期。两汉之后，中国进入了盛唐，安南（即交州）也再次有了飞跃式的发展。624年，唐朝设立交州都督府，679年，唐高宗把交州都督府改为安南都护府。由于隋唐时期中国的经济和文化均得到了较高程度的发展，同时安南地处南部沿海，有着优越的地理环境和自然条件，是重要的口岸，隋唐时期安南人民生活十分富庶。在文化方面，安南实行科举制选拔人才，以诗文取士。唐朝王福畤、杜审言、沈佺期、刘禹锡、贾岛等著名文人在贬官寓居安南期间，既以文教施行当地，也以诗文抒发情怀，留下了大量不朽的文学作品，使得安南地区有了浓浓的文学和文化氛围。

隋唐五代至宋初的安南时期。由于唐朝后期出现了割据动乱态势，安南当地土豪曲氏、杨氏、矫氏、吴氏趁机建立地方割据政权。此后，便逐渐脱离中国封建王朝的直接统治。

在1000多年的时间里，越南在中国各朝的管辖下，政治、经济、文化有了巨大发展，与两广地区相差无几。在语言、文字的使用上，与内地人完全一样，只是方言口音略有不同而已。

（二）越南造纸的起源与传播

在越南作为中国领土一部分的1000多年里，中原文化不断滋养着郡县时期的越南。无论是在文字符号汉语的使用上，还是在学习儒学经典、诗文歌赋，甚至科举制度的发展上，一切的文化活动都少不了一个非常重要的出版载体——纸。

由于越南北部自西汉武帝时便从属于汉朝了，在造纸术发明以后，这项技术通过域内传播，很自然地，越南先于亚洲其他国家获得此项先进技术。据苏荣誉考证，在士燮担任交趾太守时（187—226年），此地开始造纸。其技术源于中原来交趾的工匠。潘吉星、王菊华也认为，汉末社会动乱，大批中国人来越南避乱，带来了中原文化和生产技术，"至迟在3世纪越南北部已能造纸"。三国时吴人陆玑（222—280年）在《毛诗草木鸟兽虫鱼疏》中写道："谷，幽州人谓之谷桑，或曰楮桑；荆、杨，交、广谓之榖；中州人谓之楮桑。……今江南人绩其皮以为布，又捣以为纸，谓之榖皮纸。"交即交州，在越南境内。可见3世纪越南已能生产榖皮纸，而且这种纸"长数尺，洁白光辉"，比麻纸性能更加优良。晋人嵇含在其《南方草木状》中说：太康五年（284年），大秦（东罗马）人向晋武帝献蜜香纸三万幅，帝以一万幅赐镇南大将军、当阳侯杜预，令写《春秋释例》及《经传集解》。蜜香纸是用越南中部生长的瑞香科植物蜜香树皮为原料制成的。据嵇含《南方草木状》载：这种纸"微褐色，有纹如鱼子，极香而坚韧，水渍之不溃烂"。蜜香树树皮还可提制香料，名曰沉香。以瑞香科木本韧皮纤维造纸，与交州邻近的广州也在同时进行。从目前掌握的资料看，这种纸产量不大，十分珍贵，一直是越南向中原统治者进献的贡品。据记载，284年就有三万幅蜜香纸由大秦运到了中国。学者认为，这一定是用越南所产沉香树皮制成的纸由古代亚历山大里亚的商人用船运到中原地区的。据文献记载，265—290年之间，南越曾向中原王朝进贡侧理纸万幅，都是用海苔制成的。德国汉学家夏德（Friedrich Hirth，1845—1927年）在《中国与东罗马》（*China and the Roman Orient*，1885年）一书中也证实，284年东罗马人曾经买越南的蜜香纸冒充为本国出产物品向中国朝廷进贡。这件事足以说明蜜香纸的稀有与珍贵，同时也说明中国的造纸术从东汉传入越南以后，经三国到两晋，在不到200年的时间内，越南的造纸术已取得长足的进步，不仅会生产麻纸，还会生产榖皮纸和质量较高的瑞香科皮纸。

越南北部较早出现造纸活动，南方用纸由北方输入。唐以前，越南的造纸业大多集中在北方，宋元以后，南方的造纸业也逐渐发展。据明人高熊徵《安南志》卷二记载：越南陈朝（1225—1398年）艺宗时遣使将越南产纸扇送给明太祖朱元璋，很受朱元璋喜爱。1470年以后的十几年间，越南北方6个省每年都送给明朝廷纸扇万枚。清代，越南的金龙黄纸也很出名。据黎崱《安南志略》记载：1730年雍正皇帝将书籍、缎帛、珠宝玉器赠送越南，越南以自己的特产200张金龙黄纸和两方斑石砚、土墨、玳瑁笔等作为回赠。

越南有丰富的竹资源，18—19世纪越南竹纸生产进一步发展，可用以印书。由于越南温暖潮湿，传世古纸及出土者较少，有关造纸史料尚未经国史家系统整理过，从所见晚期越南印书用纸来看，在质地和形制上与中国纸是一致的，与朝鲜和日本纸有区别。

综上所述，造纸术自发明后，很快传入越南北部，并被越南北部当地广泛使用并改良，使得越南北部文化与教育得到大力推广，促进了越南北部社会的进步与发展。

二、越南印刷术的发生发展

（一）印刷术在越南发生的基本条件

技术层面，中国印刷技术渐趋成熟，为越南直接引进印刷术奠定了坚实基础。

文化层面，中原文化与越南本土的深度融合，极大地刺激了越南对书籍、佛经的需求。三国时代交州人文荟萃，交州的地方长官锡光、任延、士燮把中原的文化大力引入交州，极大促进了中原文化在交州地区的传播，以及该地区人民对中原文化的认同，交州逐渐成为南方的文化中心。由于长期受到中原文化的影响和熏陶，越南上自朝廷，下到普通士人，对中国书籍均喜爱有加，常常把阅读来自中国的书籍看作他们所必需的精神食粮。一方面他们迫切需要天文地理、文史医药、儒学经典方面的书籍。正如明英宗天顺元年（1457年）安南国王黎仁宗的陪臣黎文老奏章所言："诗书所以淑人心，药石所以寿人命，本国自古以来，每贸中国书籍、药材，以明道义，以跻寿域。"另一方面，受宗教信仰影响，他们对宗教典籍的渴求更是非常迫切。对于越南人热爱中国书籍的现象，中原王朝基本是采取支持和体恤态度，尽可能地满足他们的需要。例如，北宋时期，宋徽宗大观元年（1107年），越南李朝圣宗李日尊派遣使者到东京汴梁"乞市书籍"。每当越南的使节来到京城求购各种中国书籍时，除了政府当时的禁书、卜筮、阴阳、历算、术数、兵书、敕令、时务、边机之外，"余许购买"。越南人尤其喜爱《三国演义》等通俗小说，"来华使节多带回满箱满笈的书籍"。因而，在印刷术没有传入越南之前，市面上流传的都是来自中原的各种书籍典册，而这些书籍典册也多是越南人用土产香料等物品交换所得，有时还不惜重金购买经传诸书。久而久之，越南人对印刷技术的需求愈发强烈，自制印刷品的社会及文化需求也愈加迫切。

（二）雕版印刷术与活版印刷术在越南的传播发展

隋唐时期，越南与中国地区交往频繁，两地之间的交流没有限制，但是越南没有任何关于刻版印刷书籍物品的资料留存。当时越南流行的中国书籍，多为来自中国的赠物。自从北宋政府出版儒家经典及《大藏经》后，越南也不止一次地请求中国赠予他们这些印刷读物。据张秀民考证，越南早在前黎朝黎龙铤（1008—1010年）时，就向宋真宗求得《大藏经》。李朝太祖李公蕴掌握政权后，又向宋真宗求得《大藏经》及《道藏经》。仁宗李乾德又来请求《释藏》，宋神宗答应其请求，命令印经院印刷完成后赠送给他们。在不到80年的时间里，越南就先后从中国请去3部《大藏经》、1部《道藏经》。越南历史上关于印刷品的最早记载，是出自

《大越史记全书·本纪》卷六《陈记》：陈朝明宗"大庆三年（1316年）春二月，阅定文官及户口有差。元丰年间（1251—1258年）木印帖子者，阅定官以为伪。上皇闻之曰'此诚官帖子也'"。张秀民认为，这是越南历史上"第一次记载印刷品"。钱存训也持同样的论断，认为1251—1258年户籍册的刻印是印刷技术在越南应用的开始。由此可见，越南早在13世纪中叶，就已经可以使用雕版木刻技术来完成印刷品的复制工作了。但是，这种官方所印制的"帖子"使用的范围还比较有限。

越南官修正史载，越南于1294年第一次使用印刷术。《大越史记全书》："元成宗铁木（穆）耳元贞（1295年）春二月朔，元使萧泰登来，帝遣内员外郎陈可用、范讨偕行，收得《大藏经》一部回，留天长府，副本刊行。"陈朝初因藏经毁于兵火，所以又向元朝索求。1295年，陈英宗遣使从元朝收得《大藏经》一部，将经文正本留在天长府（今南定），副本刊行。这是越南早期的雕版印刷。"（1299年）印行佛教法事道场新文，及公文格式，颁天下。"过了4年，越南出版了第一部佛教礼仪书籍和公文文牍手册等。同时状元李道载出家，住持北宁宁福寺，雕版印刷佛教诸经。越南虽没有刻成全部《大藏经》，但民间零星刊印的佛经却不少。据越南史学家陈文坤称，河内远东考古学院现藏《越南佛典略编》所载，传世佛经有400余种，版藏河内与北宁、河南、海阳、顺化等省70个寺庙内。其中河内阐法寺藏版20种，以绍治、嗣德刊本为最多。较早者有黎朝庆德四年（1652年）刊《沩山警策》，最晚者为阮朝启定九年（1924年）刊。其中越僧的著述有20多种。这说明，自13世纪中后期越南开始出版印刷宗教读物，这方面的印刷活动一直持续不断。

印刷技术在越南的大规模推广使用始于黎朝时期（1418—1789年）。黎朝时期是中国儒家学说在越南的发展兴盛期，所以，儒家著作的流传与印刷术的盛行之间构成互为因果的紧密关系。印刷术的普及与推广，使得儒家学说进一步广泛流传，而儒家学说的广泛流传反过来又刺激印刷术的普及与提高。黎朝太宗黎麟绍平二年（1435年），所雕刻的"四书"大全版，是越南政府正式出版的儒学著作。黎朝光顺八年（1467年）又将官方的"五经"雕版颁印给国子监。到了黎朝的光顺、洪德（1460—1479

年）年间，当时因书版太多，无处存放，只好在文庙（孔子庙）内另外修造仓库以贮藏。黎朝纯宗（黎维祥，1732—1735年在位）龙德三年（1734年），依照中国的版式（越南常称为北版）"五经"，重新刻印颁行，在越南士子间传授学习。

到阮朝时，越南的雕版印刷技术已经较为成熟。据《越史通鉴纲目》记载，阮儆、范谦宜等人曾经分别将四书、诸史、诗林、字汇等刻印成书并颁行全国。西山阮朝（1778—1802年）时，阮光瓒景盛六年（1798年）春天，诏令在北城刻印"五经""四书"及诸史，以供全国使用。这一时期，越南官方所刻印的书籍，根据刻书地点的不同，被后人分为国子监本、集贤院本、内阁本、史馆本等。越南现存的雕版书籍大多是在这一时期完成的，所以又常被人们统称为西山版。可见当时越南儒学之盛，也可见越南人已经掌握了足够的刻版技术，可以基本满足其需求。经过一个时期的发展之后，当越南的印刷技术可以自给自足时，越南政府下令禁买"北书"，以达到用越南版书籍代替中国版书籍的目的。

除了印刷儒教书籍外，越南还印行历书、医书等。越南不但沿用明代的《大统历》、清代的《时宪书》，自己也印行历书，如大南维新十年（1916年）岁次丙辰《协纪历》，封面为黄色纸张印制，内容有"宜祭祀、结婚姻、会亲友、沐浴、剃头，不宜出行、动土"等字句，与我国旧历几乎一样。越南的医学与朝鲜、日本一样，都是中国医学的支流。越南历史上的名医邹孙、邹庚父子就是北人（中国人，元时入越）。越南医生对中医药加以发展，写了不少书，如《中越药性合编》《南药考辨》《南药神效》，后者有印本。最著名的是《懒翁心领》，全帙66卷。

在越南官方印刷业发展的同时，越南民间的印刷业也有了较大的发展，尤其是河内的民间刻书业十分发达，书肆林立。这些书坊大多集中在行核庸和抚拥望祠一带，其中著名的有会文堂、广盛堂、观文堂、盛文堂、福文堂、乐善堂、聚文堂、锦文堂、柳文堂等。所用名字与中国书坊名相似，可以看出他们对于中国刻书书坊名称的刻意模仿痕迹，及其与中国印刷业之间非常直接的传承关系。河内的聚文堂等直至20世纪初期仍继续操刻书之业，可见其历史之悠久、生命力之旺盛。除了名字相似外，越南民间所刻印的书籍，大多会仿照中国的样式，常常会在书本上题写某某堂、某某斋，或某地某家藏版等字样。所刻以经书及儿童读本、诗文集、家谱为多，兼及历史、地理、人物传记、小说等。经过一个时期的发展，越南的刻书业获得较大进步。与早期（13世纪中期）相比，到陈朝（1225—1400年）以后，越南的刻书业除依照"北版"翻刻、印刷外，也刻印本国学者的作品，其中还有部分女性作者的作品流传行世。历史上，河内和顺化都曾经是著名的刻书中心。19世纪初，随着阮朝（1802—1945年）定都顺化，顺化成为越南的政治、经济和文化中心。因此，继河内之后，顺化又成为越南新的刻书中心和出版印刷文化的重镇。

此外，在越南的印刷史上，喃字作品的印刷及其流传，也是值得注意的现象。西山阮氏王朝（1778—1802年）曾经把喃字定为正式文字，应用到公文中。越南喃字在李朝碑文上已有出现，仿照汉字，造成一边表声，一边表义的新字。陈朝阮诠及胡季犛曾用喃字创作诗文。《资治通鉴》《大学衍义》《集史纂要》《周易国音诀》《诗经越音注释》均用喃字译注。根据张秀民的研究，越南版本可分为四类：一是纯粹汉文，如翻刻的北版经书及佛经；二是汉文、喃字对照，如《三字经》，每行每句有汉字及喃字小注；三是纯喃字，如启定六年聚文堂本著名越南小说《金云翘新传》，河内各书坊出版最多；四是国语，即现在拉丁化越南文。法国殖民者大力提倡使用越南文，以期割断历史，断绝与中国文化的联系。明天顺六年（1462年）钱溥奉使安南，与其过相等唱和，第二天即印成诗集。或以为如此快速，当为活字版。明命、绍治、嗣德三位皇帝都有御制诗文集。阮朝绍治年间（1841—1847年）曾向中国买得木活字一副，嗣德八年（1855年）以其刊印《钦定大南会典事例》96册，后又印《嗣德御制文集诗集》68册。这是中国印刷工具在越南直接发挥作用的实例。

随着活字印刷技术的发展普及，越南也逐步学会了这一更加先进的印刷技术。据日本东洋文库《安南本目录》记载，现在所知较早的越南木活字印刷品，是黎朝黎裕宗永盛八年（1712年）印制的《传奇漫录》。后来，中国的铜版活字印刷技术也传入越南，阮朝成泰年间（1889—1907年）抄本《圣迹实录》《法雨实录》上刻有"奉抄铜板，只字无讹，嘉福成道寺藏板"字样。可见越南也曾经用中国刻制的木活字和铜活字来印刷书籍。

（三）套版印刷术的应用

套版印刷技术自中国传入越南后，越南人主要用其印刷彩色年画。至于越南套印书籍，按照张秀民的说法是"没有见过"。可能是这类书籍在历史上虽然曾经存在，但是没有留下太多痕迹，导致中国学者"没有见到"。与中国出产的年画相比较，越南人所套印的彩色年画，不但在刻印方法上与中国几乎相同，就连题材和内容，也大致类似。总体说来，这些年画除了传统的神像、观音、佛画及家畜动物画外，还有歌颂生产劳动、讽刺社会时弊的画，以及人物画、滑稽画等。所不同的是，越南套版画中，描绘农业生产程序的农耕图中除了写着"农者天下本也"等字样外，还对耕田、耙田、撒种、插秧、舂米等相关文字加有喃字的注解。中国年画的一些传统题材，在越南的年画作品中也得到广泛应用。越南画家凭烈所刻的《老鼠娶亲图》，栩栩如生，送礼、吹号、抬轿、骑马的新郎，都由一群老鼠扮演，模样可爱，"完全是中国年画的翻版"。越南人所做的年画中，人物画、摘椰子等图，则发挥了越南艺术家自己的风格所长，具有浓郁的南国情调。这种接近群众、生动有趣的彩色年画，在农历过年时，受到越南广大人民群众的欢迎，至今犹然。

历史上，越南人还把从中国所学的印刷术用来印制纸钞。胡季犛掌握陈朝政权后，实行币制改革，禁绝铜钱，仿洪武宝钞，行使通宝会钞。胡氏所印纸币的票面分为十文、三十文、一陌、二陌、三陌、五陌、一缗等7种。每种票面上各画有藻、水波、云、龟、麟、凤、龙等不同图样。这些纸币当时在越南全国通用，发行量庞大。遗憾的是，因历代兵火，以及地方暑湿，木板容易被虫蛀腐朽，这些最早的带图印刷品、印本书籍及雕版、活印字模等大部分都已湮灭。

（四）印刷术在越南的发展及影响

越南对于中国印刷品的需求，早期以宗教读物为主。北宋时期，宋神宗、宋真宗两朝不到80年的时间内，越南朝廷先后请去3部《大藏经》和1部《道藏经》，可见越南国内民众对佛教和道教书籍的渴求程度，从另外一个侧面也能够反映出道教和佛教在越南的普及情况。元至元二十五年（1288年），越南陈圣宗派遣使臣陈克用向元朝求取《大藏经》。频繁的宗教活动伴随求经活动而展开，同时，求经活动又推动了宗教的传播速度。随着印刷品的输入，越南对中国印刷品的需求被激发，当这种需求不被完全满足时，必然会刺激他们自己印刷书籍的欲望。有文献记载的越南历史上第一件印刷品，是陈朝元丰年间（1251—1258年）雕版印刷的户口帖子。这是中国印刷技术在越南传播后所绽放出来的第一枝花朵，此后就逐步成长起来了。

即便已经开始尝试自己印刷书籍，但是因为技术不成熟等，越南对于中国书籍的需求仍然相当的旺盛。越南虽没有出现像朝鲜那样工程浩大、刻工精良的《大藏经》，但民间善男信女们刊刻的佛经数量却相当可观，前河内远东考古学院保存了400多种佛教经典。这也可以很好地说明印刷术的传播引发了佛教经典在越南的流行，以及佛教在越南的盛行。

同时，随着儒家学说在越南的传播，儒家经典著作的印行也是越南印刷事业得以发展的原动力之一。换言之，越南印刷技术的发展与儒家学说在越南传播的需要是紧密相连的。15世纪中叶，越南人已经可以自己印刷一些儒家的作品，并且有了"五经"官定本的刊印和发行。

第二节　中国造纸术和印刷术在印度的传播

植物纤维纸传入印度是在玄奘去印度取经后不久。而造纸术传入则在此后经陆路最先传入。季羡林在《历史研究》发表《中国纸和造纸法输入印度的时间和地点问题》及《中国纸和造纸法最初是否由海路传到印度去的？》两篇文章，主要提出以下两种观点：一、至迟在7世纪后半期，中国纸已经传入印度；二、传输的路径是陆路而不是海路。季羡林的观点将此问题研究推进到一个新的阶段，其贡献是肯定的。我国的印刷术传入印度较晚，且在印度的发展也很迟缓，在欧洲殖民者侵入印度后才开始逐步发展起来。

一、印度造纸术源于中国

（一）印度在纸传入以前是用贝多罗叶作为主要出版载体的

在古代，"印度"是对南亚次大陆的统称，它包括现今印度、巴基斯坦、孟加拉国等南亚8国，还包括缅甸的部分领土。古老的印度是世界四大文明古国之一，拥有灿烂悠久的历史文化，其中最具代表性的就是宗教文化。南亚次大陆复杂的人种关系使得解决社会问题困难较大，于是印度文化把相当大的精力放到探讨人与超自然的关系上，宗教构成了印度人精神生活的核心，并渗透到文化的各个领域。

古代印度是一个宗教国家，教派很多，也是佛教的发源地。宗教对人们的影响很大，中国学者梁漱溟曾说："印度物质文明之无成就，与社会生活之不进化，不但不及西方，且直不如中国。他们的文化中无甚可说，唯一兴盛的只有宗教一物。"印度主要有印度教、佛教、伊斯兰教、基督教、耆那教、锡克教等。其中，与中国纸和造纸术的传入有着千丝万缕联系的是佛教。佛教诞生于距今2500多年的沙门文化时期，由乔达摩·悉达多创立。佛教主要宣讲缘起论、四谛、八正道，最终目的是要跳出轮回达到解脱。佛教自诞生后，便在东南亚地区逐渐传播开来，后来佛教教徒逐渐遍布世界各地。

在印度和东南亚的交往中，大批印度人连同他们的思想意识东移进入了缅甸、马来西亚、泰国（暹罗）、印度尼西亚和印度支那地区（现在的越南、柬埔寨和老挝）。在这些地区，印度文化与中国文化相遇并交织在一起。各地域与各民族之间虽然在文化上有所区别，但也有共同之处，即普遍缺乏像中国文化中所特有的文献传统。印度宗教经典的传承主要靠口授和背诵，即使在学者之间一般也不采用书写和阅读的办法。东南亚各国都很少拥有本国早期的文献，本国的历史只存在于口头传说中，此外就只能在中国和个别阿拉伯或波斯文献中去寻找了。因此，这一地区普遍忽略使用纸和印刷来传达思想，虽然纸张也许很早就已经传入，但是直到16世纪欧洲人到来之前很少使用印刷技术。

　　一方面，印度古代是没有纸的。印度在纸张出现之前，用来书写的材料只靠树皮、树叶、木板、皮革、织物、骨头、陶土和金属。印度半岛最为常见最为普通的书写材料是贝多罗叶（梵文为pattra，简称贝叶，本义为叶子），而在克什米尔（Kashmir）和印度北部地域也较多地使用桦树皮。最常用的贝叶是多罗树的树叶。多罗树梵文为tada-tala（Borassus flabelliformis）或tadi-tali（Corypha umbraculife1，C.taliera），是一种大叶棕榈树。11世纪游历印度的阿拉伯旅行家贝鲁尼在他的游记里说，在印度南部有一种细长的像枣树和椰子树一样的树，果实可吃，叶长一码，有并排起来的三个手指头那样宽。《翻译名义集》卷三："多罗，旧名贝多。树高可达八九十尺。"《西域记》云："南印建那补罗国北不远有多罗树林，三十余里，其叶长广，其色光润。诸国书写，莫不采用。"贝叶都被制成统一的形状，用铁制的尖笔在上面画写，在画写的字迹上再施用染料，然后在叶上穿孔，用绳子把许多叶子穿连起来，上下各装一块夹板，再用绳子捆扎，这样梵夹装的贝叶书就制作完成。由于贝叶载体承载的内容多为佛教经义，因此很多梵夹装的佛教典籍又被称为贝叶经。7世纪前，印度典籍中没有关于纸的文字记载，在唐僧西天取经返回中国后不久，关于纸的记载在印度典籍中开始零星出现。印度造纸的记载较晚，虽然到14世纪或更早一些时候，印度已经开始造纸，然而直到19世纪它还和锡兰（斯里兰卡）、缅甸和暹罗一样，仍然在使用贝叶作为书写载体。在印度尼西亚，贝叶和桦树皮等出版载体并行使用；在菲律宾，竹简、贝叶、桦树皮等出版载体也同时使用。按中国文献所记，占婆（占城）和柬埔寨（真腊）把鹿皮和羊皮用烟熏黑，再用竹制的尖笔和白粉在上面书写。东南亚许多不产纸的地方，制造一种叫作拓布（tapa）的假纸。在印度尼西亚、菲律宾、马来西亚及太平洋中的许多小岛上，都把楮树的内皮剥下，先捶打成小而似纸的薄片，再合为大张用作衣料，偶尔也用于书写。印度有时候也用木板和竹片，但不像在中国这样普遍。他们常用白桦树皮，梵文叫作bhiirja。喜马拉雅山下有极多的桦树林，所以在很早的时候，印度人就知道用桦树皮作为出版载体，亚历山大侵入印度时，这种出版载体已经非常普遍了。在梵文古典著作里常遇到bhiirja这个词。在梵文中，这种树皮有时候又被叫作lekhana，lekhana最初是书写材料的意思，纸输入后，也用这个词来称呼纸。可见桦树皮应用之广。贝鲁尼在他的游记里也提到这种树皮，他说，在中印度和北印度，人们取长一码宽约五指的一块白桦树皮，磨得硬而滑，然后上面写字。这种做法大概源于印度西北部，后来传到东部和西部。在中亚细亚发现的所谓包威尔写本（Bower-MSS）就是用白桦树皮写成的。现在伦敦、牛津、浦那、维也纳、柏林等地的图书馆里都藏有大量的桦树皮写本。

印度人还用压得发亮的棉织品作为出版载体，也用羊皮等动物皮子。利用金属的也有，比较普遍使用的是铁板和铜板。法显《佛国记》记载："自佛般泥洹后，诸国王、长者、居士为众僧起精舍，供给田宅、园圃、民户、牛犊。铁券书录，后王王相传，无敢废者，至今不绝。""然后割给民户田宅，书以铁券。自是已后，代代相承，无敢废易。""（迦腻色迦）王以赤铜为镖，缕写论文，石封函记，建大军堵波而储其中。"也有用铜板刻镂文学作品的。用金银作为出版载体的比较少。《宋高僧传》卷二"善元畏传"记载："复锻金如贝叶，写《大般若经》。"

正如在中国一样，石头也有时用来作为出版载体进行刻字。

据《史记》（前91年）卷九十五《大宛列传》所载，公元前138年汉武帝遣张骞（约前173—前114年）出使西域，从而打通中国与中亚、西亚的联系，开通欧洲的陆上贸易通道，即丝绸之路。张骞在中亚大夏国（Bactria）看到蜀布和邛崃竹杖，据说是从身毒（juan-du即印度）贩得。大夏在今阿富汗境内，与身毒相通，张骞由此判断从中国西南必有一条通往印度的陆上南线商路，奏请武帝务必打通此路。武帝所派官员囿于路途险远未能通之，但民间商贩却沿此路贩运丝绸等各类商品而未曾断绝。

这说明至迟在公元前2世纪汉武帝时，中印之间就有了直接的南线经济文化往来。至东汉明帝（58—75年）时，佛教在中国进一步发展，并得到统治者提倡。《后汉书》卷七十二"楚王刘英传"载，明帝之弟楚王刘英于永平八年（65年）"为浮屠斋戒祭祀"。据梁代僧人慧皎（497—554年）《高僧传初集》（519年）卷一载，永平七年（64年）汉明帝更遣郎中蔡愔、博士弟子秦景诸人使天竺（印度）寻访佛法，十年（67年）携中天竺僧人摄摩腾（Kasiapa Matanga）及竺法兰（Dharmaraksha）白马驮经至洛阳，译出《四十二章经》等佛典，汉明帝令建白马寺供奉圣物，并作为佛教活动场所。此为中国最早的佛寺之一。因而东汉时中印文化交流比西汉更密切，双方互访的人数也更多。魏晋南北朝时期，造纸术完全成熟，纸张使用遍及民间，来华的印度僧人和商人自当用纸书写，而纸也与丝绢一起输入印度。

古代印度与古代中国一样，读书多半是师徒之间口传身授。但是中国发明了纸以后，可以大量抄书，口耳传播的形式逐渐减少。而印度却一直保持着口传习惯。法显《佛国记》记载："法显本求戒律，而北天竺诸国皆师师口传，无本可写，是以远步，乃至中天竺。""故法显住此三年（405—407年），学梵书、梵语，写律。"这就是说，5世纪时印度北部迦尸国（Kasi）都城披罗奈的寺院仍无本可写，佛经靠师徒口授。法显不得不由此至东北部摩揭提国（Magadha）都城（今比哈尔邦境内）学习佛法，在摩诃衍僧寺院得到一部用贝叶写的戒律。看来这里贝叶经数量也不多，仍"师师口相传授，不书之于文字"，当然更谈不上以纸书写了。从晋代至唐代，赴印度求法的中国僧人带回国内的梵文佛典多是贝叶经，没有纸本。唐代义净《南海寄归内法传》卷四记载："咸悉口相传授，而不书之于纸叶。"可见这种风气维持时间之久。间或也有被书写下来的，但是数量极少。在这极少的数量中，贝叶经占绝大部分，特别是佛教经典几乎全为贝叶经所垄断。据《大唐大慈恩寺三藏法师传》卷三的记载，佛教徒第一次集成的佛经就是"书之贝叶"的。此后中国和尚到印度去取来的佛经以及印度和尚送到中国来的佛经，几乎都是贝叶经。唐道宣《续高僧传》卷一《菩提流支传》："三藏法师流支内经论梵本可有万夹。"《真谛传》："余有未译梵本书并多罗树叶，凡有二百四十夹。"卷二《那连提黎耶舍传》："三藏殿内梵本千有余夹。"《彦琮传》："新平林邑所获佛经，合五百六十四夹，一千三百五十余部，并昆仑书，多梨树叶。"《玄奘传》卷四："贝叶灵文，咸归删府。"此外在《宋高僧传》卷三《莲华传》《般若传》《悟空传》《满月传》，卷五《贤首传》《良贲传》《澄观传》以及许多其他的僧传里，都提及梵夹或贝叶，可见佛徒应用贝叶之广。

其他内容也有用贝叶写的。《唐书》卷一九八《西戎传》"天竺国"条记载："其人皆学悉昙章，云是梵天法。书于贝多树叶以纪事。"到了宋朝，这情形并没有改变。《宋史》卷四百九十《外国列传》"天竺国"条记载："乾德三年（965年）沧州僧道圆自西域还，得佛舍利一水晶器，贝叶梵经四十夹来献。"范成大《吴船录》："乾德二年（964年）诏沙门三百人入天竺求舍利及贝多叶书。"

在义净以前，于628—643年赴印度的玄奘所著《大唐西域记》（646年）中，没有关于印度用纸及以纸抄写佛经的任何记载，只提到贝叶书经，说明7世纪前半叶印度境内还很少有进口的纸。但从7世纪后半叶起，即义净旅居印度时（671—693年）起，不但出现了"纸"字的梵文词，而且还有使用纸的记载。义净于《南海寄归内法传》（约689年）卷二指出："必用故纸，可弃厕中。既洗净了，方以右手牵其下衣。"卷四又说："造泥制底及拓模泥像，或印绢纸，随处供养。"季羡林认为前一条用纸的事不一定全说的是印度，"但是最后一条说的是印度却是可以肯定的。因为下文还有'西方法俗莫不以此为业'"。这是说当时印度法俗以模制泥佛像，再将泥像捺印在绢或纸上，以资供奉。倘若不能供应相当数量的纸，是不能完成此项工作的。

根据上述材料的记述以及合理性推断，印度在中国纸传入之前，主要书写材料是贝多罗叶、桦树皮等。伴随中国僧人到印度取经，中国纸本书及中国纸才逐渐在印度出现。

（二）中国纸输入印度的路径

根据现有历史材料来看，来往的僧人和商人为纸传入印度做出了巨大贡献。中国与印度的往来最早是通过陆路进行的，这从印度早期传入中国的许多借字就可以看出来。这些字不是梵文或其他印度俗语，而是间接经过中亚古代语言的媒介才传到中国来的。所谓陆路主要就是出洛阳、西安往西经河西走廊和西域到达中亚，然后转折向南到达印度半岛。中国纸和造纸术先由内地传到西域，再由西域传到中亚及至印度。

公元前138年，汉武帝派张骞出使西域，中国内地和西域的关系进入了新的阶段。张骞联合大月氏的目的虽然没有达到，但是却成功地将汉朝势力向西扩展。汉武帝屡次用兵西域，中国的版图扩大了，东西交通也因此得到加强。中国的物品，特别是丝织物，大量输入欧洲；西方的出产品，特别是伊朗一带的物品，也源源不断地输入中国。可以说这是东西交流活跃的开始。到了西汉末年（前6—5年），中国国内政局动荡不安，西汉初期虽然积累大量财富，但因汉武帝频繁对外战争，国力也消耗殆尽。王莽篡位，实行新法，非但没能解决社会问题，反而激化了社会矛盾，于是西域怨叛，"自相分割为五十五国"（《后汉书·西域传》），致使中西交通中断。到了东汉初年，经过短暂的休养生息，国力稍有恢复，又开始为打通西域而征战，"十六年（73年），明帝乃命将帅北征匈奴，取伊吾卢地，置宜禾都尉以屯田，遂通西域。于阗诸国皆遣子入侍。西域自绝六十五载，乃复通焉"（《后汉书·西域传》）。中国历史上有名的班超就在这时候开始声名鹊起的。他在西域活动了很多年，和帝永元三年（91年）安定西域，朝廷任命其为西域都护，居龟兹。永元六年他又击破焉耆，"于是五十余国悉纳质内属"（《后汉书》卷七十七《班超传》，又见《西域传》）。永元十四年八月班超回到洛阳，九月卒。在班超镇守西域几十年间，"其条支、安息诸国至于海濒四万里外皆重译贡献"（《后汉书·西域传》）。他死后，他的儿子班勇承继了他的事业，汉家的号令通行于西域近百年。

造纸术的重大改良者蔡伦与班超处于同一时代。《后汉书》卷一百八《宦者列传·蔡伦传》载："建初中（76—83年）为小黄门，及和帝即位（89年）转中常侍，豫参帷幄。"他于元兴元年（105年）奏上造纸法，正是班超死后的第三年。这时正是中国内地和西域交通畅达的时候。中国派到西域去的使者"相望于道"，西域各国的使者，甚至西域各国以外的使者"重译贡献"，东西文化互影交光。像纸这样伟大的发明也是随着这些使者和商人向西域传播的。

中国纸在古代西域传播的大致轮廓如下：

西汉麻纸产生不久，就开始向周边传播。沿着张骞开凿的丝绸之路，西传之路逐渐兴盛，6次考古发现的西汉古纸，基本都处在河西走廊和西域地区。东汉蔡伦改良造纸技术后，所造之纸质量大幅提升，其传播速度也迅速加快，很快从中原地区沿河西走廊传到西域。

纸到了西域，并未停止西传脚步，很快向中亚地区挺进，传入靠近交通要道的各个城市。

植物纤维纸向西方传播的过程就是和竹简、木牍等古旧书写材料竞争的过程，也是纸获得全面胜利的过程，时代愈晚，纸作为出版载体所占的比例就愈大。

事实表明，有多条陆上通路可从中国到达印度。一是新疆（西域）线，从甘肃经新疆到厨宾即克什米尔，再向东南行，至印度西北部；二是云南线，从云南经缅甸到今孟加拉国和印度东北部；三是西藏线，从西藏穿过喜马拉雅山山口到尼泊尔，再南行至印度北部。反之，从印度到中国也是如此。不管哪条通路，都是相当艰险的。但僧人、使者和商人等，为了各自的信仰、任务及目的，都不畏艰险，在中印两国的宗教文化、国际交往和经济交流史上做出过可贵的贡献。商人贩运丝绸时，也同时贩运中国的纸，考古发掘证明丝绸之路各地点在出土丝绸时，多有古纸出土。从这个意义上看，丝绸之路也是中国植物纤维纸的外传之路。

潘吉星在《中国科学技术史》（造纸与印刷卷）中提出，纸张输入印度的路线不止一条，输入的时间也不相同。一条可能是从唐朝通过吐蕃（西藏）和尼泊尔进入孟加拉地区，因为造纸术在650年左右传播到了吐蕃，唐高宗初即位时，吐蕃王曾请蚕种及造酒碾硙纸墨之匠。当时吐蕃为尼泊尔的宗主国，尼泊尔与印度的关系又极密切，很有可能纸张就在此时传入印度。另一条路线则可能是通过克什米尔，因为伊斯兰教徒于8世纪在印度西部建立了政权，12世纪又雄踞印度北方，很可能在输入纸张后不久就自行制造。

（三）纸逐渐替代贝叶成为主要出版载体

季羡林认为7世纪末印度使用的大部分纸都是从中国传去的，但是不敢由此断定造纸术也随之进入印度。但可以肯定的有两点，一是造纸术的输入一定晚于纸；二是中国造纸术最初是由陆路传到印度去的。

欧洲和印度部分学者说法是："造纸法仅由伊斯兰教传入印度。"19

世纪德国毕勒尔（J.George Buhler，1837—1898年）曾明确提出上述观点。至于造纸术传入印度的具体年代，也是众说纷纭。"公元16世纪说"即在16世纪印度莫卧儿王朝阿格伯（Akbar）在位时（1556—1605年）才开始造纸；"公元15世纪说"即在15世纪的1420—1470年Zain-ul-ab-din统治时，从撒马尔罕带来了造纸工匠才建立造纸业；"公元10世纪说"即在10世纪时，阿富汗苏丹Ghazn（约971—约1029年）征服印度时，由伊斯兰教教徒从尼泊尔将造纸术传入印度。学术界较为通行的说法是"公元12—13世纪说"，即在12—13世纪，由伊斯兰教教徒传入。应早于明代。

1. 影响造纸术传入印度的重要一役——怛罗斯之战

纸不是直接从中国传入印度的，而是经过伊斯兰教教徒为中介，时间在八九世纪以后。中国的纸和造纸法不是同时传入阿拉伯的。有史料可考的中国纸传入撒马尔罕的时间至晚为7世纪下半叶，造纸术的传入要比这个时间晚一个世纪，即公元8世纪下半叶。天宝十年（751年）的怛罗斯之战是唐朝安西都护府的军队与阿拉伯帝国、中亚诸国联军在怛罗斯遭遇引发的一场战役。中国造纸法的西传与这次战役有着直接关系。此战以后，中国战俘为阿拉伯人在撒马尔罕建起多家造纸工场。

据德国汉学家夏德（Friedrich Hirth，1845—1927年）的研究，中国史书关于怛罗斯战役的记载与阿拉伯史料所述，在时间上是一致的。中国史书记载更为详细，但阿拉伯史料谈到中国战俘将造纸术传入阿拉伯世界，则为中国史书所未载。

怛罗斯一战，唐军战败，唐军中的部分造纸工匠被大食军队俘虏。沙利将这些工匠带到中亚重镇撒马尔罕，让他们传授造纸技术，并建立了阿拉伯帝国第一个生产麻纸的造纸工场。在怛罗斯战役中被俘的唐代著名史学家杜佑的侄子杜环在回忆录《经行记》中曾提及中国工匠传授阿拉伯人各种工艺技术的史实。《通典》卷一九三《大食传》下引杜环《经行记》，杜环到了大食，在那里看到："绫绢机杼金银匠、画匠。汉匠起作画者，京兆人樊淑、刘泚。织络者，河东人乐寰、吕礼。"他没有记载这些作画和织络的汉匠是否在战役中被俘，也没有说明被俘的有造纸工人。但根据阿拉伯史料的记载，在被俘的中国士兵里有造纸工人。贝鲁尼说：

"初次制造纸是在中国。……中国的战俘把造纸法输入撒马尔罕。从那以后，许多地方都造起纸来，以满足当时的需要。"这些造纸工人把自己的技术传授给阿拉伯人，从撒马尔罕再进一步向外传播。伴随阿拉伯势力的扩张，愈传愈远，传到大马士革，传到开罗，传到摩洛哥，终于传遍全欧洲，传遍全世界。许多中世纪的阿拉伯旅行家和地理学者都在他们的著作里谈到中国的纸，例如阿拉伯地理学者苏莱曼（Sulayman）说："中国人大便后不是用水来洗，而是用纸擦。"[①]这就从侧面印证了，唐代纸的生产量已经很大，且价格不贵，可作如厕之用。

造纸法传入波斯也与怛罗斯战役有关。后来波斯的造纸业逐渐发达起来，纸竟成为波斯的名产。此外，中国的纸还以纸币的形式传入到包括波斯在内的伊斯兰文化领域中去，波斯文把"钞"字借了过去。伊本·白图泰谈到中国的宝钞，这样写道："所有到了这个国家的金银都熔化成块，正如我刚才所说的，买卖都用纸币，大如手掌，上面印着皇帝的玉玺。"白图泰14世纪来到中国，从他的记载里可以看出纸币在当时流通的情形。1294年凯卡图可汗因为挥霍过度，府库空虚，接受伊祖丁·木撒法尔的建议，发行钞票。形式做法一切都模仿忽必烈，票面上甚至印上中国字，也用中国名字叫"钞"（cāu）。设立局所，专管发行钞票的事务。但此举存在时间不长。

最迟在15世纪初年，印度已经建立起自己的造纸工业。明初马欢随郑和下西洋，于1406年到达印度孟加拉。在他所著的《瀛涯胜览》里，他记述榜葛剌（孟加拉）的纸："一样白纸，亦是树皮所造，光滑细腻，如鹿皮一般。"一同随郑和下西洋的巩珍在他的《西洋番国志》里写道："一等白纸，光滑细腻如鹿皮，亦有是树皮所造。"

此外，印度学者高德（P.K.Gode）在所著《中国纸输入印度考》中，先引用布勒（Buhler）的《印度古文书学》（*Indian Paleography*）中谈到纸的论述，然后从蔡侯纸（105年）谈起，谈到中国的甲骨文、金文、汉简，

---

① ［阿拉伯］苏莱曼.中国印度见闻录［M］.穆根来，汶江，黄倬汉，译.纳忠，校.北京：中华书局，1983：9.

麦克提内在新疆喀什买到的古纸残卷（约2世纪），斯坦因在烽燧中发现的古纸（约3世纪），4世纪的粟特文残卷，韦伯买到的6世纪古纸残卷，义净（671年）讲到纸，等等。他引用《大英百科全书》讲到751年撒马尔罕阿拉伯人俘虏中国手工艺人的事，引用阿拉伯地理学家苏莱曼讲到中国人用纸当卫生纸的问题。他的结论是，当时在中国，纸必须是非常便宜的，否则绝不会用来做卫生纸。他提到，穆斯林在8世纪时从中国人那里学习了造纸术，而后传入欧洲和印度的时间约在12世纪。

2. 关于海路还是陆路传入的问题

根据印度学者高德的考证，古代印度最早造纸的时间是12世纪，这也就是造纸术传入印度的时间节点。那么现在需要进一步确定的是，究竟是由哪一条路线传入的。

有学者曾经提出，中国自汉以来海上交通就很发达，所以造纸法的传播不能专限于陆路而必须考虑海路。孟加拉位于印度沿海，并当航路之冲，是古代中西海上交通一个重要港口，从交通上考虑，和中国联系的确以海路为便，陆路反而困难得多。关于中国造纸法为什么不是由海路传入孟加拉的问题，季羡林列举了一些东南亚各地早期没有纸的例证，但这些都只限于明代和明代以前，有些记载是辗转抄引的，所以各地的实际情况究竟如何，还需要用更多本地的或实地考察的材料来加以论证。自从西方殖民主义者来到东方以后，东南亚各地何地有纸、何地没有纸的情况愈来愈明确，所以完全可以否定海路传播的说法。

荷兰佛伦·美斯（Fruin Mees）的《爪哇史》记载16世纪末年中国出口爪哇万丹港的商品，其中有纸。美斯特别在"纸"项下注："万丹（爪哇）人仅知用棕榈叶（按即印度贝叶）书写文字。"

1596年荷兰侯德曼（Gornelis de Houtman）第一次率领舰队侵入爪哇，在他的日记中记载着万丹有两家中国人的商铺，贩卖的商品中除了丝、绸、瓷器等中国名产外，还有色纸、金裱纸等，这些东西无疑来自中国。一直到18世纪中国出口爪哇的商品中，纸仍列为重要一项。莱佛士（T.S.Raffles）的《爪哇史》说："中国和爪哇之间的直接贸易范围很广，由中国航船运载，全是中国资本，每年从广州和厦门来的船有八至十条，载有茶、生丝、丝绸、漆伞、生铁、瓷器、南京布、纸，以及其他一些小项货物。"爪哇一带流行一种手工捶击纸，是将树皮切成细长条片，用水浸饱软化，反复捶击使纤维均匀彼此黏合成纸张状，它并不是纸浆制造的中国纸。中国的造纸法在16—17世纪时尚未传入印度尼西亚。

马来半岛西岸的航路之冲马六甲（Malacca）和爪哇一样，直到17世纪仍未使用纸，这在《西洋朝贡典录》中也有记载。1621年，英国人在马来半岛上的城邦大泥（Patani）设置土库，根据当时土库管事但敦（Adam Denton）向东印度公司报告请求保证纸张等物资供应称："土库的簿册、纸张及墨水均告缺乏，惟有用中国纸，然而也被蟑螂所蛀蚀。"这说明，当时大泥和爪哇一样，当地是没有造纸业的，所以英国人初来时连簿册等用纸都必须自带，否则就只好购用中国纸。

直到18世纪初，中国的造纸法还未传到马来半岛，《皇朝政典类纂》卷一一七："雍正七年，淮粤东商人每岁冬春间以茶叶、瓷器、色纸诸物，往柔佛诸国互市。"值得注意的是，纸张与茶叶、瓷器同列，皆经清政府特准，那么这些物品必然为该地所不能生产，需要中国商人大量供应，所以清政府才批准商人把这些中国特有的商品运往柔佛诸国（马来半岛、新加坡一带）贩卖。由此可见，至少在雍正七年（1729年）前，中国造纸法还未传到这里。和印度尼西亚一样，中国造纸法一直未传入马来半岛。1935年美国人亨德到马来半岛专门调查手工造纸情况，他说："马来联邦没有手工造纸，只有暹罗保存此种古艺。"（暹罗造纸仅限于曼谷及其以北地区。）

菲律宾群岛直到西班牙占领后仍无造纸技术，纸由中国进口。西班牙传教士Pedor Chirino于1604年出版《菲岛关系》一书，他说："中国人输入菲岛商品，除丝绸、釉瓷、牛马牲畜、粮食、金属、水果、腌菜和各种奢侈品外，还有纸和墨。"

中国造纸术最早南传的路线不是海路而是陆路。这也能从越南造纸南北差异中找到证据。越南掌握中国造纸技术，仅限于北部与中国接壤的地域，一到越南中部情形就不同了。因为直到17、18世纪，欧洲殖民者在东方的掠夺贸易进行很久之后，中国造纸术还未传到越南中部沿海大城。越南会安是欧洲殖民者在东方的一个贸易中心，东西各国商船辐辏，可是该地纸张一直要从中国进口，由华商输入并供应附近各地。有以下实例：法国人马本（C.B.Mabran）在《安南近世史》中叙述17世纪上半期中国输入交趾支那之商品，纸占其中一项。[①]法国人萨务来（Svaary）兄弟于1725年出版的《商业大辞典》中记载当时（1718年左右）广州输入交趾支那的商品有仪式用的纸，该书并记纸价为粗纸百枚值三百钱。[②]1749年法国商人波维尔（P.Piovre）在其旅行记中提到华商运往交趾支那的进口货中有纸。[③]

越南史家黎贵惇《抚边杂录》（该书自序作于1776年）卷四记载与广州客商陈姓问答，有一条是"问自唐诸货名目如何了"，回答中列举货名有金银纸及纸料，金银纸即色纸，而纸料乃未加色之纸。

中国纸输入会安后，由此再散播到附近地方，乡社乡簿保存嘉隆八年（1809年）广东天原号船售给任梁顺记货单，及嘉隆十年（1811年）通事吕有营所开货单计有茶、丝织物、瓷器、铜器、纸钱、纸料、书籍等，大多都是中国特产。这说明越南中部的确不知造纸，否则就不会有此现象。

古代越南北部与中国关系密切，而中部、南部当时是占城之地，陆路只传到北部而止，而海路一直未将造纸法向南传播，所以这些地方不知造纸是符合史实的。越南河内一带造纸至少已有千年的历史，至今河内郊外还有一个村名为"纸村"，20世纪仍在造纸。河内以西"东京高地"一些住民，都不知造纸，其中蓝靛族在20世纪仍在制造古代爪哇一带流行的捶击纸。

中国造纸术一直到18、19世纪欧洲人东来后很久还未传到越南中部沿海大城会安、顺化，因而其未从海路传播，是可以肯定的。

从世界范围来看，造纸术汉末开始东传至朝鲜，魏晋南北朝时转传至日本；8世纪下半叶西传中亚撒马尔罕，9世纪传入西亚巴格达，10世纪传入大马士革和北非开罗；11世纪传入摩洛哥；12世纪传入欧洲西班牙；13—14世纪传入意大利，意大利很多城市开始建立造纸工场，成为欧洲造

---

① C.B.Marban. Histoire Mederne de Pays d'anam［M］. Paris, 1919:222.

② Savary and Savary de Ganchis. Dictionnaire Universel de Commerce［M］. the USA:Nabu Press, 2011:447–458.

③ H.Cordior. Voyage de Pierre Poivre en Cochinchine［M］. the USA: University of California Press, 1941:107–108.

纸术传播的重要基地，从那里再传到德国、英国；15—16世纪传入俄国、荷兰；16世纪中叶传到中美洲墨西哥；19世纪传入澳洲。造纸术的发明与传播，使出版载体成本大幅度下降，知识在平民中的普及得以实现，从而极大地推动了世界知识、文化、科技及经济的发展。

（四）对"造纸术印度起源说"的证伪

1981年，《加拿大制浆造纸杂志》（*Pulp and Paper Canada*）第4期上刊登了印度作者戈索伊（Mrs. Pratibha Prabhakar Gosaui）的文章，她提出公元前327年印度已掌握造纸技术并能造出质量很好的纸，因而声称纸最初由印度人发明。这种观点无疑是对造纸术"母国"中国的最大质疑。由此，我国学者张毅、梁自华等利用现有史料对戈索伊的观点进行了一一反驳。

首先，"纸"这个字在梵文中是外来语。梵文中真正的"纸"字kakali是从7世纪才出现的，而且与阿拉伯文kāghaz、波斯文kāghiz表示纸的字有同一语源。德国汉学家夏德（Friedrich Hirth，1845—1927年）认为其来源于汉语"载纸"，古音读kok-dz，即椿纸。梵文"纸"字字根说明是外来语，不是印度固有的。戈索伊引的文献都是近现代人的不准确记载，如她提到的巴内特（L.P.Barnett）1913年发表的《印度古代史》（*Antiquities of India*）说，造纸术是随佛经和梵文从印度传到中国的。但事实上在这之前中国已经在用纸书写。至于莫里斯（Dumas Mauris）1969年在《技术与发明史》（*History of Technology and Invention. Progress through Ages*）中所说公元前3世纪亚洲用不同原料造纸之说，也证据不足，而且用词不够准确。6—8世纪中国僧人至印度求法，从未见那里有纸。戈索伊引穆勒（Max Muller，1823—1900年）《古代梵文文学史》（*History of Ancient Sanskrit Literature*，1859）说，公元前327年希腊马其顿国王亚历山大入侵印度时，驻旁遮普全权代表尼尔楚斯（Nearchus）叙述过印度人用杵臼捣棉或破布造纸。这一说法显然是不可信的。

其次，她所说印度早期所造之"纸"，除贝叶外，不会是别的东西。而贝叶与莎草片虽为书写材料，却并不是真正的纸。贝叶经在梵文中称pattra，本义是树叶，见于《摩奴法典》（*Manusmrti*）。近代西方译者译梵文经典时，惯于将梵文古词含义现代化，将pattra译为paper，正如将拉丁文古典书中的papyrus译成pa-per一样。无独有偶，学者研究火箭技术史时，发现西方译者将《摩奴法典》中的梵文agni astra译为firearms，得出印度于公元前300年已有火药武器或火箭的错误结论。其实这些词本义是incendiary weapon，即纵火武器。

（五）印度的印刷起源于中国

关于印度印刷术的记载鲜少。至于印刷，则整个南亚和东南亚除了越南以外，大都要到16世纪才由欧洲传入，而且主要供传教士、殖民政府和欧洲籍的居民使用。亚洲第一次采用欧洲技术印刷开始于16世纪中叶。据说所用的印刷机原来打算运到埃塞俄比亚，事实上却被耶稣会士运到了果阿以印刷传教的小册子及别的文献。根据张秀民的观点，1561年葡萄牙传教士携带印刷机远航到印度西南部的果阿，两年之后印出了第一本书。由此看来，印度印刷术是沿海路自欧洲传入。但仍有部分学者认为中国印刷术最早传入印度的是陆上丝绸之路南线。无论是哪条线路最先传入，均认为其最初技术源自中国。

16—17世纪，葡萄牙人除在果阿外，还在印度别的城市出版著作。第一部以当地语言出版的著作是沙勿略的《天主教义》马来文译本，可能是1877年在科钦印的。至于泰米尔文著作，则于1587年在芭尼卡尔开始印刷。由于果阿在17世纪后期以葡萄牙文取代了其他各种语言，当地的印刷事业也就停止了，到1821年才恢复。1713年左右，丹麦传教士开始在印度东海岸的德伦格巴尔从事印刷。英国人虽然早在1674年和1675年就曾于孟买印刷过书籍，那时可能印出了一些资料，但直到1778年才在孟加拉和胡格利开始正规的印刷事业。

第三节　中国造纸术和印刷术在缅甸、泰国等 国家和地区的传播

除越南外的东南亚其他国家和地区，如缅甸、泰国、老挝、柬埔寨、马来西亚、新加坡、菲律宾等，较晚引入中国造纸术和印刷术。这些国家

多种民族和文化传统多元杂糅，文明发展情况各异。古代东南亚大部分地区多受到印度教、佛教或伊斯兰教的影响，在其后的发展中交织着中印两种文化的深刻影响，所以造纸术和印刷术的发展情况相对复杂。这些地区相关文献记载偏少，只能透过零星片段尝试揭示造纸术与印刷术在该地区的传播路径。

一、造纸术和印刷术在缅甸、泰国、柬埔寨的传播

（一）造纸术在缅甸、泰国、柬埔寨的传播

中国纸和造纸术南传至今天的印度、巴基斯坦、孟加拉国、尼泊尔、泰国、柬埔寨、缅甸、菲律宾和印度尼西亚等国的时间，均晚于朝鲜、日本和越南这些汉字文化圈的国家，它们在文化上受印度佛教或伊斯兰教的影响，同时也与中国交往频繁，因而也受到中国文化的影响。唐代佛学家玄奘在《大唐西域记》卷十一记载，南印度有多罗树林周30余里，取其叶书写，此即贝叶经。多罗或贝多罗源于梵文pattra或patra，本义是叶子，即棕榈科扇椰树树叶。可见玄奘旅印时那里还没有纸。古代尼泊尔、巴基斯坦、缅甸、泰国亦用贝叶为书写材料。柬埔寨则以鹿皮、羊皮为书写材料。中国旅行家周达观（1270—1348年）随元代使节于1296—1297年出访柬埔寨，返国后著《真腊风土记》（1312年）。他写道："寻常文字及官府文书，皆以麂鹿皮等物染黑，随其大小阔狭，以意裁之。用一等粉，如中国白垩之类，搓为小条子，其名为梭。拈于手中，就皮画以成字，永不脱落。"这种方法先以烟将鹿皮熏成黑色，再以白粉和胶搓成粉笔书写，或以竹笔蘸白粉和胶写字。这些材料都不及纸便利，当中国造纸术传入后，引起书写材料的变革，这些地区书写载体逐渐改为楮皮纸。

关于缅甸、泰国的手工造纸技术，美国学者亨特虽曾做过调查，但其早期造纸历史还有待今后专门研究。毫无疑问，这两个国家开始造纸的时间较晚，缅甸造纸可能始于蒲甘王朝（1044—1287年）末期至掸族统治（1287—1511年）初期，即13世纪末期。忽必烈于1277—1300年间多次在缅甸用兵，将其划归云南行省统治，且从中国调来官员、僧人、学者和工

匠，境内通行中国历法和纸币，中国的纸与造纸术因之随中国文化传入缅甸。掸邦的东枝是桑皮纸的造纸中心。

与缅甸接壤的泰国，是中国与印度、阿拉伯海上贸易通道的必经之地，还通过缅甸与云南有陆上往来。在对泰贸易过程中，中国商人在暹罗湾建立了商业中心和码头，南宋灭亡时有大批来自广东、福建的中国人前往泰国避难，其中包括官员、商人、学者、农民和工匠，带来了中国文化和科学技术，他们对发展泰国经济做出了贡献。造纸术就是在速古台王朝时由中国人传到泰国的。法国东方学家戈戴斯在补注伯希和用法文翻译的《真腊风土记》时指出，泰国在速古台王朝时每年正月都由国王在王宫前点放烟火，群众聚集在那里观看，与柬埔寨有同样的习俗。制造烟花不但需要火药，还需要大量的纸。侨居在那里的大批中国人在经济、文化活动中也离不开纸，因此就地设厂造纸。在阿瑜陀耶王朝（1350—1767年）造纸业获得进一步发展，产纸地集中于湄南河三角洲一带。

柬埔寨是与中国有两千年友好关系的古国，唐以前史书称为扶南，高棉语中Bnam意思是山岳之国，唐以后称为真腊，柬埔寨之名始见于明人著作。在吴哥王朝（约802—1431年）时期，中柬两国人员往来和经济文化交流持续不断，纸和造纸术就是在此时传入柬埔寨的。吴哥王朝兴盛时，周达观《真腊风土记·欲得唐货》谈到中国向柬埔寨出口货物时写道："其地想不出金银，以唐人金银为第一，五色轻缣帛次之。其次如真州之锡镴、温州之漆盘、泉处之瓷器及水银、纸札、硫黄、焰硝……"在柬埔寨需要的这些中国货中，值得注意的是有纸张和硝石，这说明至迟在13世纪，那里已会制造火药。制造烟花爆竹的火药筒，无须用好纸，可用当地所产之纸。从中国进口的纸是供当时上层阶级用的高级文化纸。

（二）印刷术在缅甸、泰国、柬埔寨的传播

除越南外，在东南亚国家中泰国（暹罗）和菲律宾是最早用中国传统印刷术出版书籍的国家。泰国继速古台王朝之后建立的阿瑜陀耶王朝，与明代仍保持频繁的友好往来。在这期间双方遣使达131次，暹罗遣明使有112次，平均两年一次。明人王圻（1540—1615年）《续文献通考》卷四十七《学校考》记载，暹罗国王为培养通晓汉语的人才，洪武四年

（1371年）派青年子弟前往北京国子监学习，这是泰国注重中国文化而派遣出的较早一批留学生。此后两国继续互派留学生，学习对方的语言。与此同时，福建、广东籍手工业者也随商船前往泰国谋生，从隆庆元年（1567年）开始，这些中国手工业者在泰国从事铁农具及铜铁器皿的制造，还经营制茶、制糖、印刷和造纸、豆类食品加工等行业。明人黄衷（生卒年不详）《海语》称暹罗首都阿瑜陀耶"有奶街，为华人流寓者之居"。这里的纸店和书店，都是华人经营的。

此外，泰文《三国演义》的印刷在泰国的书籍印刷业中也起到了非常重要的作用。吞武里王朝（1767—1781年）时，每年来自上海、宁波、厦门、潮州的商船有50多艘，随船人数每年有数千，他们在旅途中常以《三国演义》中的故事为话题，后来此书传到泰国。统治者对《三国演义》很感兴趣，命人译成泰文。此书在泰国产生广泛影响，被当成历史教科书和军人必读书籍。拉玛二世时，又将中国的《水浒传》《西游记》《东周列国志》《聊斋志异》《红楼梦》《封神演义》等书译成泰文，并刻印出版。拉玛五世时，除首都曼谷3个宫廷印刷所外，还有1个专门出版中国古书的乃贴印刷所。阿瑜陀耶王朝时，由华人经营的坊家，主要用雕版印刷技术出版汉文作品。曼谷王朝（1782年至今）从19世纪开始用现代铅活字机器印刷方法出版书籍。

17世纪早期英国人已开始在亚洲从事一定程度的贸易和殖民活动，但直至18世纪后期尚未成为支配这一地区的殖民强国。在控制了马来亚海峡殖民地之后，他们随即于1806年、1815年及1822年分别在槟榔屿、马六甲和新加坡开始了印刷事业。最早在槟榔屿兴起的印刷业纯属商业性质，同时也为殖民政府服务。在马六甲和新加坡从事印刷的则是属于伦敦传教会的浸礼会传教士，他们于1801年在加尔各答附近塞兰布尔的丹麦殖民地开始从事印刷活动。美国浸礼会传教士则把印刷引入了缅甸和暹罗，1816年在仰光开始以缅文印刷，1836年在曼谷开始以暹文印刷。浸礼会也有一些早期著作出版于新加坡。当时及更早时教会的出版物主要是以当地文字印刷的传教读物及《圣经》，此外还出版了一些字典、语法书和介绍欧洲情况的资料。印刷术在上述地区传播的过程中，教会印刷起着举足轻重的作用。

二、造纸术和印刷术在尼泊尔、巴基斯坦、孟加拉的传播

（一）造纸术在尼泊尔、巴基斯坦、孟加拉的传播

造纸术传入尼泊尔、巴基斯坦、孟加拉国的时间与传入印度的时间大体相近。尼泊尔人以瑞香科树皮造纸，用织纹纸模捞纸，与西藏造纸方法相近，而西藏在7世纪已有了造纸业。孟加拉造纸可能稍迟于尼泊尔及巴基斯坦，但14世纪时孟加拉皮纸已出名。1400年随郑和下西洋的马欢在《瀛涯胜览》中说孟加拉皮纸洁白、光滑细腻如鹿皮，说明纸质较厚。缅甸、泰国造纸时间稍晚于孟加拉。造纸术还从海路于宋代传到印度尼西亚。南宋人陈樞《负暄野录》说"阇婆出纸"，阇婆即今印度尼西亚的主要岛屿爪哇。

中国内地纸和造纸法早在650年传入西藏，这在《旧唐书》卷一九六《吐蕃传》中便有明确记载："因请蚕种及造酒、碾、纸墨之匠，并许焉。"此事《旧唐书》记录在太宗新死高宗嗣位永徽改元之前，所以吐蕃使臣请求时间应确定为649年，按当时筹备诸物及运往吐蕃的路途计算，当年是难以完成的，纸墨等工匠派到西藏必定是650年的事了。因为所请者为纸墨之匠而不是纸，所以可以肯定650年是造纸术传入西藏的元年。西藏和尼泊尔毗连，造纸术到了西藏后也就很容易传到尼泊尔。尼泊尔造纸术自西藏传入虽无文献记载，但在实物方面却有很多证据能够证实这一点，最主要的有以下4项：

第一，尼泊尔纸特点之一是用瑞香科的白瑞香（Daphne Cannabina或Daphea Papyracea）的内皮作为造纸的原料，印度和欧洲人的著作中甚至称这种植物为"尼泊尔纸草"（Nepal paper plant），但是根据考古发现的实物，证明最早利用这种植物造纸的是西藏，而且直到现在西藏仍然把它作为造纸原料。20世纪初，斯坦因在和阗一带从事盗掘性考古，他在安得悦（Andeer）找到古西藏文写的《佛说稻秆经》残卷，是用一种粗糙的黄纸写就，断代时间为8世纪后期。经维斯纳（J.Wiesner）化验，这种纸完全是用瑞香科植物浸软了的生纤维造成的，基本可以断定是瑞香属的白瑞香一

类植物。现在尼泊尔的造纸原料还是这种植物。这一残卷既不是在和阗写就，也不是用和阗所造之纸所写。原因是：（1）新疆不生长这种植物。（2）这种纸与在新疆所产古纸不同，不是在其面上涂上一层淀粉胶质，而是厚厚的抹上了一层没有提炼过的大米米浆。由于残卷是用古西藏文写的，所以斯坦因等人肯定它是由西藏输入的。西藏才是瑞香科植物造纸的起源地。

清人周蔼联在《竺国纪游》卷一载："藏纸，即藏经纸也，彼地有草一种，叶如槐、花如红花，以其根浸捣如造皮纸法。常用者不禁，其洁白而厚、宽长三四丈者惟前后藏达赖、班禅用以写经。"周蔼联于清乾隆年间入藏，此处所记为18世纪西藏造纸情形，一直到现在西藏仍然使用这种传统造纸方法，其原料就是瑞香科植物的韧皮纤维。

"瑞香"作为植物的名称，在史书中出现较早，李时珍《本草纲目》说：始出于江西之庐山，可能原产中国。至于纤维最佳的白瑞香，一般只生长于海拔高的地方，喜马拉雅山两侧生长很多，尼泊尔也盛产这种植物。《尼泊尔新志》记载："干燥之小丘，概产造纸之草类。"所指就是上述尼泊尔常用的造纸原料。这种植物属于灌木或亚灌木，所以《竺国纪游》和《尼泊尔新志》都把它称为草。据今所知，长江以北不产或很少看到这种植物。除西藏和云南外，也几乎看不到用它来作为造纸原料的。西藏至少8世纪就已利用这种植物韧皮纤维造纸，而西藏的造纸术又是650年由中原传过去的，可以肯定：利用这种纤维造纸，最初就是西藏。8世纪西藏古经文残卷和今天尼泊尔所用的造纸原料相同，这只能说明尼泊尔当时所用的纸来自西藏，而不能认为西藏的用纸来自尼泊尔。

第二，尼泊尔造纸所用工具、程序和方法，与西藏相差不多。1832年英驻尼代理监督官何德逊（B.H.Hodgson）《尼泊尔土法造纸》一文详细描述了造纸所用工具、原料处理、抄造方法、烘干加工以及造纸的民族等，是记录尼泊尔造纸最早最详细的文献。以后美国人亨德（D.Hunter）的几部论述造纸的著作中，也有不少关于尼泊尔造纸造法的叙述。尼泊尔的纸帘和抄纸、干纸等方法和西藏造纸方法完全一样。

第三，尼泊尔造纸上浆染黄加工工艺、原料及方法也和西藏纸一脉相承。如尼泊尔纸用大米汁作为上胶原料，这与在于阗所发现的西藏古纸使用的原料相同。尼泊尔常用黄砷或雄黄涂在纸上制造黄色纸，这也是中国造色纸古法所常用的。

第四，尼泊尔纸另一特点是特别宽广而坚韧，有如皮革，十分光滑，这一点与西藏纸品质接近。1851年英国人萨凯司（Sykes）将军在伦敦一次大展览会中展出一批特大的尼纸（用白瑞香皮造的），约为30尺×20尺（10米×6.67米），当时英国还很难抄造这样的大纸。西藏纸也是以特别宽广坚韧著称，上引《竺国纪游》已称藏纸"宽长三四丈"，该书卷一记载："藏纸似茧纸，而坚韧过之，有宽广至三四丈者。予曾有一幅，约长二三丈，宽七八尺，文理坚致如高丽纸。"

上引何德逊文章后附编者按语说：尼泊尔所造的纸官方记录认为无比地胜过印度纸。至今印度高级印刷纸有时还要用尼纸，造纸原料有时也要从尼泊尔进口，而尼泊尔所用白瑞香皮造纸，后亦用于印度。

这就证明，不论在造纸技术或应用上都是尼泊尔纸影响印度纸，而不是印度纸影响尼泊尔纸，所以英、印学者有人认为印度造纸是通过尼泊尔传过去的，而很少有人认为尼泊尔造纸是由印度传入的。何德逊也推断尼泊尔造纸法是从中国内地经西藏传入尼泊尔的，而不是从印度传去的。

孟加拉的造纸法不仅不是由海路传入的，而且与中国南方的造纸法也不是一个系统，反而与北方黄河流域的造纸法有一脉相承的关系。据黄省曾《西洋朝贡典录》记载，孟加拉所产的纸就是桑皮纸。中国的蚕桑之法很早就传入孟加拉，马欢与巩珍都亲眼看到其地确有桑树；而一直到近代欧洲殖民者来到印度以后，桑树除用于养蚕之外，其副产品（剪除的废枝）可用于造纸，1855年刊行的J.Forbes Royle《印度纤维植物》中有一条很好的证明："孟加拉的桑树用于饲蚕，栽培过程中，每年须切枝四次，以便不断生长嫩叶，供连续出生的蚕孵之用。切除的无数树枝即被抛弃，或用作燃料，或借助于捣磨之力，制成造纸的好原料。"

这和中国古代北方农家桑叶用于养蚕，桑枝、桑根、桑皮等用于造纸，不能说没有相同的地方。桑皮纸是中国古代黄河流域的传统造纸法，最初仅流行于北方，西晋张华即用桑根纸做信纸，南方是不用这种造纸法的。苏易简《纸谱》记载："蜀中多以麻为纸……江浙多以嫩竹为纸，北方以桑皮为纸，剡溪以藤为纸，海人以苔为纸，浙人以麦茎稻秆为之者脆薄焉。"陈槱在《负暄野录》中也说："河北桑皮纸，白而慢，爱糊浆，捶成佳如古纸。"世界上第一部关于纸的专著《纸谱》，成于宋初，而两宋造纸和唐代工艺变化不大，所以这里所述基本上也包括唐代。我们曾经大量搜集有关唐宋的物产分布资料，所掌握的造纸情况与苏易简所说一致，南方造纸主要用竹、麻、藤等，而较少见到用桑皮造纸。元代北京是北方造纸的中心，官府设有抄纸坊（户部）和白纸坊（礼部），据《马可·波罗游记》载，当时北京所造用作宝钞的纸正是桑皮纸。

明代的钞票制造规定"以桑穰为料"（《明史》卷八十一），所以也是用桑皮纸，或称为棉纸这种纸除源于北直隶外，还取自山东、河南。《天工开物》卷中说："河南所造（纸），未详何草木为质，北供帝京，产品甚广。"实际上同样是"以桑穰为料"的桑皮纸。

孟加拉纸既为桑皮纸，可以断定：它是来自中国古代黄河流域的造纸法，而与南方造纸工艺无涉。据劳佛与康多尔的考证，孟加拉语桑树叫作tul、tut，而波斯语、阿拉伯语、突厥语，以及蒙古语则称为tut、tuti、tuta。与北方语言关系密切，这也证明了孟加拉的桑皮纸应由其北部陆路传入，与海路无关。

（二）印刷术在尼泊尔、巴基斯坦、孟加拉的传播

印刷术在尼泊尔、巴基斯坦、孟加拉等国的传播可以根据对印刷术在南亚其他国家的传播轨迹和传播途径进行深入分析，其在尼泊尔、巴基斯坦、孟加拉等国的传播应与宗教的繁荣发展有着非常密切的关系。

尼泊尔的国教是印度教。与此同时，佛教依然盛行，两种宗教和睦相处，并行不悖。虽然尼泊尔的历届统治者都是印度教徒，但大多数都支持佛教和其他宗教的发展。在尼泊尔的印度教徒中种姓制度不像在印度的印度教徒中那样严格，种姓意识也不那么强烈。佛祖释迦牟尼就诞生在尼泊尔。远在印度教传入尼泊尔以前，佛教就在尼泊尔传播和流行。今天，在加德满都谷地矗立着的许多古老辉煌的佛教建筑，标志着佛教曾在尼泊尔辉煌一时。尼泊尔的佛教属大乘派，中心思想是人可以通过遵循菩萨的榜

样而达涅槃境界。佛教主要在塔芒人、古隆人、谢尔巴人和其他一些居住在高山区的民族和部落中流行。

印刷术的传播得益于尼泊尔宗教的繁荣发展。印度从6世纪末开始用机械方法复制佛像、佛塔。对此，西游的玄奘在《大唐西域记》中记述说："印度之法，香末为泥，做小窣堵波，高五六寸，书写经文以置其中，谓之法舍利也。"其中"窣堵波"与英文stupa对应的是同一个词，即佛塔。这种用模子复制佛像的方法也随着佛教向外传播，中亚地区曾出土过一些制作泥质小佛像的模子。在今天的西藏地区，仍盛行用铜质的模子大批量塑造小佛像、小佛塔，这就是所谓的"擦擦"①。复制佛经只需纸笔抄写，但要在纸上复制出佛像、手印等，则需要具备一定的绘画技能。尤其是充满神秘主义色彩、注重仪轨和咒语的大乘密教传入中国后，移植了中国传统的道教印咒符箓，陀罗尼经咒等"真言"从最初的诵念而变为神符，书于纸上具有护身、驱邪之功效。成都、西安出土的梵文、汉文《陀罗尼经》，均为单张印刷品，而非日本和韩国发现的卷轴装，应属于最早的印刷品形态。这两个地方出土的《陀罗尼经》形式大体相同，以经文、佛像和手印构成回环图文。这些繁复的形式用传统的抄写方法是很难大量复制的，因而催生了机械复制的方法。复制佛像技术伴随着佛教教义传入了尼泊尔等信仰佛教的国家，从而带动了尼泊尔印刷技术的发展。

巴基斯坦和孟加拉等信奉伊斯兰教的国家，其宗教的发展与印刷术的传入紧密相关。印刷业的发展的确和宗教的需求分不开，宗教经典和书籍需求的扩大促进了印刷术的快速发展，《古兰经》也从过去的手抄而进入了印刷时代。由于巴基斯坦紧邻伊朗，其对《古兰经》的需求亦十分迫切，印刷版的《古兰经》很可能就是在这一时期真正走进了巴基斯坦伊斯兰教教民的日常生活。

---

① 何朝晖.气候变化、宗教救赎与印刷术的诞生——历史学家的想象力［J］.读书，2012（09）：46—55.

第五章　造纸术和印刷术沿陆上丝绸之路主线在中亚、西亚和非洲的传播

中国造纸术和印刷术的对外传播，有一条主线主轴，那就是沿路上丝绸之路向西传播，从中原地区首先传播到西域（新疆）地区，再从西域地区传播到中亚，经中亚传播到西亚，再从西亚传播到北非、欧洲及世界各地。

第一节　中国造纸术和印刷术在中亚和西亚的传播

中国造纸术和印刷术在中原地区被发明及广泛使用后，逐渐呈放射状向四周传播扩散。由于东部和南部隔海隔山，北部沙漠重重，所以西传之路最为绵长也最为辉煌，成为对外传播的主要线路。中国造纸术和印刷术从中原地区传到西域后，再从西域向西传播到中亚和西亚阿拉伯地区，最终传到西方。

一、造纸术西传与关键节点

（一）新疆：造纸术西传第一站

古代新疆地区的诸多国家在古书中被通称为"西域诸国"。从长安到今天的新疆，经河西走廊，沿天山南北两麓西行，经长途跋涉就可到达西域这些国家。这条陆上的丝绸之路从汉代（前2世纪）以来就是中国与中亚、西亚各国之间重要的贸易通道。早在汉末、三国、两晋时期，中国的

纸就与丝绸等商品一起运往甘肃、新疆一带，再从这里转运到中亚、西亚各国。植物纤维纸及其制造技术主要是沿着丝绸之路对外传播的。"中国纸也随丝绸一起西运，20世纪以来沿这条商路，各地出土了大量汉魏及晋唐古纸，因此也可将这条商路称为'纸张之路'（Paper Road）。"由于新疆地区从5世纪起已开始造纸，因而新疆便成为中国纸出口中亚、西亚各国的集散地。中国和西域国家的骆驼商队将丝绸、茶叶、纸和铁器等中国货西运，同时，新疆、甘肃和内地也有许多中亚、西亚一带的客商居住。因此中亚、西亚各国很早以前便已用上了纸。

20世纪以来，在丝绸之路沿线一些地方出土了大量汉魏、晋唐时的中国古纸。考古证明，凡是靠近丝绸之路的主要交通要道，大多出土过古纸文物。1907年，斯坦因在甘肃敦煌发掘出9封用中亚粟特文写的信，用的是中国麻纸。经英国学者亨宁（W. B. Henning）的研究，认为这些信是客居在凉州（今甘肃武威）的中亚商人南奈·万达（Nanai Vandak）在晋怀帝永嘉年间（307—313年）写给他在撒马尔罕的友人的。古时粟特国靠近今天的里海以东，又称康国，其居民以经商著名，常来中国做生意。《魏书》卷102《西域传》称："粟特国在葱岭之西……其国商人先多诣凉土贩货。"因此康国人早在4世纪就成为使用中国纸的中亚人。在新疆和甘肃敦煌还出土了中亚吐火罗（Tukhara）文、西亚波斯文（约450年）和叙利亚文，以及欧洲希腊文等纸本文书，都是3—5世纪时用中国纸写的。

1933年，黄文弼在罗布泊汉代烽燧亭故址中发现了不少文物，其中有纸一块，其原料为麻质，白色，属方块薄片。质甚粗糙，不匀净，纸面尚存麻筋。盖为初造纸时所作，故不精细也。这是迄今发现的传入新疆地区最早的纸。

汉魏之际，新疆开始用纸做书写材料。考古工作者在楼兰和罗布泊一带的屯垦和烽燧遗址中，发现了东汉末年《战国策》残卷和曹魏嘉平五年（253年）三月，咸熙二年（265年）十一月，永嘉四年（310年）八月十九日、十月十二日的纸文书。另外有许多文书没有纪年。还有写着佉卢文、婆罗米文和粟特文的纸片，这表明不仅汉族移民而且还有少数民族人民都开始采用纸这种软质书写材料。

  1972年，在吐鲁番阿斯塔那墓葬中，考古学家发现了若干纸质文献，其中一件文书残纸上用汉文墨书"当上典狱配纸坊驱使"，意为把犯人发配到纸坊从事劳役。另一件书有"纸师隗显奴"的文献，其纪元为"高昌王麴文泰重光元年"（620年）。这说明，7世纪初，高昌地区已有本地造纸业，且造纸技术已达相当水平，并出现"纸师"这样专门管理造纸业的官职或职业。学界较为通行的看法是：造纸术在北朝至唐初传入高昌（今吐鲁番地区）。

  库车，古称龟兹，是古代天山以南丝路北道的中转站。黄文弼在库车的苏巴什古城发掘了许多出土文物，其中发现写有"一十人于阗兵"六字的残纸，他认为"此纸或系写在唐设西安都护府于龟兹之后，记录从于阗调来的士兵数目"。

  考古学家在拜城县克孜尔千佛洞遗址进行考察时，发现多片残纸及木版图之类，残纸多为少数民族古文字及汉文，从时间上看当属唐代。从洞窟的规模、壁画的内容，以及残存的文物都可看出克孜尔千佛洞是代表了新疆佛教文化最鼎盛时的遗存。

  此外，在新和县西北约70千米的托乎拉克埃肯千佛洞也曾出土有唐代天宝年间的文书残片。新疆维吾尔自治区博物馆南疆考古队，在巴楚县脱库孜萨来古城一带发掘和征集了4000多种文物，其中写有汉文、回鹘文和阿拉伯文的大小纸片200多片。

  若羌县米兰古城是7—8世纪时吐蕃统治塔里木盆地时留下的古城堡遗址。考古工作者在米兰古城工作了10天，清理了9间房屋的遗物，出土了大量文物，其中写有古民族文字的残纸文书数十片。特别值得注意的是有一张长27厘米，宽21厘米，印有四个鲜红手指印纹的契约文书纸。它说明8世纪末期，吐蕃利用唐朝安史之乱后中央政权削弱的局势，再次进入塔里木盆地，控制了天山以南各城邦国家，在受到先进民族经济文化的影响下，纸也随之传到了若羌米兰等地，此时吐蕃人已用纸做书写材料了。古和阗是古丝绸之路的重镇之一。斯坦因在和阗发现了许多写在纸上的古和阗语残卷，时间约是唐代，他还找到了一些梵文残卷，这些残卷写成的时间不会晚于7世纪。斯坦因在同一个地方发现的写明日期的中文残卷，证明纸在不晚于7世纪时已传入和阗。

从上述资料中，我们可知纸传入新疆的大概过程，并得出以下结论：

第一，在蔡伦改良纸的加工制造技术之前，纸已经传到了当时的罗布泊。东汉时，纸已传到了古代精绝国，但当时的纸主要不是用于书写。

第二，在蔡伦改良纸的加工技术之后不久，纸就经常地、大量地传播到了西域（新疆）地域，汉末至西晋，纸在新疆作为方便、实用的书写材料受到了人们的普遍欢迎，但竹简、木牍作为传统的书写材料并未退出历史舞台，彼时造纸技术尚未传入新疆，纸的供应主要依靠内地输入。

第三，纸主要是沿着丝绸之路传播的，靠近交通要道的城市基本上都有纸张输入。

第四，纸不仅为汉族居民所使用，而且当地少数民族和外国人也采用纸作为书写材料。

众多证据表明，最晚不过唐初，造纸术已由中原地区传入新疆地区，并且在这里生根、发芽、开花、结果。

（二）怛罗斯之战：造纸术西传的关键一跃

造纸术外传的一个关键节点是751年的怛罗斯之战。不过这次军事冲突，在伊斯兰文明与中华文明交往史上只是一个小插曲，并没有严重影响两者的友好关系。就在这次战役发生后的第二年，阿拔斯王朝三度遣使唐朝，以示友好。757年，阿拔斯王朝应唐王朝的请求，出兵助唐平定了安史之乱，收复了长安和洛阳二京。

这次战役的一个直接结果是中国造纸术西传到阿拉伯地区，此后再传到欧洲，这是有世界意义的重大事件。

阿拉伯人塔明·巴赫尔（Taminibn-Bahr）在其821年成书的《回鹘旅行记》中，曾引用阿拉伯作家法德尔（AbalFadla1-Vasjirdi）的话说，近来穆斯林在一场战役（怛罗斯之战）中获胜，收获了大量俘虏，而这些战俘，其中一部分人正是此时在撒马尔罕工场劳作的人，他们可以制作优质纸张。此外，他还谈到，除怛罗斯战俘外，在775—785年的10年间，撒马尔罕地区的长官为造纸和武器制造等，又从唐朝掳来一批工匠。976年，伊本·豪克尔也指出撒马尔罕造纸技术是由怛罗斯战役的俘虏传入的。1887

年，奥地利的阿拉伯史研究专家卡拉巴塞克（Joseph Karabacek）援引10世纪阿拉伯史学家萨阿利比的话说，"纸是中国战俘们传过来的"，这样撒马尔罕地区才有了造纸术。

撒马尔罕是今天的乌兹别克斯坦的第二大城市，是丝绸之路上重要的枢纽城市，以其特有的城市空间地位担当起学习和传播中国造纸术的角色。8世纪后期，在中国工匠指导下，撒马尔罕建起多家造纸工场，人们充分认识到了纸张的便利和益处，便纷纷办场造纸。在大马士革、特里波利、哈马，甚至比较偏远的阿拉伯半岛的帖哈麦，造纸工场也悄然兴起。大马士革是伊斯兰世界的造纸中心，在数百年间，不但为伊斯兰世界，而且也为欧洲各国源源不断地提供纸张。此后几百年里，撒马尔罕纸因其质地优良，畅行中亚、西亚，整个伊斯兰世界都用这种先进的纸张代替了原先那种价格昂贵、形体笨拙、不便传播、承载信息量不多的莎草纸和羊皮纸，大大促进了学术文化事业的发展。撒马尔罕曾一度被误认为是造纸术的发源地。从怛罗斯之战到撒马尔罕纸的出现，可以说是中国造纸术西传的关键一跃。

这次冲突在伊斯兰文明与中华文明交往史上收到了令双方都意想不到的效果——以造纸术为代表的中华文明的西传和中国人对伊斯兰文明的深度考察。

（三）造纸术西传的推动逻辑

商业逻辑是纸和造纸术的传播的内在动因之一，这本质上也是由生产力与生产关系决定的，商业利益是目标，供需关系是主轴。尽管自从隋唐以来，阿拉伯的使节和商人不断来华开展外交与商贸活动，但百年来，中国人对伊斯兰文明并不十分了解，穆斯林使节和商人给他们的印象充其量只是一些身着奇装异服、有着奇风异俗的番客、胡人而已。然而，怛罗斯之战却在无意中成了中国人对伊斯兰文明进行进一步考察的机缘，并且由此产生了中国人对伊斯兰文明的第一份考察报告——《经行记》。

在怛罗斯战役中被俘的中国人中有一位文人出身的军人，名叫杜环。他极高的文化修养得到了当时阿拔斯上层的赏识，后在阿拔斯帝国获得了自由，居留12年，其间还游历了帝国境内的中亚、北非等地。他是一个有心的人，在游历过程中细心地考察了伊斯兰文明的诸多方面，763年，他经过海路回到了中国广州，随后根据其所见所闻撰写了一本关于伊斯兰文明的考察报告——《经行记》。

很显然，对一种文明的了解和把握，实地考察、深入其中、亲身体验是最好的途径。对文明的误读往往是由于道听途说、人云亦云、走马观花、不求甚解所造成的。无疑，杜环是中国历史上第一个通过实地考察比较客观地介绍伊斯兰文明的中国人，在伊斯兰文明与中华文明交往史上是一位非常难能可贵而值得大书特书的人物，为今天处在全球化时代的人们提供了解读异域文明应有的态度、方法和途径。《经行记》中关于被俘唐军中各种工匠将各类手艺传播到撒马尔罕的记载更是弥足珍贵的。

二、印刷术在中亚和西亚阿拉伯地区的传播

（一）印刷术西传的重要驿站

印刷术是中国古代劳动人民经过长期实践和探索出的重要发明。从古代印章和碑刻拓印技术得到启发，到唐代中国发明雕版印刷术，由此开启从抄本复制到印本复制的跨越发展。11世纪初，北宋毕昇原创了胶泥活字印刷术，比15世纪中叶德国约翰·古腾堡的活字印刷早450年，世界从此开启活字印刷新时代。其后，中国又先后发明木活字、铅活字、铜活字，使活字印刷术不断得到改进和发展。印刷术的发明大大提高了知识复制的效率，极大地促进了文化和文明的传播与发展。中国印刷术是沿着丝绸之路向外传播的，该技术以新疆作为中继站转化提升后以放射状传播到世界各地。

印刷术沿丝绸之路主线快速西传，大致路线为，先由新疆沿着丝绸之路传入波斯（今伊朗），再经波斯传入阿拉伯和欧洲西方世界。印刷术在中原地区诞生之后，便开始沿着丝绸之路传向新疆，并开始逐渐外传。横跨欧亚、疆域辽阔的元帝国加强了各民族之间经济与文化的交流，为我国印刷术的进一步西传创造了条件。

（二）印刷术西传的重要技术突破

印刷术传入新疆后得到了广泛的传播应用并获得重要的转化提升。古

代新疆人民从中原地区学会了印刷术，并在长期的实践与探索中改进和革新了印刷术，为其发展和多向外传奠定了重要基础。古代新疆聚集着众多少数民族，孕育了多种文字，而出土的回鹘文木活字为研究古代新疆人民对印刷术的改进和革新，探索活字印刷术的发展和传播提供了珍贵物证。在宋元保存至今的活字印刷实物凤毛麟角的情况下，西夏和回鹘活字印刷品的屡次出现便更具有划时代的意义。

国家图书馆所藏佛经中《大方广佛华严经》数量最多，占全部《华严经》的2/3。西夏文《华严经》的卷第四十，有西夏文刻款两行，译文如下："实勾管作选字出力者盛律美能慧共，复愿一切随喜者皆当共成佛道。"其中"选字出力者"五字，意指印书要经过拣字的过程。

流传到日本天理图书馆的《华严经》卷五题款中有木刻押捺题记两行，内容为："都行愿令雕碎字勾管做印者都罗慧性，又共行愿一切助随喜者共同皆成佛道。"其中"碎字"即指活字而言，说明此经用活字雕刻而成。

王静如、曹淑文等又发现一些西夏文《华严经》残卷，行字之间歪斜参差不齐，正面纸背墨色浓淡不一，有不少挖补重印文字，又有用墨笔填写的小字，这些都证明了是活字本。

中国社会科学院于1997年设立了"中国活字印刷术的发明和早期传播"研究课题，完成这一课题并推出同名著作的是中国社会科学院民族研究所史金波和雅森·吾守尔两位研究员。他们的著作由社会科学文献出版社于2000年1月出版。该书是集科学研究论证和实物图版于一体的学术专著，首次系统刊布了大量珍贵的西夏和回鹘文活字印刷品，以及有关活字的实物图片和文献资料。

这些文献包括西夏文、回鹘文、汉文的俗世文书、典册和宗教经典等，出土于我国黑水城、吐鲁番、敦煌、贺兰山、灵武、武威等地。西夏文专家史金波多次到俄罗斯圣彼得堡东方学研究所查阅1907年俄人科兹洛夫在黑水城西佛塔中发现的西夏文献。他根据印刷品的字形、墨色、版式、题款等发现了10多件活字印刷品，分别为黑水城出土的西夏文《维摩诘所说经》《大乘百法明镜集》《三代相照言文集》《德行集》。此地还出土多种西夏文佛经残页100余残纸，其中不少可确定为活字版；还有上文提到的1991年宁夏贺兰县拜寺沟方塔出土西夏文《吉祥遍至口和本续》；以及1987年甘肃武威新华乡亥母洞出土西夏文《维摩诘所说经》；20世纪90年代在敦煌北区洞窟出土《地藏菩萨本愿经》和《诸密咒要语》；宁夏武灵出土的《大方广佛华严经》；等等。作者详细列出每一种文献的活字本特点及依据。更为难得的是作者进一步观察，从中发现有些文献，如《维摩诘所说经》不仅有一般活字版特点，而且还有泥活字版印刷的痕迹。如笔画不甚流畅，边缘不整齐，笔端圆钝、缺少尖锋、有断残现象；有些行字列不直，有明显弯曲现象；文字墨色较为浓重，有些笔画带有明显沙性；等等。

　　20世纪初法国汉学家伯希和在敦煌发现一桶木活字实物。他在《敦煌石窟笔记》中有如下记载："1908年5月23日，星期六。在181窟找到了用来印刷的许多方形的蒙古文活字，同时还发现了一些西夏文印刷品残卷。"[①]伯希和没有认出这些活字是回鹘文，更没有对其进行整理和研究。回鹘文突厥文专家雅森·吾守尔在获得联合国教科文组织平山郁夫"丝绸之路"研究奖学金后，于1995年在英国研究敦煌文献时专程赴法国巴黎，寻找这批活字的下落，最后在巴黎吉美博物馆文物仓库见到了这些具有800年历史的回鹘文木活字，并将这些历经数百年沧桑风雨、于20世纪初流落海外的960枚活字全部印在五大张国产宣纸上，并对这些活字印文的内容加以解读，对其形制、材料、制作方法和类别逐项研究，结果发现这些活字与中原汉字活字和西夏文活字不同，不都以字（词）为单位，回鹘文活字有以音节、语音为单位的，是介于语音为单位的活字和以方块汉字活字之间的中间类型活字。这一发现具有重要的学术研究价值，不仅对活字印刷史的研究有重要意义，而且对探讨活字印刷技术及其思想的演变，以及从中国西传的途径和方式具有不可估量的价值。回鹘文活字中的字母活字是根据本民族语言和文字特点对汉字活字印刷术的改进，其中已经蕴含了西方字母活字形成的基本原理。近年来我国学者又在敦煌北窟先后发现了48

---

①　［法］伯希和．伯希和敦煌石窟笔记［M］．兰州：甘肃人民出版社，2007：107．

枚回鹘文木活字，加上敦煌研究院文物仓库保存的6枚，共计54枚。这些活字与法国现存的同属一类，使已知存世的回鹘文木活字达1014枚，是现存世界上最早的活字实物，也是现存世界上最早的含有以字母为单位的活字实物。说明在我国中原地区发明活字印刷后不久，这一技术即已传到西夏和回鹘地区，在今宁夏、甘肃、内蒙古、新疆广大地区得到广泛使用。

英国科学家李约瑟在其主编的《中国科学技术史》中曾推断说："如果印刷术由东方传到西方的过程中有过那么一个中间环节的话，既熟悉雕版印刷又熟悉活字印刷的维吾尔人，极有机会在这种传播中起重要作用。"①现在这一论断由于西夏活字印刷品和回鹘文活字字模的大量发现而得到证实。

其一，将直角方块字改为拼音文字。回鹘文属于拼音文字，由18个辅音字母和5个元音字母组成，字母又分词首、词中和词尾三种形式，且字有长有短，这与汉文的方块字不同，回鹘人必须对中原地区的活字印刷术进行消化、吸收和改革，才能将方块活字印刷术转化为适合回鹘文特点的活字印刷术。在出土的木活字中，已有以字母或动词词根为单位的活字，这就极大地减少了活字的制作数量，使活字印刷术由适用于方块汉字演变发展为也适用于回鹘拼音文字，这开创了拼音文字活字印刷的先河，是世界活字印刷史上的重要里程碑。西方世界拼音文字极为流行，因而这一发现就为活字印刷术向西方传播在工艺技术上创造了条件。并且敦煌回鹘文活字不是单一的以词为单位的活字，而是包含以字母、音节（词缀）和词为单位的混合类型的活字，其中已经蕴含了西方字母活字形成的基本原理，回鹘文属于方块汉字与西方拼音文字之间中介性质的文字。这就提醒我们活字印刷术西传的过程，是先由中原地区传到西夏和回鹘，再由回鹘经新疆向外传播。德国古腾堡也不过是在这一活字印刷技艺的基础上改进了印刷术，使其在使用上更加便利简捷。

其二，回鹘文最初是从右向左横写，后改为从左向右竖写。回鹘文木

---

① ［英］李约瑟，钱存训.中国科学技术史　第五卷　化学及相关技术（第一分册　纸和印刷）［M］.上海：上海古籍出版社，2013：37.

活字虽深受方块字的影响，但与汉字的高低一致不同，回鹘文一个词后面可以缀接不同的构词或者构词附加成分，因此虽宽度一致，但长短不一。回鹘文受汉字影响改为从左向右竖写，符合活字印刷术灵活变通的思想，使回鹘文印刷品也更加整齐直观，属于回鹘人对活字印刷术的一种贡献。从右往左到从左往右，这与西方的写作和阅读习惯更接近了。

　　其三，回鹘人在活字印刷术方面的另一创举，是使用了栏线的拼接技术。栏线，是指围成版框的四周黑线。在出土的回鹘文木活字当中，就有一些用于栏线拼接的单个活字，其中有单线、双线和一粗一细的并排文武线等几种。这一工艺既体现了活字印刷的精髓，又使印刷物不失整洁与大方，是回鹘人的首创，体现了回鹘人的独具匠心和对活字印刷工艺的特殊贡献。

　　（三）元帝国统一与印刷术西传

　　虽然印刷术的西传在蒙古大军西征之前就已开始，但西征为印刷术的外传提供了一个重要契机，促进了印刷术的大规模西传。

　　1294年，波斯的蒙古统治者凯嘉图汗，在伊儿汗国蒙古王首都大不里士，曾直接效仿忽必烈印行纸币，企图代替金属货币的流通。尽管这一强制命令仅实施三天便因全城罢工而搁浅，但这是波斯第一次通过印刷纸币试行中国的印刷术，为我国印刷术在世界范围内的传播拉开了序幕，在世界出版史上具有重要的意义。"1310年，波斯著名的历史学家拉施德·哀丁撰写了《世界史》一书，书中对中国雕版印刷术和复印书籍的制作方法作了记述，具有权威的史学价值。"①据此，我们认为，波斯的印刷术是由我国维吾尔族先民在随蒙古大军西征中传入的，随后传入西亚、北非、欧洲，进而传遍世界各地。

　　纸币是欧洲旅行者所接触的最早的中国印刷形式之一。在约翰·古腾堡出生前的4个世纪中，中国已经在使用纸币，它们的发行不是以百万计而实际上以万万计，散布在中国的每一个村落，曾使欧洲的旅行者发生很大的兴趣，其中至少有8种文献曾留下文字记述。这不仅说明了纸币是中国古

---

① 张秀民.中国印刷术的发明及其影响［M］.上海：上海世纪出版集团，2009：173.

代印刷技术的集大成者，最早进入欧洲人视野，同时也肯定了纸币在印刷术外传中的先行者地位，纸币成为中国印刷术向外传播的重要媒介。

元朝是我国历史上疆域最大的王朝。全国领土主要分为两大部分：一部分由大汗直接统治；另一部分主要位于西亚与东欧一带，元太祖成吉思汗及其子孙在此先后建立起钦察汗国、窝阔台国、察合台汗国、伊儿汗国四大汗国。

元朝国情复杂，经济情况各异，维系与各分封诸王关系的赏赐制度主要是以纸币形式进行。各个汗国每年以朝贡形式向大汗进奉特产和珍宝，大汗用高于进奉价值的纸币等进行回赐，即"赐金、银、钞、币有差"。"江南户钞，至元十八年，分拨永州六万户，计钞二千四百锭。"①各汗国之间相互独立，却又服从大汗统一管理，经济与文化交往交流较以往范围更广、方式更多。从现今国家地域划分来看，当时元朝的纸币印刷品每年大量向伊朗、伊拉克、俄罗斯等国输出，成为搭建元王朝与欧亚大陆友好往来的主要印刷媒介物。纸币不仅仅是货币意义上承担支付手段的一般等价物，同时也是承载印刷与出版意义上的杰出印刷品。中国境内纸币发行制度对当时的伊儿汗国和钦察汗国产生了直接影响，纸币印制技术自然地传播渗透到中亚、俄罗斯等不同文明中，其中钦察汗国与伊儿汗国汲取元代纸币印制实操经验，率先开始进行纸币印刷实践。

钦察汗国学习元朝制币经验，在中亚地区初步实践"盖印制币"技术，这种技术还远传至俄罗斯。诸汗国中，钦察汗国势力范围广阔，与元朝的交往首要通过朝贡和颁赐进行。元朝皇帝赐给钦察汗国的纸币由汗国使臣带回本国，纸币及其印刷技术经由钦察汗国为俄罗斯人所掌握。一些俄罗斯工匠间接从蒙古人身上学到印刷术，汲取了蒙古帝国部分印制纸币的经验，改变了过去用整块皮进行贸易的习惯，采取经政府加盖戳印的皮片作为货币。这是元代纸币印刷中"盖印制币"技术在中亚及东欧部分地区的初步实践。经过一个世纪的发展，接近钦察汗国属地的威尼斯和布拉格，均成为欧洲最早推行雕版印刷的地区，俄罗斯人在中国雕版印刷术的

---

① 宋濂，王祎.元史卷三十，本纪三十.

远传中起到了相当重要的中转和媒介作用。

伊儿汗国照搬元朝纸币印制形式，试图举国发行纸币。伊儿汗国雄踞中亚，首都是帖必力思（伊朗西北境，今称大不里士）。元政府对伊儿汗国进行册封和颁赐，双方关系紧密。统治者为解决国家经济问题，效仿元朝印刷发行纸币，试图借此将财富集中于政府，摆脱财务困局。1283年，蒙古杰出学者孛罗曾向伊儿汗国统治者详细呈报了至元宝钞的印制及发行办法，将纸币印刷知识带到了中亚。1294年5月，伊儿汗国开始在首都印制纸币。当时伊儿汗国已熟练掌握中国造纸技术，有大量纸张制作工坊，制作的纸张平整美观，质量上乘。纸币版式设计和内容基本仿照元朝纸币，以木刻雕版进行印刷，进行单张双面刷印，之后加盖印章，填写官方信息，最后裁切成纸币。这也是伊儿汗国第一次使用雕版印刷术。

帖必力思地处中、西亚政治中心，许多国家的商人、僧侣云集于此，进行商贸、宗教、文化等活动，纸币流通范围扩大，印刷知识传播到了中亚以及欧洲诸多未接触到纸币的国家。拉施德丁1311年写成的《史集》是国外较早系统详尽地记录中国雕版印刷方法的书籍，书中记述了伊儿汗国发行纸币的经过。虽然伊儿汗国纸币的发行因引发震荡而告失败，但是这次印制实践在中国印刷术外传史上却具有划时代的意义。这是中亚、西亚地区第一次使用中国雕版印刷术、试行中国纸币制度，阿拉伯人由此获取了印刷知识，认识到中国印刷术的价值。

第二节　中国造纸术和印刷术在非洲的传播

非洲尤其是北非，是中国造纸术和印刷术西传的关键节点。中国的造纸术和印刷术从这里传到了西班牙和意大利，完成了西传的跨海动作。9世纪末，中国造纸术沿丝绸之路传入北非，非洲第一家植物纤维纸造纸工场在地处尼罗河三角洲的开罗设立。开罗在造纸过程中，推陈出新，生产出品质更为精良的开罗纸，并由此成为造纸术传播的又一个重要节点。从此以后，造纸术分成两条线路传播：一条经过摩洛哥再渡海于1150年到欧洲的西班牙；另一条通过地中海进入西西里岛于1276年传至意大利，再转传到欧洲内陆各地。开罗纸通过地中海运往西西里岛和欧洲大陆，纸张及造纸技术从开罗、摩洛哥等地跨海进入欧洲。印刷术也同样沿着造纸术的脚步，以非洲为跳板，西传入欧。

一、造纸术和印刷术在埃及的应用及早期发展

9世纪初，造纸术经阿拉伯人之手传入埃及。约900年，开罗建立了非洲第一家造纸工场，所产纸张在10世纪取代莎草纸，成为埃及的主要书写工具。11世纪时，纸张在埃及的用途已扩大到日常生活领域，甚至由于纸张在埃及被普遍使用，用来造纸的碎布也从一文不值变为身价百倍，竟致市面上的碎布缺货。

造纸术传播到北非，主要仍是借阿拉伯人之手。最初，"阿拉伯人"这个词专指来自阿拉伯半岛上几个国家的人。但在伊斯兰教创始人、先知穆罕默德于622年在麦地那建立伊斯兰神权政治后，该宗教开始向半岛以外扩张。"阿拉伯人"逐渐成为了全体伊斯兰教教徒的代名词。

634年，阿拉伯人占领了叙利亚和伊拉克。11年后，他们控制了非洲的昔兰尼加（现在的利比亚东部）和美索不达米亚地区。660年，来自麦加的商人家族倭马亚在斗争中赢得胜利，控制了哈里发国及伊斯兰政权，并将首都迁到大马士革。750年，先知穆罕默德的叔父阿拔斯·伊本·阿卜杜勒·穆塔里卜的后代推翻倭马亚，建立阿拔斯王朝，他们将首都建在了幼发拉底河边的城市库法。762年，阿拔斯王朝的第二任哈里发曼苏尔，创建了更为辉煌的伊斯兰帝国，将首都定在了库法以北，建设了一座宏伟的宫殿和花园城市，就是今天我们熟知的巴格达。

随着阿拔斯哈里发的势力范围扩大，阿拉伯人不光夺取了土地，同时也将宗教、科学和文化传播了出去，尤其是他们的思想和法律。这一切的载体都是纸张。

阿拉伯人非常善于学习。在伊斯兰文明不断扩张的过程中，他们开始接触到许多其他的文明，每一次征服都在增进他们的知识。他们从被俘到

中亚的中国人那里学会了造纸术和炼金术，从印度人那里学会了阿拉伯数字并传播到世界各地，以至于大家都以为阿拉伯数字是阿拉伯人发明的，他们还从希腊人那里学会了数学。

随着阿拉伯势力扩张到非洲北部，造纸术也传入非洲。641年，倭马亚王朝派兵征服埃及，将阿拉伯文化及典章制度带到了所征服的地区。在经历了200多年之后，大食国的阿拉伯人900年由大马士革出发，在非洲北部的开罗城兴建了造纸工场，这是非洲的首家造纸工场。

当然，这种说法现在仍然存在一些争议。有文献曾说，大马士革纸是在1020年才传到埃及开罗的。传到埃及的时间到底是900年还是1020年，这前后相差了120年。如果说是900年时由摩洛哥传到埃及，那么从地理上看，摩洛哥在开罗的西边，开罗在巴格达和大马士革的西边，这是不合逻辑的。怎么可能舍近求远，先到摩洛哥再到埃及，由西向东多绕了一圈呢？如此看来，应该是先传到开罗，后传到菲斯（摩洛哥首都），而不是相反。那么造纸术何时传到摩洛哥？许多文献上都表示是1100年传到了菲斯，未见有其他说法。10世纪前后，造纸术由阿拉伯人之手经由埃及传入非洲，进而传遍整个北非大陆，是不争的事实。

中国造纸术传到开罗，应该说是走上了传播的一个拐点。从此以后，分成两条路线传播，一条经过摩洛哥再渡海于12世纪中叶传到欧洲的西班牙；另一条通过地中海进入西西里岛于13世纪后期传至意大利，再从西班牙和意大利双心放射转传到欧洲内陆各地。

造纸术从中国一路向西，经由阿拉伯世界最终到达欧洲，这条传播路线已经逐渐清晰，可以一路被查证。印刷术的传播路线却不那么清楚。一些信息表明，虽然时间要比造纸术晚一些，但印刷术可能采取了相同的路线，通过陆上丝绸之路或海上陆路向西。

1880年，埃及厄尔法云地区出土10多万张莎纸、羊皮纸及其他纸片，年代自公元前14世纪至公元14世纪，前后达2700余年，在这些纸张中，已发现有17种文字，有约50张的印刷品。这些文物是中国与中亚、欧洲之间发现的仅有印刷品遗存。这些印刷物最可贵的是采用阿拉伯文书写的各色各样文件。从印刷技术来看，已发展到相当高的水平，是用刷帚刷印出来的。仅从文字和技术上比较，和中国吐鲁番出土的印刷物几乎没有两样。根据阿拉伯专家推测，这些印刷物的大概年代是9—13世纪。其中有一张阿拉伯的祈祷文，周围一圈印有埃及科普特字母的译音。从出土文件的内容来看均系宗教内容。其中最古老的一张约4方寸，印有《古兰经》第三十四章的一至六节，还有一张与中国后周广顺三年（953年）以前所出现的印刷物很相似。由此可见，这次考古发掘之印刷物与中国古代印刷术是有渊源关系的。

潘公昭在其所著的《埃及美术概观》中说："其中特别值得提到的是中国的艺术品，工艺技术以至技术人材（才）经过亚细亚、西南亚洲阿拉伯化的广大地区而先后来埃及。中国的造纸法、造瓷工艺、火药制造法、罗盘针的应用，以及印刷术等，对于埃及文化、美术，直接或间接发生了影响；并且经由埃及传入北非其他国家，传入西欧和南欧国家。在9—13世纪间，埃及成为阿拉伯文化的重要中心，而且成为东西文化交流中心之一。"①

与造纸术相同，印刷术的发展传播同样离不开《古兰经》。埃及属于阿拉伯世界较早印刷《古兰经》的国家之一，1923年在长老院的监督下进行《古兰经》的印刷工作，这版《古兰经》得到伊斯兰世界的关注和喜爱，因为它是首次根据哈弗苏的传述，按照阿绥慕的读法印刷的版本。按照伊斯兰教传统来说，这种传述和读法是伊斯兰大众派的观点。由于此次印刷是以福阿德国王的名义进行的，故署名为福阿德国王。

19世纪，濒临地中海的埃及境内的法尤姆出土了1300—1350年间出版的阿拉伯文《古兰经》残卷，说明当时在西亚、北非一带很快就将印纸钞的技术转用于印刷大众宗教读物。

19世纪末在埃及发现约50份印刷品，据信印制于900—1350年之间，都是以古阿拉伯文字印的伊斯兰教祷词、符咒和《古兰经》残片。除一篇印成红色外，其余均在纸上印成黑色。印法和中国印法极为相似，是刷印，而不是压印。从所用的材料、文献的宗教性质和印刷技术上看来，这些印

---

① 潘公昭.埃及美术概观［M］.北京：朝花美术出版社，1957：95.

刷品都和中国及中亚的印刷术有亲缘关系，而并非独自发展起来的。至于印刷术是什么时候传到埃及的，学者们认为年代较晚，是在蒙古大军西征把中国印刷术通过新疆带到阿拉伯各国之后。传播的途径，可能通过波斯，也可能由旅行者和商人通过其他途径带到埃及。因为在14世纪初，中国与北非的贸易与人文交往非常密切。

二、造纸术和印刷术在非洲大陆的传播发展

自第一家造纸工场在北非的埃及落地生根后，非洲的西北海岸也在9—10世纪成为了造纸中心。阿拉伯人征服摩洛哥后，摩洛哥首都菲斯便成为非洲境内的第二个造纸基地。10世纪以后，菲斯又成为非洲重要的造纸中心。到了11世纪，因为菲斯的存在，西非的摩洛哥成了当时世界上重要的造纸国之一。12世纪中叶，造纸术从这里传入伊比利亚半岛，继而传至欧洲各地。曾有学者统计，到12世纪，菲斯共有472家造纸工场，均是按中国方法生产麻纸，纸在阿拉伯控制的非洲地区普及开来。

摩洛哥当地流传的一则故事可以反映出纸在当时是多么普遍。伊斯兰教教义禁止在清真寺中雕刻人和动物的雕像。12世纪初的摩洛哥统治者是严厉的宗教激进主义，他宣布如果发现任何一座清真寺装饰有精美的雕刻，他都会将其摧毁。为了保护当地清真寺中的精美雕像，当地人选择用纸将这些雕塑及纹饰覆盖。于是，被纸张覆盖后的清真寺墙壁呈现出了光滑、平实的质感。

也正是在故事发生的12世纪，菲斯开始生产大量的纸张，并将其运往地中海沿岸的西班牙。有文献证据表明，西班牙是第一个造纸的欧洲国家，不仅制造出了成熟的纸张，而且发展出了造纸行业。随着阿拉伯人对伊比利亚半岛的征服，不迟于10世纪，纸就出现在了西班牙。它是由较重的、长纤维的亚麻破布制成，用淀粉上浆，与阿拉伯的造纸方法如出一辙。

尽管北非与欧洲间的贸易促成了欧洲造纸工场的建立，但直到殖民时期，撒哈拉以南非洲才开始自己造纸。在撒哈拉以南非洲，纸张仍然是

昂贵的进口奢侈品。通常来说，政府和宗教机构具有使用纸张的最强烈动机。但是在撒哈拉以南非洲，由于昂贵的纸价，两者都没有对纸张产生强烈的需求。甚至直到17、18世纪，撒哈拉以南非洲仍然没有自己的造纸工场。一直到工业革命后，西方殖民者才将现代化、工业化的造纸技术引进到撒哈拉以南的非洲。希望其凭借着丰富的原材料资源，为殖民者生产纸张。由于当地的政治、经济、文化发展水平较低，对于纸张的需求量较小，产出的大部分纸张均出口至其宗主国，仅有少部分供当地使用。

虽然造纸术在当时没有向撒哈拉以南的非洲传播，但它向北跨过了狭窄的直布罗陀海峡，传向了当时的另一文明中心——欧洲。

菲斯位于战略要地，欧洲的造纸术很有可能就是从这里传入的。可能的途径有两条：一条途经西班牙，另一条途经英国然后经过意大利。西班牙文献记载中第一次提到纸是在1056年安达卢西亚的哈蒂瓦镇，也就是阿拉伯语中的沙提瓦。对于造纸来说，哈蒂瓦是一个理想的地点。它是一座古老的罗马城镇，建在湍急的阿尔拜达河边的一座小山上。这座城市被亚麻地包围着，在罗马时代，以它的名字沙提瓦命名的亚麻布因质量上乘而闻名西方世界。

根据记载，哈蒂瓦的造纸工人都是犹太人。这并不奇怪，当时阿拉伯世界中精通造纸技艺的正是伊斯兰教教徒和犹太人。早在8世纪，犹太人就有了关于造纸术的著作。到了12世纪，来自哈蒂瓦的一份名为"shabti"的文件被认为是阿拉伯世界最好的纸张之一。在这之前，西方制造的纸张从未受到赞赏。人们在当时更喜欢巴格达、大马士革和开罗等古老的东方中心城市所制造的纸张。安达卢西亚纸出现以后，人们认为这可能是一次改变。1154年，地理学家伊德利斯写道："哈蒂瓦是一个令人愉快的小镇，它不仅是因为华美的宫殿和防御工事而广为人知。它还制造着世界上其他地方所没有的上等纸张，甚至可以出口到东方。"

渐渐地，欧洲人对纸的兴趣越来越大。这导致了安达卢西亚造纸商出现竞争，对他们来说，欧洲是个绝佳的市场。意大利西西里岛人是他们的第一批稳定客户。安达卢西亚的纸被销往卡塔尼亚、热那亚、那不勒斯和威尼斯。然后又被销往波尔多、英格兰。

15世纪，埃及和叙利亚的纸变得异常昂贵，甚至可以和房屋价格相对等。安达卢西亚纸甚至开始销往埃及。但就像古希腊悲剧中所描写的一样，安达卢西亚最终被毁灭在内部战争之中——阿拉伯人和柏柏尔人之间、逊尼派和什叶派之间的内战。11世纪中期，内战已将这块土地分裂成了20多个小城，随后基督徒看到了机会。他们开始蚕食阿拉伯的土地。虽然在此后的一段时间，伊斯兰势力重新夺回了一部分土地，但愈加严厉的宗教律法，导致一些犹太人逃离安达卢西亚，逃往埃及。最终在13世纪，原本是伊斯兰文化中心的瓦伦西亚、塞维利亚甚至科尔多瓦都一个接一个地落入基督徒手中。伊斯兰教在欧洲的势力逐渐衰弱。

15世纪，伊斯兰教教徒和犹太人在西班牙只剩下了一小块飞地。最后在1492年，由于被大军围城，最后一个西班牙的伊斯兰教城市格拉纳达投降了。犹太人和伊斯兰教教徒被强行驱逐，曾经是西方文明中最辉煌的造纸中心安达卢西亚消失了。几乎就像一场梦一样，伊斯兰教教徒已经在西班牙生活了800年。相比之下，欧洲人也只在北美生活了500年。然而，曾经辉煌的安达卢西亚文明在今天的欧洲只留下模糊的身影。虽然安达卢西亚最终衰落，但它给欧洲人留下了一份大礼——纸。

11—13世纪是欧洲充满巨大创造力和变革的时代。这并不是说欧洲以前没有创造性的思想家和天才，没有伟大的作品。但这种创造力很大程度上被禁锢在修道院，或者只供贵族娱乐和启蒙。书籍手绘于羊皮纸上，非常漂亮，贵族们乐于将它们当作艺术品，但却从不读它们，甚至许多国王和王子也是文盲。随后，在世界大部分地区，经济开始扩张。中世纪晚期，为了能够实现贸易，欧洲人的平均阅读能力已经达到了做生意所需的最低水平，再也不像阿拉伯人所说的那样没有文化。商业、数学、艺术、文学和科学开始逐渐在欧洲出现。

必须要澄清的是，欧洲人的大多数想法都起源于阿拉伯世界。意大利是受阿拉伯文化影响最大的国家。以至几个世纪以来，欧洲人一直都认为是意大利人，而不是阿拉伯人创造了那些起源于伊斯兰世界的思想和发明。更具有讽刺意味的是，意大利人发明了罗马数字，但随着商业和数学上的巨大发展，他们却成为欧洲第一个在以基督教为主要宗教放弃罗马数字系统而使用阿拉伯数字系统的人种。此外，他们所使用的复杂的会计方法，包括以资产和借方各为一栏的复式记账法同样来自阿拉伯，尽管它在整个欧洲被称为意大利会计。用碎布造纸这种技术在阿拉伯世界盛行了几个世纪，但在欧洲它仍被称为意大利人的发明。

纸的发明也是一样。人们常常忽略掉西班牙，说意大利人在欧洲制造了第一张纸。那时的西班牙不被认为是欧洲的一部分，或者说伊斯兰教教徒和犹太人不被认为是欧洲人——尽管他们已经在欧洲大陆生活了几百年。安达卢西亚以外的第一个欧洲造纸中心确实出现在意大利。据研究西班牙造纸史的加泰罗尼亚学者奥里奥尔·瓦尔斯·苏比拉称，在12世纪和13世纪，安达卢西亚的部分造纸工人被极端宗教政权赶出了家园，他们搬到了基督教地区，在那里向基督徒传授造纸技术。新的基督教造纸工场建立在加泰罗尼亚和巴斯克地区，尤其是在12世纪的毕尔巴鄂，比意大利开始造纸还要早100年，欧洲的造纸历史正始于此。

关于意大利所制造的最古老的纸张究竟生产于哪一年，这一问题存在一些争议。曾是西西里岛伯爵罗杰一世第三任妻子的阿德莱德夫人曾在一份纸写的文件中提到了一座盐矿，而这座盐矿的历史可以追溯到1109年，这份纸写的文件则被认为与这座盐矿同时期。这有时被认为是"欧洲"（不包括西班牙）最古老的纸张。

但是，虽然文件出自西西里岛伯爵夫人之手，但没有证据表明这张纸是在西西里岛制造的。因为在历史上，曾有大量的安达卢西亚纸被运到那里。此外，和当时的许多欧洲人一样，西西里岛的伯爵罗杰一世认为纸张并不可靠，不值得信任，而他的妻子可能也有同样的想法。在随后的一个世纪，也就是1145年，罗杰二世下令所有的政府文件都要抄写在羊皮纸上。西西里王国的官方法典也明确规定："写在纸张上的文书不具有法律效力。"

文献中没有关于意大利造纸起源的确切记录，人们普遍认为今天位于坎帕尼大区阿玛尔菲镇或者其附近的某个地方，可能是意大利第一个造纸的地方。但是在那里生产的纸张在制造方法上似乎仍是阿拉伯式的，尤其是使用淀粉上浆这一工艺。因此，当地的纸张仍有可能来自阿拉伯地区，或是由阿拉伯人直接建设和经营的造纸工场。

　　在某种程度上，印刷术传入西方的路线类似于纸张向西方迁移的路径。印刷术可能首先越过中国的西北边界吐鲁番到达中亚地区，这个地区在13世纪时被蒙古人征服。国内外研究表明，唐以后的吐鲁番是一个宗教和文化交融的地方，普鲁士人、日本人加之中国人都曾在此会聚。在20世纪所发现的文献中更是证明有17种不同的语言和其他文化遗迹出现在吐鲁番。这其中大多数是宗教文本和商业文件，这些文件使用了多种语言，如维吾尔文、中文、梵文、西文、藏文、蒙文。这些多语言的文件都使用木版印刷，并且与敦煌文献中的语言相对应。

　　这些维吾尔文版画都是用藏文字母翻译过来的佛教作品，穿插有维吾尔族学者的介绍。有些书的标题和页码是用汉字写的，这表明这些版画一定是中国人雕刻并且印刷在纸上的。因为只有中国工匠才会在装订时使用汉字。

　　维吾尔文的活字印刷和吐鲁番木版印刷在其他地区也被发现。1928—1930年间，中国西部出土了3份印刷的汉文佛经残片，其中两份是写在纸的背面，掺杂有部分维吾尔文。这表明从雕版印刷术到活字印刷术的转变，对于字母文字来说是很自然的，维吾尔文可以做到，欧洲的语言文字同样不会困难。蒙古人征服吐鲁番后大量的维吾尔人被招募到蒙古军队，维吾尔文化成为蒙古最初的权力基础。如果说印刷术在亚洲和欧洲之间的传播有什么联系的话，既使用雕版印刷术，又使用活字印刷术的维吾尔人应当发挥着重要的作用。

　　蒙古帝国先后于1206年和1231年征服了维吾尔人、女真人和韩国人，然后继续向北挺进，并在1240年占领了俄国，1259年占领波兰，1283年占领匈牙利。此时蒙古军队已经到达德国边境，在这个过程中，雕版印刷术一直伴随左右。随着军事、商业的扩张，欧洲和中国蒙古之间逐渐发展出了外交和文化关系。13世纪末到14世纪早期，为了连接波斯和俄国，帮助信使、商队、工匠等提升交通效率，一条陆路公路被修建起来。1245年，一个欧洲使节被派往蒙古宫廷，被皇帝接见。他收到了一封回信，信上盖着印文，是由一位大臣所刻的中文和俄文，用红色压印。不久之后，在

1248年和1253年，法国国王派遣了另外两个大使，其中之一的威廉·路斯布鲁克第一个向欧洲人报告关于中国纸币的消息。马可·波罗也在他的旅行记录中描述了同样的事情，只是时间稍晚一些。

在1294年马可·波罗离开中国后，罗马天主教传教士约翰紧随其后来到中国，并在中国待了30多年，直到1328年去世。他曾在北京、福建、扬州等地工作，建造教堂，学习语言，翻译《圣经》，为基督教传教准备出版物。由于佛教造像在当时的中国非常普遍，所以使用雕版印刷这种简单方便的方法来复制《圣经》和宗教图片是自然而然的事，因为这些宣传物同样需要大量复制以供流通，这就可以为14世纪早期欧洲突然出现的宗教版画和木刻书籍做一个合理的解释。

现代机械印刷术被认为起源于德国古腾堡。但印刷术出现在欧洲以前，已经在中亚、西亚及非洲广泛应用。已知的印刷品包括纸币、日历、扑克牌、纺织物印花、木刻版画，以及用木版印刷的书籍。虽然欧洲印刷术和中国印刷术之间还没有建立直接的关系，但有许多的理论研究青睐于欧洲印刷术源自中国。其中一些是基于早期的历史文献，另一些则是间接证据，表明东西方之间的密切联系，特别蒙古征服欧亚大陆为欧洲的印刷术发明提供了中国的技术和可能的背景。

第三节　阿拉伯和埃及对中国造纸术和印刷术的改良

阿拉伯和埃及对中国造纸术进行了改良，纸逐渐取代了莎草纸的出版主体地位。

一、阿拉伯和埃及对中国造纸术和印刷术的改良

1877—1878年在埃及费雍（al-Faiyum）、乌施姆南（al-Ushmunein）及伊克敏（Ikhmin）3个地点出土了10万件古代写本，时间跨度达2700多年（前14世纪—14世纪），以10种不同文字写成，多数写在莎草纸上，

也有用羊皮纸及植物纤维纸写的，这一发现震惊世界。其中出土的阿拉伯回历纪年纸本文书换成公历后相当791、874年、900年及909年，均为麻纸，纸上有帘纹，与中国唐代麻纸的特征一致。显然阿拉伯纸是用中国唐代造纸技术制成的。阿拉伯作家伊本·巴狄斯（Al-MucizzibnBadis，1007—1061）对造纸过程的叙述也表明，基本工序与中国相同，制造工序中包括对麻料水浸、切碎、舂捣、洗涤、制浆、抄纸、干燥及砑光，原料为破旧的碎布。他还提到蒸煮，但这一工序在造纸过程中的顺序讲得不明确，他甚至还提到了对纸张进行染色的方法。据奥地利专家卡拉巴塞克（J.Karabacek）对阿拉伯古文献的综合研究，阿拉伯人造纸时会先对碎布进行选择，除去污物，再用石灰水蒸煮，煮烂的麻料洗净后用石臼、木棍或水碓打碎，于槽内与水配成浆液，以纸模抄纸，半干时以重物压之，最后形成纸张。这都是与中国技术一致的。

虽然造纸原理与中国造纸术是一样的，但不同点在于，阿拉伯地区造纸的纸浆原料主要是碎布而不是原生的植物纤维。但这其实并不是阿拉伯人的发明，蔡侯纸即用"敝布""鱼网"等造纸，但阿拉伯人确实是以碎布为重要原料生产出高质量纸的第一人。这与阿拉伯地区气候干旱、缺少大量植物的地理特性有关。

其实早在碎布等纺织纤维被用于造纸之前，其他类似的天然材料也被用于纸张制作，如动物皮肤、树叶和纸莎草，尽管在中国使用较少。所有用于书写的材料中，最早的可能是树叶。贝多罗树叶厚而狭长，有的长达0.9米。印度和南亚及东南亚的部分国家使用其作为书写材料。它们用黑色墨水或其他颜料涂擦的手作为笔，树叶条用绳子捆住。在公元前2世纪一直到真正纸张产生前的欧洲和中东地区，绵羊、山羊、小牛和其他动物的外皮都曾被制成纸张，最广为人知的是羊皮纸，其中一些因其细腻、洁白和作为书写材料的平滑度而被人们称道。羊皮纸比真正的纸张更结实，但造价也更为昂贵，制作一本羊皮纸书需要数十只羊。在公元前3000年，埃及开始使用莎草纸。它由纸莎草的茎髓制成。粗壮的根状茎被剖分成长薄条，横竖交错排在一起，然后压制，其木髓汁液可以将缝隙补平，干燥后形成一个平整的薄片。有人认为纸和莎草纸是同一性质的，他们仅仅着眼于二者的相同之处，并对中国纸的起源提出了疑问。造成这种混淆的部分原因是paper这个词的起源，"papier"或"paper"源于"papyrus"，即莎草纸的英文。部分原因是源于对纸本身性质的无知。莎草纸是由天然植物层压制而成，而植物纤维纸的制造则是由经过浸渍而改变性质的植物纤维构成。植物纤维纸是经过化学反应改变了事物的基本属性的，而莎草纸只有物理反应，并未改变事物的属性。以潘吉星为代表的学者认为莎草纸制造不能算作造纸术，所造之物也不能称为纸，而应称为莎草片。关于莎草纸是不是纸的争论较大，但不管莎草纸是不是纸，有一点是非常明确的，那就是，莎草纸与植物纤维纸存在着本质上的区别。

阿拉伯大部分的纸都是用麻或亚麻、破布或绳子，以及其他材料制成的，造纸者因此都生活在原材料供应充足的城镇附近。他们会将切碎的材料在石灰水中浸泡，洗掉杂质，在太阳下晒干，然后是用研钵和杵捣碎。其产生的纸浆浓度高，加水混合后放在一个大盆中，随后放置于一种长方形的模子中，模子由劈开的芦苇编织而成。由此而形成的纸会带有霉菌斑，通常是白色的，有点肿胀，这可能是欧洲人认为它是棉花做的原因之一。

900年，当巴格达和撒马尔罕的纸已经被大规模使用时，阿拉伯人开始在开罗造纸。埃及很快证明自己是一个理想的纸张生产国。埃及人种植了大量的亚麻，它们被织成了优质的亚麻布，同时也为造纸业提供了充足的原料。开罗不只成为了造纸中心，也成为了著名的贸易中心。在开罗，各种各样的纸张被出售交易。此外，中国造纸术经常使用地衣制成的胶水来给纸张涂胶，而在中东及北非地区，气候更加干燥，几乎没有地衣等苔藓类植物，只能使用大米和小麦中的淀粉来制作胶水，这是阿拉伯造纸术与中国造纸术的另一细微差别。

除此之外，应用水力造纸是阿拉伯人对于造纸工业更为显著的改造。这一点并非阿拉伯人的发明，但却是阿拉伯人最早将其应用于造纸工业。罗马人曾把水轮系在小船上，利用水的流动来作为动力。后来，阿拉伯人在底格里斯河和幼发拉底河也采用了这种方式。在阿拉伯人所有的造纸思想中，使用水车是最为独出心裁的，也是源于另一种文化背景的解决方案，这是造纸历史上最重要的发明之一。

与水车造纸技术相配合的是对磨坊的改造。那时的磨坊不再仅仅是磨坊，大多数的磨坊都可以造纸。磨坊的磨石最初被希腊人用来磨东西，主要是谷物，有的被当作揉制面包的机器。罗马人也曾使用磨坊来磨制橄榄油。后来在欧洲，这些磨坊都被改造为造纸工场。这些磨坊都配备了巨大的磨石。相比欧洲，阿拉伯世界的磨坊使用更小的石头，由于石头体积及质量较小，使得其磨制出的纸浆不够细腻，因此相比于西班牙安达卢西亚的纸，阿拉伯世界所造的纸张不够光滑平整。

磨坊通常建在河流或瀑布附近，水流湍急。但要得到高质量的纸，还需要大量的优质水源。水源必须是清澈、没有淤泥、没有污染的，否则造出的纸上会出现斑点。此外，含铁量高的水会使生产出来的带有红色或褐色。若是想生产白色的纸，需要水中含有较高的碳酸钙或碳酸镁物质，有时西班牙的安达卢西亚人也会在纸浆中加入石灰，也就是用钙来增加纸张的白色。彩纸在波斯和非洲北部的一些地区很流行，在安达卢西亚也很常见，尤其是格拉纳达，它生产以红色、紫色和粉红色的色纸而闻名。在加泰罗尼亚档案中发现的穆罕默德八世的一封1418年的信便是用亚麻和大麻制成的血红色的纸张写成的。1166—1360年间安达卢西亚纸的一个奇怪的特点是，当它被举起来对着光的时候，可以看到一条之字形的线，有时也可以看到一系列的X形线或多种随机的线指向一些点。其原因现在尚不清楚，但这些线条可以用来帮助折叠纸张，也可以用来模仿羊皮纸上通过固化和拉伸留下的痕迹。这些特点可能是水印的先驱，后来造纸者以此来标识他们的作品。

水车及磨坊相互搭配的造纸工业从8世纪一直延续到了19世纪工业革命。一些利用水力造纸技术的巴格达纸的样本被保存了下来，其中一个是一位巴比伦犹太人写给埃及人的信，现藏于剑桥大学图书馆。早在9世纪，它就写在了巴格达的纸上。巴格达纸张厚实且光滑，纸面平整匀称。此外，1000卷《古兰经》也幸存了下来，用华丽的字体抄写在光滑平整的纸张上。这说明在9世纪，巴格达水车和磨坊相搭配的造纸工艺已经可以生产被认为适合用于《古兰经》抄写的高质量纸张。

巴格达在当时还是无法与撒马尔罕的造纸业竞争。但在其他方面，它几乎没有对手。阿拉伯世界的纸张数量有限，因为磨坊需要流动的水源，不可能在沙漠里建设造纸工场。第3座阿拉伯造纸工场建在提哈玛，位于阿拉伯半岛的东南沿海，是一片面向大海的富饶地带。第四座造纸工场则位于更远的南方大河边，在今天的也门境内。但随后，一个更厉害的竞争对手出现了，叙利亚的大马士革。那里生产的纸张质量更高，因而得到了更广泛的应用，甚至在欧洲被赞誉为大马士革纸。位于幼发拉底河的叙利亚班比克斯镇（Bambycina）也开始造纸，因为其地名的发音与"棉花"（Bombycina）接近，其所造的纸张被称为棉纸。正因为如此，欧洲人直到19世纪末一直都认为阿拉伯纸是用棉花制造而成的。从马可·波罗时代一直到1885年，欧洲人曾长期将班比纸误称为棉纸。

相比造纸术，记述阿拉伯人对印刷术改进的文献则要少得多。印刷术西传中最为关键的字母文字印刷工艺已经在中国西部由维吾尔人基本完成。蒙古人在征服了中国西部及中亚地区后，进一步向西征服了波斯，也就是今天的伊朗地区。但蒙古帝国的首都在中国北京。因此，中国文化和科技对波斯的影响在这一时期表现得尤为明显，包括印刷术在内。中国的纸币曾于1294年在伊朗的大不里士印刷，甚至中国关于纸币的相关文字也被部分采用，后来被纳入了波斯语词汇之中。虽然这种货币，包括纸币制度并没有在波斯持续太久，但在文献中已经出现了对中国印刷术的描写。当时的作家如果想要出版什么书，就会由一位技艺高超的书法家写在木版上，由校对员仔细校正，他们的名字会被刻在雕版背面以此保证绝对的负责。所有的书都连续编号，当完成后，雕版会被封存，由可靠人员保管。这样，内容就不能做改动了，文件也可以如实地传送。如果有人想要这本书，他就得付给政府规定的费用。然后把木版取出来，根据需要来印刷。几年后，对中国印刷术同样的描述又出现在了一位阿拉伯作家的作品中。因此，阿拉伯地区的印刷术在印刷方法及整个印刷流程方面与中国印刷术几乎相同，包括抄写、校样、阅读、切割、印刷和分发的各个步骤在内，都被小心翼翼地记录下来，并得以不断流传。

二、改良的中国造纸术和印刷术逐渐取代莎草纸出版载体的主体地位

在埃及古老文明中，象形文字和莎草纸是极具代表性的，古埃及象形文字符号在莎草纸制作技术的发展和成熟应用的过程中不断更新，主要表现在从象形文字到草书体再到僧侣体（世俗体）的变化。如果没有埃及充足的莎草纸供给，僧侣体书写是否会发展和繁荣是令人怀疑的。

在古埃及的早期，象形文字主要被刻在石头上和墙壁上，而后莎草纸这种易于书写、易于携带的出版载体被发明出来。此后古埃及象形文字和草书文字都用墨水书写在莎草纸上。

随着纸草书慢慢成为古埃及主要的出版载体，以纸草书售卖为主的早期图书市场应运而生。在古埃及的新王朝时期，以莎草纸为主要载体的亡灵书开始被自由制作和销售，亡灵书贸易是古埃及唯一合法的图书贸易。纸草书的生产者也在不断的发展中形成了一套成熟的纸草书装帧方式，以及与纸草书出版相关的出版技术。莎草纸"主导性出版载体"的地位体现在它存在了长达4000年的时间及其广泛使用的地理区域。它从非洲传播到西亚地区，公元前6世纪传播到希腊，而后传播到整个罗马帝国。甚至直到1017年，在法国和西班牙还出现了一些莎草纸出版物。

总体而言，莎草纸的使用不仅深刻影响了非洲北部和地中海沿岸，甚至普及到了欧洲内陆和西亚地区，记录了大量古代西方世界弥足珍贵的历史信息。

古埃及的莎草纸出版在世界出版史上占据着极其重要的地位，对早期非洲乃至世界文明的传播和传承具有关键而深远的意义，是后世人们通过文献了解古埃及文明甚至古代非洲、欧洲和亚洲部分地区文明的重要窗口。

但纸张的传入改变了这一切。在7世纪之前，纸可能已经向西传播到了阿拉伯世界。阿拉伯人和中国人之间的贸易及其接触机会的增多使得阿拉伯人可能较早就知道了纸。但在750年，阿拉伯的阿拔斯王朝建立时，还在

使用莎草纸。这是因为阿拉伯人于641年征服了埃及，莎草纸变得非常容易获取。但莎草纸的页面容易磨损，阿拔斯王朝逐渐开始使用羊皮纸。

虽然纸张已经在9世纪从亚洲传到了非洲，并逐渐取代羊皮纸、莎草纸成为主要的书写载体。但阿拉伯人不想轻易放弃羊皮纸甚至莎草纸。他们试图在幼发拉底河沿岸种植莎草，并雇用来自尼罗河三角洲的埃及专家制造莎草纸。但随着时间的推移，阿拉伯人逐渐认识到，莎草纸不可能像植物纤维纸那样便宜、轻便，而且用途多样。

一旦纸张开始广泛使用，很多东西就都被改变了。为了让纸张能够为帝国服务，阿拉伯人开始对书写材料做出一些改进。阿拉伯世界所生产的墨水不能够很好地适应纸张，这种专为羊皮纸设计的墨水有较高的酸含量，会腐蚀纸张。为了能够顺利地在纸上书写，阿拉伯人决定改用油烟墨水，也就是中国人所用的炭黑油墨。这种新墨水被称为米达德。书法也随着纸张的出现而改变。一种新的草书书法被人们广泛采用。单词之间有空格，这样更方便一般大众的阅读和理解。最早的伊斯兰教抄写员主要是抄写《古兰经》，甚至在纸被引进后，他们还固执地坚持把经书写在羊皮纸上。但是由于阿拉伯帝国的进一步扩张，有更多其他的作品需要抄写，抄写员最终还是逐渐转向了纸张。纸张还有一个重要的优势，它能够防止欺诈行为的发生，羊皮纸和莎草纸文件可以轻易修改而不易被觉察，但纸质文件不行。随着阿拉伯帝国的发展扩大，抄写机构逐渐成为他们的核心官僚机构。从理论上讲，抄写员只是做文书工作的官僚，但凭借着书写的权力，有些人成为了影响力巨大的政府官员和顾问。

不仅是中东地区，莎草纸的起源地埃及同样也难以抵挡纸张的冲击。地处北非的开罗当时是非洲阿拉伯世界的宗教、政治和文化中心，同样需要大量的书写材料供应。虽然莎草纸产量巨大，但仍不足以应对这一庞大需求，而且莎草纸的各种性能也比不上大马士革纸，以至于有的阿拉伯人写信，不得已使用了莎草纸时，还要加上附言"此信用莎草纸书写，请原谅"这样道歉的话。于是，不久之后，大马士革纸就完全"打败"了莎草纸。这表明文化的快速发展与纸张之间产生了良性互动，成为推动造纸术在当地快速发展和传播的重要力量。植物纤维纸逐渐取代了莎草纸、羊皮纸成为主要的书写材料。从埃及出土的一些纸张文物中同样可以看出植物纤维纸在与莎草纸的竞争中节节取胜的情况。回历2世纪（719—815年）纪年文书中有36件为纸草卷，很少有植物纤维纸的文书，到回历3世纪（816—912年）阿拉伯纪年文书中有莎草纸96件、纸本24件，而到了回历4世纪（913—1009年）纸本文书有77件、莎草纸文书只有9件，这些纪年文书中写在莎草纸上的最晚一件为936年。从上述埃及出土写本所用书写材料的演变中可以看出，从10世纪后，植物纤维纸已在阿拉伯境内基本取代了莎草纸。有位波斯游客在1480年到访埃及时曾说，他在开罗看到卖菜和卖香料的人都用纸包装货物，可见那时纸张的普及程度已经非常之高。

　　任何出版载体从被发明到广泛普及并非一蹴而就的，新载体与旧载体间也并非替代关系，而是长期竞合的关系，主体地位逐渐揖让给新载体。在纸张普及的初期，埃及仍在继续制造莎草纸，在当地使用并出口到其他国家，直到13世纪纸张完全普及。此外，羊皮纸也没有马上被淘汰，而是仍然在小范围内继续使用。伊斯兰教教徒、犹太人、科普特基督徒都一直在坚持使用它。伊斯兰教教徒和犹太人将其用于神圣的经文抄写和婚姻契约等家庭文件。但羊皮纸在阿拉伯世界只用了大约100年就被纸取代了。到了9世纪中期，从记录文件到书籍信件，植物纤维纸已经成为最主要的写作材料。羊皮纸仍然被用于抄写《古兰经》，直到大约10世纪，那时大多数伊斯兰教教徒都是抄写员，他们选择把《古兰经》从羊皮纸转写在植物纤维纸上。但犹太人甚至直到今天仍在使用羊皮纸，他们坚持用羊皮纸书写律法文本。

　　在纸张刚刚普及时，有些思想保守的人对新式纸张存在着严重的偏见与抵触。大约在1140年，一位来自克吕尼的德高望重的修道士，拜访了西班牙的修道院，并看到了写在羊皮纸上的题为《反对犹太人》的小册子。他参观了重要的基督教遗址，包括托莱多、卡斯提尔王国的大教堂所在地。托莱多是一个著名的犹太城市，其以优良的造纸业而闻名。犹太人区是这个城市最大的城区，也是知识与文化的中心。在这位修道士看来，纸张无处不在。他轻蔑地写道：在天堂，上帝读《塔木德书》。但这是什么材质做的书呢？我们通常用羊皮、山羊皮或牛犊皮，以及从东方沼泽中提取的芦苇皮（纸莎草）来做书阅读。但这是用一些旧衣服或最脏的东西（造纸）做成的书。这段话充分体现了当时的上层人士对纸张的偏见，也有一些普通民众把这种新式纸张嘲笑为"破布碎片"。

新事物在最初诞生时总会遭遇来自各方面的阻力，但这并不能阻挡新生事物的发展壮大。无论如何，到9世纪末，经过数百年发展，在阿拉伯世界，植物纤维纸已经比莎草纸更受欢迎。即使人们称它为"破布碎片"，却还是越来越受到人们的重视。

第六章　造纸术和印刷术经阿拉伯传播到意大利、德国等欧洲地区

中国的造纸术和印刷术经过文化交流和商业往来，从阿拉伯地区逐渐向欧洲渗透传播，传播到当时的欧洲经济和文化中心意大利、西班牙和德国等地，并渐次传遍欧洲各国。

第一节　中国造纸术和印刷术传播到意大利

中国造纸术在欧洲传播时最早出现于意大利。先以纸张贸易的形式从阿拉伯国家出口到意大利，随后造纸术传入，意大利本土开始出现造纸业，并得到快速发展，而后又传播到欧洲其他地区。与之相伴的是，意大利活字印刷术的出现、传播，以及意大利古典著述的印行。

一、中国造纸术在意大利的传播

（一）意大利外来纸张的出现与盛行

到12世纪时，一种新的出版载体——纸张在意大利出现，其传播的中介正是阿拉伯人。阿拉伯商人试探着与欧洲人进行纸张交易，这种交易在商业氛围浓厚的意大利无障碍推广开来。纸张在当时与出版载体羊皮纸表现出了截然不同的特质，碎布是其主要成分，外观上形似通常的棉帛，极易撕裂开来。最初的纸张被当作昂贵紧缺的羊皮纸的替代品，后来才逐步推广开来。

最初纸张主要用于书写无须长期保存的内容，可作为信纸、草稿纸、日常公文用纸等。纸张从阿拉伯地区传到欧洲，最早出现在意大利的热那亚地区，尤其是在当地的速记员手中应用较为广泛，并且逐渐兴盛起来，呈现供不应求的情势。一些老旧阿拉伯手抄本的空白处也被利用起来。在此种情势下，整捆纸张开始运抵意大利各个港口。

纸张地位的确立并非一帆风顺，许多欧洲官署尽管也偶尔使用这种新型的书写材料，但是，国家统治者一直限制其进入重要领域。主要是因为其脆弱、不那么经久耐用。如西西里的罗杰就曾于1145年颁布诏令：凡是写在棉草纸上先王时代的特许令都应该重新誊写在羊皮纸上。纸本则应该销毁。1231年，神圣罗马帝国的腓特烈二世也下令严禁以纸张誊录公共法案。①

即便禁令屡屡颁行，纸张依然以其优势而渐渐通行。外来纸张供不应求，于是意大利出现了本土造纸工场。

（二）造纸术在意大利的创新发展

1. 意大利造纸术技术的改进

意大利是欧洲较早制造纸张的国家。在此之前，诸多基督教徒已经在安达卢西亚从事造纸活动，据西班牙纸张研究的历史学者瓦勒斯·伊·苏比拉所言，造纸者在12—13世纪被狂热政权驱除出境之后，就去了基督教地区，并把造纸术传给那里的基督徒。12世纪，加泰罗尼亚、巴斯克地区特别是毕尔巴鄂地区纷纷建起基督教造纸工场，一个世纪以后，意大利的纸张制造开启。1238年，海梅一世征服西班牙巴伦西亚后，建立了庞大的等级制度，他命令当地的造纸工场为他的政府工作，由此成为第一个以纸张为公文载体的基督教统治者。

在意大利的纸张使用过程中，人们总是对纸张的历史争议不断。后世遗留下来文字资料为当时的情况作了历史的注脚，公爵夫人阿德莱德在1109年曾经用纸张写过一篇文章，这被认为是欧洲历史最为悠久的纸张。

---

① ［法］费夫贺，马尔坦.印刷书的诞生［M］.李鸿志，译.桂林：广西师范大学出版社，2006：2.

但是，目前还没有证据能够确定该纸张的生产地。当时的纸张太易破损，被认为是不易保存的文字载体，因此重要的文件都被誊抄在羊皮纸上。

目前尚未找到意大利最早造纸地的确切记录，当时意大利制造出来的纸张，无论在制造方法上，还是选用原料上，都与阿拉伯人的造纸技术没有太大差异，所以这些纸可能是进口商品，或者得益于阿拉伯人经营的造纸工坊。据称，意大利最早的可以被证实的造纸中心是法布里亚诺山区的小城。该地紧邻商业中心，且有河流可资利用，水流湍急，便于获得水能动力，水资源丰富，可以提供造纸所需大量用水。

从历史上讲，法布里亚诺人的造纸术在11世纪阿拉伯人攻打周边城市安科纳之际传入，其中一些阿拉伯用语传到了法布里亚诺。意大利境内最早且可证实的造纸记录文件可追溯到1264年。上面记录了商人们从法布里亚诺购买纸张的记录。根据逻辑推断，法布里亚诺在1264年前就已经具备了制造纸张的能力。

法布里亚诺周边区域以盛产羊毛和羊毛纺织品而著称，这些纺织厂临河而建，主要生产毛毡制品。毛毡在当时并不算新产品，古希腊人就能制作毛毡，法布里亚诺历史学家弗兰科·马里亚尼认为，因为羊毛制品的缘故，商人们由此将贸易开展到了全世界，威尼斯当地的阿拉伯纸张贸易兴旺发达，当地人对纸张也有初步了解，制毡厂转型为造纸工场的做法于是很快流行开来。造纸者只需要在羊毛锤上安装好金属头，使碎布搅碎机正常工作。在随后的几个世纪里，许多制毡厂纷纷转型成为造纸工场。

法布里亚诺的造纸术与阿拉伯的造纸术相比有了几处创新，由此改变了造纸术的发展进程。首先，欧洲人没有使用阿拉伯人的淀粉浆料。虽然谷物浆料在西班牙南部、北非和中东等地的干燥气候下能够发挥不错的效果，但是在欧洲湿润的气候下，谷物上的浆料容易变质，因此必须改进。法布里亚诺的纸张之所以经久耐用，主要是因为他们选用煮羊皮废弃的明胶来给纸张上浆。

法布里亚诺的造纸技术通过水力落锤技术的改良而得到改进，由此生产出大量廉价的纸张，并使昂贵的羊皮纸逐渐被解放出来。水车发出的动力，能转动杆和栓子，杆转动时，栓子扣上水平梁，并将其抬起，上面的金属锤落下，砸向盒子中的碎布，往复循环中节省了大量的人力和时间，碎布随之被分解为纤维状纸浆。水位上涨、水力充沛时，这种带有落锤的工场则能够生产大量纸浆，有时候甚至会出现产量过剩的情况。

法布里亚诺造纸技术的另一个创新是线模，欧洲造纸业的标准由此奠定。13世纪以前，意大利人已经能够将金属打造得像纸张一样薄，裁成细条，随之用锤子砸成圆形。尽管这种方式耗时费力，但是意大利人对此轻车熟路。

法布里亚诺人还发明了水印。1276年，人们发现了第一个水印。许多水印制作简单，或是制作者的首字母，或为简单的设计图案，或为纸浆上印上记号，也许有人在一次意外中不小心把金属线弯折进模子中，误打误撞制成了第一个水印，自此，水印之旅开启。法布里亚诺的造纸者将他们的纸卖给其他公司，这些公司用石头把纸张打磨得更为光滑，然后将其捆绑成半圆形。这种做法实际上是品牌化的运作，为其后续生意创造了一个品牌名称。水印属于个体的造纸者，并不属于工场，一座工场可能有好几个水印。14世纪，法布里亚诺至少出现了40家造纸工场，水印的数量也不胜枚举。[①]

2. 意大利造纸术的传播

意大利法布里亚诺造纸工场越来越多，随之而来的是噪声以及难闻的气味，环境的污染也日趋加剧。在亚麻和大麻作为主要造纸材料的前提下，造纸者会从碎布收集者那里买来脏衣服和内衣内裤，造纸者用氨水分解碎布纤维，而人的尿液则是最好的氨水材料来源。收集尿液的人也在镇子里走来走去，纸浆经多次清洗，异味逐渐散去，但造纸工场却臭气熏天。[②]

熟练的造纸工人在其他地区格外抢手，法布里亚诺工匠纷纷到博洛尼亚、阿马尔菲、福利尼奥、卢卡和伦巴第等地开设工场。威尼斯和土耳其纷纷在纸张贸易方面保持着密切联系，威尼斯地势平坦，缺乏水力资源，

---

① ［美］马克·科尔兰斯基.一阅千年：纸的历史［M］.吴奕俊，何梓健，朱顺辉，译.北京：中信出版社，2019：79.

② ［美］马克·科尔兰斯基.一阅千年：纸的历史［M］.吴奕俊，何梓健，朱顺辉，译.北京：中信出版社，2019：80.

不能生产纸张。但是，威尼斯控制了特雷维索、帕多瓦和乌迪内等边远城镇，由此法布里亚诺的造纸工人就纷纷拥入，海上共和国立刻成为造纸中心。热那亚、威尼斯、比萨和阿马尔菲这样的港口城市依靠贸易、造纸业及纸张贸易富裕起来。

意大利法布里亚诺造纸业的勃然兴起，给欧洲造纸业定下了整体基调。意大利造纸业给西班牙的相关产业造成了不小压力，以至于整个欧洲对纸的兴趣浓厚，法布里亚诺的造纸工匠在欧洲其他地区深受欢迎。

意大利造纸术的传播和使用漫长持久，这鲜明地体现在当时最重要的意大利作家但丁（1265—1321年）身上。当时，正值意大利造纸术兴起，欧洲在那个时代也迎来了新的学习时代，但丁以意大利文写作，被誉为"意大利文学之父"。在欧洲羊皮纸出版载体向纸质出版载体的转变替代过程中，他是早期的发起者之一。但丁一改修道院专用的拉丁文书写惯习，让更多的人能够看得懂书。实际上，但丁打破了当时只是给一部分人看的通例，他用大多数人都能看得懂的语言书写，但是他最初却拒绝了使用纸质载体。他在世时的所有著作，没有一部是写在纸上的。按理说，但丁本应是一位使用纸张的伟大作家，却是最后一个坚持使用羊皮纸的作家。他在《神曲》中屡次使用"纸"一词，至少出现9次，只不过这里的"纸"说的是"羊皮纸"。一个思想极为解放的作家对待书写载体却是固执和保守的。

意大利造纸术高度发展，影响开始向外扩展。在意大利造纸技术的传播影响下，1390年，德国的纽伦堡创立了第一家造纸工场，造纸技术迅速在德国传播。15世纪中叶以前，法国也有了一个造纸工场。其他地区的造纸业也随之迅速发展起来。

二、金属活字印刷术在意大利的发展传播

（一）意大利活字印刷术的发展

虽然意大利的造纸术在欧洲发展较早，但是，金属活字印刷术在意大利的发展传播却主要得益于德国古腾堡活字印刷术的传播。

意大利的印刷术在早期处于领先地位，因为它很快便接纳了德国的印刷技术，在罗马附近一家苏比亚修道院中，尽管僧侣还在从事抄写手稿的工作，但是依然邀请了许多懂得印刷的德国本笃僧人来指导他们开展印刷工作，因为他们需要更为高效的复制方法。苏比亚修道院创建了意大利的首家印刷所，早在1464年就已经开始生产、印刷书籍了。15世纪后期，罗马依然有数不清的德国印刷匠。其中，有出家人，也有俗人，生意红火的并不多，有不少勉强维持，自然不乏一些人以失败告终。[①]

德国人在罗马发展印刷业的最成功案例当数乌利齐·哈恩，他在1468年开办印刷所，可能是意大利第一家利用雕版印刷插图书籍的印刷所，随之雕版插图盛行，罗马、维罗纳和那不勒斯的雕版插画逐渐多起来，佛罗伦萨和威尼斯也竞相仿效。随后，纸张贸易中心威尼斯也成为印刷中心。据统计当时那不勒斯印刷匠共有67名，罗马有41名，艺术成就卓著的佛罗伦萨有37名，但是威尼斯却有268名。[②]

威尼斯的首个印刷匠是美因茨金匠约翰内斯·斯派拉。威尼斯的最高行政长官——总督，授予他一份在威尼斯印刷书籍的5年期独家合约，但是在1469年，他印制第一本书不久后就去世了。其弟弟文德林想继续享有这份专有特权，但是总督说合约不存在继承关系，于是很多同行就有机会一展身手，德国的印刷匠便有机会来此发展。

威尼斯的书籍因为外观精美而声名远播。1490年，两位威尼斯印刷匠——乔凡尼·拉加佐和卢坎托尼奥·琼塔出版了马勒米的《圣经》意大利文版。该版《圣经》每页分为两栏，每栏400个木刻印字，排版样式极为独特别致。书页的边沿衬上建筑类型的设计，也为木刻印刷，生动精美。小型的木刻字体和扉页的花边渐渐兴起，让威尼斯书籍成为经典印作。

在威尼斯印书业中，声名最响的是阿尔杜斯·马努蒂乌斯。在从事印刷业之前，他是一个古希腊文字学者，并与意大利贵族、哲学家和作家乔

---

① ［美］马克·科尔兰斯基.一阅千年：纸的历史［M］.吴奕俊，何梓健，朱顺辉，译.北京：中信出版社，2019：131.
② ［美］马克·科尔兰斯基.一阅千年：纸的历史［M］.吴奕俊，何梓健，朱顺辉，译.北京：中信出版社，2019：131.

瓦尼·皮科秉承同一身份。阿尔杜斯是伯爵妹妹卡普里公主的家庭教师，但是因为缺乏有用的教材，教学举步维艰。在他搬到威尼斯后，就开始开班讲学，希望印制各种书籍，教科书正是其中之一。他心存高远，认为随着世事变迁印刷术将成为主导性技术，任何非印刷的东西都将遭淘汰，起码渐趋不被重视。当时尚没有一部希腊的经典作品是印刷品，于是他毅然承担起挽救遗产的重任。他在卡尔皮一位王子的资助下，买下著名的N.詹森印刷所，更名为阿尔丁印刷所，用以印刷希腊文和拉丁文著作。并以美观的书籍和创意的设计而大获成功。

1494年，阿尔杜斯出版的第一本书是希腊的法语教材。5年后，他印刷出版了意大利文艺复兴时期一本怪异小说科罗纳的《寻爱绮梦》，该书因为充满了情欲性爱情节，一经出版就受到了广大读者的关注。色情文学伴随印刷业的发展而备受大众关注。全书的木刻插图共有168幅，大部分都是色情场景。

阿尔杜斯认为书籍应该体积更小，便于携带。为此，他根据彼特拉克的笔迹发明了一种新型的字体，就是当时的斜体字。阿尔杜斯小心翼翼地守护着自己的专利，由于其小巧美观深受大众欢迎，以至于在欧洲范围内广泛应用。据说，斜体字并非阿尔杜斯发明，而是当时一位叫佛朗西斯科·格里佛的凸模切割匠发明的，后来二人发生了冲突，格里佛回到故乡，后因罪被捕。阿尔杜斯于1515年逝世，他曾将亚里士多德、索福克勒斯、希罗多德、欧里庇得斯、柏拉图、修昔底德的作品以印刷方式重现于世。他翻查文本，以求找到精确的经典字迹，完全革新了书籍印刷的方式。在阿尔杜斯逝世后，更名为阿尔丁的出版社由其家人继续经营，直到1579年停业。

阿尔丁版书籍的印刷，让成千上万本书得以保存下来。后世学者经常批评16世纪的书籍纸张粗劣，但是阿尔丁的纸张不禁让我们想起了优良的布料纸。平整顺滑的纸张，白净如珍珠，阿尔杜斯称其为轻便小本，其出现一度改变了人们的阅读习惯。其便携的特点让大众能够在修道院和城堡看台上大声朗读，能让人享受阅读的乐趣，感受阅读时光。

除此之外，与古腾堡共事过的纽麦斯特，几年后离开莱茵地区，像许多印刷匠一样来到文化繁盛的意大利，以期在这里获得商业上的成功。他在1470年曾定居于翁布里亚附近的一处大教堂城镇福利尼奥，后来迁到安格里尼。在这里出版了布鲁尼的《抵御哥特记》、西塞罗的《家书》，以及历史上第一本印刷版《神曲》。

纽麦斯特的合作伙伴中途退出，使其孤军奋战。意大利不是做生意的好地方，这里的书市体系并未健全，无法同时养活这么多匠人，滞销的图书存放在仓库。纽麦斯特无力偿还债务，后来入狱，刑满释放后回到家乡，手下匠人作鸟兽散。

1480年，纽麦斯特来到阿尔比这个富庶的城市，当地设有主教教堂，且主教雷利可邀请他来到这里从事印刷。这个时期的诸多书籍如席尔维斯的《论爱与救赎》《七贤士传》，多凯马达的《默想集》以及《弥撒经》等都很受大众欢迎。《弥撒经》是教会指定印刷的书籍，销售自然不成问题。纽麦斯特后来返回里昂，他一生奔波，最终于1507年逝世。从纽麦斯特的经历可见，纯商业性的印刷并非简单易行，如若没有宗教图书的支撑，很难在市场上获得独立生存的空间。

（二）意大利古典著述的盛行

15世纪初，崇尚古典文化的风气开始在意大利各地形成，佛罗伦萨、米兰、帕多瓦、罗马、那不勒斯、威尼斯等地涌现了一大批古典文化的崇拜者。他们怀着崇敬的心情搜求古代手稿，探讨古代法律、习俗、文学、历史，冀图揭开古代文化的真实面目。这种狂热状态对意大利乃至整个欧洲的文化发展冲击强烈。古典文化一时成为创新文化的精神向导。[①]

"尊奉古人是文艺复兴时期人文主义的一种特征。在15世纪，形成了一种搜寻新的古典原著的热潮，每一项新发现都被作为一项重大成就而受到欢呼。"[②]搜寻新的原著过程中，人们意识到了重新认识古希腊语的重要性。罗吉尔·培根早在13世纪时就强调了这种必要性，可惜直到一个世纪以后才又受到重视。非常巧合的是，在寻找古代纯洁原著的过程中，传播

---

① 齐世荣.精粹世界史：新世纪的曙光［M］.北京：中国青年出版社，1999：153.

② ［美］艾伦·G.狄博斯.文艺复兴时期的人与自然［M］.上海：复旦大学出版社，2000：6.

知识的新工具——印刷机恰好诞生。"印刷机的出现使得为学者们生产标准的价格适中的原著首次成为可能。"①

阅读古希腊罗马经典著作的人数在不断增加，此前已经广为人知的经典作品，更是备受欢迎。如泰伦斯的作品持续受到追捧，销量不断上涨，1493年曾经在里昂出版的特雷瑟尔版本在25年间再版了31次。维吉尔的作品，在15世纪印刷了161次，在16世纪更是印刷了263次。至于其他译本更是不胜枚举。

印刷术的普及导致了拉丁文著作的普及，这些著作逐渐变成了平常易见的日常读物。塔西图斯的作品在1500年以前出版的次数寥寥无几，但是在其后的半个世纪内，他的著作已经成为巴黎百姓的日常藏书，并且成为拉丁文读物的必备之作。

古拉丁文著作成为市场流行读物后，对古希腊文学的需求兴盛一时，这也唯阿尔杜斯马首是瞻。希腊文活字字模的制作自然成为印刷商所要解决的技术难题，值得一提的是希腊文的音符也要与字母符号印在字模上，这也成为希腊文书籍印制的难点所在。

印刷书籍引进希腊文并非一蹴而就，印刷商为了避免活字印刷术的难点，先将句子改成拉丁文，打印留白，后期再补上希腊文。直到1465年，不少印刷商开始尝试铸刻省略气音的希腊文字母，这种做法出现在米兰、威尼斯以及特雷维索等地。15世纪，希腊文传播到意大利境外。②

德国和法国的印刷商在市场化进程中也铸刻了少许希腊文字。从1492年起，里昂的印刷书中也出现了希腊文，两年后，这一风潮席卷巴黎。但是，这些希腊文并非整本书出现，直到1520年意大利以外的地方才出现整本希腊文图书。

此时，在市场上已经有许多不同版本的古典拉丁文作品，经销商转向承揽希腊文作品。于是就催生了希腊新活体字的出现，各地多以模仿意

① ［美］艾伦·G. 狄博斯.文艺复兴时期的人与自然［M］.上海：复旦大学出版社，2000：10.

② ［法］费夫贺，马尔坦.印刷书的诞生［M］.李鸿志，译.桂林：广西师范大学出版社，2006：268.

大利的阿尔杜斯字体为要，纽伦堡、奥格斯堡、莱比锡、科隆等地纷纷涌现。值得一提的是，市场上出现了专门卖此类字体的商人。

在这种情势下，希腊文知识得以稳步传播。1525年，意大利以外的地方，掀起了研读希腊文书籍的狂潮。牛津与鲁汶、埃纳雷斯堡、巴黎，以及德国的各个大学里，先后开设希腊文课程，巴黎也多印制希腊文著作，其他地区纷纷效仿。克雷拿于1530年的著作中写道：《希腊文法则》在巴黎短短几天就卖出500本。短短一年间，法国出版了40种古希腊文著作，原文印行的达32种，与古拉丁文著作不相上下。①

希腊语与拉丁语对于学者而言极为重要，这也成为文艺复兴时期的重要表现。除此之外，在学术界，学者们还在使用本国语言。16世纪，在科学与医学领域中，使用本国语言也日益重要，这一定程度上归结于学者的民族自尊心，一些作者公开表达他们对国家、语言的热爱，除此之外，还有学者表达与过去决裂情感的需要。

中世纪后期，在医学著作中使用本国语言的速度迅速提高，在16世纪当一场医学小册子之战把盖伦的信徒与帕拉塞尔苏斯派的医学化学论者分开时，这种倾向得以加强。1527年，当帕拉塞尔苏斯用本国语瑞士德语在巴塞尔大学发表医学演讲时，这场论战便进入了大学。医学机构对其挞伐，不仅仅针对其内容，还有其选用的语言。②

学习古典拉丁文运动起初声势并不大，还称不上文艺复兴。但是在加洛林王朝"文艺复兴"与14世纪意大利人文主义者和15世纪法国、莱茵河畔人文主义者的文艺复兴之间，人们确实能把1130年前后这段时间定为一个热烈追捧和学习古代罗马思想和思想模式的时期，一批用标准拉丁文创作的散文和诗歌开始出现。12世纪最好的传教士用拉丁文写作，他们都是思想大师。③传递着个人的思想价值、努力，以及他们称之为友谊的情感关

---

① ［法］费夫贺，马尔坦.印刷书的诞生［M］.李鸿志，译.桂林：广西师范大学出版社，2006：270.

② ［美］艾伦·G.狄博斯.文艺复兴时期的人与自然［M］.上海：复旦大学出版社，2000：10.

③ ［法］乔治·杜比，罗贝尔·芒德鲁.法国文明史［M］.北京：东方出版社，2019：118.

系新理念。在最纯粹的神秘基督徒身上都可看到古代思想大师的影响。人们的情感变得高雅起来，这与古典著作的阅读有关，人们身上散发着艺术气息。

第二节　羊皮纸的主体地位逐渐被植物纤维纸取代

欧洲的出版载体也是经历了由硬质出版载体向软质出版载体的过渡。前期有岩画、泥板书、莎草纸、石碑和印章等硬质出版载体，后来出现的软质出版载体有羊皮纸和植物纤维纸及塑料薄膜。欧洲的软质出版载体取代硬质出版载体也是一个漫长的过程。

一、纸质出版前的欧洲主要出版形态

1.岩画出版

人类出版以载体的维度进行划分，可分为开启文明的硬质出版、以柔克刚的软质出版和有容乃大的虚拟出版三个阶段。[1]艺术家埃马努埃尔·阿纳蒂认为："人类第一块画布是岩石的表面。"[2]基于岩洞成为人类早期生存居住的活动场所，从普世性的载体因素讲，岩画是人类社会早期的出版形式和媒介形式。人们通过这种方式进行信息交流、传播。岩画被认为是原始人类"不自觉无意识"[3]地当作语言运用方式，展示着人们丰富的符号世界、抽象的想象力以及创造力。这些最终成为人类迈入文明门槛的标志。法国南部著名的坎塔布里亚地区旧石器时代洞穴岩画、拉斯科岩画，以及西班牙地区的阿尔塔米拉岩画，一度在历史上享有盛名。这些岩画出版是人类最早的硬质出版形式。

---

① 万安伦.中外出版史［M］.北京：高等教育出版社，2017：2.

② ［法］埃马努埃尔·阿纳蒂.艺术的起源［M］.刘建，译.北京：中国人民大学出版社，2007：20.

③ Redfield R. Aspects of Primitive Art［M］. New York :Museum of Primitive Art， 1959:21.

2.墙体及石质载体出版

古希腊人喜欢在石头上保留信息，他们每天都会去阅读公共的碑文，人们把文字刻在石头上使之永久保存，主要是为了纪念已作古者，或重大的、特殊的事件。其中有些碑文不仅表示纪念，还能传播大量新闻，如官方文件、结盟条约、城市法令等都刻在石碑上。①古希腊城邦广场是希腊人进行交流的场所，宗教、政治、商业、文化信息充斥每个城邦广场，这些广场也是古希腊城市的地标，这里发展出用石头、陶器、建筑墙体等标记广告和墙体宣传。

古罗马文明的传播不同于古希腊，古罗马具有四通八达的交通线路，正所谓"条条大路通罗马"。古罗马时期的广告现象非常普遍，当时的主要传播媒介是石碑、墙壁、挂牌、书籍等。②古罗马人对石碑、铜碑十分偏爱，他们相信永恒的力量，著名的《十二铜表法》（古罗马第一部成文法典）就刻写在铜牌上。

3.木牍与金属载体出版

很多古希腊罗马的书信、记录簿往往记录在木牍上。据记载，古希腊文学中关于书写文字的最早记述，即《荷马史诗》中所提到的柏勒洛丰的信，载明是写在木牍上的。

另外，金属类器物或板块，如金、铜、铅、铁等都常被用作书写载体，虽然篇幅并不大。目前仍有实物存世，例如，一些护身符、咒符，或是发给罗马退役士兵的遣散证书等。唯一一个承载文学性书写材料的记述是保萨尼阿斯的一段说明，他提到生活在赫利孔山的维奥迪亚人曾向他展示一块铅版，虽然已朽蚀，但能看出上面镌刻着《工作与时日》。

4.独特的蜡版出版

在庞贝古城的墙壁上，一幅《普罗居吕斯和他的妻子》壁画描绘了拿

---

① ［法］克林娜·库蕾.古希腊的交流［M］.邓丽丹，译.桂林：广西师范大学出版社，2001：89.

② 付淑峦.论17世纪前的欧洲媒介嬗变与传播：文明史视阈的考察［D］.东北师范大学博士学位论文，2015：59.

着蜡版和锥子的妻子和右手握着一卷卷轴的普罗居吕斯。①罗马人发明的书写材料——蜡版曾经风靡一时，一直沿用到法国大革命时代。蜡版书的制作主要需要木板与蜡，首先将模板做成书框，将其中间用黄色或黑的蜡填满，然后将每块木框两侧凿出两个洞，用线将其串联，装订成书。一般情况下，第一块和最后一块木板是不涂蜡的，这样可以减少内部蜡的磨损，与蜡版相对应的书写工具是铁制的尖笔，尖的一头负责书写，圆的一头用于抹去错别字。

较之莎草纸，蜡版的价格低廉很多，而且能够反复使用，因此更适用于当时日常生活。例如，罗马学生记笔记，诗人写诗，商人记账，达官贵族写情书送给心爱的小姐、姑娘，僧侣书写教堂堂谕，等等。②当然，蜡版质量有优劣之分，不同的阶级所使用的蜡版存在很大区别，普通人家使用的蜡版木框往往是枫树制作的，外面加上一层套子进行保护，里面的蜡也非常脏，甚至有的还掺杂脂肪。而富贵人家的蜡版则选择上等的木材制成，更为奢华的可能还会用象牙、宝石来做点缀。

5.源自埃及的莎草纸出版

莎草纸诞生于公元前3000年的法老时代。古埃及人很早就用芦苇笔在莎草纸上写字。纸莎草是一种水生草本植物，状似芦苇，高达两米以上，茎秆截面呈三角状，被古埃及人当作神圣之物。其用途广泛，或编席制筐，或造船盖屋，不一而足。最广为人知的是用来造纸，用芦苇笔在莎草纸上书写绘画，成为古代非洲人重要的书写载体。

古埃及人用莎草纸作画用于墙壁装饰，或记录医学、数学及文学方面的书籍，在人类文明发展过程中发挥着不可替代的作用。莎草纸后来通过贸易的形式传播到古希腊、古罗马和西亚、中亚等地，使地中海地区的文化文明得以保存。公元前7世纪，莎草纸传入古希腊，并在古希腊和古罗马时期得到普遍使用。公元前4世纪左右，亚历山大图书馆藏有近70万卷莎草纸书籍，稍后兴盛的帕加马王朝的图书馆建设也汇集了相当数量的莎草

---

① 吴简易.书籍的历史［M］.太原：希望出版社，2008：70.
② ［英］佛雷德里克·G.凯尼恩.古希腊罗马的图书与读者［M］.苏杰，译.杭州：浙江大学出版社，2012：29.

文献。迄今为止，发现的莎草纸作为载体的古希腊罗马著作达2500余种。

莎草纸虽然在地中海沿岸被广泛使用，但制造莎草纸的技术从埃及传往国外却是在埃及的希腊化时期，即公元前3世纪。当时有位雅典少年叫菲尔培底亚斯，因争夺王位而被逐至埃及。一次他在古尼罗河畔看到当地人制造莎草纸就学会了这种方法。他回国后，由于有这一技术而得到赦免。此后，莎草纸的制造方法就逐渐由希腊经意大利而传入欧洲。

6. 羊皮纸

埃及第四王朝时开始使用动物皮做书写材料，目前考古发现的最早的皮纸不是羊皮，而是公元前8世纪约旦地区的骆驼皮。

早期皮纸的制作，主要是通过对动物皮进行处理，形成坚硬、耐用、白色不透明、厚度均匀，可以用染料或者墨水等以适当方式书写的载体。除了羊皮，还有牛皮、猪皮、骆驼皮等，只不过囿于各种皮的特性，如猪皮粗糙不易书写，骆驼也只是局限于一个地区，而耕牛则是重要的农业助手，不能随便屠宰，最终找到了羊皮。

据称恺撒想让古罗马学者瓦罗在罗马城创建一座大型公立图书馆，由于埃及是莎草纸的主要制造地，因贸易摩擦，国王托勒密五世下令禁止向帕加马国王输送这种产品。莎草纸在当时是极为重要的书写载体，没有莎草纸就无法制作纸草卷，也就无法书写。埃及的这一举动加速了莎草纸替代品——羊皮纸的改良和普及。羊皮纸主要是用绵羊皮或者山羊皮制成的，也有小牛皮甚至骆驼皮等。古希腊著名历史学家和地理学家认为，这种复杂的生产过程发明于帕加马，但是很多学者对此颇有异议。可以肯定的是，羊皮纸的质量确实是在帕加马得以改善的，因此英文单词parchment就是出自拉丁文短语"来自帕加马"。[①]

公元前2—2世纪，羊皮纸与莎草纸并行使用，二者之间也展开了竞争。因为羊皮纸具有极强的韧性，可以被裁剪成更小的块状便于传播，且双面都可以书写，更适宜阅读书写，甚至修改，羊皮纸的使用量逐年增

---

① ［美］尼古拉斯·A.巴斯贝恩.文雅的疯狂［M］.陈焱，译.上海：上海人民出版社，2016：86.

加。3世纪时，羊皮卷就成为人们习惯性的书写载体。

莎草纸由于极易损坏，在书写过程中不易保存，因此许多重要的文献在流传过程中损坏丢失了。所以很多重要文件都是两种载体并用书写，拜占庭的《查士丁尼法典》就是用莎草纸和羊皮纸分别保存的。直到11世纪，文件、档案管理中莎草纸的使用一直存在。多种出版载体并存是常见的现象。

二、植物纤维纸逐渐取代羊皮纸

植物纤维纸取代羊皮纸是一个漫长的过程。第一是基于植物纤维纸的制造技术需要提高，最初植物纤维纸并不是直接用于书写的，而是用于包装等用途。这并非因为植物纤维纸不是书写的载体，而是因为早期的植物纤维纸制作技术极为粗劣，书写的应用性不强。第二是人们对于羊皮纸的保存功用的观念根深蒂固，而在植物纤维纸运用的观念上较为固守。

到了14世纪中期，欧洲各地都有人使用植物纤维纸，随之植物纤维纸成为更为普及的商品。植物纤维纸之所以能够创造出更多的可能性，一方面是因为植物纤维纸制造价格已经降低，另一方面更主要的是因为其质量的提升，已经能够适应书写。因此，大量生产图画或者文字，植物纤维纸成为不可或缺的载体。

第三节　欧洲手抄本的兴盛与加洛林王朝的短暂文艺复兴

欧洲造纸术和印刷术发展过程中，加洛林王朝的文艺复兴对印刷术的产生具有巨大的推动作用，加洛林王朝拉丁文的规范化与印刷字体之间的关联密切。此外，欧洲当时手抄本盛行，并逐渐向印刷术演变。

一、加洛林王朝的文艺复兴

1.加洛林王朝时期的出版载体

在西方文化史上，加洛林法兰克人保存古典文献的贡献卓著，古罗马将近90%的散文、诗歌及史学著作都是由加洛林法兰克人重新誊抄才保存下来的。这些作品留存最早的是加洛林时代的版本。

在加洛林时代，人们的主要书写载体是羊皮纸。传统观念认为，阿拉伯人在634年征服了莎草纸供应地的埃及，进而影响了对欧洲莎草纸的供应，迫使法兰克人骤然停止了莎草纸的使用，进而取材使用羊皮纸。当然，从文明发展程度上看，人们从莎草纸到羊皮纸的使用也是一个迭代升级的过程。7世纪时，墨洛温王朝的国王迪奥德里克三世曾经于677年9月颁布首份羊皮纸载体赦令，自此开启了新的历程。利用羊皮纸的正反面进行书写，也逐渐显示出其优势所在。但是，羊皮纸价格昂贵，数量也相对有限。为此，当时一些修道院自给自足，自己种植谷物、饲养家禽牲畜，这一定程度上满足了羊皮纸的供应。当时，还出现了大量羊皮纸制造商，专门负责加工处理羊皮纸。

某些修道院以及主教区的大教堂也掌握了羊皮纸使用技术，如维尔茨堡主教区的大教堂，抄写室、图书馆、学校等都相对完备。维尔茨堡主教亨伯特是一位书籍收藏者。他想收藏富尔达修道院院长哈拉班·莫尔所评注的《圣经》版本，在申请誊抄时送去了大批皮纸。这主要表明，王室或者主教相对富有，一般不会缺乏皮纸的使用。[①]

2.加洛林王朝拉丁文文艺复兴

艾因哈德是《查理曼传记》的作者，在宫廷中任职达30年之久。伊尔杜安在828年曾把一份希腊语文献翻译成拉丁文，那是圣·狄奥尼修斯的作品，是拜占庭皇帝米海尔二世寄给路易的。[②]

---

① 朱君杙.论皮纸与加洛林时代历史记忆的保存 [J].古代文明，2003（4）：49—56.
② ［英］克里斯·威克姆.罗马帝国的遗产 [M].于乐，译.北京：中信出版集团，2019：554.

知识分子所具有的集体意识部分来自共同受教育的经历，他们的教育地点包括亚琛、图尔、科尔比、圣加伦、富尔达，以及其他20多个活跃的中心城市。这种意识也来自作家知识结构的共性上，如《圣经》、教会法、维吉尔、奥古斯丁、比德……这一时期的贵族如果想参与政治，首先必须学会读书写字。

加洛林文艺复兴时期，大量的古典著作得以收集、整理和编纂，我们今天所能读到的恺撒、萨鲁斯特、李维、塔西佗、苏埃托尼乌斯等人的著作很大程度上得益于该时期的文献整理。这一时期值得称道的是，除了整理旧有文献著作，还有用拉丁文创作的新作品。尤其是宫廷中，各种形式拉丁文文学作品的出现，如诗歌、《圣经》注释、布道词……让加洛林时代成为了拉丁文学史上一个璀璨的时代。在查理大帝的主持下，各种档案资料也应运而生，如《加洛林书信集》《历代教皇传》，以及各种方言文字写就的诗歌。[1]

加洛林时代诞生的编年体史书极好地印证了这一点，它们为了全面、完整地呈示"创世记"之后的世界历史，在述及遥远古代以及前代史事的时候，习惯于摘抄古代和前代的史书并将摘抄的内容拼接杂凑在一起，形成"大杂烩"。

3. 加洛林王朝拉丁文的规范化与印刷字体之间的关联及影响

加洛林王朝查理大帝时，古典的拉丁大写字母与西欧地区传播越来越广的日耳曼语不相适应，查理大帝下令对古典拉丁文进行改革。在阿尔昆及其学生弗雷吉兹的支持下，采用了大写字母作为一个句子开头，句尾用句点标示结束的书写方式。这种新的书写方式改变了古典拉丁文句子与句子分辨不清的现象。同时，加洛林小楷书写体经由图尔向外拓展延伸，最终形成了一种优美的字体加洛林字体。该字体秀美整齐，简便易学，因此具有很高的实用价值和审美价值，影响极为深远。德国著名历史学家施奈德将该时期称为"书写文化"时代。由此，文字书写的改变，一方面促进了基督教教士学习研读，另一方面也将拉丁文整理记录和保存。拉丁文在

---

[1]　朱君杙.加洛林时代史学成就探微［D］.东北师范大学，2013：49.

某种程度上帮助规范了各地区的民族语言，直到今天各国语言文字中，依然带有拉丁文的痕迹。①

在加洛林时代，史料匮乏的状况也得到了改观。在加洛林文艺复兴期间，大批文献典籍得到了收集、整理和编纂，从而为加洛林时代的史家们提供了更为丰富的史料。"查理大帝在位期间曾指派阿尔昆组织人员对当时收集的各种《圣经》文本进行了校勘，统一了《圣经》文本并将其译成了拉丁文，从而成为后来天主教通用的定本。同时还授权阿尔昆对基督教的典籍（包括《本尼狄克院规》等）进行大规模的抄写和修订。"《圣经》等基督教文献在中世纪史学修撰中占有举足轻重的地位。中世纪早期一些史学编撰者不仅偏爱使用神学的观点解释历史，而且认为基督教会史甚至《圣经》本身就是一部世界历史。《圣经·旧约》和《圣经·新约》中有关"上帝创世"、亚当和夏娃堕落、亚伯拉罕、摩西直至耶稣的世界古代史被称为基督教"圣史"，是中世纪早期许多史著，尤其是编年体史著固有的陈述模式。而且，基督教思想是中世纪史学思想的一个重要来源，许多编撰者在修史的过程中，往往引经据典，以《圣经》等基督教文献作为援引的对象。故而，加洛林文艺复兴期间，《圣经》等基督教典籍的编纂不仅为修史者提供了重要的史料和范本，而且也为他们提供了思想上的指针。②

二、欧洲从手抄本到印刷术的转变

1. 手抄本

从总体上讲，手抄书有两种形式，一种是羊皮卷，还有一种是把所有的纸张都装订起来的样式。手抄书所承载的内容，自然比罗马时期以来的莎草纸载体更富内容信息，并且替代了古代后期的书稿形式。一部书稿或者由一个人写成，或者写给一个赞助者，抑或是教堂、修道院、学院等

---

① 朱君杕.加洛林时代史学成就探微［D］.东北师范大学，2013：47.
② 朱君杕.加洛林时代史学成就探微［D］.东北师范大学，2013：48.

单位。这实际上是一种文本的静默式私人交流方式，如果想让更多读者接触，就需要通过语音的方式大声朗读。手抄本的写作需要花费很长时间，无论是宗教类，还是其他内容手稿。手稿常常由专业的人像画家用插图进行装饰，这种精美的工艺无疑为手稿增光添彩。

古罗马在征服希腊以后，就立刻为希腊文化所折服，大量的希腊书籍流入罗马。最初是战利品，不久，希腊书商也来到罗马，他们集出版商与零售商于一体。出版商很快呈现出有组织的生产迹象，为求大批量复制，出版商们募集了一支经过特殊训练的抄工队伍。有部分奴隶也参与其中，专攻于此。抄写工人一时难求，价格不菲。如若凑齐整组抄写工人，费用相当可观。贺拉斯谈及购买奴隶的行家为"粗通希腊语"的奴隶花费多少钱，颇显精明。据记载，一个识字的奴隶市价达10万塞斯特斯。奴隶们在幼年即接受书法的教育和训练，由此才能粗通文墨。最初抄写工人的薪酬极为低下，随后才逐渐高起来。戴克里先皇帝曾经颁布法令，将100行上品抄作的最高工价调至25迪纳里厄斯。

商业化再生产的运作方式，需要众多抄写工人同步工作，但是仍旧难以分清楚哪些是口授内容，哪些是原稿内容。一个有序运营的出版行为，在几天内就能将一本新书几百册抄本投入市场。尽管批量生产，但是成本依然居高不下。原因在于，雇用熟练抄写的工人，仍然需要大量资金。出版商强调工作的效率，必须多快好省地加快工作速度。然而，一味地赶工，势必造成抄写工笔下的粗疏之误。作者怨声载道，读者也是叫苦连天，对抄写工人的笔误指摘持续不休。西塞罗曾经禁止出版商和友人阿提库斯发行其《论至善与至恶》的未校对抄本。不只是作者，买书人也会对版本的精确性锱铢必较。购买古本或者珍本时，他们会请专家鉴定。由于抄工有时粗心抑或偷懒，漏掉部分文句的现象比比皆是，所以要对照标准抄本，核对行数，并在送鉴图书中标示。行数也作为计算抄工薪金和零售价格的基准。①

随后欧洲诞生了诸多大学，造就了一大批求知若渴的教授学者，他们

---

① 　［荷兰］皮纳.古典时期的图书世界［M］.杭州：浙江大学出版社，2011：62.

对书籍的钟爱堪用狂热来形容。手稿的制作也渐呈常规化趋势，专业性成为标配。一批专业的文具商会把文本复制和插图、装订，以及发行工作都转包出去，这个生产系统的及时出现，为意大利的人文主义者研究文本、宣传新思想，以及传播不同的译本具有极大助益。①尽管出现了这一标准化和专业化的生产流程，还有一批重要的赞助人一直继续制作稀有名贵的书稿，并且数量更多，制作颇为精良。富有的人，不只是基督教机构或者学者，都开始为自己的私人图书馆收藏，因此催发了藏书业的盛行。

2. 从手抄本到雕版印刷术的转变

14世纪时，复制图画的标准化方法已经流传开来，用以装饰书的封皮。专业的工作人员用凹刻的印版，就能在皮革表面印压出图样来。抄写员制作手抄本之时，则在每个章节或者段落的开头，提前预留空白，或者描上装饰的大写字母，以便更加美观。这些大写字母会用木头或者金属做的浮刻字模来压印。印刷技术的起源之一便是印染，②如今在欧洲也开始流行。彩墨用在丝绸或者亚麻布上，可以染出简单的信仰图画与宗教故事场景，这种方式源于西方的文化传统。载体的不同并不能完全阻隔技术的运用，与印在织品上相比较，浮刻的印模在纸上压印，无论是黑白还是彩色，都能印出更为干净、清晰的线条。木版印刷是较早期的例子。"这种做法在欧洲人普遍使用纸张后不久即出现，比印刷书的诞生早了70年，也开启了后来文字印稿的先河。"③

最初的木刻版上并没有文字，后来有人发现，如果随图附上短文说明，效果会更好。为了印刷文字，或者另外刻一块横版，或者是在人物之间的空白处雕刻。起初，图说采用手写，后来则与图案本身一起刻在木板上。在此同时，图中的人物宗教意味趋于淡化，人物、动物、字母，以及基督教的人物史迹传奇都能在图画上呈现。此间最有市场前景的发明，当

---

① ［美］玛格丽特·L.金.欧洲文艺复兴［M］.上海：上海人民出版社，2015：299.

② 万安伦，王剑飞，李仪.论中国雕版印刷术的三大源头［J］.中国出版，2018（18）：59.

③ ［法］费夫贺，马尔坦.印刷书的诞生［M］.李鸿志，译.桂林：广西师范大学出版社，2006：20.

数纸牌的制造，后来很快变成一个庞大繁荣的产业。先用木版印出纸牌，然后上色，昔日逐张描图、添加装饰的情景不再复现。同时，还出现了带有讽刺意味的海报、商业告示，后来又出现日历。

单纯的全开纸张印刷已然不能满足市场要求，木版印出的四开小书也随之诞生，并成为一种新的读物类型，内容充斥着最受欢迎的道德、宗教故事，如《默示录》《穷人的圣经》《救赎之镜》《耶稣受难》《圣徒生平》《死亡艺术》等。在这个阶段，文本与图画的重要性等同如一。在偏远的地方，资源匮乏的神职人员也可以从中获得讲道、传道的模板。重要的是这些书的价格不贵、尺寸不大，因此，普通大众都能消费得起。即便识字率不高的人，也可以从图画的寓意中领略其中要义。此外，这些小册子是用方言写成的，对于具备基础阅读能力的读者而言，更加容易理解。当时的雕版书文字比重较高，这证明稍能阅读的人已不在少数。①

3.雕版印刷术向活字印刷术的转变

学者抑或研究者仔细审视流传至今的雕版书后，发现雕版印刷是一个庞大的产业。其稀有的留存，一方面说明其不易保存，另一方面表明其在流传过程中不被珍视。因为普及，当时的人们将其塞进书的封皮或者箱子的衬里中。我们目前无法确切找出哪国的雕版印刷技术最为先进，哪幅版画的确切日期，以及雕版师的职业起源如何，类型如何。我们可能询问：雕版书与活字印刷书之间的关系如何？雕版书是否比活字印刷书出现得早？因为在中国，有确切的史料证明雕版印刷术确实是在活字印刷术发明之前出现的。如果第一批雕版书出现在活字印刷术之前，其内在关联何在？会不会刻木版的师傅厌倦了重复雕刻每一页书，才设法变通，把文字或字母从木版上切割下来？或者就由此想出字母分别雕刻的办法，根据行文顺序排列以供印刷之用？接下来，只要保留这套办法，再把字母的材质从木头换成金属，就成了真正的可以完全实用的活字印刷术。

雕版印刷书的主要缺点在于，用木头刻出的文字或字母不够精确，

---

① 　[法]费夫贺，马尔坦.印刷书的诞生［M］.李鸿志，译.桂林：广西师范大学出版社，2006：22.

线条无法清晰呈现，而且木头过干或者受潮都会变形，用它们来排版并不是容易的事情。木头文字或字母的消耗速度是比较快的，因此就需要反复刻制大量文字或字母，这是极为耗时费力的事情。如果推测师傅们将这些活字材料由木头换为金属，同样是不合理的，毕竟把金属浇灌、制成活字的技术并不是普通的木雕师所能轻易完成的。不仅如此，现存的文献还表明，第一批印刷书并非出自新制法的木刻版工坊，而是出自金匠，如古腾堡、华沃高等人。

雕版印刷已然盛行，那么又是如何从雕版印刷发展到活字印刷的呢？手动活字印刷的技术是指延续数百年到工业革命为止的印刷术。其技术基本上包括三项内容：铸造金属活字、富含油脂的油墨，以及印刷机。其中，油墨的制造相对比较简单，制造出比当时油墨更好的新油墨，以及设计出足以取代拓印法的印刷机，相对而言并非困难的事情。至少在西方印刷术的发展史上，这两个课题与印刷技艺的核心相比，只能算是次要的问题。真正的关键则在于如何将个别的活字组成一整页的字版付印。

字模一般通过浇铸的方式制成，在硬质金属的一面，刻出浮凸的字样，作为阳文字范。每个字母或者符号都要刻上一块。然后，将阳文字范放在软质金属上敲打，便能翻制出一个含有阴文的字模。将阴文字模放置于一手持模具内，便能重复浇铸出所需的大量字粒。字粒的材质，多为熔点较为低的锡、铅等金属。

铸造活字的先驱多师承金匠、雕刻师，或者是传承铸币工匠的经验。他们依据常识就能获得铸制不上油墨的印章，用以装饰在书本的羊皮纸封面上。13世纪以后的铸匠师，已然懂得制作浮凸的字范，借此制作出黏土模具，接着从凹模翻制凸字，做出家族徽饰上的浮凸铭文。14世纪就有匠人使用黄铜制作戳模，戳模可以用来制作硬币、奖章或者印章。将金属放置于模具中敲打就能形成硬笔或奖章，也有一些用浇铸的方法制成。

第四节　欧洲早期机铅活字印刷术的传播及其路径探析

古腾堡机铅活字印刷术作为一项全新的机器印刷术，是一项系统工程，需对其进行全新定义。机铅活印术的传播路径从德国开始，然后传播到英国、法国，随后到达荷兰等地。

一、古腾堡机铅活字印刷术的定义

1440—1450年，古腾堡发明了一套系统全面的机器铅活字印刷术，该项技术包含了金属活字、油墨、纸张，以及印刷机的一套系统技术工程。他创造性地改造了旧式葡萄酒压榨机器，实现了螺旋式下压方式压印字迹，可以批量印刷复制出版物。该项技术在1450年以后，迅速推广扩散到欧洲各地。自古腾堡首创印刷产业模式以来，书刊的印刷出版就被纳入近代工业革命创造的物质文化系统。[①]

二、欧洲机铅活字印刷术的传播路径探析

1. 机铅活印技术在英国的传播

15世纪七八十年代，英国人卡克斯顿（William Caxton）将活字印刷术从欧洲大陆带回英国，并于1476年在威斯敏斯特（Westminster）教堂建立了英国本土的第一家印刷所。非常明显的是，印刷术传入英国的时间比法国和意大利稍晚，这主要是因为英国与欧洲大陆有海峡相隔，加上其知识和经济的发展水平整体落后于德国、意大利等。据相关史料记载，当时意大利50个城镇有印刷厂，而德国也有20多个城镇经营着印刷事业。[②]

---

① 陈卫星.书籍市场的历史角力——读《启蒙运动的生意：〈百科全书〉出版史（1775—1800）》［J］.中国出版史研究，2017（4）：58.

② Colin Clair.A History of European Printing ［M］. New York: Academic Press, 1976：94.

"在1500年以前，由卡克斯顿、鲁德、圣阿尔班斯印刷商，以及外侨莱托、德·马奇林尼亚总共印制了150部作品。"[①]当时印刷数量远远不能满足社会需求，这在另一方面折射出英国印刷业发展的不足，人文思潮在英国的传播只能依靠从欧洲大陆进口的书籍。

卡克斯顿的重要贡献并非仅仅的书籍用印刷术，而是用英语代替了拉丁语印刷书籍。[②]在中世纪，罗马教廷拥有无上权威，当时教会的通用语言为拉丁语，其作为书面语通行于西方各国，并为少数人所掌握。非常明显的事实是，拉丁语作为一种贵族化的语言不易于普通大众的文化传播。在印刷术发行之前，书籍只能通过手抄的方式流传，书籍流通多局限于僧侣、贵族之间。但是，在印刷术问世后，拉丁语则不适合向大众普及了。

16世纪的前10年，英格兰的印刷商全部来自欧洲大陆。来自阿尔萨斯省的德沃德接续卡克斯顿的事业，"到1535年，已经印出了700余部作品"[③]。法奎斯和频森以诺曼底人的身份，成为钦定的印刷师，1490—1530年印出400多种书籍。据考证，1476—1536年的英格兰印刷商、书商以及匠人中，外国人多达2/3。

随后越来越多的英国人投入到印刷行业中，激烈的竞争使本地人与外国人发生了摩擦和矛盾，致使1523年颁布的法令规定，外籍印刷商不能收受非英国人为徒，印厂雇用超过两位外籍师傅也将受到处罚。

1520—1529年间，英国的印刷业得以迅速发展，共有550种图书出版。在随后的10年中，增加到739种，下一个10年，数量更是达到928种。到了16世纪后半叶，市场上图书种类更多，新建的印刷所也越来越多。为此，英国政府为了控制印刷机构的产量不得不颁布法令限制其数量，到了1695年，这项规定终于被废除，印刷业也进入了一个更加快速的发展期。[④]

---

① 郭方.印刷媒介与15、16世纪英国社会变迁［D］.北京：中国社会科学院，2001：38.
② 李彬.西方早期的印刷媒介及印刷新闻［J］.国际新闻界，1995（12）：92.
③ ［法］费夫贺，马尔坦.印刷书的诞生［M］.李鸿志，译.桂林：广西师范大学出版社，2006：183.
④ ［法］费夫贺，马尔坦.印刷书的诞生［M］.李鸿志，译.桂林：广西师范大学出版社，2006：183—184.

2. 机铅活印技术在法国的传播

法国的印刷业起步较晚，但在15世纪最后20年发展迅速。1480年，法兰西的印刷厂只有9所，到1500年，数量则猛增到40个。值得一提的是，法国首都巴黎的印刷业发展迅速，里昂的印刷业也日渐兴盛。吕贝克迅速成长为当地著名的出版中心，并成为法国与国外连接的中转站。

1495—1497年，在当地没有太多大型印书机构的情况下，印刷商与书商的数量却不在少数，在巴黎问世的图书计181个版本。里昂印制的版本据统计有95种，胜过意大利的佛罗伦萨和德国的莱比锡。

3. 机铅活印技术在荷兰的传播

荷兰最初处于西班牙的统治之下，在17世纪时脱离了西班牙的暴政，迅速崛起为海上强国。17世纪是荷兰全盛时期，经济、军事以及海上贸易的繁荣为荷兰的文化文艺发展提供了充裕的条件。荷兰涌现出的画坛巨匠维米尔、伦布兰特、哈尔斯等撑起了整个荷兰画派。学人拥入各大城市文化中心，与国外学人互通信息。此时，不少外国学者也旅居荷兰，诸如笛卡儿等。法国学者也囿于国内宗教政策的迫害而到荷兰避难，阿姆斯特丹成为欧洲仅次于巴黎的第二大法文书籍产地。荷兰的大书商如鹿特丹的里耳等，事业人脉广博，又处于极佳的地理位置，因此将法国作家的著作推广到了欧洲各地。于是，荷兰书商与法国书商开始展开激烈竞争。直到18世纪，法语成为欧洲通用的语言后，荷兰的出版商便扮演着法国"启蒙哲人"的支持者角色，将法国国内难以出版的书籍出版并销往国外。

第五节　造纸术、印刷术与文艺复兴

14世纪和15世纪之间欧洲发生了意义重大的革命性事件，被称为文艺复兴。这是思想和文化领域一次伟大的运动。当时的人们认为，文艺在古希腊古罗马时代曾高度繁荣，但在中世纪"黑暗时代"却衰败湮没，直到14世纪后才获得再生与复兴，因此称为"文艺复兴"。

一、现代印刷术的出现标志着欧洲步入近代

大多数文艺复兴的学者认为，古典文化复兴时期的乔托和彼特拉克是中世纪向近代的转折点。人们认为，近代社会的起始是一个过程，类似量变到质变的转变，这是毫无疑问的。而印刷术是重要的标志性事件。

我们步入欧洲早期的意大利，寻访印刷的时代印记。集中于城市中心的欧洲人，都在使用西欧语言印刷书籍。在印刷的专业分工下，新的行业已经出现，新的职业群体正在被调动起来开发新的市场，拓展贸易，并在市场上展示自己的印刷品。到1450年，近代印刷术的时代已经开启。

印刷术的出现改变了书籍生产、发行和消费的条件。它以一种规模化复制技术生产文化产品。尽管手抄书文化业已过时，但反映这些条件的文本却更丰富了，不同时代的不同精灵被释放出来了。[①]

"这一场文化复兴如何受手抄书文化向印刷文化过渡的影响？"在15世纪印刷术起作用前，新的研究领域浮出水面。有人撰写演讲稿，教大学生，他们将哲学与文学连接。有人追求辩论，批判哥特式风格，对语言艺术尤其是修辞和语文学的关怀与日俱增。城邦人道主义的新精神产生，对人性化都市的赞美出现……除此之外，学者追寻曾经被中世纪研究忽视的古籍，对文学商人进行支持。廉价书写材料的需求逐渐旺盛，造纸术逐渐发展兴盛。这些现象集中于地中海的都市。

因此，伊丽莎白·爱森斯坦认为"地中海地区的都市背景，与古代诗人和艺术家亲近的感觉，对哥特式思想和表达风格的厌恶感"成为15世纪文艺复兴最重要的特征表现。通过梳理历史上的几次文化复兴运动，他们都有"依靠手抄文化的有限资源"的共同点，同时每次复兴都依靠有围墙的图书馆、箱柜里的书籍文本，这些知识生产和传播功能是极为有限的。主要依靠口头传播、演讲，以及记忆手段进行的文化传播，所能达到的效

---

① ［美］伊丽莎白·爱森斯坦.作为变革动因的印刷机［M］.何道宽，译.北京：北京大学出版社，2010：102.

果总是极为有限的。[①]

目前对文艺复兴的解释不能区分意大利独有的特征和印刷术独有的意义。在意大利后期，传统的信息与知识扩散形式发生了改变，翻译家、旅行家以及学者起到了中介的作用，他们甚至得到了印刷商的辅助。通俗语言翻译被调动，词典以及义类词典减轻了作者对接触对象的依赖和对外国侨民的依赖。确切地说，作为传播的中介主体在印刷术的渲染影响下，已经发生了变化。教廷是当时重要的传播力量，正值手抄文化向印刷文化转变。确切地说，在手抄文化向印刷文化转变的过程中，影响到了教廷的权力。诸多印刷商本身就是学者，在信息匮乏时代，学者们对旧有信息的依赖渐趋减少。

在考虑中世纪宗教因素与印刷术的发明之间的关系时，我们注意到古腾堡的合伙人约翰内斯·福斯特携带《圣经》到巴黎大学，主要目的是希望开拓旧学的市场。从美因茨和古腾堡《圣经》，到斯特拉斯堡和门特林《圣经》的思想，再到路德《圣经》，新产业的发展动力是基于以营利为目的的基督教插图的流行，而非古典插图。

传播变革并不和近代历史意识的产生同时发生，而是比近代历史意识早100年以上。在同一时空框架建立以来，此前的历史不能被确定在特定的距离之外，直到印刷术发明100年以后，历史的距离才能定下来。而文艺复兴不是永恒的，也不可能是永恒的。[②]

伊文思似乎有理由把1480年一本劣质的机印版植物志当作手抄文化传播的终极产品。作为比较，他指出另一本书——彼得·舍费尔1485年在美因茨印行的《德意志植物志》具有开拓精神，该书的序言描写了他如何委托人作画用以出版。首先他请一位医学专家审核刚刚做完插图的稿子。他聘请了一位画家随行。这位画家的作品被雕版付印，和质量不均等的其他木刻一道进入这本植物志。编订后的拉丁文被翻译成通俗德语，以方便非神职人员的德国读者阅读。这本植物志成了先驱，里面既有新作的图版，

---

①　[美]伊丽莎白·爱森斯坦.作为变革动因的印刷机 [M].何道宽，译.北京：北京大学出版社，2010：105—106.

②　[美]伊丽莎白·爱森斯坦.作为变革动因的印刷机 [M].何道宽，译.北京：北京大学出版社，2010：185.

又有许多已经多次复制过的图版。

现代印刷术的出现成为欧洲社会步入近代的起点。

二、如何判定现代印刷术的影响

有学者认为，现代印刷术对于欧洲文艺复兴的影响是全面的和持久的。

中世纪人们已经在对古代的铭文、考古资料进行搜集，冀图搜集古代文物以恢复文明的理念，将各种学科的知识拼凑起一个世界来。但是，由于知识庞杂，他们需要搜集100年前后的文物才能掌握古代纪年。因为建构的手段尚不成熟，不足以拼凑起整个古代世界图景。

在印刷术出现100年后，手抄书时遗留下来的地图和纪年史才清理出头绪，更加完备统一的资料整理才得以完成。整体的、理性化的古代观念正是在印刷术后100年才出现，而不是在彼特拉克时代出现的。其中，"印刷术的保存功能是古代观念出现的先决条件"。

印刷术的保存功能延长了文献再生的过程，同时也放大和弘扬了其激励意义。印刷术似乎有一种积极的、很大程度上令人振聋发聩的效应。从近代浪漫主义批评家的观点来看，学术性的历史学家和文艺复兴人相比而言似乎显得枯燥无味。但是，从彼特拉克到瓦拉的早期人文主义者之所以成为生龙活虎的文化英雄，要归功于印刷术造就的平凡朴实的知识产业。在他们的著作发表以后，如果没有连续不断的新形式和不断增加的新变革，他们今天是不可能再被誉为历史学术宗师的。[①]

在手抄本时代，誊写评注古代作家的著作，让人感觉到古文本的语法和中世纪文本语法截然不同，语言本身的不同其实是思维方式的不同。精致的语文学方法论成为判定古籍年代的方法。在印刷术未发明以前，人们注重依靠记忆和语言，并未形成一种持久的文本判定标准和规范。在手抄本作为独一无二的作品存在时，印刷品则给人们带来标准化的东西，以及

---

① ［美］伊丽莎白·爱森斯坦.作为变革动因的印刷机［M］.何道宽，译.北京：北京大学出版社，2010：185.

经过核定的文本复制品的形象。如一部重要翻译史的作者所言，这是一个媒介转换的新纪元，由此催生发展出新的世界。

我们不能忽视早期印刷方法与晚期印刷方法的巨大差别，因此就有必要进行仔细区分对待，同时，对待手抄本与早期印刷方法也有必要进行仔细区分。我们认为有的抄书工人是单纯的个人，也有的抄书工人是团体工作。当时有人将范本拆开，分成几个片段，让多人合抄的办法加速了抄写的过程，却同时也加速了舛误的产生。

早期的印刷方法自然也达不到现代学者熟悉的标准版本，印刷品在传播过程中，也产生了各种变异，这主要是母本本身的舛误造成的，于是在传播过程中便会随之产生各种勘误表。在没有印刷物大范围传播的情况下，勘误表是难以迅速诞生的。伊拉斯谟或者贝拉名印发勘误表，正是得益于印刷术的使用：准确地找出本文中的错误所在，并将其分发到读者手中。勘误表展示了标准化的效果——错误是统一的，订正也是统一的。因此，在手抄本文化中，即便抄书人受到的监察再严密，他们也难犯"标准化"的错误。印刷术的作用正是在于让相同副本的书到处流通成为可能，不同地区的学者可以就书中的同一句话或同一个问题展开讨论。

在手抄本文化中，学科进步的目标是恢复旧文本，古人和现代人瞄准同样的目标，既可以构想回归昔日的黄金时代，又可以展望更加光明的未来。[①]文艺复兴的概念与形式在意大利的传播起初非常缓慢，而在意大利以外的地区，速度更慢。

印刷术传播文艺复兴的效率很可能比其他方法更高。印刷术的流行使版面价格相对低廉，后者又让意大利的人体结构和透视法的概念，以及古典神话之美能普及欧洲社会，尤其影响了工匠和艺术家。所以从16世纪初起，在整个欧洲的陶器、银器、黄金艺术品、织锦、丝绸、华服，甚至家具上，都能找到文艺复兴视觉技巧和形式的影子。[②]

---

① ［美］伊丽莎白·爱森斯坦.作为变革动因的印刷机［M］.何道宽，译.北京：北京大学出版社，2010：117.

② ［英］保罗·约翰逊.文艺复兴［M］.谭钟瑜，译.天津：天津人民出版社，1998：175.

印刷业被誉为"时代最伟大的文化使者"①。它加速了思想的交流，同时也改变了学者们的思考和表达方式，使读者的数量加倍增长，并且重新把阅读的过程变成了一种宁静的个人追求。在不同译本与版本之间，背后是灌注其中的抽象思想，蕴含一种全新的生活理念。

三、从文字符号角度看文艺复兴

在几百年中，相当一部分人对"哥特式"不屑一顾，许多学者都瞧不起"哥特式"。实际上，在15世纪欧洲也经历了哥特式的复兴，我们经常提及的文艺复兴观念兴起于19世纪，这正是在与哥特式的对抗中形成的。

文字与凸版印刷来自意大利文艺复兴时期的版式，为了有意识地对抗哥特式字体对加洛林王朝的范式和12世纪的范式影响。哥特式字体是中世纪复兴的短暂象征，我们现代的字体无论罗马字体还是意大利字体都验证了意大利文艺复兴的持久性。文明中的古典成分是可以抗拒的，但这个古典成分不会完全消失。②

在印刷术发明后100年中，哥特式字体在大多数地区与古字体竞争。哥特式字体甚至在荷兰、德意志地区文艺复兴之后都在使用。

中世纪书写体前后的演变极为复杂，不同地域的文本也不尽相同，甚至各个机构如修道院、大学和朝廷都没有统一固定的标准。铸字工人设计了一套小写字母，和古代的大写字母匹配，为文艺复兴时期的字体提供了"古典的根基"。一些非古典的、野蛮的或者中世纪的成分也加入到字体中，如装饰性花絮设计。

早期的机械金属活字印刷术使用的字体也非井然有序，试图用二分术语分类在西塞罗著作中可以清楚地看到。《论雄辩》被认为是当时最早的机印书籍之一。

---

① ［美］玛格丽特·L.金.欧洲文艺复兴［M］.李平，译.上海：上海人民出版社，2015：297.

② ［美］伊丽莎白·爱森斯坦.作为变革动因的印刷机［M］.何道宽，译.北京：北京大学出版社，2010：123.

文艺复兴字体之所以留下永恒的印记，并不是因为它吸收了这种风格而不是另一种风格，因为它是用话字印刷出来的，而不是用手写出来的。①

四、印刷文化下的知识传播

和字母表一样，凸版印刷是特定场合的发明。中国人发明了活字，但是并没有字母表，只使用了汉字，而汉字基本上是方块的。15世纪中叶，韩国人和回鹘人发明了字母表和活字印刷，但他们的活字不是分离的字母，而是整体不可分割的词。

与此相反，在使用字母表的凸版印刷工艺中，每一个分离的字母都铸造在铅块上，一个字母就是一个活字，这就是最重要的心理突破。这样的活字印刷把词语深深地嵌入制造工艺，把印刷术变成商品。凸版印刷是第一条装配线，它把制造工艺分解为一套固定的步骤，可以生产一模一样复杂的产品，其部件是可以替换的。这条装配线生产的是印制的书籍。许多结构学家认为，文字使语词具象化；实际上，使语词具象化的不是书写，而是印刷术。②

在文艺复兴时期，古典学术兴起和古典文本的恢复是一个非常重要的现象，以至于有些学者认为文艺复兴时期对古典的研究达到了前所未有的广度和深度。于是，一些古代文本引起了足够的重视。但是这些古典文学不仅仅有手抄的，也有机印的，深藏于图书馆中。

彼特拉克的后继者誊写的书稿好多都失传了。一些重新发现文本的图书馆也消失殆尽，这种人类社会共知的常识现象古代如此，当今也是如此。就著名的《物性论》而言，数百年间并不为人所知，主要是在当时的信息传播时代仅仅存在这样一个孤本，后来该孤本被波焦于1414年发现，并且自己誊写了一份，由此才保存下来。直到60年后，该书被送进印刷

①　[美]伊丽莎白·爱森斯坦.作为变革动因的印刷机[M].何道宽，译.北京：北京大学出版社，2010：126.

②　[美]沃尔特·翁.口语文化与书面文化[M].何道宽，译.北京：北京大学出版社，2008：90.

所，才得以广泛传播。16世纪时，已经印行了30版。[①]

在君士坦丁堡陷落前，西方学者就发现了许多古籍书稿。波焦、尼古拉等人已经向世人展示了珍贵的拉丁文古籍。在这里，发现与保存是有本质区别的两个概念。早期学者发现的是中世纪学者的抄本，重新发掘发现就成为巨大的贡献。以至于有人认为，如果拉丁文本只有一两份加洛林时期的抄本，倘若在此后的几百年里，极少有人读过，此后有人发现了这个抄本，并复制传播，被赋予了发现的功劳。而保存是在发现之前，应该说，保存是前提，不能把前提忽略了。

既然如此，中世纪手抄本的抄书人是否更应该值得铭记？文艺复兴时期的人文主义者将文本交给印刷商才便于后人所知晓。中世纪的无名学者、抄书人，他们的名字却因为书籍文本无法得以更加广泛的保持复制而消失在历史烟尘里。应该给这个集体以应有的历史地位。

在造纸术和印刷术传入欧洲之前，处于萌芽状态的文艺复兴思想是极为微弱的，这微弱的火苗很容易被熄灭。当时希望复兴古希腊古罗马时代的文化思想影响极小，参与的人员也极为有限。对于古希腊古罗马的古典文化遗产，甚至许多学者都无法接触到，很难谈得上对其传承和复兴。

造纸术传入欧洲之后，情况稍微有所改观。廉价的书写材料拓展了文本书写的范围和种类，无论布道词、书信和诗歌，还是日记、回忆录、笔记簿等都大量出现。从羊皮纸到纸张的载体转化过程中，虽然没有为抄书匠带来多大改变，却对商人和文人有较大影响。手抄文本开始溢出教堂和神职人员范围，在精英阶层流动。在某些领域由于学者全力投入而生产并传播出一些新的理念和新的知识，但在更多领域学者们耕耘的新知识和新观念并不能得到很好的传播和传承。由此看来，仅仅靠出版载体的更迭还难以实现新知识和新观念的大众性传播，欧洲古典主义文化遗产也难以在广大民众中继承和弘扬。事情的进一步改善，是由于来自中国印刷术的传入及古腾堡在中国活印思想和活印技术启发下发明机械动力的铅活字印刷

---

① ［美］伊丽莎白·爱森斯坦.作为变革动因的印刷机［M］.何道宽，译.北京：北京大学出版社，2010：127.

术的出现。

机铅活印技术的发明使得广大读书人更容易获得书籍，学者们也更容易将自己的新思想、新理念转化为普通大众的实用读物。印刷术也促使艺术家和工程师出版工艺方面的著作，同时让翻译技术文本的人也获取酬劳。在印刷术发明之前，体力劳动者和脑力劳动者之间缺乏互动，妨碍了中世纪工程师和匠人之间的互动传播，印刷机成为服务的纽带，既服务于哲学家和语法学家，又服务于匠师和工程师。印刷术同样与文人、教士之间产生关联。[①]

印刷术减少了人们对记忆能力的依赖。印刷术的固化功能影响到图像被塑造的方式，影响的途径又改变了图像搜集、复制和分类的方式。印刷术鼓励相同的母本被反复复制，这种复制力量为视觉符号赋予更大的价值。之前用来挂在墙上或者画在羊皮纸上的图像可用雕版或活印复制，由印刷品商人提供，还可以由木工、玻璃工、制陶工等来加工完成。参与文化和艺术生产的人数大大增加。

在印刷术发展过程中，其积极的变化日渐明显，尤其体现在错讹的订正上。和早期的机印《圣经》一样，早期机印的植物学图书也经历了一个错讹增多的过程。尤其是15世纪80年代到1526年出版的草本书显示，错讹失真的数量日渐增加，以致在1526年出版的英文草本书到了一个令人难以接受的程度。说明在抄书人时代，扭曲的过程尽管也存在，但是人工的速度毕竟较慢，错讹传播的速度及影响范围也相对较小。随着出版流程的日益规范和校勘环节的日渐严谨，早期印刷品的严重错讹问题才逐渐得到改善和匡正。

五、从口语到书面语言的形成

1. 从腓尼基字母到希腊字母

欧洲中世纪以来各国文字的来源可以追溯到腓尼基人创制的人类第一

---

① ［美］伊丽莎白·爱森斯坦.作为变革动因的印刷机［M］.何道宽，译.北京：北京大学出版社，2010：250.

套表音的字母文字。欧洲的字母文字，主要经历腓尼基字母、希腊字母、拉丁字母和欧洲诸语四大阶段。

在古埃及象形文字和两河流域楔形文字的共同作用下，人类第一套字母文字系统腓尼基字母诞生。腓尼基字母属闪米特字母系统，由22个简单线形辅音字母组成，由于没有元音字母，阅读时需要读者自行加上。腓尼基人基于海上商人的忙碌传统，一直忙于经商贸易，无暇学习更多的文字，只能用最简单、高效的方式记录。因此，决定了腓尼基字母便于学习和具有极强适应性的特点。

希腊字母来自腓尼基字母，也属于北方闪米特字母，后来成为欧洲各国字母文字的重要源头。希腊人对腓尼基字母进行了创造性改革，加入了腓尼基字母最致命的缺陷——元音字母，使之成为人类历史上第一套辅音和元音较为齐备的字母文字符号，并一直使用至今。早在公元前11世纪，希腊刚从青铜时代迈入铁器时代，最早的原始希腊字母开始形成。由于希腊城邦最初分为东西两派，希腊字母刚开始也东西有异，经过长达7个世纪的碰撞融合才趋向统一。公元前4世纪中叶，希腊各地字母统一于爱奥尼亚字母之下，成为规范的古典希腊字母。希腊字母影响深远，发展出拉丁字母和斯拉夫字母两大分支。

拉丁字母由于曾经书写古罗马文字字母，因此也被称为罗马字母。公元前7世纪拉丁字母开始孕育，到公元前1世纪时，罗马帝国强盛，拉丁字母也开始活跃并逐渐发展至鼎盛状态。早期拉丁字母仅有21个，公元前3世纪罗马人征服希腊后，融合了希腊字母，变为23个。到中世纪时，形成了应用至今的26个拉丁字母。[①]

2. 拉丁字母在欧洲的传播

拉丁语属于印欧语系拉丁语族的语言，最初局限于意大利半岛一个小部落"拉丁人"使用。伴随意大利共和国成立，在公元前1世纪拉丁文逐渐成为意大利半岛的通用语言。拉丁字母在官方的支持下逐步推广开来。

罗马帝国成立以后，版图逐步扩大，西班牙、不列颠、美索不达米亚

---

① 孙宝国.18世纪以前欧洲文字传媒与社会发展研究［D］.东北师范大学，2005：15.

以及北非各国乃至多瑙河、莱茵河都被纳入其中。476年西罗马帝国灭亡，东罗马延续至1453年。拉丁字母也伴随西罗马帝国进行传播。

在1世纪以后基督教传入罗马，拉丁文《圣经》的传布使拉丁字母的传播广泛深远，并逐步深入到欧洲腹地。以至于有人断言，在古代欧洲和中世纪，"《圣经》对拉丁字母的传播起着决定性作用"①。

西罗马帝国被日耳曼人灭亡后，罗马的官方语言拉丁文被日耳曼人通用，并且拉丁文成为一种身份的象征，在神父、医生、作家、教师以及绅士之间通用。拉丁语在使用过程中也面临着分化的情形，中世纪的法语、意大利语、西班牙语等语言逐渐形成。拉丁语的传播、发展和演变见证着欧洲从中世纪到近代演变的过程。

3. 印刷术对于欧洲语言文字符号标准化的意义

作为商品的印刷品是孕育全新的民族国家同时性观念的关键因素。因为在1500年，至少已经印刷发行了2000万册图书，这标志着机械再生产时代的发轫。因为用手稿传递的知识是稀少而神秘的，但是印刷出来的知识却可以依凭复制而大量传播。

作为一种早期的资本主义企业形态，书籍生产业充分地感受到资本对于市场永不止息的追求，早期印刷商在整个欧洲设立分店，因此，一个无视国界、名副其实的出版商国际市场在无形中制造出来了。在1500年以后的50年中，欧洲正值发展的繁荣时期，出版业的盛景也随之相伴。这段时期的出版业呈现出时代支柱产业的伟大特征。自然，书商也更关注如何卖出图书以获得利润，他们最想要的是能够生产尽可能引起多数人兴趣的出版物。

毫无疑问，欧洲的识字圈——一个涵盖面广阔但是纵深单薄的拉丁文读者阶层，让这个市场饱和大约花费了150年的时间。只有相对较少的人是生活在拉丁文环境中的，在当时和现在，大部分人只懂一种语言，在资本主义的市场逻辑下，精英的拉丁文市场一旦饱和，就开始面向大众招手，由此逼促了当时地域性民族国家的形成。近代民族国家的形成，其中的重

---

① 孙宝国.18世纪以前欧洲文字传媒与社会发展研究［D］.东北师范大学，2005：13.

要标准之一就是统一语言文字的形成。①

（1）语言与文字

文艺复兴时期文学方面的特征是新的地方语言和古典拉丁语文并行发展。我们常常低估14—17世纪的拉丁文著作，其实当时所有的重要作品都是用拉丁文写的，它对欧洲产生了深刻的影响，这点至少可以通过当时庞大的拉丁文教师数量得到证明。拉丁文的发展，不仅引起意大利语在表达方式上发生变化，而且还使它在正字法、语法和词汇方面得到发展。否则，意大利语的成熟将会推迟三四个世纪。②

意大利语形成的过程是缓慢的，它并不像法语等其他国家的语言发展那样快。但是到13世纪末，已具有相当成熟的形式了。但丁的著作《论俗语》是第一部由一个意大利人来论述意大利问题的书。但丁对多个世纪以来争论不休的"意大利官方语言"问题的论述及其解决方案，远不如他有关推广意大利语不仅是一种愿望而且是一种需要的认识更重要。其著作《神曲》后来成了意大利文学的典范。在但丁之后，佛罗伦萨至少出现了一个典范的佛罗伦萨方言，这是意大利其他地方所无法比拟的。③

"对文字出现前社会的思想文化进行研究，关键在于对交流过程的理解。在没有文字的环境里，口头交流的唯一方式就是词语的吐露，而知识唯一的储存库就是一个群体里每一个人对知识的记忆。"④

口语传统中有一个重要特征需要我们注意，即它的流动性。口语传统往往处于持续演化的状态。在这里，如果认为口语传统的作用是交流抽象的历史或科学数据，即现在的历史档案或科学报告的口头对应物，那么口语传统的这种流动性就会变得令人迷惑不解。由于没有书面文字，口头文

① ［美］本尼迪克特·安德森.想象的共同体——民族主义的起源与散布［M］.吴叡人，译.上海：上海世纪出版集团，2005：39—40.

② ［瑞士］雅各布·布克哈特.意大利文艺复兴的历史背景［M］.何新，译.北京：商务印书馆，1997：68.

③ ［瑞士］雅各布·布克哈特.意大利文艺复兴的历史背景［M］.何新，译.北京：商务印书馆，1997：68.

④ ［瑞士］雅各布·布克哈特.意大利文艺复兴的历史背景［M］.何新，译.北京：商务印书馆，1997：68.

化理所当然不可能产生档案或报告。的确，口头文化甚至对文字没有一点概念，当然也不可能对历史档案和科学报告有任何概念。口语传统的基本功能是非常实用的，即用于解释群体当时的状态和结构，因而证明其合理性，为群体提供一个连续演进的"社会成员共同遵守的规则"①。

（2）艺术品

文艺复兴运动产生了高涨的个性意识，个性意识对视觉艺术的影响并不亚于其对文学的影响。当一位艺术家比如拉斐尔的一件作品被印刷术批量复制时，一种新的价值就会被赋予原作即艺术家亲手绘制的作品。当手抄书越来越少时，艺术家的创作和签名就会越来越珍贵。由于印刷机的威力，艺术家、赞助人和公共关系改变了。②

由此，人们会更加重视印刷术的保存作用。我们更不能否认在印刷术出现前，个别艺术家已经被当作杰出公民广受赞誉，几位佛罗伦萨艺术家用自传讲述自己的生平和艺术，他们的自尊心和自我意识高涨。手抄本文化的环境下，不断瓦解着人物的崇拜，印刷术却大大强化着人物崇拜。书写材料不丰裕时，几百年间最为杰出的艺术大师也不会被文字记录下来，自然也无法做到广泛保存。当15世纪的手稿交付机器印刷时，艺术作品就多副本地保存下来了。

第六节　造纸术、印刷术传播到德国及古腾堡的机铅活印发明

中国造纸术和印刷术传入德国后，在德国迅速发展，其后古腾堡在原有雕版印刷技术和活印思想及技术基础上，创新发明机械铅活字印刷技术，该技术在德国迅速发展，并快速传布欧洲。究其原因，与商业贸易、

---

① ［美］戴维·林德伯格.西方科学的起源［M］.张卜天，译.北京：中国对外翻译出版公司，2001：6.

② ［美］伊丽莎白·爱森斯坦.作为变革动因的印刷机［M］.何道宽，译.北京：北京大学出版社，2010：141.

宗教信仰、政府支持、文化环境等因素密不可分。

一、德国造纸术的发展及意义

在德国，第一家造纸工场设于葛莱斯穆，并于1391年开始生产，到了1420年，吕贝克也开设了纸厂，随后于1428年，在附近克雷沃斯的根内普又出现一家纸厂。据考证，吕内堡、奥格斯堡、乌尔姆于1431年、1460年、1469年分别创立纸厂，其他地方同样出现了纸厂。1480—1490年，莱比锡出现了一家纸厂，此后1482年的埃特林根、1489年的兰茨胡特、1490年的布勒斯劳与1496年的鲁特林根，都有新的造纸工场出现。但是，总体而言，德国的造纸工场发展并不迅速，刚开始时进展堪称缓慢，到16世纪中叶，纸张的供应才能不借助外界的帮助。1516年，诺德林根、奥格斯堡与纽伦堡仍然需意大利金主提供周转资金，才能设立工场，而德国西部则转向法国寻求支持。[①]

二、中国印刷术影响下的古腾堡机铅活印技术

古腾堡出生于约1400年的德国美因茨。在古腾堡活字印刷发明以前的800年，中国就发明了雕版印刷术；在其450年前，中国发明了活字印刷术；在其近200年前，中国发明套版印刷术。这些系列印刷技术经过"一带一路"传到欧洲，在古腾堡以前的两三百年里，西方人基本学会了雕版印刷技术，活字印刷技术也在中国的新疆地区基本完成了由方块汉字到准拼音文字的转化，并传播到欧洲。活字印刷技术在一路传播和变革过程中，与雕版印刷技术相互呼应。古腾堡在中国雕版印刷技术和活字印刷思想及技术的启发下，开始研制自己的机械铅活字印刷技术。他研究出了可以制作成文字字母的合金材料及字母铸造技术，他使用这个方法建立了一套字

---

① ［法］费夫贺，马尔坦.印刷书的诞生［M］.李鸿志，译.桂林：广西师范大学出版社，2006：15.

母库，同时从葡萄酒压榨机中获得灵感，制造出机械动力的压印机器。同时还研制出适合机械印刷的油墨。这一系列的发明，终于成就了著名的42行《古腾堡圣经》横空出世。

古腾堡为了建立他的印刷厂，从当地商人约翰内斯·福斯特那里借了一笔高利贷。由于古腾堡没能按时归还这笔贷款，被福斯特告上法庭，古腾堡只好将自己的发明专利连同印刷厂一起抵押给了福斯特。福斯特依靠印刷出来的《古腾堡圣经》赚了不少钱。摇篮本的《古腾堡圣经》一共印刷了约180份，其中有49份留存下来。

古腾堡机铅活印技术发明后，德国的印刷业首先出现在莱茵河中游的河谷、美因茨，以及斯特拉斯堡，并以西欧的这片山脊为出发点呈同心圆扩散开来，逐渐覆盖了整个欧洲大陆，最后是整个世界。①

1455—1460年间，美因茨出现了数家印刷工坊，其中以福斯特和修埃佛所经营的最为显要。时值印刷业诞生的早期，已有印刷商在大学城内开辟商业路径。1460—1470年，印刷业发展迅速，德国的印刷行业组织进步明显，尤其是德国富含矿产，商业都市林立，不少技艺高超的金属工匠也会聚此处，富庶的商人阶层为印刷业的发展提供资本支持。

1470—1480年10年间，印刷业的发展更为快速。施派尔在1471年就出现了印刷店铺，乌尔姆的印刷店铺出现在两年后，吕贝克和布勒斯劳的印刷店铺则出现在1475年，其他城镇也大抵如此。

到1480年，德国约有30个城镇开设了印刷厂，数量仅次于意大利。

意大利印刷厂虽然是从德国引进的技术，但由于造纸工业发达，加之市场需求量大，自意大利建立第一家印刷厂起，便很快成为欧洲的印刷中心。英国的第一家印刷厂是卡克斯顿于1477年在威斯特敏斯特开办的。1473年，匈牙利第一本印刷书出现。

1450年之后，欧洲的印刷厂都是从古腾堡机铅活印发源地德国美因茨开始向外传播的。在15世纪的最后20年里，整个欧洲开设了126家以上印刷

---

① ［法］弗雷德里克·巴比耶.书籍的历史［M］.刘阳，等，译.桂林：广西师范大学出版社，2005：111.

厂。16世纪共有140个城镇开设过印刷厂。①

古腾堡、福斯特与修埃佛都曾经在德国美因茨的工作坊里改进印刷术。早期欧洲手抄书的数量很难统计，但是印刷术发明后印刷书的数量明显增加，并且与手抄书的数量形成了鲜明的对比。印刷商凭借可以批量复制的优势，成本下降30%~50%，在出版效率上自然不可同日而语。②

威斯巴西亚诺生于君士坦丁堡陷落的1453年，50岁回顾生平时他发现，这50年一共印行了800万册书，也许比君士坦丁皇帝于330年建立君士坦丁堡以来全体欧洲抄书人完成的手抄书的总和还要多。③

一旦排好了一页纸的字，古腾堡发明的印刷机器一天就能复制出几百页。这比手工抄录要快100倍。1470年，意大利的一位主教观察到，3个人使用一部印刷机工作3个月，可印出300册书，而这么多书若是手工抄录，需要三个人抄写一辈子的时间。④

纸张最早引入欧洲后，造纸服务于商人、布道者以及文人。造纸加快了通信的步伐，使文人可以为自己抄书。但是，由于复制的速度很慢，并未形成产业化。我们认为当时的书商专营某一方面的业务，他们的活动多种多样，最为常见的是制作出售、印制和装订书籍材料。有些书商做插图或者雇用工人做插图。抄书人还有自己的职业，接受委托订货……他们有的分工比较明确，部分书商只关注装订和印制书籍材料，对手抄生产、销售根本不感兴趣。即便活字印刷术发明以后，也同样如此。⑤

随着印刷术的发展，相关产业呈现新的特点：图书生产中心从大学城、宫廷到巴黎别墅和修道院再到商业中心的转移；新贸易网络和市场的

①　［法］费夫贺，马尔坦.印刷书的诞生［M］.李鸿志，译.桂林：广西师范大学出版社，2006：78.

②　［美］伊丽莎白·爱森斯坦.作为变革动因的印刷机［M］.何道宽，译.北京：北京大学出版社，2010：27—28.

③　［美］伊丽莎白·爱森斯坦.作为变革动因的印刷机［M］.何道宽，译.北京：北京大学出版社，2010：27.

④　［英］汤姆·斯丹迪奇.从莎草纸到互联网：社交媒体2000年［M］.林华，译.北京：中信出版社，2015：76.

⑤　［美］伊丽莎白·爱森斯坦.作为变革动因的印刷机［M］.何道宽，译.北京：北京大学出版社，2010：28.

组织；盈利的特权和垄断的新型竞争；官方强加的新的控制。[①]

三、欧洲机器活字印刷术发展传播的原因探析

1.商业贸易与城市空间是欧洲早期活字印刷术发展传播的主要动因

以营利为目的的欧洲活字印刷术的发展，正是商业发展的集中体现。印刷程序繁杂，极少人能完成全部程序。活字商人、印刷商和纸商逐渐形成了专业分工。基于早期活字易磨损的特点，商人们专门制作不同型号的字体出售。印刷商人专门承接印刷工作，纸商专门从事纸张贸易。

印刷术本身作为人类文明发展的重要标志，其产生、发展和传播路径也是由城市通往城市的。德国的美因茨、法国的首都巴黎和里昂、荷兰的阿姆斯特丹、意大利的米兰和威尼斯都是处于交通方便、经济繁荣富庶的地带。这不仅仅为笨重的印刷品提供了便利的交通，也为商贸提供了方便的环境，同时也为印刷术的发展传播提供了便利。

2.宗教信仰是欧洲早期活字印刷术发展传播的重要因素

欧洲早期的宗教环境是活字印刷术发展传播不可忽视的因素。基于此，才有大量的宗教著作印行。英国的卡克斯顿就是专门为教会印刷而维持生存的，所以，当时社会上出现了大批专门服务于教会的印刷商。由此，《圣经》大批量印行，与宗教信仰相关的著作也大量出现。

3.政府支持是欧洲早期活字印刷术发展传播不可或缺的因素

欧洲早期活字印刷术的发展离不开政府的支持，政府基于本国商业和印刷业发展的需要，颁布了大量的政策。例如，15世纪，英格兰官方曾试图吸引欧洲大陆的出版商和印刷商前来从业。英国在1484年颁布了一项法案，放宽了外国工匠在英国从业的限制，由此还引发了英国本土工人与外国工人之间的摩擦。因此，政府的政策性支持成为欧洲早期活字印刷术发

---

① ［美］伊丽莎白·爱森斯坦.作为变革动因的印刷机［M］.何道宽，译.北京：北京大学出版社，2010：34.

展传播过程中不可或缺的因素，①同时也促进了本国知识经济的繁荣发展。

4.文人学者盛行是欧洲早期活字印刷术发展传播的重要社会环境

文人、学者集聚为欧洲早期活字印刷术的发展提供了重要的文化环境，他们持续创作并推出新的作品，激发着印刷商繁荣商业化活动。文人学者的文化和学术活动为印刷术发展及传播提供了生机与活力。

四、欧洲机器活字印刷术的影响及启示

1.印刷技术的普及促进了欧洲造纸业的兴盛

印刷技术的普及的直接影响是大量印刷品的出现，而印刷品的出现则需要出版载体作为基础条件。因此，出版载体纸张成为制约欧洲印刷技术普及的原点性基础因素之一。欧洲机械动力在造纸术上的应用，在更大程度上促进了印刷技术的普及和运用。同时，这也逼促着欧洲在造纸原料上的改进。

2.印刷术的普及促进了欧洲知识进步和普及传播

与印刷术直接相关的是出版物的印刷与传播，机器活字印刷术的普及大大促进了欧洲的印刷效率，由此所带来的是欧洲印刷物出版数量的增加。出版物的传播流传带来的正是新思想和新知识的普及与传播。因此，欧洲机器印刷术的普及导致了欧洲思想的进步和新知识谱系的形成。

3.印刷技术的普及促进了印刷产业的形成及相关产业的繁荣发展

欧洲机器活字的印刷术的普及，所引发的正是与出版有关的产业的发展与拓展。印刷技术的普及带动了与印刷相关产业的发展，如印刷机械的生产和发展、铸字行业的发展、铸匠师行业的兴盛、图书印刷商的兴起、贸易商的兴起、运输商的兴起，以及图书内容审查的出现。这是整个出版产业链的发展和进步。

---

① ［法］费夫贺，马尔坦.印刷书的诞生［M］.李鸿志，译.桂林：广西师范大学出版社，2006：268.

4. 印刷技术的普及带来了整个欧洲社会的新变化

欧洲机器印刷技术的普及和进步，引发了新思想和新知识的普及和传播，逐步打破了基督教神权的统治，使王权在一定程度上得到加强，与神权形成了更强的竞争关系。由此，欧洲社会旧有的统治基础发生了颠覆性改变。由印刷技术普及所带来是对蒙昧和神权的挑战，新思想理念和新知识谱系导致整个欧洲社会出现了新变化，读书人群体迅速扩大，过去一些荒诞不经的宗教信条开始被质疑，整个欧洲社会出现了从"神文"向"人文"的巨大变革。

第七节　中国造纸术和印刷术在法国、俄国的传播

14—16世纪，中国的造纸术和经古腾堡创新发展的印刷术，在法国、俄国等地逐渐传播。在纸张与印刷术传播过程中，法国文学逐渐流传欧洲甚至世界各地。

一、造纸术和印刷术在法国的传播

1405年，一位叫雷贝一世的造纸商在特鲁瓦附近的圣康坦租下一间厂房开始造纸。其后家族的造纸事业逐渐扩张，拥有的纸厂也增为多间。起初，这个家族奉派为巴黎大学供应纸张，后来发现经营纸张利润可观，于是开始自己尝试造纸，很快就从自制产品中获得更丰厚的利润。1470—1490年，在巴黎等地都可以看到他们生产的纸张。雷贝家族的商标和品牌意识较强，纸张上清晰地打着"B"标记的水印。他们在16世纪已经发家致富，17世纪晋升为贵族。雷贝家族成为法国有钱有地位的家族之一，颇负盛名的是吉尧姆一世·雷贝父子。吉尧姆一世在1545—1550年，亲自投入到活字排印和阳文字范铸刻的工作中。尽管他并不懂希伯来文，但在业务中逐渐熟悉了每个字母，刻出了一整套活字，并且使用起来非常方便。之后他前往巴黎和威尼斯，与声名远播的阿尔杜斯出版社合作，技艺更上

一层。回到巴黎后，他随即在圣尚德拉特朗街与圣尚德博韦街的交会口，设立自己的活字铸造厂，挂起字印批发的招牌。除了替人铸刻希伯来字母，他也为勒鲁瓦和巴拉尔铸刻乐谱。他创建了巴黎最杰出的铸字王国。他的儿子吉尧姆二世·雷贝，于17世纪初兼营造纸、铸字、贩书、印刷等事业。①

德国的印刷匠人也有一些迁往法国，其中较多迁往里昂。里昂处于罗纳河和索恩河的交汇之地，在这里，经济拮据的工薪阶层与富有的丝绸商人比邻而居。正是丝绸工人们帮助并刺激着银行业和商贸业的发展，并为每年举办4次，每次为期15天的国际贸易展览会鼎力赞助。15世纪，里昂的识字率低下，丝绸工人和其他工人都没有读写的技能，而商人的文化水平也仅仅限于其业务需要。所幸的是，有相当一部分人受过精英教育，他们听说过那些崭新的印刷书籍，也想一睹为快。

巴斯勒密·比耶开启了里昂印刷业的先河，比耶1433年出生于里昂，其父亲是律师，母亲的家族是成衣制造商，比耶在索邦大学就读的时候大概已经与海茵林和菲谢见过面。1472年，比耶带着对德国印刷设备的激情回到家乡，并带了一名叫纪尧姆·勒罗伊的印刷工匠回到家乡，勒罗伊经验丰富，祖籍列日，但有可能曾在德国学艺。勒罗伊还为比耶带来了4个德国工人，并在索恩河的左岸开设印刷厂店，此处也成为此后数百年里昂印刷贸易繁荣昌盛的宝地。

里昂的书籍并不像阿尔丁出版的那样美观典雅，那里的印刷工匠也没有兴趣与德国、意大利和法国出版的优质书比拼细节和品质，但是其纸张雪白、平滑，印出来的书颜色鲜明、字体清晰。匠人们对哥特式字体情有独钟，深邃清晰的字体，有不利于阅读的一面，对眼睛有较为强烈的刺激作用，这种情况后来有所改变。

里昂的印刷匠把他们的书卖向欧洲，并借着与威尼斯有密切商业关系的机会，复制威尼斯的书籍，因此阿尔杜斯·马努蒂乌斯公开抨击里昂的

---

① ［法］费夫贺，马尔坦.印刷书的诞生［M］.李鸿志译.桂林：广西师范大学出版社，2006：13.

印刷匠，并列出复制书籍的许多错误。但是，印刷复制方并未道歉，也未否认剽窃的不端行为，仅仅借此机会修正了书中的错误。

里昂的印刷匠认为，自己作为出版商声名卓著，但是与巴黎的学术出版社发展方向迥然相异，前者的读者既不是学者，也不是知识分子，最重要的受众是医生，因此他们出版了一大批关于疾病和医疗的书籍，但是市场核心还是欧洲各国的书商。书商们出席里昂的书展，也从欧洲各国带来书籍来此售卖，成为不可或缺的金主。里昂当时的销售量超过500册即为畅销书，第一本用法文写成的书《世界奇观之书》诞生于里昂。尽管如此，各国之间的交流也较为密切，包括他们早期印刷所用的雕版也来自德国。

15世纪末，里昂已经发展成仅次于威尼斯、法兰克福和巴黎的印刷数量庞大的城市。德国人也到法国其他城市开办印刷生意。15世纪末，巴黎人把印刷带到了法国西南部，促进了佩里格的兴旺发达。

二、造纸术和印刷术在俄国的传播

15—16世纪，中国的造纸技术传到俄国。主要是通过意大利放射性传播过去的。这一点在前文中已有论及，不再赘述。这里主要谈谈印刷术传入俄国的情况。

一种观点认为，印刷技术是从海路传播到欧洲的。然后又从德国、意大利辗转传播到俄国的。但笔者认为另一种观点也值得重视，中国印刷术从丝绸之路北线传入俄罗斯，再经俄罗斯传入欧洲。

此观点认为由于天山和阿尔泰山这样自然地理的天然阻隔，我国印刷术的北传也是经过丝绸之路先向西途经新疆，在蒙古大军的远征过程中北传至莫斯科公国，并由此传向欧洲。意大利著名人文主义历史学家约维斯"最早提出中国印刷通过俄罗斯传入欧洲的……他在1550年说：'在广州的印刷工人采用与我们相同的方法，印刷各种书籍，包括历史和仪节的书……因而，我们可以很容易相信，早在葡萄牙人到达印度以前，基辅人和莫斯科人已经把这一种对学问可以发生无比帮助作用的样本传给我们了。'"①

外国学者对中国的印刷术原初发明国地位也曾有明确记载。1585年，西班牙传教士德·门多萨的《中华大帝国史》也指出："在中国应用印刷术许多年之后，才经俄罗斯（Russia）和莫斯科公国传到德国，这是肯定的，而且可能经过陆路传来的。这样，就为古腾堡这位在历史上被当作发明者的人奠定了最初的基础。"②这是外国学者直接认定印刷术来自中国的一份较早欧洲文献。如今，越来越多的文献和实物证明，古腾堡的字母活字印刷术以及世界各国的印刷术都曾受到中国活字印刷术的直接影响，至少也是在中国印刷思想和理念的重要启发下创制的。虽然由于种种原因，活字印刷没有能在中国占据主导地位，德国古腾堡的字母活字印刷术却后来居上，但他仍只是活字印刷术发展历程中的重要革新者，并非原初发明人。

---

① 晓虹.中国印刷术：如何西传欧洲？［J］.中国出版，1999（3）：49.
② 潘吉星.中国科学技术史·造纸与印刷卷［M］.北京：科学出版社，1998：612.

第七章　造纸术和印刷术经海上丝绸之路传播到南亚群岛和欧洲海运发达国家

在中国造纸术和印刷术外传过程中，海路运输扮演了十分重要的角色。15世纪初郑和七下西洋，中国人以史无前例的规模走向海洋，陆海丝绸之路才全面贯通，接着发生的就是古代丝绸之路"从陆向海"的重大转折。从此，中西方之间的文化和技术交流的频率不断增加，速度不断加快，造纸术和印刷术逐渐成为文化交流和传播中最独特且最核心的部分。

在纸作为书写材料被完善并被用于中国人的日常生活之后，纸和造纸术才得以在世界各地传播。纸张最初是以纸币、纸牌、日历等生活实用物的形式在欧洲出现的，在当时被认为是阿拉伯人或埃及人发明的。它的真正起源在中国，是通过阿拉伯、北非等接力传递逐渐传播到欧洲的，这一事实直到近世才被部分欧洲人逐渐认识到。这种缓慢的承认，一方面是由于这项发明都是通过中介从中国间接地传到西方，另一方面是由于对纸张材料性质的模糊混淆。

欧洲人最初不懂得造纸术，然而他们并不是没有发现纸的存在。事实上，中国造纸术早在900年左右便通过陆路运输由阿拉伯地区传播到荷兰、西班牙等西欧国家，但一直没有引起欧洲人的重视。欧洲人在使用中国纸的前3个世纪都不知道中国人使用纸张已逾千年。直到13世纪初，当大航海时代来临，欧洲的旅行者到东方旅行时，才注意到中国使用纸币，尽管他们的主要兴趣是钱而不是纸。最早关于纸币的报告是由威廉·路斯布鲁克（William Ruysbroeck）提出的，他是一名传教士，1253—1253年被法国国王派往蒙古首都喀喇昆仑（Karakorum）传教。他回到法国后，于1255年提到，中国人在他们的商业交易中使用由棉花纸制成的普通货币；在此之前，纸制品并不为欧洲人所重视。路斯布鲁克的报告很快被罗杰·培根采纳，罗杰·培根在他的著作《大著作》（*Opus Majus*，约1266年）中提到"一张桑树卡片，上面印着几行字"。马可·波罗在1275—1295年的东方旅行中对纸币做了更详细和直接的观察。他简要地描述了桑树皮造纸的用途，详细地叙述了制造纸币的过程和流通系统，在交易中使用纸币，用旧了再换新的方法。

纸张和印刷术为知识和思想提供了迅速传播的机会。文艺复兴和宗教改革时期的学术研究和民间阅读兴起，为学者和神学家提供了动力，让他们回到原始文本，并决定用自己的语言将这些文本传递给读者，这一需求打开了纸张遍布欧洲大陆的闸门，Alex Munro在《世界上最伟大的发明的意外历史》（2014年）中提到"即使是企鹅书网站上的宣传片也告诉我们'纸张最终于1276年到达欧洲，对于制造了文艺复兴和改革运动的学者和翻译家来说，这是他们必不可少的办公工具'"。在这种需求的驱动下，大航海时代开辟的海路对于纸张以及造纸所需原材料的运输提供了极大便利。于是海运比较发达的国家例如西班牙、葡萄牙、荷兰、英国等均通过海运进行纸张及其原材料的运输。

中国海上丝绸之路肇始于商周，萌发于春秋战国，形成于秦汉，兴盛于唐宋，转变于明清，是已知最为古老的海上航线，它将中国连接到东南亚印尼群岛、印度次大陆、阿拉伯半岛，一直到埃及，再到欧洲。在这个过程中，纸张、造纸技术和原材料、早期的印刷品等文化艺术作品成为海运运输和传播的重要内容。随着工业革命的发展和发达国家资本主义的扩张，出于降低生产成本等考虑，造纸业和印刷业逐渐由葡萄牙、英国等资本主义国家转移到东南亚国家，例如菲律宾、印度尼西亚等。在此过程中，欧洲的传教士在造纸术和印刷术的传播中扮演了主要角色。

中国造纸术与印刷术随着航海时代的到来而进行了有效的传播，并促进了全世界的大规模生产和书籍的流通，对15世纪末16世纪初的欧洲思想和社会产生了深远的影响。它激发了文艺复兴和宗教改革的精神，进而推动了造纸术和印刷术的进一步发展，直到出现了繁荣的出版业。它还有助于建立民族语言和土著文学，甚至鼓励民族主义本身；它普及了教育文化，增加了社会流动的机会。简言之，现代文明进程中几乎所有的事情都以这样或那样的方式与造纸术、印刷术的引进和发展联系起来。

第一节　中国造纸术和印刷术在南亚群岛的传播

亚洲大陆和越南以外的群岛地区，在其发展的各个阶段，种族和文化元素都是异质的混合体，在欧洲基督徒到来之前，通过印度教、佛教和伊斯兰教的传教浪潮，该地区一直在文化上受到印度的支配，或至少受到印度的强烈影响。此外，印度和东南亚之间的交流导致印度人口和思想大量向东迁移到缅甸、马来西亚、暹罗（泰国）、印度尼西亚和印度支那（现在的越南、柬埔寨和老挝），在那里印度文化和中国文化相遇融合。

尽管存在文化差异，这一地区所有国家和人民似乎都缺乏书面表达的传统，主要通过口头交流和记忆来传播知识和文化，书面文本通常不被有学问的人使用。东南亚的各个国家很少有早期的本土文字记录，它们的历史大多依赖于口头传播或汉语记录，偶尔也用阿拉伯语或波斯语。由于这个原因，东南亚的人们对纸张和印刷的需求甚微。虽然纸张可能很早就被引入这个地区，但直到16世纪欧洲人到来之后，人们才开始认识印刷术的重要。

在东南亚，纸出现之前用于书写的材料包括树皮、树叶、木板、皮革、布料、骨头。在锡兰（斯里兰卡）、缅甸和暹罗大量使用棕榈叶（贝叶）；在印度尼西亚，棕榈叶和桦树皮都被使用；在菲律宾，竹子、树叶和树皮都被使用。据记载，在古占婆王国和柬埔寨，由鹿皮和羊皮制成的羊皮纸被烟熏黑，然后用竹笔和白色粉末写在羊皮纸上。此外，在东南亚的许多地方，由于没有真正的纸，一种叫作"塔帕"类似纸的东西被制造出来。在印度尼西亚、菲律宾、马来西亚和许多太平洋岛屿，纸是用桑树皮内侧较软的部分捣碎制成的，先捣成小块，然后再合并成类似纸张的东西。它主要用于制作服装，偶尔也用于这些地区居民的写作活动。这些其实暗示了东南亚早期的书写材料也许与苏美尔人和埃及人一样历史悠久。

纸张发明的最初几个世纪，一直是亚洲独有的产品。186年，汉字书写系统被引入越南，越南是第一批用中文书写的国家之一。越南造纸术被认为始于3世纪，当时中国统治着越南北部。284年，3万卷被称为蜂蜜味纸的东西从越南被带到中国，这种纸可能是用石榴皮制成的。在这一时期，大约1万卷由海藻或蕨类植物制成的精美纸张也被运往中国，这些纸的数量是相当多的。即使在10世纪越南南部脱离中国管辖后，中国人仍然继续进口越南纸和越南纸产品，如扇子等。

在东南亚，除了越南，印刷术是由16世纪以来的欧洲人引进的，主要是被传教士、殖民地政府和欧洲居民使用。欧洲印刷技术在亚洲的第一次运用始于16世纪中叶，据说耶稣会传教士把原本打算运到埃塞俄比亚的印刷机械带到果阿邦（Goa），用于印刷宗教小册子和其他文学作品。

一、郑和下西洋与造纸术和印刷术的海路传播

郑和在中国古代历史上是一位终生奋斗在海上、坚决执行对外开放政策的国家使者，为加强国际友好交流、沟通国际贸易、促进中国与亚非各国间的文化交流，做出了至今仍为世人所赞叹的卓越贡献。他是世界大航海时代的一位先驱，也是古代中国走向世界的一面旗帜。

1405—1433年，明朝"三保太监"郑和（约1371—1433年）率领的中国舰队7次沿印度洋航行，以展示这个"永恒的东方帝国"的财富、权力和外交影响力。舰队途经30多个国家和地区，远至东非地区。作为古代海上丝绸之路的推动者，他的航行对促进当时中国与印度洋周边各国的经济文化交流起到了重大作用。据记载，郑和的船队拥有2.74万名船员、240多艘船，曾到过爪哇国、苏门答剌（苏门答腊）、苏禄、马六甲、彭亨、真腊、古里、暹罗、榜葛剌、阿丹、天方、祖法儿（佐法尔）、忽鲁谟斯、木骨都束等30多个国家，最远曾达非洲东岸，有专家分析郑和有可能到过澳大利亚。

广泛地向海外各国赠送大量图书，是郑和下西洋时期中国与亚非各国进行文化交流中的一件大事。永乐二年（1404年）九月十三日，明成祖

命礼部装印《列女传》万本，赠给暹罗国百本。明朝政府广泛地向海外各国赠送《列女传》，目的是以中国封建社会里合乎三从四德的列女为楷模，倡仁厚之风，修太平之业，改变有些国家叛服无常、喜战好斗的野蛮习性。当时如爪哇国，所有男人，从三岁小孩到百岁老人腰间都插一把一尺二寸长的短刀，当地叫作"不刺头"，稍有不合，就拔刀互刺，刺死人的人，如果当时被捉住，亦将被刺死，如果躲过了三天，就不用偿命，这个国家每天都有命案发生。又如占城国，可以取活人的胆出售，其酋长和部落首领把胆放入酒中和家人同饮；或用以洗澡，说这叫全身是胆。再如彭亨国（今马来半岛东岸彭亨河口）杀人取血以祭神，请求降福消灾。苏门答剌国王每年都要杀10多人，取血洗澡，说能镇邪，不生疾病，如此等等。这些国家，在杀人如儿戏的野蛮习性的影响下，滋事生非，侵扰邻境，搅得亚非一些地区不得安宁。郑和不断地向它们赠送中国各种书籍，教以中国的文明，久而久之起到了一定的效果，不少国家不但主动要求明朝政府赠送，还要用本国土特产品前来交换中国书籍。占城、爪哇、琉球等国拥有大量中国书籍，国家首领及上层人士都用中国书籍供子女学习。占城国王还下令设国子院，招本国学者入院学习，讲授中国的"四书五经"。

郑和的这些航行虽然不是中国历史上唯一的，但却是最成功的。他的航行虽然没有发现新的大陆，但将中国当时已有的先进文化产品和技术传递到了印度洋沿海的各个国家和地区，将中国的纸张和印刷品展示给了东南亚和欧洲海运国家，使它们对中国纸张和印刷术有了一定范围的认知。中国印刷术则是通过在欧洲传播，经古腾堡创新改良后，再传至南亚地区的。

二、中国造纸术和印刷术在爪哇和印度尼西亚的传播

印度尼西亚自古就与中国有海上往来和经济文化交流。唐代僧人义净671—695年赴印度求法时，在室利佛逝（Sri Vijava）即今印度尼西亚苏门答腊岛居住达6年之久，他在这里托华商从广州购求纸墨，以便抄写佛经并撰

著《南海寄归内法传》及《大唐西域求法高僧传》，从而将中国的纸引进印度尼西亚。他在《大唐西域求法高僧传》（卷下）写道："净于室利佛逝江口升舶附书，凭信广州，见求墨纸，抄写佛经。"传信的商船船主是往来于两国之间的中国南方商人，由此可以判断，在义净以前中国的纸早就传入印度尼西亚。宋代时，中国纸继续向这里出口，南宋末期，大批中国沿海各省居民航海来此侨居，带来先进的生产技术，与当地人民一道发展经济。造纸术就是这时传到印度尼西亚的。

南宋作者陈櫎（1161—1240年）《负暄野录·卷下》（约1210年）指出，"外国如高丽、阇婆，亦皆出纸"。这里所说的"阇婆"即今印度尼西亚的爪哇（Java），不迟于13世纪那里已建起造纸工坊。明代人黄省曾（1489—1540年）《西洋朝贡典录·爪哇国》（约1520年）记载，岛上有的民族用纸绘成文字画长卷当作文献资料，"其国人以图画相解说，纸图人物、鸟兽、虫鱼之形如手卷，以三尺木为轴，坐地展图朗说……"

16—17世纪荷兰崛起，取代葡萄牙成为欧洲在亚洲殖民的主要力量后，逐渐扩大了对印度尼西亚的控制，于1619年建立了巴达维亚，并于1641年和1658年从葡萄牙人手中夺取了马六甲和锡兰。

荷兰人将在中国印刷技术影响下由古腾堡发明的机铅活印技术带到南亚，其在南亚第一次进行印刷是在巴达维亚，时间大概是在1659年。1668年当地政府开始支持和赞助印刷业。

马来语词汇出现在18世纪晚期，一个存在时间较短的神学院出版社出版了一本用阿拉伯字母写成的马来圣经。此后，各种各样的出版社建立起来，有政府的，有私人的，也有宗教的。第一份报纸出现在1744年，但在两年内就被查禁了。总的来说，欧洲各殖民地在亚洲的殖民地当局对新闻保持着严密的控制，以防止媒体对政府的批评，以及由于传教士的印刷活动而引起当地人民的敌对情绪。在锡兰，荷兰传教士从1737年开始印刷僧伽罗祈祷书，1737—1767年，已知有34本书籍在此印刷。书籍内容大多数是宗教作品，几乎都为僧伽罗语或塔米语。

英国人从17世纪早期开始在亚洲进行有限规模的贸易和殖民，到18世纪末成为该地区的主要殖民力量。控制了马来西亚海峡殖民地之后，他们于1806年开始在槟城进行印刷活动，1815年在马六甲印刷，1822年在新加坡印刷。槟城最早的印刷是商业性的，也为政府服务，而在其他两个城市，印刷术是由伦敦宣教会的浸信会传教士开始的，他们于1801年在加尔各答附近的丹麦殖民地Serampore开始了印刷活动。美国浸信会的英国传教士开始在缅甸和暹罗进行印刷，1816年在缅甸仰光开始印刷，1836年在曼谷暹罗，一些浸信会的早期作品被印在纸张上制作成小册子。传教士按宗教读本和《圣经》以当地语言翻译并传播，他们也出版字典以及介绍欧洲知识的图书作品。这些印刷活动代表了该地区印刷术早期传播的重要一步。

17世纪以后，来印度尼西亚侨居的华人越来越多。1680年华侨在雅加达建立了规模较大的纸厂，并且，世界上最大的纸业公司之一亚洲浆纸业（Asia Pulp & Paper，APP）的总部就设在印度尼西亚。此后，在中国南方的宁波港，每天都有一船又一船的船只排成长龙，满载着来自世界各地的成千上万包废纸，尽管其中大部分来自日本和美国，大部分废纸被送往附近的一家属于亚洲浆纸业公司的造纸工场进行回收再造。直至现在，中国还和印度尼西亚进行纸张贸易。

三、中国造纸术和印刷术在苏门答腊、菲律宾的传播

菲律宾像印度尼西亚一样，也是西太平洋的群岛之国，因其与中国福建、广东及台湾只一海之隔，距离较近，帆船3日可到，因此自古以来中菲关系较为密切。至迟从三国时代（3世纪）中国与菲律宾已有海上往来，唐宋时贸易活动进一步发展。宋人赵汝适（1170—1231年）《诸蕃志》（约1225年）记载了中国商人在菲律宾吕宋（Luzon）岛上的麻逸（MindoroIs.）、蒲哩噜（Polillo）、三屿贸易情况，三屿分别为加麻延（Calamian）、巴老酉（Palawan）、巴吉弄（Busuanga）。元代汪大渊（1311—1370年）《岛夷志略》（1349年）记载苏禄国（Sulu State，菲律宾古国。位于今苏禄群岛，由400多个岛屿组成）作为新的贸易点对华贸易的情况。中国对菲出口物有丝绸、瓷器、铁器等。明代时，中菲关系、

经济文化交流以及人员往来进入新的阶段，主要由于明成祖对海外事务特别关注。中国四大发明至迟在明代已全面传入菲律宾。《明史·苏禄国传》称，永乐十五年（1417年）苏禄国东王巴都葛·叭答剌（Paduka Patala，？—1417年）、西王麻哈剌叱·葛剌麻丁（Maharaja Klaibantangan）和峒王巴都葛·叭剌卜（Paduka Proba）各率家眷及随从共340余人访华，受到明成祖款待，赠予中国衣冠、金银钱钞、日用器皿、丝绢等物。此后又多次遣使中国。与此同时，大批中国商人前往菲律宾经商与侨居。《明史·吕宋传》称："先是，闽人以其地饶富，商贩者至数万人，往往久居不返，至长子孙。"1588年仅马尼拉一地就有华侨10000人，1603年增至40000人。这些华侨经营农业、手工业和商业，其中包括造纸与印刷。吕宋岛南的猫里务（Marinduque）因华侨的开发也变成商贸沃土，华人有言道："若要富，须往猫里务。"中国人还参与南部棉兰老岛的沙瑶（Dapiton）和呐哗噜（Dapdap）的开发。张燮（1574—1640年）《东西洋考·卷五》（1618年）称，岛上居民"以衣服多为富，（写）字亦用纸笔，第（字）画不可辨"。说明当地人16世纪时已用纸作为书写材料。

1565年菲律宾沦为西班牙殖民地后，殖民统治者一度迫害华侨，但1595—1596年任代理总督的西班牙人莫尔加（Antoniode Morga）不得不承认，菲律宾"没有华人就无法存在，因为他们都是精通各行各业的工匠"。华人在菲律宾传授的生产技术包括造纸、榨糖、铸炮、纺织、建筑、制瓷、制造火药、冶炼金属、制造银器等。16世纪以后马尼拉华侨聚集区规模很大，被称为帕里安（Parian，意为市场），在这里各种中国货物应有尽有。这些货物还通过菲律宾转运到美洲新大陆的墨西哥等地区。造纸术与印刷术在菲律宾的传播主要是通过当地华侨进行，其中华人龚容（Keng Yong，约1538—1603年）是贡献最为重大的一个。

印刷术在16世纪被引入菲律宾，但在10世纪菲律宾被西班牙征服之前，中国和这些岛屿之间已经建立了贸易关系。14世纪和15世纪，来自吕宋和明都罗的使臣带着贡品来到明朝宫廷。16世纪，多米尼加修道士把大量书籍带到马尼拉。在那里，一个庞大的华人社区不仅帮助翻译书籍内容，而且还为当地介绍了中国的雕版印刷和活字印刷技术。事实上，在菲律宾本土工匠参与印刷行业之前，中国的印刷活动已经垄断菲律宾的印刷行业超过15年。印刷术在菲律宾首次被使用是在1604年，当时中国的印刷工人用当地制造的金属活字印刷书籍，其成就被称为印刷术的"半发明"。在接下来的几年里，龚容等中国印刷工人印成了几本书籍。1593—1640年间，中国有8位著名的印刷商在马尼拉至少印刷了15本书籍，其中有5本是中文的。

（一）华人龚容与其雕版印刷术在菲律宾的传播

菲律宾在发展印刷术之前，中国出版的书已由华人、菲律宾人和西班牙人携入境内。例如西班牙人拉达（Martinde Radaorde Herrada，1533—1577年）奉西班牙驻菲律宾总督莱加斯皮（Miguel Lopezde Legaspi，约1510—1592年）派遣，于明万历三年（1575年）七月来福建，在泉州、福州等地停留3个多月。拉达精通汉语，在福州买了不少中国书，带回马尼拉。此后编写一本汉语辞典，并撰写了游记。1576年拉达的旅伴马林（Gerohimo Marin）回西班牙，将拉达的中国游记稿转交给国王菲利普二世（Filipe Ⅱ，1527—1598年）。此稿后来成为西班牙人门多萨编写《中华大帝国史》（*Historia del Gran Rigno de la China*，Roma，1585）的基础。此书西班牙文首版1585年刊于罗马，1588年由帕克（R.Parke）译成古体英文，有各种欧洲文版本，成为西方较早介绍中国的一部专著。门多萨指出拉达从中国带到菲律宾的书包括地理、历史、法律、造船、天文、乐律、数学、本草、弈棋、马术及军事方面的书。门多萨接着说："我也有这样的一本书，我还在西班牙、意大利和印度看到其他的中国印本书。"拉达返回菲律宾后，请当地华侨帮助他翻译从中国带回的一些书，但未及出版，他便于1577年逝世了。

1590年，菲律宾首任天主教大主教沙拉萨尔（Domingo de Salazar）致西班牙国王菲利普二世的信中，谈到在马尼拉华人聚居区帕里安的繁荣情况时说："我毫不犹豫地向陛下断言，在西班牙或本地区没有其他城市有像帕里安那样值得观赏的地方，在这个市场上可以看到中国的各种商品以及来自中国的各种稀奇的货物。这些商品已在帕里安开始制造。在帕里安可以找到各行各业的工匠。"这些行业包括书匠、画匠、银匠、医生等，书匠就是印书与订书工，其中最负盛名的是福建人龚容，西班牙当局推行殖民政策时，强令菲律宾人和当地华人改用西名并改信天主教，因此，龚容取西名为胡安·德·维拉（Juan de Vera），并加入了天主教。西班牙首都马德里国立图书馆藏有现存最早刊于菲律宾的汉文版印本书，是明万历二十一年（1593年）问世的科沃（Juan Cobo，？—1593年）所著的《天主教义》（Doctria Christiana）。此书就是龚容制版、印刷的，题为新刻僧师嗝嗨嗐（P. Juan Cobo，1546—1592年）的《无极天主正教真传实录》，西班牙文原名为《自然法则的理顺及改善》。全书共9章，前3章与宗教有关，后6章主要介绍地理学及生物学知识，包括地圆说。作者"嗝嗨嗐"原写作"嗝嚼嗟"，"嗐"为Juan音译，"嗝嗨"为Cobo音译，此人为西班牙多明我会会士，1588—1592年在菲律宾传教，从华侨那里学会汉文，1593年去日本，同年客逝日本。

（二）华人龚容与其活字印刷术在菲律宾的传播

万历三十年（1602年）龚容晚年时又成功地研制金属活字，用以刊印西文及汉文书。1640年，西班牙教士阿杜阿尔特（Aduarte）谈到龚容时写道："他致力于在这块土地（菲律宾）上研制印刷机，而在这里没有任何印刷机可供借鉴，也没有与中华帝国印刷术迥然不同的任何欧洲印刷术可供他学习。"龚容全力以赴地工作，终于实现了他的理想，这位华人教徒是菲律宾活字印刷机的第一个制造者和半个发明者。很可惜，1602年龚容成功研制金属活字印书技术后，次年便于马尼拉与世长辞。但他的弟弟佩德罗·德·维拉（Petro de Vera，汉名待考）和徒弟接过这些活字和技术印行活字本著作。

1911年西班牙人雷塔纳（W.E.Retana）著《菲律宾印刷术的起源》一书中介绍说，维也纳帝国图书馆藏有题为《新刊僚氏正教便览》的汉文书，作者汉名为罗明敖·黎尼妈。"僚氏"为西班牙文Dios（天主）之音译，则此书实为《新刊天主正教便览》。书的扉页内容印以西班牙文，可译为："《天主教义便览》由多明我会会士多明戈·涅瓦神甫以汉文编成。由佩德罗·维拉刊于宾诺多克的萨格莱书店。1606年。"作者为西班牙会士多明戈·涅瓦（Domingode Nieba），自译汉名为罗明敖·黎尼妈。除扉页为西班牙文外，全书正文均为汉文。作者在序页内写出此书书名及作者名：
"巴礼罗明敖·黎尼妈新刊僚氏正教便览"，其中"巴礼"为西班牙文
elPadre（神父）之译音，相当英文中的Father或法文中的lePere。①

　　看来，多明戈·涅瓦（罗明敖·黎尼妈）是继胡安·科沃（嗝唝嗓）
之后，在菲律宾华侨界传教的另一教士，为了开展工作，他必须学会汉
文汉语，特别是福建方言。此刊本《新刊天主正教便览》半页9行，行15
字。张秀民认为"是木刻的"，即雕版印刷品，笔者在仔细研究后得出
的结论与此相反，认为这是金属活字本，而非木刻本。将1593年龚容所刻
《无极天主正教真传实录》与其弟于1606年所刊《新刊僚氏正教便览》二
本对比后，可发现二者有以下不同之处：前者汉文结体较为流畅而活泼，
且多为繁体，接近书稿文字，很少走样者；每行字排列笔直而整齐；书内
有多幅插图，图解文字与正文文字具有同样特点。这显示此本为雕版印刷
品。而后者汉字结体较为呆滞、粗放，且多简体字，如"义"、"鱼"
（虽）、"离"、"迁"、"李"（学）、"会"、"旧"、"罗"、
"断"、"实"等，几乎与我们今天所用的简化字相同，这说明300多年
前菲律宾华侨早已使用了简体字。"读书"的"书"字，有时作"書"，
有时作"达"，没有统一。每行字排列间有不整齐之处，横向多不对齐，
个别字歪斜，字下有不该出现的空白，全书没有插图。这些特点显示该本
不是木刻本，而是金属活字本。之所以用大量简体字，是为了铸字之方
便。如果是雕版，则刻字工应按书稿刻字于木版上，而写字人不会时而写
"雕""書"，时而写"金""太"，且各行字应排列笔直而整齐，不会
像现在这样。字体所以呆滞而不流畅，是因为初期试铸活字，有待进一步
改进。扉页上的西班牙文字母相当之美，因为汉字字形复杂、笔画多，比
西文更难铸活字。这说明，龚容兄弟1602年试制成活字后，其弟便用活字
于此后印书了，他们当然是将明代金属活字技术移植到菲律宾的，且在那
里开设书坊印书。

---

① 　P.Van der Loon. The Manila Incunabula and Early Hokkien Studies［M］. London: Percy Lund, 1966:13.

　　1924年法国人伯希和在梵蒂冈图书馆发现一部汉文刊本，但扉页仍为西班牙文。扉页上的西班牙文可译为："《天主教义》。由桑格莱神甫们奉圣多明之命用中国语文编成。大明龚容刊刻于马尼拉之巴连。"

　　此书没有汉文书名，亦未提编写者姓名，但明确说是由大明龚容所刊，其名未用西班牙名Juan de Vera，而用Keng Yong这个闽音拼法。刊本半页9行，每行16字，从行文可知作者仍是通晓汉文的西班牙教士。1951年阿拉贡（Gayo Aragon）研究了此书版本，并由多明格斯（Antonio Dominguez）译成西班牙文发表，经考订为1593年版本。笔者从该书扉页的西班牙文及正文汉文观之，此本为雕版印刷品。

　　从1593年以来的15年间菲律宾的印刷业一直由华人所垄断。1911年雷塔纳在《菲律宾印刷术的起源》中列举了1593—1640年间8名中国印刷工的名字，但都是西班牙名。他们所印书的文种有汉文、西班牙文和他加禄文。无疑龚容是其中为首的一位。在他们的传授下，1608—1610年以后才有菲律宾人参与印刷工作。

第二节　中国造纸术和印刷术经海路 传播至西班牙、葡萄牙

　　8世纪下半叶，造纸术传到了阿拉伯人的手中，他们迅速建立起遍布势力范围的造纸工场网络——从中亚到西亚再到非洲西北部。11世纪前，欧洲人没有接触过阿拉伯纸。11世纪初，十字军东征扰乱了那里的主要造纸中心，将生产转移到其他地区，随着阿拉伯人对西西里和西班牙的征服，纸才到达欧洲。

　　从12世纪起，欧洲开始建造造纸工场，后逐渐用于书籍印刷。追求知识和思想传播及商业扩张，是造纸发展的主要原因。印刷机、蒸汽机、汽车和计算机的使用在国际上传播的时间比纸张要短得多。造纸术的传入经历了两个阶段：第一个阶段是纸张和纸制品的传入，第二个阶段是造纸方法的传入。从现有的证据来看，似乎需要一到两个世纪来发展欧洲当地的

制造业后，纸制品才开始制造出来。

16世纪下半叶，纸在欧洲已经很流行了。葡萄牙籍的多米尼加人加斯帕德克鲁兹（Gasparde Cruz）曾于1556年短暂访问过中国，并于1569年出版了一本关于中国的书。他说，中国的纸是用树皮、藤条、丝制的破布以及其他破布制成的。他还提到了纸在不同场合的使用，例如，政府用来查封的封条、节日里的灯笼等。另一位传教士马丁·德·拉达（Martin de Rada）是一位西班牙奥古斯丁时期的修士，他曾在1575年和1578年两次来到中国。"它很薄，你不能很容易地在纸的两面写字，因为墨水会渗进来。"他还提到祭祀死者时会将焚烧的纸钱作为祭品。西班牙奥古斯丁时期的僧侣胡安·冈萨雷斯·德·门多萨在1585年出版的《中华大帝国史》中引用了拉达的信息，他补充道："他们有大量的纸张，而且非常便宜。"

之后，中国发明的活字印刷推动了欧洲文明的飞跃，使其领先于阿拉伯和亚洲。

《中华大帝国史》中有整整两章是关于中国书籍和印刷事业的。值得注意的是，他除了声称古腾堡受到了中国印刷术的影响（中国印刷术是从俄罗斯传入的）之外，他还提到了造纸术传入欧洲的另一条途径，即从阿拉伯经海路贸易传播。特别是大航海时代的来临，为中国造纸术和之后印刷术及印刷产品的西传产生了一定的影响。

一、中国造纸术和印刷术经海路传播至西班牙

（一）西班牙是中国造纸术传入欧洲的第一站

西班牙是造纸术在欧洲传播最早的转运站，阿拉伯阿拔斯王朝统治者于750年夺取政权后，下令除尽被推翻的倭马亚朝宗室成员，于是前朝太子拉赫曼（Abdal-Rahman）带一批人逃到北非避难，再转徙西班牙，于756年在西班牙境内建立政权，史称后倭马亚王朝（756—1036年）。9—10世纪后倭马亚王朝势力渐盛，将西班牙置于伊斯兰教统治之下，西班牙继承阿拉伯造纸传统，这使其成为最早开始造纸的欧洲国家。西班牙现存最早纸

本文物为10世纪写本，用麻纸写成。西班牙最早的纸厂1129年建于萨狄瓦（Xativa）。1150年阿拉伯地理学家艾德里西（Al-Idrisi，1100—1160年）谈到萨狄瓦时说："该城制造了其他地方无法相比的纸，并输往东西各国。"但西班牙早期造纸多操于阿拉伯人之手。后倭马亚王朝衰落后，西班牙人展开收复失地的斗争。1157年在靠近法国边境的西北部城市维达隆（Vidalin）建立了由西班牙人经营的另一纸厂。法国与西班牙相邻，法国造纸技术基本可以判定来自西班牙。

纸在西班牙境内的出现，不迟于10世纪，圣多明各城（Santo Domingo）发现的10世纪手写本，是迄今西班牙境内所存最早的纸本文物，纸由亚麻纤维所造，又施以淀粉糊，与阿拉伯纸类似。圣吉罗斯（SanGilos）修道院发现的1129年纸写本，其用纸可能由摩洛哥输入。后倭马亚王朝后期因统治势力扩大，用纸量剧增，1150年终于在西班牙西南盛产亚麻的萨狄瓦建起境内最早的纸厂。纸厂由阿拉伯人（当时欧洲称为摩尔人）经营，造纸技术由埃及经摩洛哥传入。1031年以后，后倭马王朝在西班牙的统治衰弱并分裂。西班牙人经过艰苦斗争，1035年在拉米罗（Ramiro Ⅰ，1035—1063年）领导下获得独立。此后造纸工场逐渐由西班牙人自己经营。

1150年，由于十字军东征，造纸业在西班牙的安达卢西亚牢固地建立起来。到14世纪，造纸业在欧洲已成为一种普遍的工业活动。只要附近有一条河流，水流湍急，河水干净，含铁量低，附近的居民可以提供破布，那里就有一家造纸工场。有时是小型的家庭作坊，有时是雇用100人以上的大工场。

渐渐地，欧洲人对纸产生了浓厚的兴趣。安达卢西亚的纸被运往卡塔尼亚、锡拉库扎、热那亚、那不勒斯和威尼斯。然后伊斯兰教教徒把他们的销售进一步扩大到波尔多，然后是英格兰。不久，他们也开始向巴利阿里群岛（现在是西班牙的一部分）以及法国南部的艾格斯-莫特斯和马赛出售纸品。15世纪，由于埃及和叙利亚的纸价格不菲，几乎被市场所淘汰，而安达卢西亚的纸则一枝独秀。

1000多年来，造纸术都是文明的重要标志之一。当西班牙征服者Hernan Cortes，于1504年到达新大陆时，他们带来的纸及其造纸的能力给阿兹特克人留下极为深刻的印象。

西班牙和西西里岛是使用阿拉伯造纸工场生产纸的第一个地区，几十年之后，造纸工场开始在欧洲各地涌现。首先，它们出现在法国和意大利，然后向北迁移到德国、荷兰和英国，之后遍地开花。然而，这并不意味着纸张会变得更便宜、更容易获得。相反，那时的纸仍然很贵，而且不如羊皮纸那样耐用。即使古腾堡用机铅活字印刷书籍，他也依然使用羊皮纸。

为了推动西班牙造纸业的发展，西班牙国王免除了造纸工场的兵役。同样，意大利的一些地区对于造纸工人不仅免除兵役，还减免部分税收。但这并没有说明西班牙的造纸工人得到了很好的待遇。造纸工场是一个封闭的社区。加泰罗尼亚造纸历史学家奥里奥尔·瓦尔斯·苏比拉（Oriol Vallsi Subira）将其描述为"一种修道院，但生活条件非常艰苦"。另一种说法称其是劳改营。没有固定的工作时间，工场昼夜不停地运转，那些把碎布捣碎成浆的噪声从未停止过。16世纪的西班牙和欧洲大部分地区一样，由于肺结核病流行加上高强度劳动，造纸工人的平均寿命不到30岁。

1605年，西班牙出版业迎来了它的巅峰。弗朗西斯科·德·罗伯斯（Francisco de Robles）决定出版米格尔·德·塞万提斯（Miguel de Cervantes）的最新作品《堂吉诃德》。这本书一出版就引起了轰动，而且在此后400多年的时间里一直畅销不衰，印数一再上扬。

（二）木版印刷和来自德国的印刷术

西班牙印刷术来源于德国。1475年，德国贸易公司雷根斯堡-康斯坦茨（Ravensburg-Constancè）的代表雅各布·威兹兰特（Jakob Vizlant）在瓦伦西亚开设了印刷店，并出版了它的第一本书。另一个德国人保罗·荷鲁斯（Paulus Hurus），在萨拉戈萨开了一家印刷厂，这在当时是不寻常的事件。他没有重印经典著作或其他现存的书籍，而是委托他人创作新作品。巴塞罗那也是西班牙早期印刷厂的所在地，该印刷厂由德国印刷商约翰·罗森巴赫（Johann Rosenbach）创办。

纸牌游戏作为一种娱乐活动在欧洲的流行也促进了西班牙等欧洲国家印刷业的发展。在14世纪的欧洲，木版印刷就已经被用来印刷扑克牌了，这种印刷方式源于中国的雕版印刷。打牌在古代中国被认为是一种占卜的形式，后来发展成一种游戏。欧洲人可能在十字军东征期间从阿拉伯人那里学到了纸牌的玩法，而纸牌的制作似乎遵循了与纸相似的历史路径。当纸来到欧洲时，纸牌也传到了欧洲。纸牌在14世纪的法国、德国、意大利和西班牙等造纸国家变得流行起来，纸牌是用木版印刷的。到了15世纪，出现了一种有时是非法的但一直很受欢迎的纸牌印刷工业，当时还有专门为书籍配插图的版画工人。

用木雕印刷的工艺很可能在更早的时候就开始了，14—15世纪的木雕印刷书籍通常是关于宗教主题的，它们看起来有点像现代的图画小说，通常一页上有几张插图，用方框隔开。这种图书的受众是那些被当代书籍潮流所吸引但还没有掌握阅读的人。

（三）造纸术和印刷术促进西班牙出版业发展和文学传播

西班牙在造纸工场发展过程中，伴随着造纸工场工坊遍地开花，与早期的意大利发展面临着同样的情况——碎布需求持续增加。17世纪，西班牙国王腓力四世下令禁止昆卡附近胡卡河沿岸地区的碎布出口，因为那里聚集着大规模高品质的造纸工场。在收复失地运动之后，西班牙工坊所制的纸张质量已经远不如从前，以至于优质纸张需要从法国和意大利进口。后来情况有所好转，西班牙的各个城市如巴塞罗那、塞维利亚、托尔托萨、塔拉戈纳等地的印刷工匠技艺精湛、声名远播，出版的书籍外表精美、扉页华丽，哥特式字体令人赏心悦目、插图令人目不暇接，因此，备受欢迎。

1605年，西班牙的出版业历经大起大落，令人难忘。那时，塞万提斯的新作即将出版。尽管塞万提斯的诗歌获得了几个奖项，也有了一定的知名度，但是他已时年58岁，且生活拮据。先前所写的小说早就淡出人们的视野，于是塞万提斯穷尽精力写了一部很长的长篇小说。当时只是第一部而已，他说正在酝酿写第二部，很快就能出版。该书的名字叫《奇情异想的绅士堂吉诃德·得·拉·曼却》，即我们今天所称的《堂吉诃德》。令人惊异的是，当时的人们不知道如何称呼这部大作。出版商罗伯斯实际上在冒险，尽管塞万提斯在该书出版之前已经推出了几部相关读物，使当时最杰出的西班牙作家洛佩·德·维加都忍不住调侃："没有什么比称赞《堂吉诃德》更为愚蠢的事情啦。"

塞万提斯找胡安·德拉奎斯塔来帮他印刷和出版，后者的书店位于阿托查街旁。胡安出版了塞万提斯的部分早期作品，虽然在当时，塞万提斯看起来的确没有维加那样成就巨大，令人瞩目。

德拉奎斯塔从塞戈维亚的埃尔·保拉修道院里的一个造纸坊购得纸张，加工之后卖给罗伯斯，然后出版塞万提斯这本分量十足的巨作，整个过程起码花费了4年时间。购买的纸张总数达55万张，1100令。罗伯斯希望《堂吉诃德》会大获成功，却不敢轻易购买高级优质的纸张。也许他想推出一部普及本，让下层的读者也能够消费得起，抑或是他习惯用低端的纸张来印刷，总之，无论纸张的品相如何，《堂吉诃德》印刷出版后热销不断，在其后的400多年中，仍风靡一时。有学者声称，《堂吉诃德》是出版史上最为畅销的书籍。书中的理念历久弥新，令世人惊叹不已，具备恒久的重要意义。

二、中国造纸术和印刷术在葡萄牙的传播

（一）阿拉伯人把造纸术带到了葡萄牙

7世纪下半叶，阿拉伯人征服了葡萄牙，东方的耕作方法通过他们之手传入葡萄牙。他们在葡萄牙开凿运河，种植从东方引种的农作物和水果，并与地中海东部各地建立了广泛的贸易联系。但阿拉伯人对葡萄牙的最大影响还是在文化上。

当时葡萄牙的统治者拉赫曼本人十分好学，为了与巴格达的阿拉伯帝国抗衡，他希望在文化上也能够与巴格达分庭抗礼，因此他不遗余力地想把先进的学术与艺术都移植到葡萄牙。在拉赫曼及其后继者的努力下，葡萄牙的文化得到了空前发展。在他的儿子哈康二世（961—976年）时，全国一派升平繁荣景象。哈康从小就受到来自东方的著名学者的教育，长大后致力于收集图书，他的图书馆藏书达60余万册，大半来自埃及、叙利亚、巴格达等地。哈康是一个历史学家，他读过收藏的大部分图书，甚至都会加以批注。皇宫成了学术中心，他雇用大批抄写、校对和装订的人，给以优厚的报酬。此时，大量的纸张以及造纸术也由阿拉伯人带入了葡萄牙。

哈康还注意使用通俗的方法传播学术，在各地清真寺的教长中注意使用开明的学者，让他们利用民众聚会礼拜的机会传授学问。民间收集、抄录古书也风行一时。哈康死后，由于他的儿子希沙姆二世（976—1009年）年幼，首相曼苏尔摄政。曼苏尔有篡位之心，想通过弘扬学术文化来提高自己的地位，因此也进一步促进了葡萄牙文化的发展。

12世纪，葡萄牙独立，阿拉伯人所带来的数学、天文、文学以及其他知识都通过书籍流传开来。但很长一段时间，葡萄牙并没有自己生产纸张，葡萄牙境内也没有出现有规模的造纸工场，所使用的纸张一直依赖进口。有资料记载，直到16世纪，葡萄牙仍然需要在比利时的安特卫普进口纸张和书籍。

工业革命后，随着造纸业的机械化和系统化，葡萄牙开始出现造纸工场。19世纪葡萄牙最大的造纸工场为库斯托迪奥·佩斯造纸工场（Fábricade Papelde Custódio Pais）和阿塞维多斯造纸工场（Fábricade Papeldos Azevedos），这两个造纸工场均位于葡萄牙的圣玛丽亚·达·费拉（Santa Mariada Feira）。

（二）犹太人是葡萄牙印刷业的带动者

1492年，犹太人被驱逐出西班牙，这给希伯来印刷史这一章画上了野蛮的句号。1487年，葡萄牙的犹太人开始印刷工作早于基督徒，致使葡萄牙一度成为希伯来文印刷的中心。起初，大约有200个希伯来文作品被印刷出版，后猛增至4000多个。15世纪末，葡萄牙出现了第一批印刷厂，1489年在沙维斯印出了第一本葡萄牙文的书籍。从此以后，每本书都有数百份副本，文献绝版的可能性减小到了最低。犹太人因此成为葡萄牙印刷业的重要带动者。但在1498年，葡萄牙的犹太人被迫在驱逐和皈依之间做出选择。

印刷术帮助了一些领域的学者，但总的来说，它可能反而阻碍了葡萄牙人对新思想或新知识的接受。事实上，通过普及人们长期珍视的信仰，强化传统偏见，树立诱人的权威谬论，这些都成为人们接受新观点的障碍。在宗教改革之前的3个世纪里，已经有一些翻译成了当地语言的《圣经》。葡萄牙印刷了大量葡萄牙文《圣经》节略本，见证了天主教印刷服务于宗教的历史。

很长一段时间以来，葡萄牙探险的结果一直被保守着秘密。在一个专属的圈子之外，没有人知道这些新发现。事实上，公众对探险的兴趣似乎只是被克里斯托弗·哥伦布描述的第一次航行的那封著名的信激起的。毫无疑问，这次航行的消息激起了相当广泛的公众兴趣，因为这封信于1493年在巴塞罗那、罗马、巴塞尔和巴黎同时印刷，1494年在巴塞尔再版，1497年在斯特拉斯堡用德语开印第三版。但真正的大幕是在16世纪初才拉开的。彼得·烈士的剧本是对哥伦布前3次航行的记述，该剧本1504年在威尼斯出版，1505—1514年出版了一系列文献，主要在罗马，也在纽伦堡、科隆和其他地方出版，这些文献提供了葡萄牙人在东印度群岛活动的第一次印刷记述。其中许多是以葡萄牙国王的名义写信给教皇的，一般用拉丁语印刷，有时也用德语印刷。大约在同一时间，另一本关于新世界的小书开始发行。这本《蒙杜斯小说》是根据阿梅里戈·韦斯普奇写给洛伦佐·迪·梅迪奇的一封信写成的。这种方式很快被其他人效仿，并取得了巨大的成功，1504年后以多种语言出版，先后在罗马、巴黎、维也纳和奥格斯堡出版。1522—1533年间，在西班牙、意大利、法国和德国，科特斯的3封信被译成14个版本。

当葡萄牙人1513年到达中国，甚至当他们1542年到达日本时，他们发现这些地方本土的印刷工艺——木版印刷术已经高度发展了。传教士们尤其是耶稣会士们不失时机地把最新的西方印刷技术移植到远东。16世纪末，在多米尼加人的指导下，在菲律宾马尼拉郊区的帕里安，葡萄牙人用木版印刷术印刷了一些很小的宗教书籍。

第三节　中国造纸术和印刷术经海路传播至荷兰、英国

1503年德国著名印刷商泽尔去世的时候，科隆已经有了20多家印刷公司成为一个印刷中心，并将印刷术向西向南传到了英国和荷兰。英国和荷兰由于疆域狭小，缺乏造纸所需要的各种条件，因此直到需要纸张来满足自己的印刷业，这两个国家才开始造纸。

一、中国造纸术和印刷术在荷兰的传播

与德国接壤的荷兰，从14世纪就使用进口纸，海牙（Hague）档案馆所藏最早的纸本文书，年代为1346年，但是，直到1586年才在多德雷赫特（Dordrecht）建起第一个纸厂，其技术和设备是通过德国引进的。荷兰人对造纸术的贡献是1670年发明了打浆机，称为荷兰打浆机（Hollanderbeater）。与拥有丰富水资源的德国不同，荷兰是风车之国。荷兰人发现用他们的风车很难带动德国的水碓，于是试图研制比水碓所需动力更少的装置，用以比古法更有效地将破布粉碎成适于造纸的纤维。经纸工的世代努力，荷兰打浆机终于制成，它是集体智慧的结晶，目前还找不出确切的发明人。

（一）荷兰打浆机大大提高了造纸效率

一些人声称荷兰打浆机生产了劣质产品，在打浆机中切碎布产生的纤维比压模产生的纤维短得多。事实上，长纤维使纸更结实、更有弹性，只是在造纸过程中需要上更多的浆使其更坚固，这使得它最初不太适合印刷。荷兰人通过调整打浆机，它的叶片可以抬起以避免短纤维，很快就生产出了优质的纸张。这在很长一段时间里，确保了荷兰造纸的霸权地位。

荷兰打浆机为椭圆形木槽，靠近槽边放一根可旋转的硬木辊，辊上带有30个铁制刀片，称为飞刀辊。槽底与辊之间有石制或金属制的"山"字形斜坡，称为山形部（backfall），上面带有固定不动的铁刀片，称为底刀，底刀对准飞刀，二者之间保持适当距离。贴近飞刀辊而面向槽中间空间处装一隔板，使浆料在槽内循环流动。飞刀辊旋转时，通过飞刀与底刀的机械作用使浆料被切成纤维状。当湿纸料沿飞刀辊转动时，便翻过斜坡的山形部，因重力作用，顺斜坡流到槽的一端，经隔板再回流到槽的另一端，如此循环，反复被刀切碎。飞刀辊可用荷兰风车驱动，而且打浆无须对用作纸浆的破布预处理。

1682年，德国化学家贝歇尔（Johann Joachim Becher，1635—1682年）在《愚蠢的智者和聪明的愚人》（*Narrische Weisheitundwiese Narrheit*）一

书中记载了他在荷兰的旅行见闻："我在荷兰塞恩达姆（Serndamm）附近的一家纸场中又看到一种新的技术，在这里不使用联排水碓打浆，而是通过一个辊子在很短时间内并且毫不费力地将破布不停地粉碎成纸浆。这种东西或许值得人们给予进一步的密切注意。"贝歇尔这里所说荷兰塞恩达姆附近纸场打浆用的"辊子"（Waltze），实际上就是刚发明不久的荷兰打浆机，因飞刀辊不停地旋转，才引起贝歇尔的注意。果然，荷兰打浆机后来传遍各地并几经改进，在全世界通用300多年。

　　在很长一段时间里，荷兰人并没有自己独立造纸。他们的印刷厂依赖于德国、法国和瑞士提供纸张，这在一定程度上是由于荷兰的建国斗争，1384—1581年，先后来自勃艮第和西班牙的哈布斯堡王朝统治着这个国家，法国和西班牙是他们的纸张来源地。荷兰人在没有发展造纸业的情况下，在欧洲较早地开创了印刷业。第一次提到荷兰制纸是在1586年，当时荷兰的印刷业已经有100多年历史了。它出现在一项政府法令中，授权汉斯·阿尔伯特（Hansvan Aelst）和简·纽帕特（Jan Luipart）在多德雷赫特附近建立一家造纸工场。

　　一些历史学家认为德·威特·甘斯（De Witte Ganse）于1605年在扎恩兰建立第一家造纸工场。也有历史学家认为荷兰第一个造纸工场是在1616年的德考威尔。最早的磨坊制造的是灰色、蓝色和棕色的纸，大部分很厚，有些是硬纸板。虽然艺术家们也用它，但大部分纸都是用来包装的。他们在蓝灰色的纸上用黑色和白色粉笔画，有时还加上灰色蜡笔。彼得·范德·费斯（Pieter Vander Faes）是一位17世纪的荷兰艺术家，他在英国的时候开始了他的艺术生涯，在那里他被称为彼得·雷利（Peter Lely）爵士，是第一个使用蜡笔技术的人，这种技术后来开始流行。

　　随着荷兰人的优质纸张获得良好声誉，他们的造纸工人，变得很抢手。18世纪，当瑞典人想通过雇用荷兰工人来建立他们的造纸业时，他们首先雇用的是一个荷兰碎布分类工。瑞典人还通过扎恩兰造纸工场生产更高质量的货币所需纸张。在18世纪早期，扎恩兰造纸工场甚至帮助遥远的俄罗斯建立造纸业。

　　荷兰人还精通一种叫作"发酸"的抹布制作工艺——酸奶添加到破布

里，后来用发酵的麸皮或黑麦代替。将这些破布浸湿五六天，然后拿出来洗。再把这些破布留在地里，直到它们变干，变成白色。这个过程可能需要6~8个月的时间。在哈勒姆，这是一个重要的、利润极其丰厚的行业。它的工人多是女性。不是所有的荷兰纸都是用发酸的工艺做的，但最好的纸一定是，直到1799年，苏格兰化学家查尔斯·特朗斯在石灰中加入氯发明漂白剂，这种工艺才淡出了造纸业。

（二）早期木刻促进了荷兰出版业发展

低地国家（荷兰和比利时）印刷业的发展与它们文艺复兴的进程相吻合。荷兰和比利时文艺复兴运动比意大利文艺复兴晚一些，比英国文艺复兴略早一些。这不仅仅是个巧合。在低地国家创造的思想、文学和艺术需要一种比旧的抄写员在羊皮纸上书写更有效的复制系统。

15世纪低地国家的书籍和德国的书籍一样，都有大量的木刻插图。荷兰的木刻中心是德尔夫特和哈勒姆。哈勒姆是印刷大师雅各布·贝拉尔特的故乡，他在1483—1486年间出版了17本书。他的主要插图画家被称为"雅各布·贝拉尔特大师"；他的真名不为人知，但他的木刻作品非常具有绘画性，人们认为他要么是一位绘画大师，要么是一位绘画大师的学生。德尔夫特和哈勒姆的畅销书都以《圣经》或古典神话故事为中心，每本书都有多达75个木刻插图。这些早期的书中最受欢迎的是《论动物和矿物》（ on the subject of animals and minerals），杰拉德·莱厄（Gerard Leeu）于1480年在荷兰豪达出版。它有121幅木刻插图。木刻和蚀刻基本上是黑白的。颜色可以用不同颜色的墨水用几个块来绘制或创建，阴影可以使用交叉阴影等绘画技术，但木刻和蚀刻没有真正的阴影。第一个使灰色或半色调成为可能的版画技术被称为美柔汀法（mezzotint），这是一种版画技术，由德国人路德维希·冯·席根（Ludwig von Siegen）于1642年发明。这项技术很快传到了荷兰和英国，它用带尖的滚轴"把盘子弄得粗糙"来抓墨，然后这些区域可以被平滑到不同的程度，以实现所需的亮度。

在美柔汀法发明之后又过了大约10年，阿姆斯特丹的Janvande Velde引进了一种名为"尘蚀铜（锌）版画（aquatint）"技术。Aquatint是一种用加热的树脂进行蚀刻的方法，先用刷子涂上，然后是酸洗，再涂上更多的树脂，这样就有了从黑色到灰色再到白色的不同层次。发明这种技术的大师是18世纪的西班牙艺术家弗朗西斯科·戈雅，他将aquatint与传统蚀刻的清晰线条相结合，效果很好。

荷兰最伟大的纸绘艺术家是伦勃朗·哈曼斯佐恩·范·林。他之于蚀刻艺术，就像丢勒之于木刻艺术一样，是为后世树立标准的大师。但伦勃朗与丢勒不同，丢勒在纸上很有才华，但在绘画上却很吃力，伦勃朗则几乎样样精通。在他的一生中，创作了大约600幅油画、300幅蚀刻画和1400幅素描，时至今日，他仍被认为是有史以来最伟大的画家之一。

二、中国造纸术和印刷术在英国的传播

（一）英国的造纸业

英国因与欧洲大陆有一海之隔，造纸时间晚于欧陆一些国家。13世纪晚期，英国在法律、会计、音乐和制图等领域对纸张的需求越来越大。1309年，英国已经开始用纸书写材料，这些纸张被认为可能是从西班牙进口而来。有很多国家都有这样的逆向历史——首先是印刷，其次是造纸。因为印刷机比造纸工场容易安装和建造，并且印刷机既不需要水也不需要动力，而这些都是造纸工场必不可少的。

英国最早的纸厂是1494年由伦敦的布商约翰·泰特（John Tate，？—1507年）在伦敦以北的哈福德郡建立的，他的纸由著名出版者沃德（Wynkynde Worde）用来印刷书籍。1496年沃德在所出版的书中说，该书是用泰特所造的纸所印。泰特纸厂的纸带有水印，形状是两个圆圈套一个八角星，很像是车轮。同样类型的纸还被沃德于1498年用来印《黄金传说》（*Golden Legend*）。1557年，泰特在芬德福德（FenDertford）城新建了纸厂的分厂。英国是一个造纸的理想之地，河流和小溪密布，在沟槽和瀑布中快速流淌。水车很常见，甚至还有风车。磨坊最常用来磨谷物，但要把谷物磨坊变成造纸工场，只需要一个轴、一个轮子几个冲压锤、一个大桶以及一些模具。伦敦附近的纺织厂可以提供碎布，而且印刷机的运输时间也很短。

尽管有约翰·泰特的磨坊和其他一些纸厂，由于印刷术在英国的发展比造纸术要早得多，因此英国的纸张满足不了大量印刷的需求，印刷工人继续从欧洲大陆购买纸张。不久后，早期的造纸工场大多倒闭了，泰特的塞尔磨坊也只经营了几年。英国的造纸商无法得到足够的碎布，他们也无法与主导英国市场的法国进口纸竞争。而且，正如英国历史上经常发生的事情那样，法国人被认为是"罪魁祸首"，至少英国人是这么认为的：法国人把大部分的造纸破布都买了下来，用船运到了法国。他们以低于英国制造成本的价格出售他们的白皮书。法国当局对企图在英国工作的法国造纸商进行无情的调查和管控。

德国造纸商在比伦敦更远的地方发现了商机。1550年，他们在剑桥附近建造了一座磨坊。到19世纪，利斯河成为一个主要的造纸中心，有多达90家工场在运作。一些历史学家认为泰特的工场也雇用了德国人。英国女王的金匠约翰·斯皮尔曼是在英国最成功的德国造纸商之一。1588年，国王把达特福德的比克诺尔斯皇家庄园中的两个磨坊租给他，这个庄园坐落在肯特郡的达连河畔，他把它们改造成了造纸工场。

斯皮尔曼是一个知道如何利用皇室关系的人。例如，他的水印是一个带有字母"E"的王冠，意即为女王伊丽莎白·里吉纳（Elizabeth Regina）而造。他的工场开业一年后，他说服国王授予他制造白色信纸的独家权利，同时控制其他类型纸张的生产，最重要的是，垄断王国的碎布收集。纸对伊丽莎白个人来说也很重要。在她之前，没有一位英国君主使用过如此多的纸张。她把演讲词、翻译稿、祈祷词、诗歌和散文写在纸上。她很希望斯皮尔曼的工场获得成功，因为她对于英国依赖法国进口纸张感到不安。詹姆斯一世成为英国国王后，参观了磨坊改造的纸厂，并授予斯皮尔曼骑士头衔。

历史学家怀疑斯皮尔曼对造纸业并不熟悉，尽管作为一个德国人，他对造纸业的了解可能比一般的英国人要多。他把德国的造纸工人带到他的工场工作，也许正是这些造纸工人的知识使工场生产出了如此高质量的白纸。生产劣质纸张的工场觊觎他的德国工人，但国王禁止他们更换雇主。斯皮尔曼的专卖权持续了8年，之后又延长了14年。

在接下来的100年里，造纸业在伦敦附近，尤其是在肯特郡、白金汉郡、米德尔塞克斯郡和伍斯特郡，已经成为一种固定的行业。英国造纸业发展很快，至17世纪末英国已有百余家纸厂。1601—1650年间，41家造纸工场开始在英格兰运营，其中23家在距离伦敦50千米内。在埃克塞特更靠西的地方也有几家纺织厂，在更靠北的什罗普郡、兰开夏郡和约克郡也有几家。像斯皮尔曼的磨坊一样，许多造纸工场都是由谷物磨坊改造而成的，其他的则是由衰落的纺织厂转变而来的。

英国人进入造纸业时间较晚，由于没有足够的技术工人，他们制造出包装纸和可以用来做抄写的笔记簿，但不够光滑的白纸并不适合印刷。然而，法国的宗教改革给英国带来了造纸的新契机。1627年9月10日，法军向拉罗谢尔开火，拉罗谢尔是法国新教教派胡格诺派的大本营，也是教会红衣主教黎塞留的大本营，法军封锁了这座城市14个月，直到它投降。随后，胡格诺派遭到了多年的迫害。路易十四登上王位后，1661年11月，他从拉罗谢尔驱逐了300个新教家庭，胡格诺派教徒的生活每况愈下。1685年，路易十四撤销了1598年南特敕令，该敕令旨在保障法国新教徒的权利。这就导致大批胡格诺派教徒逃离法国，一些人在纽约建立了新拉罗谢尔镇，另一些人则前往包括英国在内的多个目的地。

在定居英国的胡格诺派教徒中有许多技艺高超的造纸工人。法国政府曾竭力阻止他们的造纸工人在英国工作，结果却把他们赶到了英国。英国有许多技艺高超的衣衫褴褛的妇女、瓦特曼人和商人，后者在苏格兰资助并建立了一个造纸工场，在爱尔兰建立了爱尔兰纸业公司。法国对新教徒的战争也导致一些法国造纸工场关闭，影响了对英国的纸品出口。在意识到自己的错误和问题后，法国政府试图挽回一些造纸商。但英国采取了法律行动，将许多试图返回法国的英国造纸商拘留起来，阻挠他们回到法国。

英国人制造的纸有许多用途。白色的纸是用来印刷的，而工业用的纸通常是棕色或蓝色的，用来包装枪弹。

直到18世纪，英国一直缺少掌握白纸生产技术的工匠，因此只能依靠进口来补充他们的所需。大多数的英国纸是棕色的，尽管这更像是一种分类而不是颜色："棕色纸"只是代名词，有时是灰色的。棕色包装纸在16

世纪的英格兰非常受欢迎也非常流行，比如18世纪的画家托马斯·庚斯伯罗，他喜欢用木炭、粉笔和蜡笔在棕色纸上作画。由于需求量大，英国的工场无法生产足够的棕色包装纸，一些棕色包装纸也需要从国外进口。

纸板是另一种流行的包装材料，由几张纸叠合而成；它也被用来制作扑克牌，偶尔也用来做书的封面。人们还需要蓝色的纸，也许是因为有很多蓝色的衣服，因此也就有了蓝色的破布。蓝色纸也常被用作包装纸，最常见的用途是用来包糖，而书则用蓝色的纸包着，等着拿去装订。蓝皮书也很受艺术家的欢迎。

纸糊是一种从日本人那里学来的工艺，它的法语名字是"嚼过的纸"之意，在18世纪的英国纸糊成为一种重要的产业形态。它是由碎纸片和胶水混合制成的。英国人学会了如何制作防水的纸糊，它成为了创造建筑细节的重要元素，比如造型。从马车门到轻型独木舟再到鼻烟壶，所有的东西在制造过程中都是要用到这种材料。此外，人们还发现，用纸糊做成的东西塞在枪膛里比用纸更有效。火药需要一个与子弹分开的密封良好的腔室，以便爆炸和有效地推动子弹前进，而由纸浆制成的塞子，称为木屉，很适合这个用途。纸也被卷成管，使子弹含有粉末和球。用于这种目的的纸很粗糙，而且尺寸很大。

壁纸在17世纪的欧洲非常流行。亚洲人制作了第一张壁纸，有时是手工绘制，有时是用木块印刷。欧洲人在制作木块时也开始制作壁纸了。事实上，墙纸是由Albrecht Durer设计的；马西米兰皇帝委托给他的一些巨大的作品基本上就是墙纸。但直到17世纪，纸作为墙壁装饰才真正流行起来。到了18世纪，英国是欧洲墙纸的主要制造者，墙纸的主要原料是英国纸。

到了18世纪后期，各种各样的纸张在英国变得非常流行。装饰纸装饰茶叶罐和相框，精致的纸扇到处都是。用彩色或镀金的纸设计花朵或其他物品是一个广泛的爱好。英国人爱上了纸。

纸也被用作屋顶的覆盖物。棕色的纸上涂有松香、沙子和油。后来，沥青和焦油被用作涂料，焦油纸和松香纸至今仍在使用。1776年，诺福克郡斯托克圣十字造纸工场的亨利·库克发明了一种既防火又防水的纸。

大理石花纹成为英国的造纸特产。大理石花纹纸最早发明于12世纪的土耳其或波斯，它是将染料混合到不愿混合的液体（如橄榄油和松节油）中，以创造出大理石状的图案。很快人们发现，根据混合的元素，还可以创造出更多的颜色和更复杂的图案——旋涡和"之"字形、条纹和波峰、水滴和泪滴。这个制作过程起初是保密的，但后来传到了欧洲，或者是通过波斯人，或者是通过在中东知道这个秘密的十字军战士。

几个世纪以来，法国人、德国人和荷兰人都是欧洲最伟大的旅行家，所以当这个秘密最终越过英吉利海峡时，英国人模仿了欧洲大陆的做法。大理石纹纸主要用于书籍，或者是作为尾页，或者是由于皮革变得更加稀少和昂贵，用作封面。然后，一群令人印象深刻的17世纪科学家对这个秘密产生了兴趣。弗朗西斯·培根在他的著作中提到了它，而通过火药发财的约翰·伊夫林家族把它介绍给了英国皇家学会。英国皇家学会是由化学之父罗伯特·博伊尔创立的，目的是让人们能够讨论学习世界实验的新科学方法。博伊尔也对大理石花纹的秘密产生了兴趣。

18世纪中期，英国的大理石花纹也有了自己的特色。确切的时间还不确定，因为早期英国的大理石花纹纸与德国、法国和荷兰的难以区分。

在英国，纸张的工业化大生产始于19世纪，当时大量发行的报纸和第一批畅销小说都需要大量廉价的纤维素。1797年，路易斯·尼古拉斯·罗伯特发明了第一台长网织机，可以织出60厘米长的薄板纸。由于造纸所用的破布供不应求，人们开始寻找替代材料，如木浆。随着从树木中提取纤维新技术的发展，纸的价格急剧下降，纸很快成为大众消费的产品。仅在英国，纸的年产量就从1861年的9.6万吨飙升至1900年的64.8万吨。

（二）英国的印刷业

伦敦是15世纪最后25年开始印刷的140个欧洲城镇之一，1500年伦敦被认为是欧洲重要的印刷中心之一。1476年，在德国科隆学印刷术的英国印刷技术家威廉·卡克斯顿在威斯敏斯特开设了一家打印店后，英国才正式开始有了印刷。但是，他印刷的纸张是从低地国家进口的。

卡克斯顿于1422年出生在肯特郡，但后来在低地国家生活了30年，成为一名商人和英国总领事。当时印刷术在现在比利时的卢旺镇出现。他与同时代的许多商人一样，是个文人。1469年，他开始翻译拉乌尔·勒费夫尔的著作。1471年，他去了德国科隆，学会了印刷。据说他曾在那里师从乌尔里希·泽尔（Ulrich Zell），这位来自美因茨的牧师创办了科隆的第一家印刷厂。1473年，他回到了英国布鲁日，开始筹建自己的印刷厂。1476年秋，卡克斯顿在威斯敏斯特建立自己的出版社。1477年，他出版了英国有史以来第一本印刷的书——《哲学家的语录》。

英国是除德国外唯一一个由本国人引进印刷术的欧洲国家。卡克斯顿在出版社成立后的3年间印了30本书。这些书并不以装潢美丽或者质量精良著称，但其历史意义是无可争议的。他是乔叟作品的第一个印刷者。在他所印刷的103个已知的乔叟版本中，有20个是卡克斯顿自己再版印刷的。乔叟用当时英国4种主要方言之一的米德兰方言写作，这一情况对英语的未来产生了巨大的影响。印刷术使语言趋于标准化。卡克斯顿和后来的伦敦印刷商出版了一种地方变体的乔叟的米德兰方言，从而使伦敦的讲话方式在英格兰开始占据主导地位。

到1480年，卡克斯顿已经有了竞争对手。来自波罗的海国家的约翰·莱图（John Lettou）在伦敦开了一家印刷厂。卡克斯顿随后从布鲁日请来一位名叫温金·德·沃尔德的荷兰人来帮助他。1491年卡克斯顿去世后，温金·德·沃尔德接管了他的生意。

德·沃尔德是一个与卡克斯顿完全不同的出版商。卡克斯顿开始了英语印刷，而德·沃尔德让它流行起来。德·沃尔德出版了具有大众吸引力的廉价书籍。卡克斯顿很少使用插图，但德·沃尔德的400本书中大部分都配有大量插图。他不再买昂贵的外国纸，而是从约翰·泰特那里买新闻纸。在他的译本中，他第一个用英语翻译巴托罗迈的作品。

卡克斯顿是伦敦的主要印刷商，而鲁昂的理查德·品森是英国第一个使用罗马字体的印刷商，后来其他大多数英国和美国的印刷商也使用罗马字体，品森出版了500本书，是亨利八世的官方印刷商。品森也影响了英语的标准化，在卡克斯顿之后，使用了被称为平衡法的标准，主要是伦敦英语，但也借用了米德兰方言。

1520—1530年，欧洲印刷技术发展的最大推动力是宗教。所有主要的英国改革家——威廉·廷代尔、罗伯特·巴恩斯、托马斯·克兰莫都是路德教信徒，其中有几个人与路德本人有过接触。15世纪末，一些英国学者到访欧洲大陆，特别是到访意大利的佛罗伦萨，学习到改进后的希腊文以及阅读文本的新方法，并带回最新的译本。一些最早的宗教人文主义者，比如约翰·科莱，支持回归原始的《圣经》文本，但新思想仍保持着非常牢固的地位。

在路德宣扬宗教改革后，到1520年，路德教书籍和小册子如潮水般从国外涌入伦敦，廷代尔1523年搬到伦敦时，几乎不会错过这些书籍和小册子，甚至还有路德教的书商。伦敦主教卡斯伯特·汤斯顿（Cuthbert Tunstall）写信给托马斯·莫尔爵士（Sir Thomas More），警告他是"路德派异端"。公共禁令和政府的突击搜查接踵而来，但旧的罗拉德网络公司（Lollardnetworks）为路德派作品的发行提供了帮助。越来越多的织工、裁缝和各种各样的商人渴望阅读路德的作品。

保守估计从1520年到1649年《圣经·新约》的印刷数量在英语市场上总数为134万本。印刷英语圣经教会削弱了教皇声称的最高权威。

17世纪英国文学的兴盛和自由思想的发展，其影响范围是有目共睹的。如弥尔顿的《失乐园》《论出版自由》主张公开发表观点的自由和印刷的自由。这些图书的出版也随之刺激了英国印刷业的发展。

很多学者认为现有的技术，包括使用印章、墨水及其他材料和设施是源自西方文化的，而不是中国的，但事实正好相反。印刷术的基本要素在西方和中国都有，但它们的结合导致印刷术首先在中国文化中而不是在西方出现。印刷术在欧洲得到创新发展，似乎涉及3个关键问题。第一，古腾堡印刷术是一项完全独立的发明，还是受到了中国雕版即活版印刷原理和实践的影响？由于木版印刷和书籍在古腾堡印刷术出现之前就已经存在于欧洲，而且与古腾堡印刷术的出现有非常紧密的时代关系，所以大多数人认为，古腾堡即使没有接触到木版印刷的实践，至少也接触到了它的原理。第二，如果是这样的话，木版印刷术是从中国传入欧洲的吗？在这个问题上，几乎所有的观点都对这两者之间的密切关系给予肯定，而且它们的相似之处也使人们相信，欧洲人的木版印刷知识一定是从中国学来的。第三，欧洲印刷术的第一个制造者是否直接或间接地接触过来自远东的中国印刷或金属活字。传统上认为一个发明有多个特定的名字是可疑的，但一般认为，印刷书籍、木版印刷或金属活字类型的样品可能是由不知名的旅行者通过陆路或海上贸易路线从远东带到欧洲的。所有这些证据都有力地表明，中国与欧洲印刷术的起源存在着直接联系，即欧洲印刷术来源于中国。

第八章　造纸术和印刷术经英国等传播
至美洲和大洋洲

美洲和大洋洲都属于新大陆，在早期欧洲人的眼中，当地的文化是野蛮的、未开化的、落后的，若不是欧洲探险者、殖民军、宗教传播者等外部力量进入，它们会沿着自身的演进逻辑而发展。16世纪后，美洲和大洋洲以土著人的牺牲为代价分别走上高速发展的快车道，这离不开欧洲尤其是英国殖民者与新教徒的宗教活动与殖民运动。由于美洲和大洋洲被发现得较晚，其进入所谓"文明"视野的历史短暂，学界对这两大洲造纸术与印刷术起源和发展情况的研究相对较少，但较为一致的看法是，美洲和大洋洲的造纸术与印刷术的出现相较于亚洲、欧洲是最晚的。它们早期依靠自供自给的"自制纸张"的古老方式来满足当地人民生产生活及精神需求，后期又依赖从欧洲进口的方式弥补了传统方式的不足。虽然以英国为代表的欧洲宗教徒和殖民者们对美洲和大洋洲当地文化产生了较大的破坏或同化作用，但不可否认的是，欧洲的进步文明为美洲和大洋洲辗转带来了中国的造纸术和印刷术，对两大洲的文化生产和文明演进产生了巨大的推动作用。

第一节　中国造纸术和印刷术随新教徒移民传播至美洲

中国的造纸术和印刷术是经过欧洲传播至美洲和大洋洲的，主要人物是英国的殖民拓荒者、新教教徒以及商人。纸张和造纸术传播早于印刷术，为印刷术的推广和应用打下了良好的载体基础，为信息及知识文化的传播、交流与普及提供了有利条件，对世界文化领域做出了一大贡献。在中国造纸术和印刷术的传播过程中，新教徒移民起到了中流砥柱的作用。

一、美洲的造纸之始及早期发展

（一）美洲造纸业渐趋辉煌

美洲，通常被人们称为新大陆，早在18000年前，印第安人就已到达美洲大陆。1492年哥伦布重新发现新大陆，这对欧洲和世界均有着重大的影响。美洲的面积达4206.8万平方千米，现拥有约9.5亿居民，占到了人类总数的13.5%，是唯一一个整体在西半球的大洲。虽说历史上美洲的出版文化发育不充分不完全，但在最近几个世纪，美洲造纸业发展迅速，成为后来居上的佼佼者。根据全球造纸工业的统计数据显示，美洲纸及纸板产量连续多年继亚洲、欧洲之后，排名第三位。以北美洲和拉丁美洲的造纸情况概括美洲造纸工业的概况，从相关机构的统计数据显示北美洲和拉丁美洲造纸工业的纸浆产量为1.51亿吨，纸张产量为1.05亿吨。[①]美国和加拿大的纸及纸板产量连续多年继中国之后排名第二，北美洲造纸工业的两个关键市场，在产量和消费量两方面居于重要地位。近几年，北美及欧洲造纸在研究方向上正在从传统造纸向新材料、生物质精炼方向发展。

美国造纸目前仍具有极大的全球优势。有关机构关于全球造纸工业的调查有以下关于美国造纸的基本要点：（1）从成本和产量来说，美国纸浆和造纸工业与世界其他国家相比，还是很具有竞争能力的；（2）美国最大的问题是内销不增长或萎缩（将会向增大出口的方向发展）；（3）全世界将面临软木纤维的短缺：中国包装纸箱的增长将需求更多的软木纤维，其供应将面临更紧张的局面，高吸水类纤维需求的增长将与传统纸业争夺大量的软木浆，美国东南部有生产软木浆的很好优势，应该大量参与；（4）美国是世界最大的绒毛浆生产国，价格便宜。在造纸业领域，不得不提到纸

---

① 李玉峰.游历全球造纸行业之———美洲造纸：资源丰富，全球造纸行业重要的原材料输出地［J］.中华纸业，2017（15）：76.

浆造纸技术创新联盟（APPTI），它是美国的一个行业组织，专门负责美国造纸业未来的发展方向，同时在工业界、国家能源部、农业部以及高校之间起到关键桥梁作用。2016年APPTI协调的工业有化学品回收、下一代制浆、工业废水的再利用、降低纸张干燥能耗、纤维素纳米材料、生物质价值，并提出未来5年最亟须解决的造纸工业问题：极大减少造纸和森林工业的二氧化碳排放量，减少50%的造纸工业用水量，增加高质量、低成本的纸浆和生物质材料，努力发展新型纸张和生物质产品，改进废纤维和木材产品的回收利用。

（二）美洲初期的书写工具

早期的美洲是没有本土生产的纸张的，纸和造纸技术纯靠进口，欧洲特别是英国是其主要的供货地。12世纪，欧洲效仿中国的方法开始设厂造纸，至17世纪时欧洲各国基本都有了造纸工业，可以说，欧洲此时的造纸业已经相对成熟，可同时期的美洲新大陆却仍在使用羊皮、牛皮、树皮等古老的出版载体，新式植物纤维纸主要从欧洲进口。欧洲的造纸技术主要是通过英国教徒传教输入美洲的。中国造纸术发明1000多年以后，欧洲的第一张自造之纸才开始出现，又经过400多年，造纸术从欧洲来到了美洲。此时，距离公元前2世纪的中国西汉发明造纸术已经1800年了。让美洲拥有造纸术的直接媒介是英国新教徒、商人、航海家等。但从根本上说，这仍然可以被看作中国造纸术升级后辗转传播。

15世纪晚期，墨西哥玛雅人对纸张有了需求，他们开始渐渐使用自造的"纸"，这种纸是用野生无花果树皮里层制成的，玛雅工匠先浸泡树皮，再将其放在加了玉米粉、石灰或灰烬的水里烧煮，将剥离的树皮里层在清水里漂净后摊平在木板上，再将第二片里层交叉压在第一片上，放在太阳下晒干，用石块擦揉使其平整，捶打使其变薄，最后涂上一层薄薄的泥灰，将这长长的"纸"条折叠成手风琴或者做成"书"，便形成了古抄本。审视美洲16世纪前的动物皮和植物皮的书写载体，不仅承载信息内容少，而且印抄难度大、稳定性差、保存能力弱。相比于亚欧地区的造纸技术，美洲实属落后。美洲早期书写载体的落后性和不便性激发了人们对高级纸张及先进造纸术的渴望。

（三）美洲早期造纸术引入情况

相比于美洲的自制型书写纸张，欧洲的纸张是高级形态的，是适合书写与印刷的，承载的信息量大、承印能力超强等特点引起了美洲人民的极大兴趣。16世纪时，美洲地区开始了从欧洲进口纸张，后又规划引入造纸技术。英国是其最主要的造纸技术发源地。

1575年，西班牙人侵入中美洲后，建立了美洲第一个纸厂，这直接得益于欧洲的传教事业。1690年，美国费城建立了北美洲首个纸坊，这主要是受到了科学家、政治家本杰明·富兰克林的影响，他在费城印刷的书所用的纸张都是在这家纸厂专门定制的，纸上带有王冠图案及"B-F"字母的水印，B-F是本杰明·富兰克林姓名的第一个字母。他于1788年在费城哲学会上还发表介绍了中国造纸技术的报告，表明了中国造纸术对欧洲、美洲的造纸术和造纸行业的作用和影响。1710年和1729年，美国宾夕法尼亚又建立了两家纸厂。北美加拿大最初的纸张也是从欧洲或者美国进口，新泽西、麻省、缅因、弗吉尼亚、康涅狄格、纽约、马里兰、北卡罗来纳、特拉华、肯塔基等州在18世纪时全面开花，都开设了纸厂。1803年，圣安德鲁斯也开始兴建纸坊，所造的纸用于印刷《蒙特利尔公报》。1819年，霍兰在靠近哈利法克斯的贝德福德盆地一个村子里建立起加拿大的第二个手工造纸工场。美洲的造纸与欧洲的造纸紧密相连，两个地区具有一系列共同特点：（1）原料主要是破麻布，很少用别的植物纤维；（2）纸质厚重，可双面印刷，但表面不光滑，需砑光；（3）纸内尽管有未打碎的纤维束，但纸质坚韧，拉力强，抗蛀；（4）帘纹较粗，抄纸帘不是用细竹条编成。

19世纪初，美洲的造纸工场出现了繁荣景象。1885年，加拿大建立起现代化酸法木浆厂和磨木浆厂，改用木浆造纸，迅速增加了新闻纸的产量。加拿大生产的新闻纸出口至世界各国，是世界上生产纸浆和纸张的大国之一，成为软质出版载体的高质量生产国。美洲的造纸工场呈现了数量多、范围广、创新力强等特点，开始具有了一定的国际竞争力。

这一系列的世界性变化不能离开中国，中国造纸术通过阿拉伯人传到了欧洲和非洲，欧洲人又带着纸张和造纸术进入美洲新大陆，到19世纪后半叶，中国造纸术走完了其世界传播之旅程，遍及五洲各国。回顾这段历史，从中世纪的中亚、西亚阿拉伯世界到欧美各国，之所以都能受益于中国造纸术的发明成果，主要归功于751年怛罗斯战役中的中国战俘和世界各国尤其是欧洲的传教士。这些曾穿着军装的纸工和以宣传宗教为使命的宗教徒给世界各国带来了纸张和造纸技术，为世界文明做出了很大贡献。

（四）欧洲文化开启美洲造纸新篇章

在美洲文化形成的过程中，欧洲文化有着重大影响，始终起着主导作用。欧洲文化模式是美洲多元混合型文化结构的主体框架，但也绝不是欧洲文化的翻版。它是以欧洲文化为主体，以印第安文化和非洲黑人文化及世界其他文化为次要成分的混合文化结构。因此，这既不同于母体的欧洲文化，又不同于土著文化，而是一种崭新的、具有民族特色的文化，它表现了开放性、多元性、丰富性和兼收并蓄、多姿多彩的文化特色。[①]

欧洲人在美洲殖民扩张，客观上也发展了欧洲文明。以英国为主的新教徒经过现代化的洗礼，在追求宗教理想、躲避宗教迫害、渴望寻找一片净土等动机驱使下，通过殖民扩张的方式在美洲建立了符合自己理想的社会，这些新的殖民地社会不同于欧洲传统的旧社会，但其建立新社会的思想却来自欧洲，带来了欧洲的技术、文化与思想。在美洲地区的传教工作虽然艰难，一波多折，但传教的成效是可观的。大体说来，信仰已在美洲深深地扎了根，传教士努力地改善印第安人野蛮的风俗，在每座修道院的旁边建立小学，免费教育儿童，也有为栽培印第安部落首领的子弟而建的中学，还在墨西哥和利马两座大城市创办大学。另外，还把造纸术和欧洲的文化传入美洲。如果不把纸张和造纸术引入美洲并且在美洲开办造纸工场，光靠口头传播宗教信仰难以形成规模，欧洲传教士利用纸张，把福音呈现在纸上供美洲人民了解学习，才能更好地为传教铺平道路。

1575年，西班牙移民在美洲建造了第一个造纸工场，其设厂造纸的目的是传播宗教思想，让美洲人民有宗教纸本读物可供学习，让宗教文化能够大面积地和美洲人民接触。同时，造纸工场的设立也有助于信息、知识的流通与传递及宗教发展，拓宽了人们的眼界，满足了美洲人民的精神需

---

① 王承云.美洲大陆的文化起源及其发展［J］.北方论丛，2003（2）：45.

求，促进了欧洲文化在美洲的传播。

欧洲文化对美洲文明是"母体"作用，至今美洲也未完全摆脱欧洲文化的影子，美洲出现的欧洲造纸术实际上就是经过欧洲中转的中国造纸术。

二、美洲的印刷之始及早期发展

美国印刷企业共有5000余家，近百万从业人员。近年来，印刷销售额稳定在1400亿美元以上。美国印刷业主要包括商业印刷、报纸印刷和包装印刷。在全球市场均处于遥遥领先的地位。面对印刷业的新机遇、新领域，北安普敦地区公共图书馆的行业状态问卷调查显示，未来2~3年增长最快的行业为彩色数码印刷、可变数据印刷、彩色宽幅印刷、网络印刷等数码印刷行业，而胶印、单色宽幅印刷等传统印刷增长缓慢。

美洲印刷术之所以发展如此之快，不可不提到早期的两位重要人物。一个是本杰明·富兰克林。富兰克林在《试论纸币的性质和必要性》（1729年）一书中极力主张印刷更多的地方纸币，并且和邻近的特拉华殖民地签合同，印刷纸币、法令和政府会议记录。第二个是威廉·帕克斯。威廉·帕克斯是弗吉尼亚殖民地第一家印刷所的创始人，在弗吉尼亚会议上得到了官方的印刷任务，推动着殖民地的印刷业发展。

（一）美洲早期印刷业发展状况

美洲印刷业的起步时间在世界印刷史上也较晚，和中国雕版印刷术相比，晚了大约10个世纪，比中国活字印刷术晚了约6个世纪，比欧洲活字印刷技术晚了约1~2个世纪。中国发明的印刷术首先传入朝鲜、日本及东南亚各国，其后通过中亚传入中东和阿拉伯，并通过阿拉伯或蒙古军队进攻欧洲的战争传到欧洲，最后通过欧洲传到美洲、大洋洲以及世界更多的地方。这是无可争议的历史事实。[①]美国最大的报纸《纽约日报》说："历史

---

① 张树栋.印刷术西传的背景、路线及来自欧洲人的记述［J］.固原师专学报（社会科学），1999（1）：58.

上世界文化的中心在宋代的中国。"这指的正是中国宋代的雕版及活字印刷术带来了世界文明。欧洲古腾堡的活字印刷术受到中国印刷术的影响，通过欧洲的移民者、传教士、殖民者等带到了美洲，到了16世纪，欧洲人才开始在美洲建立印刷厂。

美洲新大陆最早的印刷厂和造纸术应用地不谋而合，都在墨西哥。墨西哥成为了美洲第一印刷城，1539年西班牙人胡安·巴勃罗斯创办了第一家印刷厂；秘鲁利马成为了美洲第二印刷城，1583年在该地区开办了第二家印刷厂。

17世纪前，只有在墨西哥和秘鲁有小报，仅刊载欧洲新闻，有了印刷厂和印刷技术后，才出现了正式出版发行的报纸。17—18世纪，各大中城市均有了印刷厂，印刷的内容包括宗教、医药、兽医学、法律、文学、地理、历史等。1667年墨西哥出版发行了第一份正式的报纸《墨西哥报》，随着印刷技术的发展，到1772年该报纸实现了定期发行。1743年，秘鲁也创办发行了《利马报》。印刷技术直接带动了办报风潮，18世纪末19世纪初，许多城市都有了自己的报纸，诸如《经贸知识日报》（秘鲁利马）、《墨西哥日报》、《基督文化最新消息》等。这些报纸的口号都是"进步"，主要是为了传播欧洲启蒙思想和有关矿业、农业、工业、牧业、艺术、文学、宗教知识和新观点。[①]

美国近代印刷业于17世纪30年代开始起步，美国最早的印刷厂是1638年英国移民斯蒂芬·戴（约1594—1668年）在北美建立的剑桥印刷厂，该印刷厂的设备由英国运来。这是北美洲英国殖民地的第一家印刷厂，位于波士顿附近的哈佛学院。1744年美国出现了第一份近代学术期刊，基本上与欧洲国家同步。此后，美国近现代的软质出版印刷业一直遥遥领先于世界其他地区。在美国软质出版印刷史上，主要有两个重要的发展时期：一是1865年南北战争后，社会经济快速发展，软质出版业发展进入繁荣时期。20世纪初，形成了波士顿、费城和纽约等软质出版中心城市。二是第二次世界大战之后，科学技术发展迅速，科研文献需求量激长，进一步刺

---

① 许海山.美洲历史［M］.北京：线装书局，2006：213.

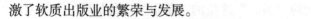

激了软质出版业的繁荣与发展。

（二）欧洲印刷文化极大影响美洲印刷文化

对印刷业的控制，在任何时候都没有比在美洲殖民地的最初年代里更为刚硬有效。在这个辽阔的、尚未拓殖的地区，是找不到那些17世纪里让英国政府当局着急和恼怒的秘密印刷机的。报纸能使任何人通过不负责任的指责来给当局制造麻烦，当局对此仍然印象深刻。欧洲的统治者无意放任极易引起社会动荡的印刷品的印制，正如他们不会允许擅自制造火药或招募私人武装那样。英国人在美国实行出版物控制，有时采用这一种方式，有时采用另一种方式，是否需要实行审查制则随事件的进程而定。但是有一点是清楚的，即欧洲那种垄断新闻出版业以巩固社会秩序的传统观念已经成功地移植到美国沿海的殖民地区，美国的单一环境使这种控制比在英国实施得更为有效。1639—1763年，美国的出版物有一半以上来自新英格兰，而其中绝大多数是在波士顿及其附近的地方印刷的。

18世纪，天主教的宗教裁判所对殖民地印刷厂、先进书籍和科学教育领域进行严密控制，但并未能阻碍科学思想的传播和科学教育的发展。欧洲启蒙哲学思想鼓舞了新科学出版物的出现，扩大了克里奥尔启蒙运动对殖民地各阶层大众的影响。如第一本关于美洲启蒙的完全意义上的科学杂志《墨西哥文艺杂志》（*Literary Magazineof Mexico*）创刊于1768年，是由何塞·安东尼奥·阿尔萨特·伊·拉米雷斯（José Antonio Alzatey Ramírez）主办的。科学家阿尔萨特致力于普及和传播各种科学知识达30年之久，出版发行了《各种科学和艺术科目》《物理学观察》《博物学》《有用的技艺》《墨西哥文学公报》等杂志。新西班牙医师和数学家何塞·伊格纳西奥·巴托拉切（José Ignacio Bartolache）创办了《信使导报》和《文化入门》来传播新思想和新知识。[1]这些杂志和出版物定期刊登伊比利亚美洲自然资源、地理、工业、经济和人口等领域的研究成果，对殖民地知识分子进行新科学启蒙，从而建立了一个具有共同科学观念的读者市场，使科学

---

① ［英］莱斯利·贝瑟尔.剑桥拉丁美洲史［M］.李道揆，等，译.北京：经济管理出版社，1997：724.

在伊比利亚美洲殖民地社会中扮演了一个重要角色。

三、英国新教徒通过《圣经》等出版物在美洲传播新教

在西班牙和葡萄牙掠夺和殖民过程中，无时无刻不忘把上帝介绍给当地人，竭尽全力让他们皈依基督教。在16世纪大部分时光里，伊比利亚人垄断着新大陆和新航路，他们也是为了独享传播上帝福音的荣耀。

16世纪20年代，西班牙的科尔特斯击败美洲的阿兹特克帝国，席卷欧洲的宗教改革在德国爆发，这一宗教领域的变革日后成为塑造美洲历史的决定性力量之一。从这时起，除了传播上帝福音外，美洲还被来自英国的新教徒赋予了新的意义，即作为追求宗教自由、对抗天主教异端和建立基督王国的理想之地。

英国人对信仰的虔诚是有着悠久历史的，他们把传播上帝福音作为一生的使命，追随基督能让自己灵魂得到洗礼。孟德斯鸠就曾赞美过英国人在虔诚的信仰方面走到了其他民族的前面，英国的宗教信仰具有先进性、进步性。

在对外殖民扩张中，英国人始终把传播上帝福音、宣扬基督真理当作一项神圣的事业。在1578年授予吉尔伯特的殖民特许状中，伊丽莎白女王命令吉尔伯特"去发现、探测、寻找和考察那些遥远的、异教的、荒蛮的并且未被任何其他基督教君主或人民占有的土地、国家和领地"，把基督的真理传播到那些地方。[①]在当时的欧洲人眼中，凡是上帝福音没有到达的地方都是罪恶荒蛮的，那么作为上帝的子民就有权去占领它，将它纳入基督教世界里来。《殖民时代：美国人民的历史》一书中说道，地球上"很大一部分仍被野兽或者粗野的蛮族所占有。这些野蛮的土著不知道上帝，进行邪恶的偶像崇拜，他们比最野蛮、最凶残的野兽还要坏"[②]。所以，当

---

① Mary C. Fuller. Voyages in Print: English Travel to America, 1576–1624 [M]. London: Cambridge University Press, 1995:16.

② Herbert Aptheker. A History of the American People: the Colonial Era [M]. New York: International Publishers, 1959:13.

时的美洲新大陆也被视为"不文明之地"。

最早提出把新大陆作为宗教避难地的是英国著名殖民主义者弗莱·吉尔伯特。1583年，他计划将北美3.24万平方千米土地的专利权转让给其他英国人，其中最主要的是一些在国内受到本国教会迫害的天主教人士如乔治·佩卡姆爵士和托马斯·杰勒德爵士等。吉尔伯特的殖民计划虽然遭遇失败，"却促使美洲与避难之地紧密联系起来"①。此后，躲避宗教迫害成为推动英国人对外殖民扩张的重要动力之一。

英国最早的宗教避难地是普利茅斯殖民地。建立自由的基督王国是普利茅斯殖民者前往美洲的动因，另外一个动因就是躲避国内的宗教迫害。"美洲便成为了他们下一个最佳选择"②。

这些北美殖民先祖先辈在北美登陆前签署了被誉为殖民政府"第一块基石"的《五月花号公约》。西蒙斯教授评价说："移民始祖抵达普利茅斯可以作为英国殖民史上的一个转折点。"1640年左右，仅在加勒比地区殖民的英国人就已有2.5万~3万名，加上前往北美大陆的人数，总计约有5.8万人。16—17世纪，北美成为他们寻求宗教避难和信仰自由的一个理想之地。

17世纪上半叶，英国虔诚的基督徒们在北美大陆建立了许多有着宗教避难地性质的殖民地。但令人遗憾的是，人们为了追求自由信仰、躲避国内的宗教迫害来到新大陆后，宗教上往往走向狭隘，原本被迫害的人转而去迫害其他教派，不能容忍任何不同于自己的所谓"异端"思想的存在。罗杰·威廉斯、安娜·赫清生夫人、托马斯·胡克等人因持有不同于马萨诸塞清教统治者见解而为当局所不容，他们或被流放或遭受迫害。为了寻找新的避难地，他们率领追随者们先后创建了罗得岛、朴次茅斯、康涅狄格等新殖民地，这反而大大扩展了英国北美殖民地的范围。

---

① R.C.Simmons.The American Colonies:from Settlement to Independence. HongKong: Longman，1976:9.

② R.C.Simmons.The American Colonies:from Settlement to Independence. HongKong: Longman，1976:16.

四、西班牙人的殖民扩张与宗教传布

西班牙人占领了位于中美洲的安地列斯群岛以后，随即展开征服美洲大陆的工作。1519—1522年间，西班牙人科泰斯率领11艘战舰，载着700名战士和10门大炮，从安地列斯群岛的古巴出发，想要征服墨西哥。当时的墨西哥是在印第安的阿兹特克人统治之下建立的阿兹特克帝国，墨西哥人对阿兹特克人心怀怨恨，便和西班牙人里应外合，暗结血盟，整个帝国在未做大规模抵抗的情况下，费了5年的时间，就被全部征服。然后，西班牙人又在1530—1535年之间征服了由印加人所统治的秘鲁，西班牙人以不到50年的时间，征服了除了巴西以外，从加利福尼亚到南美洲的南端的地区。随着远征军而来的，便是西班牙籍的传教士，有方济会、道明会及奥斯定会的会士，稍后也有耶稣会的会士。

1492年，哥伦布第一次航行时，曾有一位神父名叫亚肋纳斯，随船同行，亚肋纳斯便是踏上新大陆的第一位神父。哥伦布第二次前往美洲时，神父波依同行，他是第一位到美洲的传教士。此后，传教士人数迅速增加。1526年，查理五世规定，凡是西班牙籍船只都有运载传教士前往美洲的义务。

早在科泰斯率领西班牙军队占领墨西哥前，教会已经有意在犹加敦半岛上建立教区。墨西哥教会的创始人是方济会会士苏马拉加的若望，他在1527年被任命为墨西哥城的第一任主教，他创建这座城市的传教机构，建立慈善社团和学校，还开创教会的出版事业，印刷教义，传经布道。后来的情况发生了很大的变化，墨西哥本土传教士逐渐减少，传教士基本来自西班牙。西班牙传教士在墨西哥的每一个教区都设立了主教座堂的圣职团体，有学校、缮会、慈善机构、隐修院及印刷出版机构。以至于后世留存了许多富有西班牙色彩的天主教文化的历史古迹。

中美洲最早建立的教区是巴拿马教区，成立于1520年，随后在加勒比海沿岸先后成立教区，秘鲁的利马是西班牙殖民时代教会活动的中心。16世纪末，利马大学就已经有20个讲座、180位教授，1600名大学生。

圣多利比欧亚丰索总主教主持了3次教省会议和13次教区会议。仅以1582年第一次教省会议来说，他主持编写了大小两种要理问答，一种神师手册，另外还编写了一本讲道手册，这几本书都是用西班牙文和当地的印第安语写的。

传教士在中美洲和南美洲开教，建立传教区，随着传教事业开拓，圣教会也先后在这些地区建立了圣教统治。西班牙籍传教士对于印刷出版活动在美洲的推广有积极的促进作用。

16世纪时，传教士为了让印第安人信教并为其信仰扎下稳固基础，采用了一种很特别的传教方法，那就是在各地建立了许多的牧导村。牧导村是把在各地流浪、居无定所的印第安人聚在一起组合成的村落。村落内，只有担任牧导工作的传教士可以进入，其他从欧洲来的殖民者都被隔离在外。牧导村在教义和一般常识的传授上相当成功，其中最著名的是在巴拉圭由耶稣会神父所建立的牧导村。但教会与土著之间的流血冲突时常出现。

被称为"巴西的宗徒"的耶稣会传教士若瑟，1533年到巴西时，只有20岁。他曾经担任省长，有很强的语言天赋。他编撰字典和文法，编写要理书、圣歌集，受到教廷表彰。

总之，美洲新大陆作为殖民地主要源于宗教动机，也正是因此而带来了传播宗教信息必不可少的造纸术和印刷术。

第二节　中国造纸术和印刷术随英国殖民运动传播到大洋洲

大洋洲是在欧洲的殖民扩张中为外界所认识的。欧洲人在近代对外扩张过程中，常以欧洲"文明"标准出发，以"蒙昧人"（savage）、"野蛮人"（barbarian）来指称那些尚处于部落社会生活中的民族，对这些土著民族的人群和文化采取了以消灭为主的基本策略。包括"蒙昧"和"野蛮"等这些概念应用，也折射出早期欧洲中心主义和欧洲意识形态的色彩。在18世纪的启蒙运动中，卢梭等法国思想家开始反对封建专制和倡导自由平等。

18世纪下半叶，当大洋洲中大部分岛屿进入欧洲人的视野时，欧洲人以对美洲印第安人的认知，评判了这些岛屿上的原住民，并将这些原住民也称为"印第安人"。这样，"高尚的蒙昧人"这种形象也出现在了库克等人的航海日记中。实际上，他们的描述反过来也为卢梭描述建构的蒙昧人形象提供了注脚，同时为西方思想家提供了进一步想象蒙昧人的素材。库克在第一次航海的日记中这样描述了塔西提岛的原住民："这里的人过着一种极度自由自在的生活，每个人似乎都是自己行动的主宰，除了死，不知有其他的惩罚，而死只有在和公众的敌人战斗时才会发生的。"①他对澳大利亚原住民的评价，更是成为18世纪末许多西方学者引用来说明"高尚的蒙昧人"的经典描述："从我对新荷兰土著人的这些描述来看，有些人会觉得他们是世界上最悲惨的人了，但实际上他们远比我们欧洲人快乐。"在此，库克把新南威尔士的原住民放在欧洲文明背景下来评价，把他们说成生活在一种无欲无求的自然状态中。

在库克的第一次航行中，他对塔西提岛、新西兰原住民的生活状况描述较多，但大多是以欧洲文明为标准来评判他们，因而建构起来的是一种负面形象，包括"吃人"习俗、喜欢"偷盗"、"下流"的性道德等，总的来说是一种欧洲文明的对立面——"野蛮"的形象。

反过来，大洋洲原住民在这种文化相遇中是如何看待他们以前从未见过的欧洲人？这方面的文字史料非常有限。原住民作为相遇的一方，由于处于部落社会而没能将他们的经历、感受与观念出版记录下来。1852年，毛利人塔尼华在新西兰副总督威纳德的引导下，回忆了他首次见到库克到达水星湾时的情境，他说："一艘船来到这里，我们的老人看到这艘船时，说他是一个tupua（妖怪）或是一个神（某些未知的事物），船上的人是奇怪的生物。这艘船停下来，以小艇靠岸。"这个老人的口述在一定程度上反映了毛利人如何看待初来乍到的欧洲人，成为研究大洋洲原住民在初次相遇中如何看待欧洲殖民者的珍贵史料。

---

① ［英］比格尔霍尔，詹姆斯·库克.库克船长日记——"努力"号于1768—1771年的航行［M］.刘秉仁，译.北京：商务印书馆，2013：155.

大洋洲19世纪才开始有了造纸业与印刷业，而且也主要是由欧洲的航海家、探险家、殖民者、经商者传入的。

一、大洋洲的造纸之始及早期发展

大洋洲除澳大利亚大陆以外，还有成千上万的岛屿，相较其他大洲而言最为零碎。位于大洋洲的澳大利亚，近现代纸质出版的报刊业发展令人瞩目，一直享有独特的地位，以默多克为代表的印刷媒体的垄断资本曾经是最令人瞩目的。从大洋洲的纸及纸板产量来看，其总的纸及纸板产能为408.3万吨，主要产自3个国家，包括澳大利亚、新西兰两个国家，其中澳大利亚占81%，其主要的原料为原生木浆。澳大利亚的造纸业在大洋洲最为辉煌。澳大利亚报业在西方报业发展中也具有独特地位。

澳大利亚在1869年才在墨尔本拥有自己的造纸业，墨尔本成为了整个大洋洲最早拥有造纸业的城市。中国造纸技术也是最后传到大洋洲的，到19世纪后半叶，它才走完了世界传播文明的历程。[①]关于确切的大洋洲古代早期造纸方面的内容和材料的搜集工作十分困难，因为后世得以保留下来的土著传统文化很少。自18世纪后期开始，大规模西方殖民者入侵大洋洲后严重破坏了土著居民的传统文化，给土著文化与土著居民带来了沉痛的打击。

（一）前纸质时代大洋洲的情况

五六千年前，大洋洲土著居民的文化逐渐发展，他们创造了独特的土著文化传统，流传数千年。直到欧洲人闯入前，他们基本保持着原始部落的生活状态，并且形成了独一无二的毛利土著文化。在殖民者侵入大洋洲之前，土著居民有200~260种不同语言、500~600种方言。几乎所有的语言都是澳大利亚原生语言，大部分土著居民会多种语言，他们之间日常交流并不困难。"不少人对土著语言有错误看法，认为他们词汇简单，其实并

---

① 张大伟，曹江红.造纸史话［M］.北京：社会科学文献出版社，2011：159.

非如此，他们有完整的语法和大量词汇，足以描述世界上的事物。"①

澳大利亚土著居民除用语言交流之外，一些地方还出现过萌芽状态的文字符号。但令人遗憾的是，随着欧洲殖民者的入侵，土著文字符号系统的发展和完善过程被打乱。这种萌芽状态的文字符号和语言不完全一致，但不同语言的土著居民却能认知。这种符号文字由头、唇、手势以及身体的动作加上适当数字符号组成。这种文字一般在狩猎时观察环境或举行仪式时使用。用这种文字符号示意人们不要说禁忌语，表示人们的关系、亲属称谓、地点、动物、方向、时间、数量、活动、情况以及抽象概念。大洋洲居民将这些萌芽状态的文字符号刻在石头或木头等硬质出版载体上，也描画在鞣制过的动物皮、树皮等软质出版载体上。这些都是大洋洲非常珍贵的古代软质出版萌芽。

可是，大洋洲土著居民的出版符号、出版载体、出版技术毕竟停留在原始、封闭、停滞不前的依靠天然资源的古老阶段，相比于同时期的亚洲、欧洲，甚至是美洲，还是远远落后了一大截。大洋洲属于发展最迟的大洲，丰富的自然资源和地理优势让大洋洲的居民能够自给自足，对文明传承的载体与技术的造纸术和印刷术的需求也是应有之义，前纸质时代也是大洋洲的原始阶段。

（二）欧洲纸张传入澳大利亚，推动报业等行业发展

大洋洲一直是人类文明中最为孤独的文明。先进的出版载体与出版技术传入大洋洲的时间最晚。造纸术也是最晚传入大洋洲的，在19世纪后半叶的1868年，澳大利亚墨尔本附近建立起第一家造纸工场，开始生产印刷和书写用纸，大洋洲的造纸业正式开启。

纸张的传入促使了报业的发展，从1803年澳大利亚第一张周报《悉尼公报与新南威尔士广告客户》开始，报刊出版业发展繁荣兴旺。澳大利亚书业行业组织很多。主要有图书出版社协会、大学出版协会、书商协会、图书贸易组织、儿童图书委员会等。1949年成立图书出版商协会，主要负责组织全国图书出版界的各种活动，旨在促进出版新书和好书，促进本国

---

① 阮西湖.澳大利亚民族志［M］.北京：民族出版社，2004：40.

图书出版业的发展，使之在国际中占有一定的地位。澳大利亚的出版机构大致有三类：商业性出版社、政府资助出版社、大学出版社。商业性出版社为大多数，出版物多考虑经济效益。一些政府机构、受政府资助的出版社出版一些研究报告、科学著作及政府文件等，出版图书的水准较高。主要的大学出版社是悉尼大学、墨尔本大学和昆士兰大学的出版社，前两个出版社以出版社科类书籍为主，后一个出版社主要出版小说。墨尔本大学出版社成立于1923年，规模最大、历史最为悠久。

图书出版业同样不断发展，著名的图书出版城市有悉尼和墨尔本。其中一些著名的出版社创造的业绩值得称赞。悉尼安格斯与罗伯逊图书出版社不仅历史最为悠久、规模最大，并且不断开拓海外市场，国内外影响深远。1910年成立的巴特沃斯出版社是国内最大的法律出版社，而它初期以销售从英国进口的科技与医学书籍为主。《澳大利亚在版图书》和《澳大利亚图书一瞥》是澳大利亚专门的图书信息刊物，不仅报道新书，还收录出版社地址，刊登广告、书业动态等。

出版业的发展也催生了许多杰出的出版家。澳大利亚的鲁伯特·默多克是世界最为著名的报刊出版大亨，他创建的新闻集团是当今世上国际化程度较高的综合性传媒公司。集团不仅经营报纸、杂志、书籍出版等软质出版物，还将目光投放在数字广播、加密和收视管理系统的开发。1952年他接任父亲创办的小报《新闻报》。自1969年开始的近50年时间里，先后收购了《世界新闻周刊》《太阳报》《纽约邮报》《泰晤士报》及纽约杂志公司等。20世纪80年代初，他的国际新闻集团年营业额已达到12亿澳元，是新闻出版界屈指可数的软质报刊出版业的领头羊。

二、大洋洲的印刷之始及早期发展

（一）大洋洲现代印刷发展情况

大洋洲开发较晚，每平方千米3个人的平均人口密度可以保证较为充足的自然资源。澳大利亚和新西兰占整个大洋洲人口76.6%，同时也占据澳洲GDP的97%及印刷生产总值的95%，拥有205美元的人均印刷产值，略低于西欧的人均258美元与美国的人均305美元。印刷业目前仍是澳大利亚规模最大的制造业之一，雇用员工人数超过11.5万人；中小型企业在印刷业中占大多数，97.5%的印刷企业雇员少于100人，94.4%的印刷企业雇员少于50人，85.3%的印刷企业雇员少于20人；印刷企业的数量大约为5000家，遍布全国每一个地区；印刷业的年营业额可达230亿澳元，年出口额超过5亿澳元。2012年，澳大利亚印刷业销售额为91.5亿美元。澳大利亚的人口数量现为2000多万，人均印刷品销售额与日本相近。

（二）早期印刷业发展特点

1788年，英国向殖民地澳大利亚输送囚犯的舰队带来了澳大利亚第一台印刷机。1795年，总督亨特为便于发布政府文件和各项规章制度，任命有印刷经验的囚犯乔治·修斯充当政府印刷工，主要工作是印制政府文件。1801年，另一名囚犯乔治·侯接任了印刷工作，并于两年后印制出《悉尼公报》。《悉尼公报》的内容主要有政令、广告和布告、本地新闻和海外新闻。有学者认为《悉尼公报》的编排方式沿袭了英文传统，与同时期的英文报纸有异曲同工之处。但因这是一份殖民地报纸，受政府严格的控制管理，加上技术设备简陋，所以它的尺寸较小。《悉尼公报》一直都是官方报纸，即使到后期人们不断争取新闻自由，《悉尼公报》也始终未能摆脱政府的管控。

19世纪30年代到20世纪初是澳大利亚报业发展的黄金时期，报业市场生命力旺盛。先后在悉尼出版的报纸有1824年《澳大利亚人报》、1826年《监视者报》、1831年《悉尼先驱晨报》等。一些殖民地开始创办新的报刊，如1833年佩思《西澳大利亚人报》、1842年塔斯马尼亚岛《考察者报》、1854年墨尔本《时代报》等。原本的小型纸张渐渐开始有所变化，大型纸张出现，并且页数增多。周刊逐渐变为每周两次或三次，直至出现日报、晚报、下午报、周日报等。设计排版、内容编排、专业化程度不断得到改进和提高，新闻的分量增加。1910年的《悉尼太阳报》便是国内第一份在头版刊登新闻的日报。在这些报纸中，《时代报》和《悉尼先驱晨报》最具影响力。

最初到达澳大利亚的图书是通过英国早期殖民主义者带到澳大利亚

的。英国移民对英国图书的需求导致英国出版商纷纷在澳大利亚建立图书代理机构。澳大利亚成了英国很重要的图书市场。19世纪50年代85%在澳大利亚销售的图书是进口的。由于大量进口图书，澳大利亚的出版业发展缓慢，只有几家澳大利亚的出版社每年出版的图书超过10种。在此情况下，澳大利亚政府也采取了一些措施，鼓励出版澳大利亚图书，给予一些出版商和印刷厂一定的补贴。目前50%在澳大利亚销售的图书是在澳大利亚出版的，其中，60%是教育类图书，40%是一般类图书。澳大利亚图书出版者协会有集体成员约150个，其中，2/3是澳大利亚人拥有的公司。这些澳大利亚人拥有的公司多数为小公司，他们具有很强的生存能力，效率高，灵活，选择适合自己的特殊领域的图书出版，通常出版图书的范围比较窄。独立的澳大利亚人拥有的出版公司也面临着许多困难，他们缺乏资金，发行费用昂贵，承担失败风险的能力低，难以与大出版公司竞争。

由于历史的原因，澳大利亚的图书市场被英国、美国等跨国公司所垄断。它们一方面发行海外公司出版的图书，一方面也出版一些澳大利亚图书。根据营业额，澳大利亚排在前20名的出版公司中，英国资本占5家，美国资本占8家，美国和澳大利亚合资占1家，加拿大资本占2家，德国资本占1家，只有3家是澳大利亚人拥有的。澳大利亚图书总营业额的80%来自这20个出版公司，只有3%来自独立的澳大利亚人拥有的小公司。

三、大洋洲殖民及传教士出版活动

大洋洲的两个主要国家澳大利亚和新西兰都曾是英国殖民地，可以说大洋洲的文化基本上全部受英国殖民文化影响，包括议会民主制和一些主流文化，并且大洋洲的风俗习性深受外来移民尤其是英国殖民者影响。在大洋洲，到处都是英国的影子，包括中国的造纸术和印刷术也是由英国殖民者传入大洋洲的。

约在50000年前，欧亚大陆的原始人就沿着印尼群岛来到澳大利亚，在欧洲人到达时土著人口已有30万。^①澳大利亚的土著主要是毛利人，他们来自夏威夷等太平洋岛屿，1350年，最后一批由独木舟组成大船队到达新西兰，他们不比18世纪后移居的欧洲人"愚蠢或缺德"^②。

15世纪末到16世纪初，欧洲人经海路到达亚洲和美洲，是地理大发现的"黄金时代"；然而探索太平洋岛屿及其周边的奥秘，沟通"南部大陆"与北半球的联系，却属于地理大发现第二时期即"白银时代"的任务。可惜国内世界史教材对此极少提及。^③

18世纪下半叶，由英国政府组织且有战舰保护的太平洋"科学考察"开始，当然不排除"商业利益的驱使"。库克船长的贡献最为显著。1769年，他率远征队到达新西兰北岛，并用49天的时间环绕南岛一周，绘制了精确的海岸图，第一次宣布新西兰由两个岛构成，中间的海峡此后被称为库克海峡。他在航海日志中记述了毛利人十分悍勇，他们不得不"保持着小心谨慎的态度"；这里土壤肥沃，盛产极适于作船用的大树，还有可供纺织的亚麻。^④"1779年库克死后，世界上留待人们探测的海岸线已经为数甚少了。"^⑤

不久，英国政府以库克的"发现"为依据，在植物湾一带始建新南威尔士殖民地。不久就将澳洲大陆从"新荷兰"改成了"澳大利亚"（拉丁文意"南方的大陆"）。

为了防止法国、美国等势力渗入，英国最终决定在此建立独立的殖民地。由于美国独立以及英国工业革命引起的社会和阶级矛盾，英国当局决定把澳大利亚选作"新的罪犯倾倒场"^⑥。1830年，英国人曾在这个殖民地

①　泰晤士世界历史地图集中文版翻译组.世界史便览［M］.北京：生活·读书·新知三联书店，1983：115.

②　J.B.Condliffe and W.T.G.Airey. A Short History of New Zealand［M］.London: Whitcombe and Tombs Ltd.，1968:228.

③　Keith Sinclair.A History of New Zealand［M］.London: Penguin Books，1960:33.

④　Keith Sinclair.A History of New Zealand［M］.London: Penguin Books，1960:33.

⑤　泰晤士世界历史地图集中文版翻译组.世界史便览［M］.北京：生活·读书·新知三联书店，1983：115.

⑥　［美］斯塔夫里阿诺斯.全球通史［M］.吴象婴，梁赤民，译.上海：上海社会科学院出版社，1992：534.

进行了一场种族灭绝战，1836年达尔文航行到此，听到几年前的惨剧，记述道："总督发出通告，全岛戒严，有目的地包围了3000多土著居民。然后比赛猎捕喂狗，以便整族歼灭。在其首府霍巴特的博物馆中只保留了一副土著的骨架。"①

1856年维多利亚及南澳最先采用无记名的统一格式的选票，1879年各殖民地普遍推行了这一制度。②1901年1月1日，澳大利亚联邦成立，这是继加拿大之后的英属第二个自治国家。这种政体形式虽在一定程度上打上英国控制的烙印，但此后世人的确不知不觉地感到南半球有了第一个独立的国家。

新西兰由于其不同的地理位置及内部原因，殖民化与近代化结合密切，颇具特色。1840年，英国当局与毛利族酋长们签订了《威坦基条约》，规定毛利人承认英国的宗主权，但保留土地等一切自然资源的所有权；毛利人若愿出卖土地，只能卖给英国移民。该事件是新西兰逐渐沦为英国殖民地的标志。但秘密投票选举政界要员的制度实施较早。③

基督教传教士最先担任新西兰的治安推事，教会的扩张与英帝国的武装侵略相辅相成，但也有区别，后者把新西兰看成世界上最适宜开拓的殖民地，甚至诉诸武力，前者则强调要使毛利人改变信仰。

伦敦传道会的理事会在短时间内通过了两项重要的决议。第二项决议是确定了吸收新传教士的八点基本要求。④传教士们乘坐"达芙号"在抵达塔希提后，与土著初步建立了友好的关系。"达芙号"于1798年中回到英国。1798年8月24日，来自伦敦的两艘捕鲸船"康沃尔号"（The Cornwall）以及"莎莉号"（The Sally）为马泰瓦伊地区的传教士们带去了来自伦敦的信件，以及大量的杂志、报纸和出版物。

---

① ［美］约翰·根室.澳新内幕（中文版）［M］.符良琼，译.上海：译文出版社，1979：297.

② 朱永涛.英国国家社会与文化入门［M］.北京：高等教育出版社，2001：181.

③ James Harvey Robinson.Medieval and ModernTimes［M］.NewYork，Wentworth Press，1926:666.

④ Richard Lovett. the History of the London Missionary Society 1795–1945［M］. London：H.Frowde,1899:45.

与首批传教士几近空手而来不同，增援的传教士大多在伦敦神学院接受过系统的教育，并且携带了一些最新的工业革命的成果，譬如印刷设备。新的传教士力量的注入以及设备上的充实成为传教工作进一步拓展的重要砝码。1817年，8名新的传教士携带家人陆续抵达南太平洋地区。其中，威廉·埃利斯率先抵达莫雷阿岛。埃利斯曾经是一名印刷工人，他从英国带来了印刷机以及印刷书本所需要的材料。在抵达莫雷阿岛后，埃利斯迅速展开了自己的传教工作——安置印刷设备并为书本的印刷做好充分的准备。印刷机最终安置在莫雷阿岛的阿法雷埃图（Afareaitu）[①]。波马雷二世对印刷机充满了好奇，他亲自前往阿法雷埃图，并在埃利斯的指导下印刷出南太平洋地区的第一份印刷成品。印刷业的兴起也导致该地区猫科动物的大量死亡，因为它们的皮肤是用来黏合书本的重要材料。对比之前对传教士采取的野蛮行径，人们开始表现出对于获取知识的渴望，该地区附近的人常常为获得一本书而特意前来。通过这台机器，2600多份《拼音词典》（Spelling-book）率先面世，随后是2300多份《塔希提语教义问答书》，在第一批印刷品中还包括《圣经》选段。[②]这些成品书为南太平洋地区的教会学校提供了丰富的教学资源，这对于教会学校的教学内容也起到了很好的规范作用。在完成了教学资源的印刷工作之后，埃利斯为首的印刷团队开始印刷基督教经典读物《圣经》。

在这段时期里，英国船舰"积极号"（The Active）抵达阿法雷埃图，与之同行的是6名前来增援的传教士，以及大量的印刷纸张。这些印刷纸张是由英国圣经公会方面赠送的物资，用于支持《圣经》及《福音书》的出版印刷工作，圣经公会在整个19世纪为基督教传教事业捐赠了大量物资。这些源于圣经公会的捐赠也是伦敦传道会的传教士自抵达南太地区后收到的第一笔来自其他组织的援助物资。直至1818年，第二次印刷任务才告一段落，亨利·诺特收到了法语版的《路加福音书》，第二本则作为礼

---

① William Ellis. The History of the London Missionary Society［M］. London: John Snow, 1844: 27.

② William Ellis. The History of the London Missionary Society［M］. London: John Snow, 1844: 27.

物赠予了波马雷二世。埃利斯在出版了《路加福音书》之后又领导了其他一些书籍的出版工作，其中包括一系列的赞美诗。一些是塔希提语版的，还有一部分是英文原版的。当地的历史及传统大多是以诗歌这种文学体裁来记载的，基于这样一种现实，大量赞美诗得以印刷成册。这些赞美诗在土著群体中很受欢迎，赞美诗的出版对于推动传教活动的展开也是大有裨益的。

1822年6月6日，约翰·威廉斯途经赖阿特阿岛，在视察完毕后，应当地土著之请，留下了一批《教义问答书》以及《拼音字典》等基督教出版物供教学使用。此外，还有一些由威廉斯自己编著的福音相关书籍。

大洋洲传教的另一条有效途径之一是开办了大量的学校，由学校教育发展起来的信徒相比通过游说发展起来的信徒，对于宗教的忠诚度也相对较高。通过建立教会学校对当地的民众尤其是年龄较小的儿童进行基督教教义方面的课程培训是基督教传播过程中必不可少的一种途径。因此，兴办学校教育是英国教会在南太平洋地区传教过程中的显著特征之一。最初是通过小册子的方式传递自身的文化，学校教育的全方面发展始自基督教方面的经典读物大量问世，至1813年底，塔希提地区的传教士已经开始将塔希提语版《圣经》的节选版介绍给塔希提人。大量宗教经典读物的问世得益于欧洲在传教、殖民扩张的过程中引入的纸张与印刷术，让大洋洲人民能够获得读本以供学习。在南太平洋地区拥有自己的印刷设备之前，提供给学校的教科书都是由传教士们将书稿运送到悉尼，待印刷完毕后再由往来船只送往各个学校。

大洋洲历史资料比较稀缺，这部分内容主要是借用历史研究法，通过分析英国传教与殖民的动机与路径，去探讨大洋洲出版载体与出版技术的传播发展。英国在大洋洲地区殖民、传教、兴学、经商、文化竞争等行为，一方面对土著文化形成极大危害；另一方面，在客观上也促进了大洋洲的文化事业发展，英国在殖民与传教的过程中带来的造纸文明与印刷文明，为知识的传播、交流创造了根本条件，为世界文明进程做出一定贡献。

第九章　中国造纸术和印刷术经"一带一路"传遍世界的深远影响

秦汉时期中国人开创的以洛阳、长安为起点的陆上丝绸之路，以及始于秦汉时期从广州、泉州、宁波、扬州等沿海城市出发的海上丝绸之路，成为沟通和贯通东西方文明的商业贸易和文化交流渠道。丝绸之路在疏通中西交通、发展中外贸易、促进经济发展和沟通中外文化交流等方面发挥了重要作用。①中国古代四大发明中的其中两项——造纸术和印刷术，借助"一带一路"这一重要的文化桥梁走出中国，对世界文化和文明的进步与发展产生了深远影响。"一带一路"的开辟促进了古代世界人类文明相互交流与融合，并逐渐形成"一带一路"文化圈。

第一节　造纸术的发明是人类探索出版载体的伟大发现

中国先人发明的造纸术沿着陆上丝绸之路从新疆传到中亚的撒马尔罕，西亚的古巴比伦和大马士革，北非的埃及、开罗和摩洛哥，再传播到欧洲的西班牙和意大利，最后通过"双心放射"传遍世界，极大地促进了世界文明的进步与文化发展，成为迄今为止人类探索出的伟大出版载体。

---

① 王治来.丝绸之路的历史文化交流与"一带一路"建设［J］.西域研究，2017（02）：98.

一、植物纤维纸最终取代简牍、贝叶、莎草纸和羊皮纸等

出版载体的变革是推动人类文明进程发展的重要杠杆。造纸术自西汉发明、东汉改良后，从中国出发，经由"一带一路"传遍五大洲，其传播过程也是先进的植物纤维纸逐渐取代简牍、贝叶、羊皮纸、莎草纸等相对落后的出版载体的过程。

东汉蔡伦对造纸术的改进不仅极大地降低了造纸的原料成本，还有效提高了纸的质量，使植物纤维纸得以大范围推广，成为广泛使用的书写用纸。"从西汉前期到东晋末期，植物纤维纸这种软质出版载体在经过500多年的进步和发展后，凭借价廉物美和质地优良，最终完胜最高级别的硬质出版载体简牍，中国从此开启以软质出版介质为主要载体的新时代。"①

中国发明的植物纤维纸，较之古埃及的莎草纸、古印度的贝叶、古代欧洲的羊皮纸，有着十分明显的优势：造纸的原料便宜充足，便于大量生产；轻盈柔韧的质地，便于人们的存储与携带；有较大的平面，十分便于承载大量信息。"植物纤维纸最终取代简牍、贝叶、莎草纸和羊皮纸等，成为中国对世界出版及世界文化的最伟大贡献。"②

二、中国造纸术在人类出版史上的原始创新地位

美国学者迈克尔·哈特的《历史上最有影响的100人》一书共选了8个中国人，造纸术的重要改良者、风行全球的蔡侯纸的制作者蔡伦名列第七。

春秋战国时期，由于分裂和战争，中国的科学技术和综合国力比当时较为先进的古希腊古罗马要落后一些。随着汉代的统一和发展，中国实力有所恢复，特别是造纸术的发明和改良，对中国文化的发展和推动功不可

---

① 万安伦.中外出版史［M］.北京：高等教育出版社，2017：9.
② 万安伦，王剑飞，杜建君.中国造纸术在"一带一路"上的传播节点、路径及逻辑探源［J］．现代出版，2018（6）：72.

没。造纸术的发明和改良使文化传播有了适宜的书写载体，为后世印刷技术的发明与发展奠定了基础。

植物纤维纸这种软质出版载体的发明和广泛应用，极大地促进了中华文化的知识积累和文化传承，因此成为了中华民族两千多年以来文化发展传播的主要物质载体，从而使中国文化得以代代相传，中华文明不至于中断。古埃及、古印度和古巴比伦等同属于世界文明古国，然而它们古老的历史和文化未能完整地传承下来，这与它们的出版载体和出版文化未能持续创新发展不无关系。植物纤维纸的出现和推广，使得汉代以后的文化生活出现了崭新的面貌。2—5世纪，左伯纸、张芝笔和韦诞墨是文人墨客喜爱的文房用品。晋代盛行的读书、抄书和藏书之风都得益于纸的推广和普及。①

蔡侯纸作为书写材料，在印刷术发明后，又用来印刷文字。可以说蔡侯纸的问世为后来印刷术的发展和传播奠定了一定的基础支撑。纸的出现和使用解决了"缣贵简重"的问题，使人们能够相对自由地书写和相对便捷地阅读，无须再为"缣贵简重"而苦恼，也无须为运书藏书而"汗牛充栋"，使信息和知识得到了较好的贮藏、传承和传播。

造纸术在中国发明发展，普及全国并外传。据史料记载，中国造纸术的外传，首先是把纸和纸制品（书、信件和绘画等）传入其他国家，其次才是造纸技术的外传。约3世纪，造纸术首先传入越南。4世纪，造纸术又向东传入朝鲜，并于5世纪经朝鲜传入日本。约7世纪，造纸术传入印度。造纸术向西方的传播是经由丝绸之路进行的。约2世纪，西域地区已经有了纸的使用。5世纪时，中亚一带都使用了纸。8世纪后期，造纸术开始传入中亚。751年，唐朝与大食国发生战争，安西节度使高仙芝带领的唐朝军队被打败，许多中国人被俘，其中有些是造纸工人，他们把造纸术传入了西方，并首先在撒马尔罕开造纸工场。于是，纸便成为阿拉伯人向西方出口的重要物品。此后，793年在巴格达，795年在大马士革，900年在埃及，1100年在摩洛哥也相继建立了造纸工场，阿拉伯人渡海到达西班牙，当时

---

① 万安伦.中外出版史［M］.北京：高等教育出版社，2017：9.

在西班牙掌握造纸技术的也只有阿拉伯人。8—12世纪，阿拉伯人垄断造纸技术达400年之久。1189年法国建立造纸作坊，基督教国家开启造纸历史。此后，1276年在意大利，1320年在德国，1323年在荷兰，1495年在英国，1576年在俄国都陆续建立了造纸工场。1575年在墨西哥，1690年在美国费城建立了美洲大陆上的造纸工场。19世纪，澳洲的墨尔本有了造纸工场。[①]中国发明的造纸术至此传遍五大洲。

造纸术西传后，推动了欧洲文化发展和文明的进程，从而推动了欧洲文艺复兴的蓬勃展开。中国造纸术的发明和传播，有利于人类文化的传承和发展，使得出版成本下降。科学文化和知识信息在平民中的普及得以实现，从而极大地推动了欧洲政治、经济、文化的发展，并反哺中国社会的进程，促进了社会的变革和文明的进步。

三、造纸术创造人类文化承载的新模式和新格局

11世纪后期，中国发明的植物纤维纸通过欧洲商人与阿拉伯商人之间的交易，走进了意大利地区。它的外观与当时欧洲人惯常使用的羊皮纸有着相当不同的表面特质。它柔软脆弱，以碎布等材料作为基本原料成分，很容易让人联想到当时欧洲人穿着的棉衣（在纸最初传入欧洲的一段时间里，常常会被误认为是棉织品）。12世纪初，处于阿拉伯政权统治下的西班牙地区沙提发城出现了欧洲第一座造纸工场。随后，纸张的使用在西班牙地区缓慢地被推广开来。起源于中国的造纸术，由于战争等跨文化交流方式，不断向西传播，最终推动了整个欧亚大陆文明的变革。13世纪晚期，羊皮纸逐渐被植物纤维纸所替代。不仅在造纸业兴盛的意大利地区，甚至在法国的马赛等地，植物纤维纸也已为官方所采用，上至贵族官员，下至普通的职员都能熟练地使用这种纸张，这使得此前对于纸张的偏见被弃置一旁。此后开始向其他地区扩散，在法国北部、瑞士、荷兰、比利

---

① 肖东发，于文.中外出版史［M］.北京：中国人民大学出版社，2009：20.

时、卢森堡等地普遍兴起。[①]14世纪，欧洲社会商品经济的恢复和发展迫切需要知识和技能的支持和保障，造纸业的兴盛推动了知识的传播和生成，城市居民迫切的生活需求也从一方面刺激了中世纪大学的兴起，反映新兴资产阶级要求的欧洲思想文化运动——文艺复兴由此开始。文艺复兴的重大影响离不开出版实践，但丁、彼特拉克、薄伽丘等人的经典著作通过软质出版流传后世。15世纪，随着商业贸易和文化交流，意大利和法国的植物纤维纸逐渐传入东欧地区，并代替当地原纸张的使用，成为东欧地区的主要出版载体。

伴随着造纸术的传入与改良，欧洲出版的文字符号系统也在不断发展与完善。原有的拉丁语和希腊语逐渐演化成各民族通用的语言与文字，推动了欧洲各民族文字和文化的发展，丰富了欧洲的出版成就，推动了欧洲文艺复兴及民族国家的建立。在这个过程中，中西欧地区的拉丁语逐渐取代原有混乱的日耳曼民族的鲁纳字母等，产生了以拉丁语为拼写基础的罗曼语系和德语等。而东欧的斯拉夫诸民族则在希腊语和拉丁语的基础上，创造出基里尔字母，建构出东欧国家的出版文字符号系统。古代欧洲的文字符号系统与软质出版活动互相影响，推动中世纪文化事业艰难向前发展。[②]

相比之下，作为植物纤维纸发源地的中国，在105年改良造纸后，造纸术就从中原地区向周边地区传播。3—5世纪，纸逐渐取代了绢帛、简牍而成为我国主要的书写材料，有力地促进了我国科学文化的传播和发展。魏晋南北朝时期，我国造纸术不断革新。在原料方面、加工制造技术等方面都有很大的发展。6—10世纪的隋唐五代时期，我国除麻纸、楮皮纸、桑皮纸、藤纸外，还出现了檀皮纸、瑞香皮纸、稻麦秆纸和新式的竹纸。伴随着中国经济重心的南移，南方的造纸业无论是规模还是质量方面都开始超越北方，这在一定程度上突破了北方造纸业的垄断地位。

通过造纸术传播及影响，中国的语言符号系统也获得了较强的传承

---

① 万安伦.中外出版史［M］.北京：高等教育出版社，2017：9.
② 万安伦.中外出版史［M］.北京：高等教育出版社，2017：9.

性。在漫长历史中，中国古代典籍虽然经历了不同出版字体的转变，从篆书到隶书再到楷书、行书等。但一直使用同一种语言符号——汉字开展出版活动，促进了文化的传承发展。[①]造纸术在中西方不同程度的发展，以及文字符号的差异，也造就了出版方面的差异。从创新性来看，显然西方比中国要更胜一筹，经过如火如荼的文艺复兴运动过后，二者差距不断拉大，但就传承性来说中国的出版事业显然要更适合。这同时也造就了人类文化承载的新模式和新格局。

第二节　印刷术的发明标志人类从低效的抄本复制走向高效的印本传播

印刷术是中国古代劳动人民经过长期实践和探索的重要发明。从古代印章、碑刻拓印和制版印染技术得到启发，唐代，中国发明雕版印刷术，由此开启从抄本复制到印本复制的跨越发展。11世纪，北宋毕昇发明了胶泥活字印刷术，世界从此开启活字印刷新时代，比15世纪德国约翰·古腾堡的活字印刷早400多年。中国又先后发明木活字、铅活字、铜活字及套版印刷术，使印刷技术不断得到改进和发展。印刷术的发明大大提高了知识复制的效率，极大地促进了文化和文明的传播与发展。

一、中国印刷术直接影响古腾堡的机铅活字印刷技术

1096—1291年，欧洲发动9次十字军东征，使欧亚两洲相互联系，十字军把中国的印刷品如纸牌、版画陆续带到欧洲，纸牌也是欧洲最早知道的亚洲雕版印刷的物品。中国的印刷术由此被传播到了欧洲，这也丰富了欧洲人对印刷的认识。西方纸牌的出现要比中国晚200~300年，这也说明，欧洲现代印刷术与中国印刷术存在着时间上的先后关系。1880年在埃及厄

---

① 万安伦.中外出版史［M］.北京：高等教育出版社，2017：9.

尔法云区，考古发掘出大量文献，其中有10万多张苇纸、羊皮纸及其他纸片，这些出土纸张被运往维也纳，在奥地利国家图书馆中专门成立雷诺收藏所。这些收藏品中还有约50张印刷品，是中国和欧洲之间几乎唯一的印刷术的实物证据，据考证，这些雕版印刷品的年代为900—1350年，而且这些印刷品与中国的印刷品很相像。

　　蒙古大军的3次西征，重新打通了一度阻塞的亚欧陆上大通道——丝绸之路，为东西方技术交流和人员往来创造了条件，从元大都（今北京）到罗马或巴黎之间的通道畅行无阻而且安全可靠，中国与欧洲有了直接的往来，中欧双方使者、商人、传教士、学者、工匠和游客沿此道相互访问。例如意大利人柏朗嘉宾（Jean Plano de Carpini，1182—1252年）奉罗马教皇英诺森四世派遣出使当时的蒙古，1247年返回法国里昂，著有《东方见闻录》，书中指出中国人精于工艺，其技巧世界无比，有自己的文字，其史书详载其祖先的历史。书中说中国有类似《圣经》的经书，指儒家典籍或佛经，在当时这些书以印本形式出现。法国方济各会会士罗柏鲁（Guillaume de Rubrouck，1215—1270年）受法国国王路易九世派遣来华，1255年返回巴黎，著有《东方游记》，书中记有元代印行纸币的情况。

　　1440—1448年，德国金匠约翰·古腾堡发明了机械铅活字印刷技术，这一发明比宋代毕昇的泥活字晚了400多年。虽然2人在活字印刷的原理上没有多大差别，但是古腾堡用的活字材料是铅、锌、锑的合金，它比以前的木活字、铜活字都易于成型，适于印刷，像这样配合的成分，时至今日，也没有多大的改变。其制作程序是，先将黄铜或青铜等软金属上刻出一个字母的阳文字模，把铅浇铸在这个阳文字模的周围，形成一个模子，然后从该模子中浇铸出若干个合金字模，这些字模就可以用来排字了。这种制作铅字的方法一直沿用到19世纪中叶。[①]古腾堡为其铸字和排版技术配制了新式印刷机，使印刷速度大幅度提高，1455年印出了《四十二行圣经》等书。在古腾堡发明机铅活印技术之后不久，机铅活印刷术很快在欧洲各国流行起来。15世纪末期，在威尼斯一地，新设立的活字印刷所就有

---

　　① 来新夏.中国近代图书事业史［M］.上海：上海人民出版社，2000：23.

约100个，出版书籍约200万册。欧洲人在古腾堡发明的基础上不断改进，至19世纪初叶，现代活字印刷术已比较成熟，效率较高，对欧美等国文化教育的逐渐普及起了关键性的推动作用。

印刷术的发明及其广泛传播为全世界各国出版大量书籍刊物打下了坚实的基础，为全人类享受文化生活提供了有利条件，对世界科学文化的发展起了重大作用，对欧洲文艺复兴、科学革命和宗教改革也产生了积极的推动作用，这是中国人民对世界文明做出的无可替代的贡献。

二、印刷术是对精神发展创造必要前提的最强大杠杆

马克思认为，印刷术是一种具有历史变革意义的传播工具，他在《机器、自然力和科学的应用》中指出火药、指南针、印刷术是预告资产阶级社会到来的三大发明。其中，印刷术变成了新教的工具，是科学复兴的手段，是对精神发展创造必要前提的最强大杠杆。

随着印刷术的西传、古腾堡现代活字印刷技术的应用，新兴的廉价印本帮助更多人识字、读书，并促进教育和科学的发展，摆脱了欧洲的文化和科学停滞不前的局面，为文艺复兴运动的出现奠定了重要基础。

比如"15世纪中期，欧洲识字的男人还不到一成，而到了17世纪早期，已经有超过三成的男人和超过一成的女人可以读写"[1]。在印刷书和文字广泛传播的社会，在思想传播的层面，个体的自由意志得到实现，个体的自我意识得到强化，知识开始积累，个体和社会都在自我完善，自我价值的判断成为可能，社会向现代的转变开始了。信息的流动由单向变为多向，信息传播者与接受者的界限变得模糊。识字使欧洲民众在社会传播体系中第一次获得了主体性，在传播体系中的角色不再是被动与凝滞的状态，身份变得多元，角色可以转换，传播中的多向流动成为可能，由此在欧洲带来了传播的目的、传播的内容、媒介的生产、媒介的属性等一系列

---

① 郑达威.近代欧洲印刷术传播的经济偏向研究［J］.郑州大学学报，2015（3）：173.

重大的社会和传播领域的变革。①

印刷术的西传、古腾堡现代活字印刷技术的应用使人与神、人与知识的距离缩短了。在手抄书时代，宗教和知识的传播主要依赖教堂或大学里的口口相授。这个时候的神和知识都是遥远的他者，只能让人仰视。人与知识、人与神之间的距离是一个无法逾越的空间。古腾堡印刷术的推广，使《圣经》广为传播，通过阅读《圣经》，在没有牧师宣讲的情况下，个人与神的交流也能成为现实，多元化的理解也成为可能，人与神的关系被拉近了。这种传播方式的变革带来的是整个基督教体系的动荡，人与神的关系发生了质变。在知识领域，人们通过阅读，不仅仅是学习，更重要的是，他们开始反思、质问、提出问题并回答问题，实际上参与了知识的构建。

新构建的知识又通过出版新的书籍进一步传播，知识在这样的循环中不断积累。可以说，印刷术使文艺复兴时期知识的形态有了质的改变，这也给人们带来了精神上的充盈。印刷书媒介突破传播时间和空间限制，确立新的时空传播尺度，使阅读和知识更广泛地走向大众。区别于声音媒介，文本媒介具有信息跨空间传播和跨时间传承的特征。

印刷术改变了知识储存、更新和扩散的方式。印刷并不是创造了书，但它改变并界定了书。在手抄复制年代，书籍和手抄本是通过抄写员艰难地生产出来的，每一本抄写的书与原版本都有细微的差异。错误从一本手抄本蔓延到另一本上，新的错误不断增加。一本手抄书籍中包含的知识和思想只能被很少的人读到或拥有。流浪的学者是反馈和散发书籍或知识的主要源泉。印刷术改变了搜索知识的方式，提高了获取知识的效率。在手抄本年代，获得信息的能力大部分依赖于个人的回忆能力。有数不清的记忆装备来帮助一个人回忆，有权威来供你咨询。除了瞬间记忆，个人不得不主要依赖于自己的回忆。获得信息的能力从印刷时代开始了跨越式的发展。随着完全相同的上百份复制品的产生，一些更加完全和整齐的印刷特

---

① 覃庆辉.从媒介延伸到社会变革——重审古登堡印刷术在文艺复兴中的作用［J］.新闻知识，2019（11）：3—8.

点成为印刷商的一个卖点。印刷书籍产生了大量的变化，导致印刷文字更有序、更系统的排列，例如扉页、规则编号的页面、标点符号、分节符、页头书名、插页图表等，所有这些都有利于知识的获取。印刷术改变了学习方式，缩短了接受知识的时间。印刷术的一个直接的学术层面影响是改变了一个人的学习方式。在手抄本时代，由于手抄本是稀缺的，为了受教育，人们主要通过听别人读或演讲来获得知识，并且在此之前，记忆是非常重要的。印刷技术不仅提高了识字率，促进了劳动力普遍知识水平的提高，而且推动了学术研究的发展，导致了知识分子阶层的产生。通过阅读用口头语言及廉价的材料复印下来的文本，这种学习方式减少了解码信息的成本。在15世纪中期，欧洲识字的男人还不到10%。但是到17世纪早期，已经有超过30%的男人和10%的女人学会读和写。古腾堡印刷术的发明，恰好赶上地理大发现和世界大交往形成的时代，与人类广泛的交流需要相匹配，因此，印刷术得到快速普及和应用。

印刷术的西传、古腾堡现代活字印刷技术的应用实际上解决的是知识传播的两个问题：一个是知识的跨空间传播，另一个是知识的跨时间传承。随着大量印刷书的发行和流通，民众与作者及知识的距离缩短了，在文艺复兴期间，即使普通民众也有大量机会接触最新的人文思想、先进的技术以及最新的航海发现。这种变化意义深远，引发了后续的一系列变革。

印刷术改变精神层次的另一个方面就是，它让阅读成为相当一部分民众社会生活的必要活动。在印刷术发明之前，阅读是社会生活的非必需品，是可选择的；印刷术发明以后，印刷书籍大量出版，并且易于获得、价格便宜，阅读的需求便被激发起来。参与阅读的民众不断增加，刺激了印刷品的市场，印刷品的内容、形式越来越丰富。民众越来越依赖通过印刷媒介来获取信息，参与社会生活。至此，可以看到印刷术给欧洲社会带来的深刻转变，它解放了人们的思想，使人们产生对知识的渴望，冲破了传统束缚，使精神进一步发展创造。

第三节　出版传播视角下"一带一路"的世界文化 和文明史地位

造纸术和印刷术的发明大大提高了知识复制的效率，极大促进了文化和文明的传播与发展。造纸术和印刷术是中国古代四大发明中的两项，造纸术提供了新的出版载体，印刷术提供了新的出版技术，两者都是出版领域的伟大发明。它们不仅改善和提升了古代中国的文化生产方式，同时也改善和提升了人类文明的演进范式。造纸术和印刷术是沿着丝绸之路向外传播的，极大地推动了世界文化的繁荣与发展，在世界文明史上具有无可替代的重要地位。

一、中国造纸术和印刷术是人类文化和世界文明的伟大发明和 创造

中国造纸术和印刷术沿"一带一路"传播至欧洲等世界各地，改善和提升了人类知识生产和信息传播的方式，带动了技术传播沿线国家的发展，打破了中世纪教会对知识和文化的垄断，推动了欧洲文艺复兴的蓬勃展开，对人类文化发展和世界文明跃升做出了不朽贡献。造纸术和印刷术是近代学术与科学发展的必要前提。托勒密的《天文学大成》的权威性维持了1400多年，而哥白尼的《天体运行论》不到100年就被超越了。这是因为印刷机取代了手抄书。在印刷机的促进下，学者不用承担抄写图标的任务，有空余时间阅读和思考。人们也有机会抛弃传统的图标，搜集新鲜记录，创建改进的模式。最重要的结果是产生了接受新思想力量的新型民众。

（一）中国造纸术和印刷术传播对亚洲文化发展的影响

中国发明的印刷术，被世人誉为"文明之母"，先后传入朝鲜、日本、越南等近邻国家，并对亚洲各国的文化发展起到了极为重要的影响。

朝鲜是较早接受中国印刷术的国家。1011—1082年，高丽历时71年印制的《高丽藏》，被称为"高丽国之大宝"，就是采用的中国雕版印刷术；后来的《古今详定礼文》采用铸字印刷；此外还有木活字版《功臣都监》、铅活字版《思政殿训义》、铁活字版《西坡集》等。日本受中国印刷术影响的时间稍晚于朝鲜。《成唯识论》是日本较早受中国雕版印刷术传播影响的印刷品，后来出版许多中国著作翻刻版本《论语集注》《寒山诗集》《医书大全》，木活字版《大藏经》，铜活字版《群书治要》和《皇宋类苑》等，在一定意义上日本的印刷文明史受中国印刷术的影响最为深远。越南也深受中国印刷术的影响和传播。13世纪，第一次刻印的中国儒家典籍《四书大全》《五经大全》等，以及后来的木活字版《传奇漫录》等。与此同时，中国印刷术还传入菲律宾。其中《无极天主正教真传实录》活字版本，佐证菲律宾的印刷事业是由中国人开创的。应该说，东南亚国家的印刷术，很大程度上都是中国印刷术传播所做出的贡献。13世纪时，越南的印刷术也得到发展。中国印刷术的传入，对越南政治、经济、文化教育事业的发展起了巨大的推动作用。黎朝太宗黎麟绍平二年（1435年），越南政府所雕刻的《四书大全》版，是越南政府正式出版的儒学著作。到阮朝时，越南的雕版技术已经较为成熟。据《越史通鉴纲目》记载，阮儆、范谦宜等人曾经分别将"四书"、诸史、诗林、字汇等刻印成书并颁行全国。套版印刷技术自中国传入越南后，越南人主要用来印刷彩色年画。中国出版技术在越南的传播极大地促进了越南文化的发展。

中国印刷术还传入西亚，对东西方文明的传播起到了重要载体的作用。阿拉伯人掌握了中国造纸术后对人类文化遗产的保存、充实、发扬、传播做出了巨大贡献，通过百年翻译运动，阿拉伯文化将自身传统与古希腊、波斯、埃及等多元文化相融合，成为中世纪先进文化的表征。

在学术迅速发展、知识迅速膨胀的时代，口耳式的文化传承显然力不从心。随着从事学术的人的增多，对纸的需求量逐渐增大；而大批量纸张的生产也使得更多的人从事学术成为可能，由此形成了一个良好的循环。学术就在更广更深的范围内发展了起来，逐渐出现了大量的书本甚至图书馆，更加刺激了文化的发展，这自然就为百年翻译运动创造了更大的活动空间。百年翻译运动兴起于中世纪阿拉伯的阿拔斯王朝。这场运动是在宽容的社会环境里、有力的文化支持下，适应阿拉伯社会历史发展的客观需要而兴起的。在当朝哈里发的支持下，百年翻译运动有组织、有系统地译介了古代印度、波斯以及希腊等国的大量书籍，保存了古典文化，传播了知识，同时也为创造更新的文化储备了知识食粮，对阿拉伯—伊斯兰文化的定型、西欧文艺复兴的发展都做出了重大的贡献。

1310年波斯著名的政治家、历史学家拉施德丁在其名著《世界史》一书中，对中国的雕版印刷术有详细记载，后又影响到了阿拉伯国家。同时又逐渐流传到欧洲等，地跨欧亚两洲的元帝国发行的纸币、意大利旅行家马可·波罗的《马可·波罗游记》、十字军东征等都对欧洲印刷术起到了直接或间接的影响。1423年印刷的《圣克里斯道夫像》，是欧洲现存最早的木版画，其印刷方法和中国雕版印刷完全相同。[①]

（二）中国造纸术和印刷术传播对欧洲文化发展的影响

欧洲文艺复兴揭开了近代欧洲历史的序幕，也为人类历史掀开了新的篇章。欧洲文艺复兴的积极成果很快就对世界各地产生深远影响。其人文思想、现代科学、文学艺术的积极成果对世界影响深远，中国造纸术和印刷术的传播是欧洲文艺复兴的重要推手。

中国造纸术和印刷术在12—14世纪传到欧洲，对冲破中世纪的蒙昧与黑暗，推动欧洲文艺复兴蓬勃展开，起到了不可忽视的历史性作用。受中国造纸术和印刷术影响，再加上经济等其他因素的迅速发展，欧洲文艺复兴运动在14—16世纪蓬勃兴起，文艺复兴最先在意大利各城市兴起后扩展到西欧各国，这场高举人文主义大旗、以反对神权和恢复古希腊古罗马古典文艺为标榜的思想文化运动于16世纪达到顶峰。

价格低廉的植物纤维纸及其制造技术传入，促进欧洲文艺复兴识字群体扩大。在中世纪，一部手抄的羊皮纸《圣经》"相当于一座葡萄园的价格"。高昂的价格使大部分的平民百姓享受不到书籍这种文化奢侈品，社会底层严重缺乏购买力，只有有权势的贵族和宗教团体才有文化教育的接

---

① 康少朕.中国印刷术发展对世界文化传播的影响［J］.传播与版权，2019（11）：103.

近权和触达权。明显的两极分化和严重的文化垄断大大制约了欧洲文化的普及与思想的交流。中国造纸术传入西班牙和意大利，经过推广和提升，很快就对当时的主导性出版载体——羊皮纸形成挑战。13世纪以来，羊皮纸逐渐被植物纤维纸所替代。中国植物纤维纸的主要成分是树皮、破布等廉价原料，价格低廉的优势使其受到西班牙、意大利各个阶层的追捧。意大利由于商贸更为发达，因此受到造纸商的青睐。法比诺亚、热那亚、威尼斯、伦巴第等多个造纸中心逐渐形成，意大利也由此成为欧洲植物纤维纸的主要原产地、造纸技术的重要改良提升和中转输出之地。这为欧洲文艺复兴在意大利及欧洲各地的蓬勃兴盛奠定了创新文化传播和信息流通的载体基础。正是这种中国造纸技术的引进及廉价植物纤维纸的普及使用，使得原先只有高级神职人员和极少数贵族才拥有的知识获取权的重心开始下移。一些中下层人士甚至平民也有条件获得知识和信息，这实际上打破了中世纪神权对人性的桎梏和对知识垄断的魔咒。由此，以意大利为中心的欧洲社会，读书、识字的群体范围大大扩展，形成了一个以知识阶层为主体的文化名流和思想精英辈出的时代，思想解放、文化昌盛、百家争鸣、百花齐放，史称"欧洲文艺复兴"。如诗人但丁、画家达·芬奇、文学家莎士比亚等人的作品让更多有理想、有抱负的人士有了施展自身才华的机会，鼓励更多的平民百姓注重精神上的追求。

造纸术发明播撒为印刷术提供完美匹配的承印载体，推动文艺复兴思想传播。造纸术和印刷术的完美结合，使得知识和信息复制效率极大提高，彻底改变了手抄复制时代知识生产效率低下和差错率高的状况，与此相伴随的是较少传抄讹误的印刷品大量出现。正是因为造纸术呼唤印刷术与之适配，在欧洲文艺复兴前夜及文艺复兴过程中，各种进步思想和人文思潮才通过印刷复制媒介迅速传播到社会各个阶层，有力推动了文艺复兴的快速兴起和蓬勃展开。

纸张和造纸术的普及有助于社会结构的去中心化及文学艺术的普及化。植物纤维纸及造纸术传到欧洲以后，和此前的莎草纸及动物皮纸相比，有着不可替代的独到优势。由于其承载的信息量较此前的任何载体都大，加上价格低廉、书籍制作成本急剧下降、书价平民化，培育出大量显在的或潜在的消费者，由此带来文化生产方式和消费方式的全局性改观及文化产量的爆炸式增长，所以很快引起了欧洲社会结构的巨变。吴敬琏认为，中世纪的欧洲是两头大、中间小的哑铃形社会：大的两头分别是贫民和权贵，中间市民阶层的力量十分薄弱。社会阶层鸿沟巨大，财富与教育资源被贵族和教会严重垄断，在资源分配极度不平衡时期，社会矛盾极其容易激化，政治诉求也容易走向极端。直到中国纸张与造纸技术的引进，书本的价格大幅下降，欧洲普通群众也有了学习识字、享受精神食粮和教育的机会。市民和知识阶级开始不断壮大，话语权也开始重新分配，这在一定程度上削弱了教会和贵族对舆论的把持能力，即有助于中世纪的欧洲去中心化。这为从封建主义向资本主义、神权至上向人文主义转变奠定了基础，同时廉价易得的纸质载体为大量的法令和会议文件的形成及广泛传播提供了基础载体，有助于中下层知识分子和普通市民参与政治、文化及宗教活动，对新政体的形成和新教派的产生具有积极的促进作用。纸张和造纸术的普及的确对文艺复兴时期的欧洲社会结构起到了非常显著的去中心化作用。植物纤维纸有能力承载更多的文字符号、绘画符号、音乐符号，使得人文主义和人性解放气息浓厚的诸多进步思想活跃于纸面，以供人们表情达意，交流学习。除《圣经》外，大量的小说、戏剧、诗集、美术及手绘地图相继诞生。纸质作品硕果累累，内容形式极为丰富，《神曲》《哈姆雷特》《蒙娜丽莎》等艺术性极高。此外，文字符号的字形字体也因为书写载体的改进而呈现艺术化趋势。在中国植物纤维纸引入后，欧洲诞生了大量的书法家、艺术家，创新出多样的字母体式，如文艺复兴体、花体、圆体、哥特体，随着思想禁锢被打破，艺术家们开始在纸质载体上对字母符号进行革新和艺术化。这是中国纸及其制造技术对欧洲文艺复兴艺术普及化的贡献。

中国造纸术16世纪传入美洲，墨西哥率先建造了纸厂；19世纪后期，中国造纸术传入澳洲，墨尔本附近建立起第一家造纸工场。自此，中国造纸术和印刷术经过千余年的环球旅行，终于传遍五大洲，促进了人类文化的生产方式和传播方式的变革。中国造纸术和印刷术的基本原理在传播过程中与世界各地实际相结合，常有创新和发展。两者的创造都功不可没，可以说中国造纸术和印刷术是人类文化和世界文明的伟大发明和创造。

二、"一带一路"是中国出版技术和出版文化的弘扬传播之路

中国造纸术通过"一带一路"完成了在全世界范围内的传播，极大地推动了人类文化的发展和文明的进步。"一带一路"不仅是一条关于丝绸、陶瓷、茶叶等的运输贸易之路，更是一条中国出版技术和文化的传播弘扬之路。

（一）中国出版技术通过陆上丝绸之路传向世界

陆上丝绸之路的开辟为造纸术和印刷术的交流创造了条件。造纸术是通过唐朝和大食的战争传入阿拉伯世界，再传到西方。与此相对应，中国印刷术在陆上丝绸之路开辟前期的传播，促进了中华文化圈的形成，为"一带一路"文化圈的形成和发展奠定最初的文化技术基础。

随着陆上丝绸之路的繁荣，中西交流进一步畅通。由于造纸术和印刷术两者之间的紧密联系，从一定程度来说造纸术通过丝绸之路的逐渐普及为印刷术的传播奠定了基础。随着丝绸之路的影响逐渐扩大，沿线的国家开始高度关注丝绸之路的作用，并采取有效措施，以保证这一中西交通大动脉的稳定与发展。唐朝中期，中国印刷术开始由敦煌向西域扩展，并逐渐沿丝绸之路传播到以撒马尔罕和巴格达为中心的广大中亚和西亚地区，从而使印刷术囊括了古代世界亚洲的主要文化区域。中国印刷术在中亚与西亚的传播，大大促进了中国文化在中亚、西亚的传播和中西文化的交流，成为陆上丝绸之路繁荣的重要原因之一，为"一带一路"文化圈的进一步扩展提供了必要的文化技术条件支持。

（二）中国出版技术通过海上丝绸之路走向海外

海上丝绸之路的发展起自先秦，盛自唐宋，至明代逐渐开始登顶。明朝对世界海洋的探索，更进一步加强了欧亚大陆沿海国家和地区的交流和联系。自13世纪，欧亚大陆的北方出现了一个人类历史上空前规模的由蒙古人建立的帝国，陆上丝绸之路的主要区域几乎处于蒙古人的完全控制之下，从而保证了这一中西交通大动脉的畅通与发展。由于蒙古帝国管辖的

地区广泛使用纸币，纸币成为印刷术传播的载体，在西亚乃至北非得到广泛的传播。海上丝绸之路的发展与蒙古人对丝绸之路的全程控制，使古代世界的中西交通出现前所未有的发达，也使中国和欧洲的直接交往成为可能，从而促成中国印刷术在欧洲的传播。中国印刷术的传入，对推动15世纪中叶德国古腾堡现代意义上的机铅活印技术产生发挥了重要作用，使大众文化传播成为可能，为文艺复兴的发展创造传播媒介上的物质条件，成为欧洲近代史发展的必要技术手段之一。中国印刷术在欧洲的传播，最终实现了其在"一带一路"区域内的古代世界主要文明区域的扩散和普及，与造纸术的传播一起，使文化的大众化成为这些主要文明区域的时代潮流。①

造纸术传播表面上是技术的传播，实际上是中华文明的传播，中国通过"一带一路"向世界传播华夏文化，大大推动了世界文明的进步，其本身也是"一带一路"精神的发扬和体现。英国学者李约瑟在《中国科学技术史》一书中列举的从1世纪到18世纪由中国传到欧洲等地的重要发明就有26项，特别指出指南针、造纸术、火药、印刷术四大发明，更是对世界工业和自然科学的发展起到了重要的推动作用。中国印刷术的传播促进了文化的普及，使中西文化交流的质量和效率得到提高。中国印刷术和造纸术的传播作为中西交流的重要组成部分和必然结果，促进了囊括古代世界最主要的人类文明区域，即中华文化圈，中亚、西亚文化圈和欧洲文化圈的"一带一路"文化圈的形成，并且在这个过程中弘扬传播了中国古代勤劳人民先进的智慧下创造的出版技术和文化。

三、"一带一路"是人类文化和世界文明的创新发展之路

"丝绸之路"最早是德国地质地理学家李希霍芬在其著作《中国》一书中提出，是指从公元前114年至公元127年间，中国与中亚、中国与印

---

① 王梅，杨美君.中国印刷术对"一带一路"文化圈的影响与流变［J］.出版广角，2019（24）：85.

度间以丝绸贸易为媒介的西域交通道路，这一名词很快被学术界和大众所接受，并正式运用。这仿佛代表了西方对东方文明的承认和态度，这亦是东西方文明第一次真正对话的开始。同时，丝绸之路作为最早最重要的东西方文明交流通道，它联结着亚洲文明与世界文明的交往与沟通，秉承着共商、共享、共建原则。"一带一路"倡议的提出，为中国文化发展提出了新命题、带来了新机遇、创新了中国文化对话的新形式，同时也为全球化背景下创造性地再建东西方文化交流和人类文化行为新秩序、新文明形态，提供了中国设计。

造纸术和印刷术的传播过程，实际上也是中国科学技术和中国国家形象的传播旅程。在全球化传播过程中，由于近古以来的闭关锁国和盲目自大，近代以来又积贫积弱和落后挨打，造成中国国家形象传播受到了历史的遮蔽及"蜻蜓点水"式的西方话语重构。中国造纸术和印刷术的先进性及对人类文明发展的重要性与"中国声音""中国故事""中国形象"传播的乏力性，形成强烈反差。在大力进行"一带一路"建设的当下，努力发掘中国造纸术、印刷术与"一带一路"的内在的紧密逻辑关系，一方面能够提升"一带一路"的文化品质和文明属性，另一方面也能为习近平新时代国家形象的塑造与传播提供重要和独特的文化资源及历史借鉴。①

当今世界正发生复杂深刻的变化，国际金融危机深层次影响继续显现，世界经济缓慢复苏、发展分化，国际投资贸易格局和多边投资贸易规则酝酿深刻调整，各国面临的发展问题依然严峻。共建"一带一路"，这顺应了世界多极化、经济全球化、文化多样化、社会信息化的潮流。"一带一路"是促进共同发展、实现共同繁荣的合作共赢之路，是增进理解信任、加强全方位交流的和平友谊之路。在全球化时代，打造政治互信、经济融合、文化包容的利益共同体、命运共同体和责任共同体需要中国文明向世界贡献新的文化成果，古代中国人通过陆上丝绸之路和海上丝绸之路作为载体，而今天则是"一带一路"倡议。随着合作范围不断扩大，合作

① 万安伦，王剑飞，杜建君.中国造纸术在"一带一路"上的传播节点、路径及逻辑探源 [J].现代出版，2018（6）：73.

领域更为广阔。它不仅给参与各方带来了实实在在的合作红利，也为世界贡献了应对挑战、创造机遇、强化信心的智慧与力量。寻找和创新的文化产品形式，积极和大力发展中国特色文化产业，开通和建立中国特色文化产业的新丝绸之路，应该成为全球化背景下中国文化产业发展的美丽构想。从而，再一次通过对一切美的文化产品的创造性建构，开辟一个新时代。"一带一路"应该成为人类文化和世界文明的创新发展之路。

第四节　后全球化时代中国出版"走出去"的发展路径

后全球化时代，中国出版"走出去"是中国造纸术和印刷术在"一带一路"的传播及影响的重要延续，对于践行"一带一路"倡议和构建人类命运共同体意义深远。

一、后全球化时代"一带一路"倡议的践行与人类命运共同体的构建

芬巴尔·利夫西在《后全球化时代：世界制造与全球化的未来》（中信出版社，2018年1月）一书中提出了后全球化时代从离岸到回岸、从海外到本土的新框架，并指出人工智能、3D打印（属于快速成型技术）等技术可能会加快这个进程，劳动力成本变成了相对不重要的因素，从而改变了现在的全球生产逻辑；运输成本上升，文化和政治等考量，都让本地化生产更有吸引力，从劳动力成本变化的角度分析了新"逆全球化"逻辑基础。在后全球化时代，美、英等资本主义发达国家以经济全球化存在缺陷为借口而对其进行否定，希望借"逆全球化"，重构一种符合西方国家利益的全球化秩序，随着贸易保护主义、民粹主义等思潮的蔓延，"逆全球化"正快速解构前全球化时代的既有价值观和世界格局。

全球联系不断增强，人类生活在全球规模的基础上发展及全球意识的崛起，使得国与国之间在政治、经济、文化贸易上互相依存。面对日益复

杂的国际形势，任何国家都不可能独善其身。人类只有一个地球，各国共处一个世界，2012年11月党的十八大明确提出要倡导"人类命运共同体"意识。提升文化软实力、争取话语权，形成平等对话，践行"构建人类命运共同体，实现共赢共享"的战略思维，建立多文明共同发展共同繁荣的国际秩序，探寻并建立一种新的符合人类共同利益的全球治理体系以及合作方式是全世界人民需要共同解决的重要问题和努力方向。

莱斯特·皮尔逊曾警告说："人类正在进入'两个不同文明必须学会在和平交往中共同生活的时代，相互学习，研究彼此的历史、理想、艺术和文化，丰富彼此的生活。否则，在这个拥挤不堪的窄小世界里，便会出现误解、紧张、冲突和灾难'。和平与文明的未来都取决于世界各大文明的政治、精神和知识领袖之间的理解和合作。……在正在来临的时代，文明的冲突是对世界和平的最大威胁，而建立在多文明基础上的国际秩序是防止世界大战的最可靠保障。"①

2013年9月和10月中国国家主席习近平分别提出建设"新丝绸之路经济带"和"21世纪海上丝绸之路"的合作倡议，"一带一路"旨在借用古代丝绸之路的历史符号，高举和平发展的旗帜，积极发展与沿线国家的经济合作伙伴关系，共同打造政治互信、经济融合、文化包容的利益共同体、命运共同体和责任共同体。2018年3月11日，第十三届全国人民代表大会第一次会议通过的《宪法修正案》，将《宪法》序言第十二自然段中"发展同各国的外交关系和经济、文化的交流"修改为"发展同各国的外交关系和经济、文化交流，推动构建人类命运共同体"。中国提出的"一带一路"倡议和"人类命运共同体"构建是中国谋求人类和平共处、孕育新全球化构想、履行大国责任与担当的重要举措。"构建人类命运共同体"反映了以中国为代表的发展中国家全球化愿景：全球化是一种追求本国利益时兼顾他国合理关切，在谋求本国发展中促进各国共同发展的"共商共建共享"的全球化，是反对资本操纵和支配，提倡人类社会全面自由发展和

---

① ［美］塞缪尔·亨廷顿.文明的冲突与世界秩序的重建［M］.周琪，等，译.北京：新华出版社，2010：1.

文明互鉴共存包容的全球化。

"一带一路"是中国出版技术和文化的弘扬传播之路，是人类文化、世界文明的创新发展之路，中国的造纸术与印刷术通过"一带一路"传向世界，大大推动了世界文明的进步，其本身也是出版全球化的重要路径和方式，中国是人类出版母国之一，对人类文化发展和世界文明跃升做出了不朽贡献。后全球化时代，应大力推进出版格局的构建和深化，助推中国重回出版科学的巅峰，为积极推进"一带一路"和人类命运共同体建设服务，为世界贡献更多中国智慧和力量。

二、后全球化时代中国出版"走出去"的发展路径

后全球化时代，中国出版"走出去"是中国造纸术和印刷术在"一带一路"传播及影响的重要延续，中华人民共和国成立70多年以来，中国出版"走出去"成果丰硕夺目。中华人民共和国成立之初，中国出版"走出去"属"孤帆远航"，以中国图书进出口总公司的产品"走出去"为主要路径；改革开放以后，中国出版"走出去"以国有出版单位"联队出征"为主要路径，竞相"结伴出航"；近10年来中国民营书业发展壮大，在"走出去"领域异军突起，形成了与国有出版单位"航母编队""混成巡航"的"走出去"路径。呈现鲜明的阶段性特征：在初始阶段，以从闭门不出到少量产品"走出去"稍有起色；在发展阶段，以从产品"走出去"到版权"走出去"量质齐升；在兴盛阶段，从版权"走出去"到资本"走出去"跨越突破。中国出版"走出去"肩负着以下重任：加强出版贸易、深化出版合作、构建人类出版命运共同体，践行出版改革、推进科技创新、实现虚拟出版"走出去"弯道超车，展示国家形象、展现文化自信、助推中国出版从大国迈向强国，传扬中华文化、传承人类文明、引领中国出版重返"人类出版巅峰"。中国出版"走出去"意义重大，未来前景可期。

（一）加强出版贸易，深化出版合作，努力构建人类出版命运共同体

新中国70多年出版"走出去"，从改革开放前将出版产品作为外宣的重要手段，到改革开放后逐步实行出版产品外销，并进行市场化运作，步

态渐趋成熟，市场化的出版产品"走出去"已然成为中国出版贸易的重要组成部分。版权"走出去"已然成为当今中国出版"走出去"的国际通行认可方式，通过版权贸易，达成出版合作，联通中外，联结世界，广泛传播中华优秀文化和文明成果。出版沟通中外，纽带和桥梁作用凸显。在出版"走出去"的过程中，只有切实出版国外读者所需要的产品，才能更加长久有效地进行文化交流融合，并在更高层次上推进中国出版的资本"走出去"。中国出版"走出去"体现了人类文明互鉴和文化互惠，由此构建人类出版命运的共同体。

（二）发挥虚拟出版标准制定的引领作用，积极推进出版革新和升级

运用出版技术将出版符号与出版载体结合即为出版，科技性是出版的显著属性。中国造纸术和印刷术是人类文化和世界文明的伟大发明和创造，沿"一带一路"传播至欧洲等世界各地，改善和提升了人类知识生产和信息传播的方式，带动了技术传播沿线国家的发展，对人类文化发展和世界文明跃升做出了不朽贡献。中国是最早进行编辑出版活动的国家，在出版载体、出版符号、出版技术方面的探索及成就曾长期处于世界巅峰，对人类文化的生产方式和世界文明的累进形式做出了不朽贡献。

2019年6月6日，工信部向中国电信、中国移动、中国联通、中国广电发放5G商用牌照，标志着中国正式步入5G时代。5G（5th-Generation）是第五代移动通信技术（5th generation mobile networks）的简称，5G不仅仅是信息技术的更新换代，更是对经济社会的一场全方位变革，这一革命性的技术将对出版格局带来重大改变。作为引领融合创新、激发新型信息消费的新动力，促进产业升级、驱动经济持续增长的新引擎，5G已被多个国家上升为国家战略。中国政府高度重视5G技术，国务院在2016年2月印发的《"十三五"国家信息化规划》中明确提出5G技术研发和标准制定取得突破性进展并启动商用，并将加快推进5G技术研究和产业化列入"优先行动"。

5G技术将更好地赋能虚拟出版，并将大力推进全媒体出版格局的构建和深化，也将更好地助推中国出版重返人类出版的世界巅峰，为积极推进人类命运共同体建设贡献更多的中国智慧和中国力量。

VR（虚拟现实）、AR（增强现实）、MR（混合现实）、5G、8K
（7680×4320像素）、人工智能等作为"新基建"的杰出代表，将为"有
容乃大"的全媒体出版格局的构建与深化，提供历史性契机，并为虚拟出
版的世界性发展提供中国概念、中国理论及中国话语体系。

（三）出版母国打造国家文化软实力，加强文化发展力建设

文化生产是指把人类自身的思想、意志和情感作为文化资源，具有生
产文化产品、提供文化服务和创造社会文化财富的社会功能。[①]出版是文化
生产的主要手段。不断推进文化发展、坚定文化自信、提升文化软实力、
推动社会主义文化繁荣兴盛是新时代出版业的文化初心与重要使命。出版
业肩负着以文化人、文以载道的文化使命，并积极助推我国文化自信不断
彰显及文化软实力显著提升。中国是出版母国，必须有效运用出版手段，
积极打造中国文化软实力和推进文化发展。人们的阅读方式由传统纸质阅
读转变为数字阅读，从读书转向"读屏"，出版进入了以数字技术和网络
技术为特色的数字出版和数字文明时期。新的虚拟出版新形态层出不穷，
出版所具有的意识形态属性和文化属性是其根本，在不断求新求变，积极
应对科技发展和用户需求变化的同时，出版应致力于夯实国家文化软实力
的根基、努力传播当代中国价值观念、积极展示中华文化独特魅力，以及
持续提高国际话语权，不断加强文化发展力建设，积极推进中国以及世界
文化的发展。

1.夯实国家文化软实力根基，构建"春风化雨，润物无声"舆论引导力

软实力是文化和意识形态吸引力体现出来的力量，是世界各国制定文
化战略和国家战略的重要参考系。[②]20世纪90年代初，美国学者约瑟夫·奈
在《注定领导世界：美国权力的演变》一书中，首次提出"软实力"的概
念，把软实力界定为几个方面：文化的吸引力、制度的吸引力、掌握国际
话语权的能力。

要始终把正确舆论导向放在出版工作的首位，坚持党性原则，牢固树

---

① 李淼，于海军.当代大学生的意识形态安全教育的四重维度架构——基于葛兰西"文
化领导权"思想的思考［J］.社科纵横，2017，32（01）：21.

② 开元中.文化建设与中国发展之路［M］.太原：山西人民出版社，2001：239.

立"四个意识",做到"四个有利于"。不断增强政治意识、大局意识、核心意识、看齐意识,把好出版产品的政治关,坚决抵制各种错误思潮和言论,弘扬正能量,力求有利于增添经济发展动力,有利于促进社会公平正义,有利于增强人民群众获得感,有利于调动广大干部群众积极性。意识形态工作就是政治工作,讲政治是第一位的要求,出版工作要加强政治历练和政治修养,始终在政治立场、政治方向、政治原则、政治道路上同以习近平同志为核心的党中央保持高度一致。突如其来的新型冠状病毒肺炎疫情,打乱了人民正常的工作和生活节奏,但也让人们更深刻地体会到了社会主义制度的优越性。出版工作必须坚持党的领导,坚持以人民为中心的发展思想,奋力开创新时代中国特色社会主义出版事业新局面。新时代,随着数字技术和网络技术的飞速发展,手机等屏阅读媒介的绝对主导地位使得分众传播、个性化定制和场景化传播成为可能,出版必须全面、深入、准确了解和把握不同受众即时的信息需求,实现出版产品的精准化生产和推送,确保出版产品的传播效果和双效统一,努力让社会主义民主的优越性更加充分地展示出来,坚持舆论引导的正确性和坚定性。数字技术和网络技术的不断发展促使传统的出版方式和格局发生着深刻变化,并对出版生态和传播格局进行着系统重塑,习总书记强调党的舆论工作必须创新理念、内容、体裁、形式、方法、手段、业态、体制、机制,增强针对性和实效性。做好舆论工作必须遵循传播规律,遵循规律才能做好出版工作,出版工作者必须认真研究和把握5G新媒体环境下传播规律的变化,确保产品传播效果和舆论引导力的顺利实现。融合出版时代,多媒体技术是出版生产的"基础设施","内容为王"依然是出版产品的核心竞争力,需要运用更多元的视角、形式、语言、平台和传播技术进行出版产品的制作,做好多媒体出版产品的策划人、制作人、推广者等角色,强化多元知识储备和跨界出版能力。

2. 努力传播当代中国价值观念,构建"勠力同心,以治天下"社会动员力

出版工作应体现时代主题,始终高举中国特色社会主义伟大旗帜,全面贯彻党的十八大、十九大和二十大会议精神,坚持以马克思列宁主义、

毛泽东思想、邓小平理论、"三个代表"重要思想、科学发展观和习近平新时代中国特色社会主义思想为指导，从社会和公众的现实需求出发，加强出版的思想引领力。出版作品应表现"为中国人民谋幸福，为中华民族谋复兴"的初心和使命，坚持全心全意为人民服务宗旨，顺应民意、尊重民心、关注民情、致力民生。元宇宙时代，大带宽、大连接使得信息爆炸的副作用更加凸显，用户需要花费很多的时间与精力，对海量却良莠不齐的信息进行有效甄别，去伪存真，信息渠道更为畅通和多元，出版内容的策划、聚合、创新、管理与分发十分重要，应注重对出版人才观察力、发现力、判断力、辨别力、数据处理和分析、与人工智能合作等方面能力的培养和加强，以提供优质出版产品。新媒体环境下，用户对信息获取和出版产品具有更强的主动性和选择性，出版若想牢牢掌握意识形态工作领导权，继续担任公共论坛主持人、话题和思想的引导者，就必须高度重视传播手段和方式的建设和创新，以用户喜闻乐见的出版载体、出版语言方式等进行思想引导，不断提高出版产品的传播力、引导力、影响力、公信力，做到以理服人、以文化人，确保"入眼、入耳、入脑、入心"。

3. 积极展示中华文化魅力，构建"知文达礼，雅俗共赏"的文化影响力

习近平总书记强调，要注重塑造我国的国家形象，重点展示中国历史底蕴深厚、各民族多元一体、文化多样和谐的文明大国形象，政治清明、经济发展、文化繁荣、社会稳定、人民团结、山河秀美的东方大国形象，坚持和平发展、促进共同发展、维护国际公平正义、为人类做出贡献的负责任大国形象，对外更加开放、更加具有亲和力、充满希望、充满活力的社会主义大国形象。

出版是文化生产和人类文明传播传承的路径和工具，出版史与文明史携手并进。出版承担着对人类知识文化传播和传承的重要职责，必须确保出版信息的准确无误和文化影响力，扎实做好知识和信息"整理、编选、校勘、把关"工作，以更大的力度、更实的措施加快建设社会主义文化强国，培育和践行社会主义核心价值观，推动中华优秀传统文化创造性转化、创新性发展，让中华文明的影响力、凝聚力、感召力更加充分地展示出来，积极推进社会主义先进文化的倡导工作，坚定文化自信，助推文化

软实力，打造文化强国。"三原一方"（原著、原史、原理和方法论）是哲学社会科学学科核心架构的逻辑框架，也是中国特色出版学科体系"宽口径、厚基础"的理论逻辑。除了注重文字编辑等传统出版技能，数字化运用能力、图像视频制作和传播能力将是融合出版时代胜任出版工作的必备能力，出版人图像制作、视觉呈现和设计能力提升十分重要。出版进入了分众传播和多元文化并存的时代，融合出版时代，文化生产、传播、消费发生着重大变革，文化内容的生产者、文化产品的载体和形式、文化产品用户需求更为多元，文化生产和传播更加关注个体的文化需求，呈现个性化、场景化等特征，5G通信技术与人工智能、物联网技术等实现了更为有机的融合，并催生出新的文化产品和形式，如何确保出版产品多元文化影响力是亟须考虑和解决的重要问题。大带宽、大连接和低延时意味着出版主体可以通过无所不在的网络对用户需求等进行实时了解和即时反馈，以便调整出版工作。

4.努力提高国际话语权，构建"技术驱动，讲好故事"的话语感召力

要加强国际传播能力建设，精心构建对外话语体系，发挥好新兴媒体作用，增强对外话语的创造力、感召力、公信力，讲好中国故事，传播好中国声音，阐释好中国特色。对中国人民和中华民族的优秀文化和光荣历史，要加大正面宣传力度，通过学校教育、理论研究、历史研究、影视作品、文学作品等多种方式，加强爱国主义、集体主义、社会主义教育，引导我国人民树立和坚持正确的历史观、民族观、国家观、文化观，增强做中国人的骨气和底气。

党的十七大报告中提出，"文化软实力是综合国力的重要组成部分"，软实力概念进入了中央文件，出版具有强大的舆论引导力、社会动员力和文化影响力，出版的文化属性使其成为加强国家文化软实力和国际话语权的重要领域。党的十九大报告从提高国家文化软实力的高度，就推动文化事业和文化产业发展做出了战略部署。作为文化产业的重要组成部分，出版业要不断加强核心竞争力，融合出版时代的到来重塑着出版的生态系统，提高出版产品在策划、编辑、出版、发行等环节的科技含量，积极通过革命性技术创新出版产品，不断提升出版产品的文化影响力。全球

化趋势下，文化软实力是国际竞争的重要方面，积极借助数字技术和网络技术优势，不断增强文化软实力、推动中国出版产品"走出去"并实现其文化价值是出版业的重要使命，出版物的文化输出在逐年递增。党的二十大报告，要求对外展现可信、可爱、可敬的中国形象。

第五节　后全球化时代中国出版格局的构建和深化

出版要做好"策划、编辑、审查、印制、宣发、传播"等工作，做好"四力"工作，切实提高出版物的传播力、引导力、影响力、公信力，不断构建和深化中国出版格局，有效促进中国出版的"走出去"。

一、中国出版载体格局的构建和深化

运用出版技术将出版符号与出版载体结合即为出版，屏读式发展、融合式发展、"瞬合长离"式发展以及"万物皆媒"式发展是融合出版时代出版载体格局构建和深化的4个主要方面。

（一）屏读式发展

融合出版时代，出版载体的容量与传显速度有极大突破，人类真正进入了"有容乃大的虚拟出版"[①]为主的出版阶段，以纸质出版载体为大宗的软质出版格局将受到极大冲击，人们的阅读方式也从读书转向"读屏"。其中，移动性手机将成为5G时代最为重要的出版载体，电视、电脑时代固定场域的大屏阅读逐渐过渡到移动通信时代的小屏阅读。根据CNNIC（中国互联网络信息中心）的统计数据（图9-1），截至2020年3月，99.3%的用户使用手机作为互联网网络接入设备，较2018年12月提升了0.7个百分点。未来如何更好地提升用户屏读尤其是手机屏幕阅读的内容与效果，是新时代

---

① 万安伦，王剑飞.出版载体视角下中外出版史分期新论［J］.中国出版，2018（04）：42—43.

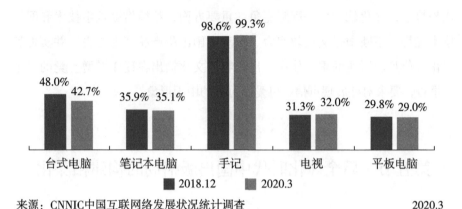

来源：CNNIC中国互联网络发展状况统计调查　　　　　　　　　2020.3

图9-1　互联网接入设备使用情况统计

出版人需要认真考量的重要问题。横屏是网络视频的基本格式，手机用户以竖屏阅读为主，因此，竖屏视频格式逐渐兴起。大部分手机用户习惯竖屏操作，因而，竖屏视频可以使用户握持手机观览起来更为顺畅和人性化，有利于用户更方便快捷地获取信息，可获得良好的交互式体验。据统计，手机用户有94%的垂直握手机时间，越来越多的应用程序使用垂直内容。2018年7月，YouTube（美国视频网络）推出新的桌面播放器，消除了竖屏视频播放存在的黑条，5G技术将使使用户观览全屏的竖屏视频更加便捷流畅。

（二）融合式发展

融合出版时代，人类知识以更为快速、方便、多元的方式进行着融合式的传播与传承。出版载体的形式不再以传播文图符号为主的纸张这种软质出版物为主，VR、AR、MR、H5（互联网超文本标记语言）、音视频等载体形式能够对信息进行更为多元、立体的呈现，人们的阅读方式由传统纸质阅读转变为数字阅读，读书时间大量被"读屏"占用。融合出版时代是纸、屏多元发展但以屏读为主的出版时代，同体一"屏"，不仅可以显示同一本书的不同页码内容，也能显示数字化的书、报、刊、音频、视频等不同内容。融合出版时代出版以技术进步为推动力，出版载体以媒介融合的方式叠代和迭代同步进行，书、报、刊等传统出版样态所占比例虽有明显下降，但并未消亡，而是与5G、互联网、人工智能、虚拟现实等高新出版技术一同走向多元共生的融合式发展模式。

（三）"瞬合长离"式发展

硬质出版和软质出版时代，出版载体与出版符号经过出版技术进行永久性结合：文字符号经过刻、铸等技术与崖碑、甲骨等硬质载体永久结合，通过抄、印等技术与帛、纸等软质载体永久结合，且一经结合便不再分离。虚拟出版时代，出版技术变成录和显，更重要的变化是出版符号与出版载体的关系，从两者固化的合二为一，走向"瞬合长离"[①]，即瞬间结合，长时分离。出版载体的"瞬合长离"式发展，使出版符号由二维固定的文字和图像，到不断趋向动态的声音符号和影像符号，再到趋向于构建沉浸式的场景符号，从而更好地为用户提供的不同时空场景的出版产品。5G出版时代，首先是出版载体与出版符号之间的"瞬合长离"，其次是同"屏"内部不同产品之间的"瞬合长离"，最后是万物互联触达信息的"瞬合长离"。

（四）"万物皆媒"式发展

有学者指出："'万物皆媒'的时代将到来。"[②]5G技术的主要特点之一是大带宽、大连接。据预测，连接数密度可以达到100万个/千米^2。随着科技的不断发展，移动通信将突破智能手机等终端的限制，进入万物皆终端、万物皆媒介的全媒介时代，任何物体都可能成为用户进入互联网的接口，实现物与物、物与人之间的智能互联，使人类可以随时随地进入互联网的虚拟世界中。人工智能出版和大脑意识出版等新的虚拟出版形态将随之成为可能，从而促使出版步入全新发展阶段。

二、中国出版符号格局重构与深化

人类的出版符号分为文字出版符号和非文字出版符号两大类。各民族、各地区的文字出版符号有百千种之多，非文字出版符号也可细分为多

---

① 万安伦，王剑飞.虚拟出版消费模式重构：产品转型、场景重塑、路径变迁［J］.科技与出版，2019（11）：100.

② 彭兰.5G时代"物"对传播的再塑造［J］.探索与争鸣，2019（9）：54.

种类型：图画出版符号、声音出版符号、影像出版符号、触觉出版符号（盲文等）、嗅觉出版符号等。受制于传显能力的影响，除文图出版符号外，人类对声音、图像、影像、嗅觉等出版符号则显得力不从心。5G时代的虚拟出版，声音、图像、影像及嗅觉等更为生动多元的符号元素将与传统的图文出版符号一起成为非常重要的出版符号。随着5G技术的进步与发展，音频化、视频化、多元化、互动化、全感官发展将是出版符号格局重建与深化的主要方向。

（一）出版符号的音频化发展方向

融合出版时代是一个技术倒逼内容生产和改革的全新出版时代，出版进入了以数字技术和网络技术为特色的数字出版和数字人文时期。硬质出版时代，出版符号及出版内容生产以象形文字和短小精悍的图文符号为主；软质出版时代，出版符号及出版内容生产以适合抄、印的长篇文字符号为主；虚拟出版时代，人类的阅读视听及感触场景的可能性又有了新的跃升，文字、图画、影像、声音等各类出版符号有了极大的自由度，这些多元的出版符号通过智能手机等移动性极强的阅读终端接入互联网。以声音为出版符号的有声书出版形式，在4G时代已经形成规模，懒人听书、企鹅FM、咪咕阅读、喜马拉雅、氧气听书、蜻蜓FM听书、掌阅听书、酷听听书、快听小说等听书平台，已经成为受众极其重要的获取知识和信息的平台。5G时代，这种音频化发展趋势将更加突显，声音出版符号成为人们最为广泛和方便接受的出版符号之一，尤其是在双手和眼睛被占用的情况下，仍可以完成对信息的传播与接收。声音出版符号的信息传播和出版价值再度崛起，有声读物市场发展势头强劲，成为出版数字业务的发展重点。从全球范围来看，有声读物市场持续攀升，2018年，我国有近三成的国民养成听书习惯。组建于2012年8月的中国音频分享平台喜马拉雅的手机用户数量已经超过6亿。有学者认为，"基于场景建构满足用户需求，是当下有声书发展的重要路径"[①]。

---

① 万安伦，曹楚，周家翠.阿基米德FM有声书场景建构的得失思考［J］.科技与出版，2018（10）：62.

（二）出版符号的视频化发展方向

随着大带宽时代的到来，出版符号的视频化是日渐凸显的发展趋势。4G时代，抖音等短视频红极一时。5G时代，大带宽的强大传输能力将推动短视频和中长视频成为出版市场的主打产品。同时，超高清视频、互动视频、云转播等视频出版新形态也将成为出版的重要形态。超高清视频是具有4K（3840×2160像素）或8K（7680×4320像素）分辨率，符合高帧率、高位深、广色域、高动态范围等技术要求的新一代视频。根据工业和信息化部、国家广播电视总局印发的《超高清视频标准体系建设指南（2020版）》，2022年，我国超高清视频产业总体规模超过4万亿元。超高清视频具有更精细的图像细节、更强的信息承载能力和更广泛的应用范围，5G技术将使4K、8K超高清视频播放成为可能。根据美国Netflix（美国在线影片租赁提供商，主要提供超大数量的DVD并免费递送）的建议，看4K超高清视频至少需要25 Mbps（兆）网速，8K至少需要100 Mbps网速，5G则能满足这样的技术要求。

（三）出版符号的多元化发展方向

融合出版时代，大带宽等移动传播特点使出版的长尾效应愈加突出。长尾（Long Tail）理论的提出者美国《连线》杂志主编克里斯·安德森（Chris Anderson）认为，商业和文化的未来不在热门产品，不在传统需求曲线的头部，而在于需求曲线中那条无穷长的尾巴。长尾效应的本质是强调个性化、客户力量和小利润大市场，亚马逊有超过一半的销售量都来自在它排行榜上位于13万名以外的图书。万物互联时代的大连接特点将有助于出版用户即时性的个性化需求得到更大程度的满足。移动通信技术的发展促使出版内容的内涵与外延有着更为巨大的延展性，出版产品的分众化特征愈发明显，为用户提供更加精准、高效、符合其场景需求的分类信息是出版内容的中心。虚拟出版的内容生产模式从专业出版内容（PGC）和组织出版内容（OGC），渐次走向用户出版内容（UGC）及多频道网络（MCN）（Multi-Channel Network）的产品形态，最终引发虚拟出版内容生产模式变革。①融合出版时代内容生产模式促使出版符号更趋多元化和个性化，大带宽有可能使得出版语言更为丰富多元的富媒体（Rich Media）成为出版的主流产品，而富媒体"使得用户的接受体验更丰富"②。

（四）出版符号的互动化发展方向

传统出版是一种单向性的传播行为，它在一定程度上阻碍了信息和知识的有效传递与互动交流，5G的大带宽可以使互动性强的富媒体更好地提升用户阅读感受，大连接可以通过大数据技术使用户诉求被更好地探知和接纳，低延时可以更好地促进全息出版等交互式传播方式的实现，增强用户的融入感、参与感和在场感。互动性是数字出版时代十分重要的特征，微信阅读基本是利用微信用户的良性互动，互相分享书单、查看书架、交流书评。豆瓣用户可以通过"卡片"形式在社交平台上分享书评，较好地实现了用户互动和交流。阿基米德FM是中国率先利用场景逻辑来对有声书进行分类构建的移动音频App（手机软件），其互动功能较强，极大地发挥了声音伴随功能，利用技术优势适配用户的实时状态和阅读习惯，并积极通过多种方式活跃App的社交氛围，以增强用户黏度。

（五）出版符号的全感官发展方向

出版符号的发展使命是更全面地唤醒人类的感官系统。从人类出版发展的历史长河上看，出版符号与人类的感官是在有机统一中不断发展的，从眼睛到耳朵，再到触觉甚至味觉等。融媒体时代，出版用户将通过富媒体等出版形式获得多感官参与的阅读体。在硬质出版和软质出版时代，读者主要依靠视觉器官进行静态文字和图片等信息的阅读。而在虚拟出版时代，用户不仅可以依靠视觉获取静态信息，还可以联动听觉和视觉器官来获取声音、影像等动态信息。未来，用户的触觉、嗅觉等感官也将可能被频繁地调动起来参与阅读，从而增加用户阅读体验的丰富性。如幼儿在阅读到苹果的文图时，还能闻到苹果的香味，以增加幼儿对苹果的感性认识。融媒体时代的出版产品将极大地延展人的感官，出版产品不仅能够做

---

① 万安伦，胡晓，王剑飞.论5G时代虚拟出版的发展进路与盈利模式［J］.出版科学，2020（1）：32.

② 武小菲.泛阅读时代富媒体在数字出版中的应用［J］.出版发行研究，2014（8）：54.

到"有声有色"，还有可能做到"有滋有味"，使出版内容可以同时诉诸视觉、听觉、嗅觉、味觉、触觉等感官中，达到传播的多样化和多维化，增强用户的在场感。出版产品的呈现方式更加形象、丰富、生动、具体，符合人类的认识方式和认知习惯。人工智能使人类可以获得更多可自由操控的时间，阅读时的各种感官也可以得到更大程度的调动。

三、中国出版技术格局的重构和深化

5G的技术特点主要表现在大带宽、大连接、低时延及高可靠通信方面。这些技术特点将对全媒体出版格局产生革命性影响，引领出版符号与出版载体更好地结合，进而推动出版格局的重构与深化。

（一）大带宽与富媒体出版

大带宽使得出版语言更为丰富的富媒体成为出版市场的主流。富媒体是指具有文图、动画、音频、视频和交互性的信息传播方法，是对流媒体、声音、Flash（多媒体软件平台），以及Java、JavaScript、DHTML程序设计语言等网络技术和形式的充分整合。富媒体在信息传输过程中需要占据更多的传输空间，大带宽使得出版信息获得更为流畅和多元，形成富媒体融合式出版形式。随着大带宽时代的到来，出版物视频化是日渐凸显的发展趋势，同时中长视频也将成为视频出版市场的主打产品。根据中国电信对网民App使用时长的统计，截至2019年12月，即时通信类App是网民使用时间最长的App，所占比例为14.8%；其次分别为网络视频（不含短视频）和短视频，所占比例为13.9%和11.0%，这说明视频是用户十分青睐的媒介类型。根据CNNIC的调查，截至2020年3月，中国网络视频（含短视频）用户达8.50亿，占网民整体的94.1%，其中短视频用户7.73亿，占网民整体的85.6%。随着视频在出版市场日趋重要的变化，如何更好地对视频进行规范化管理也是出版领域需要考虑的重要问题。融合出版时代，出版形式不再拘泥于简单的图文，在虚拟现实、全息技术、人工智能技术、云技术等新型技术手段的支持下，将实现"万物皆媒"。

（二）大连接与"场景化"出版

"5G使数据传输速率提升了100倍。"①罗伯特·斯考伯和谢尔·伊斯雷尔指出："移动互联网未来的竞争核心是对使用场景的把控，这将影响人类的生活和思考方式。"②新技术所带来的万物互联和全时在线，会使数据海量涌现，掌握数据以及用户使用场景是掌握出版市场的关键。出版业应以为用户提供"场景化"传播为重要的服务方向。万物互联、全时在线以及传感器所生成的海量数据使出版内容生产和组织形成了以数据驱动为主的必然方式，而不再是传统的仅由专业出版机构驱动的生产和组织，形成了一种"人人参与其中"全新出版格局。在新的出版图景下，移动通信技术的发展将促使出版内容的内涵与外延有着更为巨大的延展性，为用户提供符合其场景需求的信息内容是出版内容的核心。万物互联时代，将实现人与人、人与物、物与物之间的联结，未来如何更好地将数字技术与人工智能结合，将是新时代出版人需要掌握的一项十分重要专业技能。早期的传感器新闻出版实验遇到障碍的原因是连接大量小设备到网络的成本太高，网络技术将使感应式的新闻出版更加容易实现。人工智能加持大连接，将会极度强化"场景化"的出版新业态。信息按照用户即时需求进行分发将变得更容易，根据用户的即时需求进行"场景化"出版是未来出版业的重要发展方向。

（三）低延时与"在场感"出版

低延时的移动信息可以给予用户更好的"在场感"，沉浸式传播使出版产品用户通过近距离甚至零距离的审视或亲身体验，产生参与感、认同感、愉悦感和归属感，实现核裂变式的网络传播。由于信号在不同的波频中传递，通常会产生50到几百毫秒的延迟，而日益发展的信息传播技术将把这一过程缩短到几毫秒，这将显著提升虚拟和增强现实技术的使用效果。每隔3～5年网速就可达到几年前数倍，传输速率理论峰值可达到2200 Mbps下载速率。此外，传输速率的提升能够很好地支持互联网协议电视（IPTV）

---

① 喻国明.5G时代传媒发展的机遇和要义［J］.新闻与写作，2019（3）：63，64.

② ［美］罗伯特·斯考伯，谢尔·伊斯雷尔.即将到来的场景时代［M］.北京：北京联合出版公司，2014：1.

和高清（HD）视频流、高速移动服务及VR、AR服务。新的传播技术可以通过提升画面刷新率，降低网络延时，确保VR、AR、MR将动作捕捉到头戴显示中的延时低于20毫秒，有效解决用户使用VR、AR、MR等虚拟现实设备的眩晕不适问题，可以使用户获得更为真实的"在场感"。VR、AR、MR的三维计算机图形处理、三维音效等也会大量消耗流量，这都需要更高的网络速率支持。而低时延可以更好地促进全息出版等交互式传播方式的实现，极大地增强用户的融入度、参与性及"在场感"。

参考文献

［1］［阿拉伯］苏莱曼.中国印度见闻录［M］.穆根来，汶江，黄倬汉，译.纳忠，校.北京：中华书局，1983.

［2］［埃及］艾哈迈德·爱敏.阿拉伯伊斯兰文化史（第三册）［M］.向培科，史希同，朱凯，译.北京：商务印书馆，2019.

［3］［法］埃马努埃尔·阿纳蒂.艺术的起源［M］.刘建，译.北京：中国人民大学出版社，2007.

［4］［法］伯希和.伯希和敦煌石窟笔记［M］.兰州：甘肃人民出版社，2007.

［5］［法］费夫贺，马尔坦.印刷书的诞生［M］.李鸿志，译.桂林：广西师范大学出版社，2006.

［6］［法］弗雷德里克·巴比耶.书籍的历史［M］.刘阳，等，译.桂林：商务印书馆，2005.

［7］［法］克林娜·库蕾.古希腊的交流［M］.邓丽丹，译.桂林：广西师范大学出版社，2001.

［8］［法］沙畹.西突厥史料［M］.冯承钧，译.北京：中华书局，1958.

［9］［法］雅克·巴尔赞.从黎明到衰落——西方文化生活五百年（1500年至今）［M］.林华，译.北京：世界知识出版社，2002.

［10］［荷兰］皮纳.古典时期的图书世界［M］.杭州：浙江大学出版社，2011.

［11］［美］艾伦·G.狄博斯.文艺复兴时期的人与自然［M］.上海：复旦大学出版社，2000.

［12］［美］本尼迪克特·安德森.想象的共同体——民族主义的起源与散布［M］.吴叡人，译.上海：上海世纪出版集团，2005.

［13］［美］布莱福特."五月花号公约"签订始末［M］.王军伟，译.上海：华东师范大学出版社，2006.

［14］［美］戴维·林德伯格.西方科学的起源［M］.张卜天，译.北京：中国对外翻译出版公司，2001.

［15］［美］弗朗兹·博厄斯.原始艺术［M］.金辉，译.贵阳：贵州人民出版社，2004.

［16］［美］卡特.中国印刷术的发明和它的西传［M］.吴泽炎，译.北京：商务印书馆，1957.

［17］［美］罗伯特·斯考伯，谢尔·伊斯雷尔.即将到来的场景时代［M］.赵乾坤，周宝曜，译.北京：北京联合出版公司，2014.

［18］［美］马克·科尔兰斯基.一阅千年：纸的历史［M］.吴奕俊，何梓健，朱顺辉，译.北京：中信出版社，2019.

［19］［美］玛格丽特·L.金.欧洲文艺复兴［M］.李平，译.上海：上海人民出版社，2015.

［20］［美］麦克·哈特.影响人类历史进程的100名人排行榜［M］.赵梅，译.海口：海南出版社，2014.

［21］［美］尼古拉斯·A.巴斯贝恩.文雅的疯狂［M］.陈焱，译.上海：上海人民出版社，2016.

［22］［美］乔治·杜比，罗贝尔·芒德鲁.法国文明史［M］.傅先俊，译.北京：东方出版中心，2019.

［23］［美］塞缪尔·亨廷顿.文明的冲突与世界秩序的重建［M］.周琪，等，译.北京：新华出版社，2010.

［24］［美］斯塔夫里阿诺斯.全球通史［M］.吴象婴，梁赤民，译.上海：上海社会科学院出版社，1992.

［25］［美］沃尔特·翁.口语文化与书面文化［M］.何道宽，译.北京：北京大学出版，2008.

［26］［美］伊丽莎白·爱森斯坦.作为变革动因的印刷机［M］.何道

宽，译.北京：北京大学出版社，2010.

　　［27］［美］约翰·根室.澳新内幕（中文版）［M］.符良琼，译.上海：译文出版社，1979.

　　［28］［日］木宫泰彦.日本古印刷文化史［M］.胡锡年，译.北京：商务印书馆，1980.

　　［29］［日］木宫泰彦.日本古印刷文化史［M］.日本：富山房，1932.

　　［30］［日］木宫泰彦.日中文化交流史［M］.胡锡年，译.北京：商务印书馆，1980.

　　［31］［日］桑原隲藏.东洋史说苑［M］.钱婉约，王广生，译.北京：中华书局，2005.

　　［32］［日］舍仁亲王.日本书纪·下卷［M］.坂本太郎，等校注.东京：岩波书店，1965.

　　［33］［日］秃氏佑祥.东洋印刷史研究［M］.东京：青裳堂书店，1981.

　　［34］［日］太安万吕.古事记·卷之中［M］.东京：岩波文库，1982.

　　［35］［日］中村新太郎.日中两千年——人物往来与文化交流［M］.张柏霞，译.长春：吉林出版社，1980.

　　［36］［日］佐伯有清.新撰姓氏录の研究（全10卷）［M］.日本：吉川弘文馆，1981.

　　［37］［瑞士］雅各布·布克哈特.意大利文艺复兴的历史背景［M］.北京：商务印书馆，1997.

　　［38］［西］门多萨.中华大帝国史［M］.孙家堃，译.北京：中央编译出版社，2009.

　　［39］［英］保罗·约翰逊.文艺复兴［M］.谭钟瑜，译.天津：天津人民出版社，1998.

　　［40］［英］比格尔霍尔，詹姆斯·库克.库克船长日记——"努力"号于1768—1771年的航行［M］.刘秉仁，译.北京：商务印书馆，2013.

　　［41］［英］佛雷德里克·G.凯尼恩.古希腊罗马的图书与读者［M］.苏杰，译.杭州：浙江大学出版社，2012.

［42］［英］克里斯·威克姆.罗马帝国的遗产［M］.于乐，译.北京：中信出版集团，2019.

［43］［英］莱斯利·贝瑟尔.剑桥拉丁美洲史［M］.李道揆，等，译.北京：经济管理出版社，1997.

［44］［英］李约瑟.中国科学技术史［M］.上海：上海古籍出版社，2013.

［45］［英］汤姆·斯丹迪奇.从莎草纸到互联网：社交媒体2000年［M］.林华，译.中信出版社，2015.

［46］［英］托马斯·莫尔.乌托邦［M］.戴镏龄，译.北京：商务印书馆，2006.

［47］［英］亚历山大·孟洛.纸的大历史［M］.廖彦博，译.台北：联经出版社，2017.

［48］［英］约翰·费瑟.英国出版业的创立［J］.张立，周宝华，译.编辑之友，1990（1）.

［49］［越］吴士连等.大越史记全书［M］.孙晓，主编. 重庆：西南师范大学出版社，2016.

［50］唐会要（卷九十九）.

［51］资治通鉴（卷一百四十六）.

［52］陈春生.中国印刷术诞生发明于中国印染术中［J］.丝网印刷，1998（3）.

［53］陈刚.日本对传统造纸技术的保护及其启示［J］.文化遗产，2012（04）.

［54］陈力丹.马克思和恩格斯论印刷术的发明［J］.新闻界，2017，（7）.

［55］陈平平，孙美姝.郑和第七次下西洋的使命与贡献［J］.南通航运职业技术学院学报，2018，17（03）.

［56］陈尚胜.中韩交流三千年［M］.北京：中华书局，1997.

［57］陈卫星.书籍市场的历史角力——读《启蒙运动的生意：〈百科全书〉出版史（1775—1800）》》［J］.中国出版史研究，2017（4）.

［58］陈文革.论"福州藏"与宋、元时期泉州刻经活动［J］.兰台世界，2012（1）.

［59］付淑峦.论17世纪前的欧洲媒介嬗变与传播：文明史视阈的考察［D］.东北师范大学博士学位论文，2015.

［60］高智勇.手工纸在东亚主要国家早期产生与发展的研究［J］.中国印刷与包装研究，2010，2（S10）.

［61］巩珍.西洋番国志［M］.向达，校注.北京：中华书局，2000.

［62］郭方.印刷媒介与15、16世纪英国社会变迁［D］.北京：中国社会科学院，2001.

［63］郭沫若.古代文字之辩证的发展［A］.郭沫若全集·考古编（第10卷）［C］.北京：科学出版社，1992.

［64］国家统计局，http：//data.stats.gov.cn/easyquery.htm？cn=C01&zb=A0Q0T&sj=2019.

［65］韩国磐.南北朝隋唐与百济新罗的往来［J］.历史研究，1994（02）.

［66］何朝晖.气候变化、宗教救赎与印刷术的诞生——历史学家的想象力［J］.读书，2012（09）.

［67］［南朝·宋］范晔.后汉书·蔡伦传.

［68］胡有章.印染版画简谈［J］.美术，1985（6）.

［69］华夫.中国古代名物大典·上［M］.济南：济南出版社，1993.

［70］蒋瑜洁.日本活字印刷技术起源考［J］.西部学刊，2018（01）.

［71］金卫星，刘大明.世界近代史［M］.北京：高等教育出版社，1999.

［72］开元中.文化建设与中国发展之路［M］.太原：山西人民出版社，2001.

［73］康少膑.中国印刷术发展对世界文化传播的影响［J］.传播与版权，2019（11）.

［74］来新夏.中国近代图书事业史［M］.上海：上海人民出版社，2000.

［75］李彬.西方早期的印刷媒介及印刷新闻［J］.国际新闻界，1995

（12）．

［76］李剑鸣.美国的奠基时代［M］.北京：人民出版社，2002.

［77］李淼，于海军.当代大学生的意识形态安全教育的四重维度架构——基于葛兰西"文化领导权"思想的思考［J］.社科纵横，2017，32（01）．

［78］李学勤.走出疑古时代［M］.沈阳：辽宁大学出版社，1997.

［79］李岩云.关于西汉古纸的思考［J］.寻根，2006（6）．

［80］李玉峰.游历全球造纸行业之一——美洲造纸：资源丰富，全球造纸行业重要的原材料输出地［J］.中华纸业，2017（15）．

［81］李遇春.新疆民丰县北大沙漠中古遗址墓葬区东汉合葬墓清理简报［J］.文物，1960（6）．

［82］李元复.常谈丛录（卷一）．

［83］李约瑟，钱存训.中国科学技术史　第五卷　化学及相关技术（第一分册　纸和印刷）［M］.上海：科学出版社、上海古籍出版社，1990.

［84］李泽厚.美学三书［M］.天津：社会科学院出版社，2007.

［85］李致忠.活字印刷术的发明及其制字材料的演进［J］.文献，1998（04）．

［86］李钟美.韩国朝鲜朝早期印书概况［J］.中国典籍与文化，2002（3）．

［87］刘德成.福建名人词典［M］.福州：福建人民出版社，1995.

［88］刘国钧.中国的印刷［M］.上海：上海人民出版社，1960.

［89］刘仁庆.关于高丽纸的"奇闻"及评论［J］.纸和造纸，2010（09）．

［90］刘仁庆.中国造纸术的西传［J］.中华纸业，2008（9）．

［91］刘盛佳.蔡伦籍贯考［J］.华北水利水电学院学报（社科版），2010，26（2）．

［92］刘万朗.中国书画辞典［M］.北京：华文出版社，1990.

［93］刘晓."一带一路"对外传播研究［D］.湘潭：湘潭大学，2016.

［94］刘颖.中国古代印刷技术的演变及影响［D］.辽宁：东北大学，

2014.

［95］刘祚昌，王觉非.世界史·近代史编：下卷［M］.北京：高等教育出版社，1996.

［96］罗振玉，王国维.流沙坠简.简牍遗文.释三［M］.宸翰楼印本，中华书局影印本，1993.

［97］马克思恩格斯选集：第四卷［M］.北京：人民出版社，1973.

［98］缪咏禾.中国出版通史（5）·明代卷［M］.北京：中国书籍出版社，2008.

［99］穆瞬英.新疆古代造纸［N］.新疆日报，1979-2-13.

［100］牛达生.试论中韩金属活字印刷术起源之争［J］.陕西历史博物馆馆刊，2014（00）.

［101］潘公昭.埃及美术概观［M］.北京：朝花美术出版社，1957.

［102］潘吉星.论一九六六年韩国发现的印本陀罗尼经的刊行年代和地点［J］.传统文化与现代化，1996（06）.

［103］潘吉星.新疆出土古纸研究——中国古代造纸技术专题研究之二［J］.文物，1973（10）.

［104］潘吉星.再论韩国发现的陀罗尼经刊行年代和地点［J］.中国印刷，1999（10）.

［105］潘吉星.中、韩金属活字印刷的起源［J］.当代韩国，1999（02）.

［106］潘吉星.中国古代四大发明——源流、外传及世界影响［M］.合肥：中国科学技术大学出版社，2002.

［107］潘吉星.中国古代四大发明——源流、外传及世界影响［Z］.中国科学院自然科学史研究所，2003.

［108］潘吉星.中国金属活字印刷技术史［M］.沈阳：辽宁科学技术出版社，2001.

［109］潘吉星.中国科学技术史·造纸与印刷卷［J］.北京：科学出版社，1998.

［110］潘吉星.中国造纸史［M］.上海：上海人民出版社，2009.

［111］潘洁珊.纸浆在造型艺术中运用的基础研究［D］.广州：华南理工大学，2012.

［112］潘树林.阿拉伯帝国的造纸业及其影响［J］.阿拉伯世界研究，1992（1）.

［113］潘玥，肖琴."一带一路"背景下郑和下西洋历史记忆的重构——以郑和下西洋对三宝垄的经济影响为例［J］.八桂侨刊，2019（02）.

［114］彭金章.有关回鹘文木活字的几个问题［J］.敦煌研究，2014（3）.

［115］彭兰.5G时代"物"对传播的再塑造［J］.探索与争鸣，2019（9）.

［116］齐世荣.精粹世界史：新世纪的曙光［M］.北京：中国青年出版社，1999.

［117］千惠凤.金属活字［J］.当代韩国，1999（02）.

［118］钱存训.纸的起源新证：试论战国秦简中的纸字［J］.文献，2002（1）.

［119］钱存训.李约瑟.中国科学技术史　第五卷　化学及相关技术（第一分册　纸和印刷）［M］.科学出版社，2018.

［120］邱瑞中.再论韩国藏《无垢净光大陀罗尼经》为武周朝刻本［J］.中国典籍与文化，2000（03）.

［121］饶宗颐.未有文字以前表示"方位"与"数理关系"的玉版［J］.文物研究（第6辑）.合肥：黄山书社，1990.

［122］阮西湖.澳大利亚民族志［M］.北京：民族出版社，2004.

［123］上海新四军历史研究会印刷印钞分会编.雕版印刷源流［M］.北京：印刷工业出版社，1990.

［124］沈括.梦溪笔谈［M］.影印元大德刊本，卷十八《技艺》.文物出版社，1975.

［125］史金波，雅森·吾守尔.中国活字印刷术的发明和早期传播：西夏和回鹘活字印刷术研究［M］.北京：社会科学文献出版社，2000.

［126］司马迁.史记［M］.北京：中华书局，2006.

［127］宋濂，王祎.元史，卷三十，本纪三十.

［128］宋越伦.中日民族文化交流史［M］.台北：正中书局，1969.

［129］孙宝国.18世纪以前欧洲文字传媒与社会发展研究［D］.东北师范大学，2005.

［130］覃庆辉.从媒介延伸到社会变革——重审古登堡印刷术在文艺复兴中的作用［J］.新闻知识，2019（11）.

［131］泰晤士世界历史地图集中文版翻译组.世界史便览［M］.北京：生活·读书·新知三联书店，1983.

［132］万安伦，曹楚，周家翠.阿基米德FM有声书场景建构的得失思考［J］.科技与出版，2018（10）.

［133］万安伦，胡晓，王剑飞.论5G时代虚拟出版的发展进路与盈利模式［J］.出版科学，2020（1）.

［134］万安伦，李仪，周杨.论非洲对人类出版的历史性贡献［J］.出版参考，2019（02）.

［135］万安伦，王剑飞，杜建君.中国造纸术在"一带一路"上的传播节点、路径及逻辑探源［J］.现代出版，2018（06）.

［136］万安伦，王剑飞，李仪.论中国雕版印刷术的三大源头［J］.中国出版，2018（18）.

［137］万安伦，王剑飞.出版载体视角下中外出版史分期新论［J］.中国出版，2018（04）.

［138］万安伦，王剑飞.虚拟出版消费模式重构：产品转型、场景重塑、路径变迁［J］.科技与出版，2019（11）.

［139］万安伦，赵孟阳，鲁晓双.试论新疆对中国印刷术发展和外传的历史贡献［J］.中国编辑，2016（6）.

［140］万安伦.论人类出版的内涵、外延、阶段及风貌［J］.出版参考，2019（01）.

［141］万安伦.中外出版史［M］.北京：高等教育出版社，2017.

［142］王承云.美洲大陆的文化起源及其发展［J］.北方论丛，2003（2）.

［143］王军风.交流与融通：文明的进阶——从印刷术的发明及其中西双向传播的历程来看［M］.武汉：武汉大学出版社，2002.

［144］王梅，杨美君.中国印刷术对"一带一路"文化圈的影响与流变［J］.出版广角，2019（24）.

［145］王鹏翥.关于我国印刷术西传的几个问题［J］.华中师范大学学报：哲学社会科学版，1987（2）.

［146］王茜.试论纸和造纸术在新疆的传播［J］.中央民族大学学报，1995（2）.

［147］王珊.中国古代造纸术在"东亚文化圈"的传播与发展［J］.华东纸业，2009，40（06）.

［148］王治来.丝绸之路的历史文化交流与"一带一路"建设［J］.西域研究，2017（02）.

［149］毋江波.出版物与知识的演化传播——基于书籍的渐进式比较分析［D］.太原：山西大学，2006.

［150］吴潮，赵晓兰.当前关于印刷术起源问题的两个争论焦点［J］.出版发行研究，2004（11）.

［151］吴简易.书籍的历史［M］.太原：希望出版社，2008：70.

［152］武小菲.泛阅读时代富媒体在数字出版中的应用［J］.出版发行研究，2014（8）.

［153］肖东发，于文.中外出版史［M］.北京：中国人民大学出版社，2009：20.

［154］肖东发.活字印刷术的发明及其在宋元时代的发展与传播［J］.北京大学学报（哲学社会科学版），2000（06）.

［155］肖东发.中国图书出版印刷史论［M］.北京：北京大学出版社，2001.

［156］晓虹.中国印刷术：如何西传欧洲？［J］.中国出版，1999（3）.

［157］新疆社会科学院历史研究所.新疆地方历史资料选辑［M］.北京：人民出版社，1987.

［158］徐伯夫.纸张和印刷术在新疆的传播［N］.新疆日报，1962-12-12.

［159］［宋］徐兢.宣和奉使高丽图经（卷二十二）［M］.扬州：广陵古籍刻印社，1984.

［160］徐忆农.东亚活字印刷术在世界史上的价值［J］.新世纪图书馆，2016（11）.

［161］许海山.美洲历史［M］.北京：线装书局，2006.

［162］严绍璗.汉籍在日本的流布研究［M］.南京：江苏古籍出版社，1992.

［163］杨昭全.中国—朝鲜·韩国文化交流史3［M］.北京：昆仑出版社，2004.

［164］佚名.山海经［M］.李润英，陈焕良，译.长沙：岳麓书社，2006.

［165］应岳林.印刷术在中国的起源、发展及在亚洲的传播［J］.复旦学报（社会科学版），1994（02）.

［166］余军华，李贞芳.印刷术与西方世界的兴起：经济学视角的解读［J］.经济师，2007（2）.

［167］喻国明.5G时代传媒发展的机遇和要义［J］.新闻与写作，2019（3）.

［168］张大伟，曹江红.造纸史话［M］.北京：社会科学文献出版社，2011.

［169］张树栋.印刷术西传的背景、路线及来自欧洲人的记述［J］.固原师专学报，1999（1）.

［170］张树栋.中华印刷通史［M］.北京：印刷工业出版社，1999.

［171］张天泽.中葡通商研究［M］.王顺彬，王志邦，译.北京：华文出版社，2000.

［172］张文.揭开"高丽纸"真面目［J］.科学大观园，2008（18）.

［173］张秀民.中国印刷术的发明及其影响［M］.上海：世纪出版集团、上海人民出版社，2009.

［174］张莹."一带一路"背景下图书版权输出策略研究［D］.湖南：湖南师范大学，2019.

［175］章宏伟.雕版印刷起源问题新论［J］.东南文化，1994（04）.

［176］赵相如.中国印刷术西传刍议——维吾尔语"bas"（印刷）一词源流考［J］.民族研究，1987（2）.

［177］郑达威.近代欧洲印刷术传播的经济偏向研究［J］.郑州大学学报，2015（3）.

［178］郑也夫.造纸术的起源［J］.北京社会科学，2015（07）.

［179］朱君杙.加洛林时代史学成就探微［D］.东北师范大学，2013.

［180］朱君杙.论皮纸与加洛林时代历史记忆的保存［J］.古代文明，2003（4）.

［181］朱永涛.英国国家社会与文化入门［M］.北京：高等教育出版社，2001.

［182］C.B.Marban. Histoire Mederne de Pays d'anam［M］. Paris, 1919.

［183］Colin Clair. A History of European Printing ［M］. New York: Academic Press, 1976.

［184］Ferdinand Freihern Von Richthofen. China:Ergebnise Eigener Reisenund Darauf Gegr ü ndeter Studien Berlin［M］. Berlin: Dietrich Reimer, 1882.

［185］H.Cordior. Voyage de Pierre Poivre en Cochinchine［M］. The USA: University of California Press, 1941.

［186］Herbert Aptheker.A History of the American People:the Colonial Era ［M］. New York:International Publishers, 1959.

［187］J.B.Condliffe and W.T.G.Airey. A Short History of New Zealand ［M］.London: Whitcombe and Tombs Ltd., 1968.

［188］J.W.Davidson.Nation of Nations［M］. New York:McGraw-Hill Humanities, 1996:16.D.B.Quinn & A.N.Ryan.England's Sea Empire, 1550—1642［M］.London:George Allen & Unwin, 1983.

［189］James Harvey Robinson.Medieval and Modern Times［M］.

NewYork，Wentworth Press，1926.

［190］James Harvey Robinson.Medieval and Modern Times［M］.New York：Wentworth Press，1926.

［191］John Winthrop. A Model of Christian Charity: A City on a Hill［M］. New York:Cosimo Classic, 2020.

［192］Keith Sinclair.A History of New Zealand［M］.London: Penguin Books，1960.

［193］Mary C.Fuller.Voyagesin Print:English Travel to America,1576—1624［M］.London:Cambridge University Press，1995.

［194］P.Van der Loon. The Manila Incunabula and Early Hokkien Studies ［M］. London: Percy Lund, 1966.

［195］R.C.Simmons. The American Colonies:from Settlement to Independence［M］. HongKong:Longman，1976.

［196］Redfield R. Aspects of Primitive Art［M］. New York :Museum of Primitive Art, 1959.

［197］Richard Lovett. The History of the London Missionary Society 1795—1945［M］. London: H.Frowde,1899.

［198］Savary and Savary de Ganchis. Dictionnaire Universel de Commerce ［M］. the USA:Nabu Press, 2011.

［199］Sydney E.Ahlstrom. A Religious History of the American People ［M］. London:Yale University Press, 2004.

［200］W.D.Hussey. The British Empire and Commonwealth［M］. London:Cambridge University Press，1963.

［201］William Ellis. The History of the London Missionary Society［M］. London: John Snow, 1844.

［202］曹炯鎮（Cho Hyung-Jin）.金屬活字의中國發明說에관한研究［J］.서지학연구，2009（42）.

［203］권오덕.한국금속활자인쇄술연구의논쟁점분석［D］.경북대학교대학원:문헌정보학과，2018.

［204］남권희.證道歌字와東國李相國集［J］.書誌學硏究，2011（48）.

［205］목판인쇄술의발전.

［206］https://www.cheongju.go.kr/jikjiworld/contents.do?key=17561.

［207］정선영.종이의传来经路［J］.사회고학연구제10집，2000.

［208］지식백과—직지심체요.

［209］https://terms.naver.com/entry.nhn?docId=1631216&cid=42955.

［210］천혜봉.한국금속활자인쇄사［M］.서울:범우，2012.

［211］황정하.금속활자발명국Korea！：와옛인쇄문화[I].한국멀티미디어학회학술발표논문집，2010.

后　记

本书为国家社科基金项目"中国造纸术和印刷术在'一带一路'上的传播及影响研究"（项目批准号：17BXW046）的阶段性成果。该项目2017年获得国家批准立项，历经4年研究，共发表32篇学术论文，其中80%以上是CSSCI论文，比最初承诺的6篇论文超出26篇。特别感谢国家哲社规划办及批准该课题立项的专家们，通过对这个课题的研究，我们团队最近几年的学术产量得到大幅度提升。特别令人欣慰的是，与本课题同时提交结项的368个项目，只有18个获得优秀，本项目忝列优秀等级，这是对课题组成员和我本人的极大鼓励。

值此本书付梓之际，我要感谢我的学生王剑飞、季小涵、徐竞鹿、黄婧雯、都芃、刘浩冰、李仪、周杨、庞明慧（按所负责课题的章节排序），他们在课题研究中分别承担第一至第九章的资料收集和初稿撰写任务。同时要感谢刘浩冰、徐沁心在课题结项、书稿校核等方面付出的辛劳。

此外，还要感谢北京出版集团的领导和编辑朋友们。对于大家的关爱及给予本书出版的助力，本人铭记在心。

中国古代有四大发明，其中有两项是出版领域的，那就是出版载体造纸术和出版技术印刷术。而这两项技术都是通过"一带一路"传播到世界各地的。这两项发明对于人类文化生产模式的改进提升和人类文明演进范式的促进推动是巨大的和台阶式的。同时，这也雄辩地说明，中国是一个具有重大科技原创能力和传统的国度，不是像有些西方政客污蔑的那样"只会复制抄袭"。中国在未来的文化强国和出版强国建设中，应该重视这些历史文化资源的挖掘和应用。

　　近年来，我们团队致力于中国造纸术和印刷术的域外传播研究，取得了一点小小的成绩，但与博大精深的中国出版文化和出版技术对于人类文化和文明的贡献相比不过是沧海一粟。出版此书，是希望有更多的专家学者投入到此项研究中，希望党和国家更加重视中国出版和中国特色出版学科建设，让中国出版早日重返巅峰。

万安伦

2022年5月29日